मुस्लिम नवजागरण
और
अकबर इलाहाबादी का
'गांधीनामा'

मुस्लिम नवजागरण
और
अकबर इलाहाबादी का
'गांधीनामा'

वीरेन्द्र कुमार बरनवाल

राजकमल प्रकाशन

ISBN : 978-93-88183-52-9

मूल्य : ₹695

पहला संस्करण : 2018

प्रकाशक : राजकमल प्रकाशन प्रा. लि.
1-बी, नेताजी सुभाष मार्ग, दरियागंज
नई दिल्ली-110 002

शाखाएँ : अशोक राजपथ, साइंस कॉलेज के सामने, पटना-800 006
पहली मंजिल, दरबारी बिल्डिंग, महात्मा गांधी मार्ग, इलाहाबाद-211 001
36 ए, शेक्सपियर सरणी, कोलकाता-700 017

वेबसाइट : www.rajkamalprakashan.com
ई-मेल : info@rajkamalprakashan.com

मुद्रक : बी.के. ऑफ़सेट
नवीन शाहदरा, दिल्ली-110 032

MUSLIM NAVJAGRAN AUR
AKBAR ALLAHABADI KA 'GANDHINAMA'
by Virendra Kumar Baranwal

प्रपितामह स्व. हकीम गोपी राम जी
पितामह स्व. मुरलीधर जी
और
पर्यावरण ऋषि स्व. अनुपम मिश्र जी
की
पुण्य स्मृति में

पुरोवाक्

मैं चाहता हूँ महज एक ही ख़याल रहे
मगर ख़याल से पैदा ख़याल होता है।

—अकबर इलाहाबादी

मैंने सोचा था कि 'गांधीनामा' का लिप्यंतरण कर और एक छोटी सी परिचयात्मक भूमिका लिखकर प्रकाशन के लिए दे दूँगा। फिर लगा कि मुस्लिम नवजागरण पर एक विहंगम दृष्टि पुस्तक के लिए उपयोगी होगी। फिर विहंगम दृष्टि एक वृहत्तर सिंहावलोकन में बदल गई। परिचयात्मक आलेख का कलेवर बढ़ता गया। परिणाम सामने है। शाह वली उल्लाह से लेकर मौलाना अबुल कलाम आज़ाद तक—मुस्लिम नवजागरण के प्रमुख उन्नायकों के व्यक्तित्व और कृतित्व के साथ उनके महत्त्वपूर्ण योगदान पर एक निष्पक्ष चर्चा की कोशिश इस पुस्तक में आपको मिलेगी। शाह वली उल्लाह का नाम पहली बार सन् 1974 में अपनी सहारनपुर नियुक्ति के दौरान पं. कन्हैया लाल मिश्र 'प्रभाकर' से सुना था। उसी समय अंग्रेज़ी में दुर्गा दास की चर्चित किताब—'इंडिया-फ्रॉम कर्ज़न टु नेहरू' प्रकाशित हुई थी। शीघ्र ही उसका हिन्दी अनुवाद—'हिन्दुस्तान-कर्ज़न से नेहरू तक' भी छप गया था। प्रभाकर जी उसी पैटर्न पर एक पुस्तक—'मुस्लिम भारत शाह वली उल्लाह से मौलाना मदनी तक' लिखना चाहते थे, किन्तु कुछ अपरिहार्य कारणोंवश यह सम्भव नहीं हो पाया। शाह वली उल्लाह पर मौलना वहीदुद्दीन साहब से कुछ अत्यन्त महत्त्वपूर्ण जानकारी और सामग्री मिली।

सर सैयद अहमद ख़ाँ पर चिन्तक राजनेता आरिफ़ मुहम्मद ख़ान साहब ने मूल्यवान सामग्री उपलब्ध कराई। उन्होंने न केवल मौलाना अल्ताफ़ हुसेन 'हाली' द्वारा लिखित सर सैयद की जीवनी 'हयाते जावेद' के अंग्रेज़ी अनुवाद की अपनी व्यक्तिगत प्रति मुझे प्रदान की,

बल्कि अपने लेखों के संकलन–'टैक्ट एंड कंटैक्ट' की एक प्रति भी मुझे दी। मेरे पुराने मित्र और सहयोगी एस.एस. ख़ान (पूर्व सदस्य केन्द्रीय प्रत्यक्ष कर बोर्ड) ने एम.जे. अकबर द्वारा लिखित पुस्तक 'टिंटर्न बॉक्स' की अपनी व्यक्तिगत प्रति मुझे उपलब्ध कराई। मेरे युवा मित्र आसिफ़ आज़मी ने उर्दू की कुछ अत्यन्त महत्त्वपूर्ण सामग्री देवनागरी लिपि में उपलब्ध कराई। दरअसल, शिबली साहब पर आलेख उनके सहयोग के बिना अधूरा ही रहता। हर सावधानी के बावजूद 'गांधीनामा' उर्दू से देवनागरी लिप्यंतरण में कई त्रुटियाँ रह गई थीं। उसका परिमार्जन भाई असिफ़ आज़मी के मूल्यवान सहयोग से ही सम्भव हुआ। मेरे बड़े बेटे चि. आशुतोष के मित्र पंकज मिश्र की पुस्तक की एक प्रति, 'फ्रॉम रूईन्स ऑफ़ इम्पायर', चि. आशुतोष के ही एक अन्य मित्र प्रतीक श्रीवास्तव ने उपलब्ध कराई। 'फ्रॉम रूईन्स ऑफ़ इम्पायर' से जमालुद्दीन अफ़ग़ानी पर अत्यन्त मूल्यवान सामग्री मिली। आचार्य नरेन्द्र देव की पुस्तक 'राष्ट्रीयता और समाजवाद' से भी अफ़ग़ानी के बारे में कुछ उपयोगी जानकारी प्राप्त हुई।

अलीगढ़ मुस्लिम विश्वविद्यालय के हिन्दी-विभाग के प्राध्यापक डॉ. पंकज पराशर ने सर सैयद और हुमायूँ कबीर पर कुछ-कुछ बहुमूल्य सामग्री उपलब्ध कराई। मेरे छोटे पुत्र चि. अमिताभ और पौत्र चि. सिद्धार्थ (भतीजे चि. विनोद कुमार के बेटे) ने पुस्तक के लिए इंटरनेट से कुछ मूल्यवान सामग्री डाउनलोड कर उपलब्ध कराई। मेरे मित्र और सहयोगी पारस नाथ पाठक, लखनऊ ने मेरे लेखन-प्रयास में सदा अभिरुचि बनाए रखी और हमेशा प्रोत्साहित करते रहे। मेरे शुभाकांक्षी मित्र पं. गौरी दत्त शर्मा (कौशाम्बी, गाजियाबाद) ने मेरे रचनाकर्म को सदैव मान दिया। जाने-माने साहित्यकार असगर वज़ाहत से कई मुद्दों पर विचार-विमर्श के दौरान कुछ बहुमूल्य जानकारी मिली।

मैं 'गांधीनामा' की पूरी प्रति बड़ी शिद्दत से ढूँढ़ रहा था। संयोग से 'हंस' कार्यालय में राजेन्द्र यादव जी के पास बैठे इलाहाबाद से आए कथाकार असरार गांधी मिल गए। उन्होंने बताया कि इलाहाबाद में उर्दू लिपि में 'गांधीनामा' की कुछ सद्यः प्रकाशित प्रतियाँ उनके पास रखी हुई हैं। इलाहाबाद पहुँच कर उन्होंने उसकी एक प्रति कृपापूर्वक मेरे पास भेज दी। उसका देवनागरी में लिप्यंतरण मेरे युवा साथी आफ़ताब अली के सहयोग से सम्भव हुआ। इसके बाद 'गांधीनामा' में प्रयुक्त कठिन शब्दों के अर्थ मैंने स्वयं फुटनोट में दिए। ज्ञातव्य है 'गांधीनामा'

यद्यपि लिख तो दिया गया था सन् 1919-20 में ही और उसके छिटपुट अशआर पत्र-पत्रिकाओं में छपते और कोट किए जाते रहे पर उसे पूरा का पूरा उनके पोते ने कुछ अन्य साधन सम्पन्न सम्बन्धियों के सहयोग से सन् 1946 में प्रकाशित कराया।

अकबर सम्भवत: रोज़ाना की ज़िन्दगी में ग़ालिब के बाद (या साथ-साथ) बातचीत के दौरान अक्सर कोट किए जाने वाले एक महत्त्वपूर्ण शायर हैं। भारत के स्वतंत्रता संग्राम के लम्बे दौर में और बाद में भी पश्चिमी संस्कृति की आलोचना के लिए उनकी कविताएँ बड़े काम की साबित हुईं। पं. मोती लाल नेहरू, श्रीमती सरोजिनी नायडू और सर तेज बहादुर सप्रू से लेकर आचार्य नरेन्द्र देव और डॉ. राम मनोहर लोहिया तक अनेक नेता और सामाजिक कार्यकर्ता अकबर की कविता के आस्वादकों और प्रशंसकों में थे। आचार्य नरेन्द्र देव ने अपनी पुस्तक 'राष्ट्रीयता और समाजवाद' में आज़ादी की लड़ाई के उद्देश्यों को पराजित करने के लिए अंग्रेज़ों द्वारा संगठित कठपुतली राजनीतिक दलों की दुरभि-संधि को छिपाने के प्रयासों के बारे में लिखा है कि उनके असली रूप को छिपाने की चाहे जितनी कोशिश क्यों न की जाए वे छिप नहीं सकते। आगे वह जोड़ते हैं कि अकबर का यह मिसरा इन दलों पर ख़ूब चस्पां होता है—

उन्हीं के मतलब की कह रहा हूँ,
ज़बान मेरी है बात उनकी।
उन्हीं की महफ़िल सँवारता हूँ,
चिराग़ मेरा है रात उनकी।

एक बार प्रतिपक्ष की आलोचनाओं से आहत तत्कालीन प्रधानमंत्री पं. जवाहरलाल नेहरू ने भी लोक सभा में अपनी मनोव्यथा व्यक्त करने के लिए अकबर की ही निम्नलिखित पंक्तियों का सहारा लिया था—

हम आह भी करते हैं तो हो जाते हैं बदनाम,
वो क़त्ल भी करते हैं तो चर्चा नहीं होता।

अकबर की लोक व्याप्ति के इस तरह के और भी अनेक उदाहरण दिए जा सकते हैं। किन्तु ऐसा करना यहाँ समीचीन नहीं है। अकबर हिन्दी क्षेत्र में कबीर, तुलसीदास, रहीम, मीर और ग़ालिब के साथ उद्धृत किए जाने वाले एक महत्त्वपूर्ण कवि हैं। उनका समग्र भी हिन्दी में आना चाहिए। उनकी प्रासंगिकता आनेवाले युग में एक लम्बे अर्से तक बनी रहेगी। इस पुस्तक का सर सैयद अहमद ख़ाँ से सम्बन्धित

अंश 'तद्भव' के सम्पादक अखिलेश ने स्वतंत्र पुस्तिका के रूप में प्रकाशित किया था। उसका सुधी पाठकों ने उत्साहवर्धक स्वागत किया था। पुस्तक की पांडुलिपि तैयार करने में चि. शुभम सिंह से मूल्यवान सहयोग मिला।

पुस्तक लिखने में जिन मित्रों और शुभचिन्तकों से सहयोग और प्रोत्साहन मिला उन सभी को हार्दिक धन्यवाद। पुस्तक जैसी बन सकी आपके सामने है। यह अब आपकी है। इसके साथ आप जैसा चाहें वैसा सलूक करें।

—वीरेन्द्र कुमार बरनवाल

अनुक्रम

विरले रचनाकार
अकबर इलाहाबादी

ऐ मुसल्मां! हर घड़ी पेशे नज़र[1]
आयए[2] 'ला युख़्लिफुल मीआद[3] रख,
यह 'लिसानुल अस्र'[4] का पैगाम है
'इन्न वादल्लाहि हक़्क़ुन'[5] याद रख॥

—इक़बाल

साइंस की तरक्क़ी तो .फ़ैज़े-इरतक़ा[6] है।
लेकिन ज़हूरे-गांधी[7], फरमाइये ये क्या है?

—अकबर इलाहाबादी

'लिसानुल अस्र'—अपने 'युग की वाणी' के रूप में समादृत अकबर इलाहाबादी* अपने जीवन की संध्या में हिन्दुस्तान के स्वतंत्रता-संग्राम की ख़िलाफ़त और असहयोग आन्दोलन से गहराई से उद्वेलित थे। देश में लगभग साथ चले इन दोनों आन्दोलनों में महात्मा गांधी के नेतृत्व और व्यक्तित्व की केन्द्रीयता और निर्विवाद थी। 'स्वराज हमारा जन्मसिद्ध अधिकार है'—लोकमान्य तिलक के इस महामंत्र से बीसवीं सदी के प्रारम्भिक दशकों के दौरान पूरा देश स्पंदित था। व्यंग्य और विनोद के एक अपूर्व कवि के रूप में विख्यात अकबर इलाहाबादी का 'गांधीनामा' इसी परिवर्तन-विकल गांधी-केन्द्रित युग की देन है। हिन्दुस्तान के राजनीतिक क्षितिज पर गांधी के उदय को अकबर एक चमत्कार से कम नहीं मानते थे। गांधी के विलक्षण व्यक्तित्व और उनके अनूठे अहिंसक संघर्ष के महाकाव्यात्मक आयाम की शुरू में ही शिनाख्त करने वाले वह विरले रचनाकार हैं। आयु में उनसे पन्द्रह साल छोटे हिन्दू मिथकों की नव्य रचनात्मक समझ रखने वाले गुरुदेव रवीन्द्रनाथ ठाकुर (1861-1941) को

---

1. आँख के सामने, 2. आयत (पवित्र 'क़ुरान' का सूत्र) 3. ईश्वर अपने वादे के विरुद्ध नहीं करता, 4. 'अकबर' की उपाधि—'युगवाणी', 5. नि:सन्देह ईश्वर का वादा सच्चा है। 6. विकास की देन, 7. गांधी का आविर्भाव। * (असल नाम सैयद अकबर हुसेन 'अकबर'; जन्म : 16 नवम्बर, 1846, बारा तहसील इलाहाबाद (उ.प्र.) देहावसान : 9 सितम्बर, 1921, इलाहाबाद)

भी इसका श्रेय है। उन्होंने भी गांधी के नायकत्व में दक्षिण अफ्रीका और बाद में हिन्दुस्तान में चले आन्दोलनों के बीच उनकी (गांधी की) लगातार उभरती धीरोदात्त छवि की पहचान में ज़रा भी विलम्ब नहीं किया। परम्परागत वीर गाथाओं का दौर न जाने कब का ख़त्म हो चुका था। एक सर्वथा नव्य वीर गाथा का युग आँखें मल रहा था और उसके नायक के रूप में उभर रहा था दक्षिण अफ्रीका के अनूठे संघर्ष की कठिन आँच में तप कर स्वदेश पहुँचा एक कृशकाय अधेड़—'न दैन्यम् न पलायनाम्' के दृढ़ संकल्प के साथ। उसके नायकत्व में विश्व के एक सर्वथा नए वीर काव्य के रचने की प्रक्रिया शुरू हो चुकी थी। इसकी शिनाख्त 'गांधीनामा' के मुखपृष्ठ पर टँके इस शेर में दर्ज है—

इन्क़लाब आया है नई दुनिया नया हंगामा है,
'शाहनामा' हो चुका अब दौरे 'गांधीनामा' है।

गांधी-केन्द्रित हिन्दुस्तान के स्वतंत्रता-संग्राम के महाकाव्यात्मक आयाम की 'अकबर' की पहचान आगे और भी रेखांकित होती रही। महाभारत की कथा और उसके पात्रों को हिन्दुस्तान के स्वतंत्रता-संग्राम की घटनाओं और उसे यति-गति देने वाले नेता-नायकों से जोड़ कर भारतीय अंग्रेज़ी लेखक और कथाकार (अब एक राजनीतिक नेता भी) शशि थरूर ने एक वृहत् किन्तु निहायत दिलचस्प उपन्यास 'दि ग्रेट इंडियन नॉवेल' लिखा है। इसमें हिन्दुस्तान के स्वतंत्रता-संग्राम की महा-काव्यात्मकता, उसकी विसंगतियों और अन्तर्विरोधों तथा उसके महत्त्वपूर्ण चरित्रों की एक हलके व्यंग्य के पुट के बावजूद गहरी अन्तर्दृष्टि के साथ चित्रित किया गया है। यह हिन्दुस्तान के स्वतंत्रता-संग्राम की महाभारत के साँचे में पुनर्रचना है। हिन्दुस्तान के स्वतंत्रता-संग्राम की महाकाव्यात्मकता की शिनाख़्त सिर्फ़ भारत तक ही सीमित नहीं है। पाकिस्तान में क़ायदे आज़म अकादमी, करांची के संस्थापक-निदेशक प्रो. शरीफ़-अल-मुजाहिद ने अकबर एस. अहमद की जिन्ना पर लिखित पुस्तक* की तुलना भी महाभारत से की है।

विश्व-इतिहास में जितने भी मुक्ति-संघर्ष चले हैं उनमें हिन्दुस्तान का मुक्ति-संग्राम कई कारणों से अनूठा है। इसका प्रमुख कारण है दिक् और काल में इसका अपूर्व विस्तार और व्याप्ति। सन् 1857 से 1947 के दौरान नब्बे वर्षों तक एक विशाल भू-भाग में अपरिहार्य उतार-चढ़ाव के साथ यह लगभग निरन्तर चलता रहा। बिना किसी जोर-दबाव और प्रलोभन के समाज के विभिन्न वर्गों की सक्रिय भागीदारी इसे विशेष उल्लेखनीय बनाती है। जहाँ अन्य स्वतंत्रता-संग्राम दो-तीन नायकों के इर्द-गिर्द घूमते रहे हिन्दुस्तान के स्वतंत्रता-संग्राम को एक दर्जन से भी अधिक विश्व स्तर के नायकों का नेतृत्व प्राप्त था। इनके नैतिक और बौद्धिक स्तर

* सन् 1997 में रौटलेज से प्रकाशित अकबर एस. अहमद की पुस्तक—'जिन्ना, पाकिस्तान एंड इस्लामिक आइडेंटिटी—दि सर्च फॉर सजादीन'।

का लोहा दुनिया आज भी मानती है। जितनी पारदर्शिता और उदात्त नैतिक धरातल से इसे चलाया गया वह अपने आप में एक मिसाल है। सत्याग्रह की अवधारणा के ज़रिए गांधी ने संघर्ष का जो नायाब हथियार गढ़ा वह दिक्कालातीत सिद्ध हुआ। सन् 1947 में हिन्दुस्तान की आज़ादी के बाद दुनिया में जहाँ भी रंग, और नस्ल भेद तथा औपनिवेशिक वर्चस्व के विरुद्ध व्यापक जन-आन्दोलन छिड़े उसमें गांधी का सत्याग्रह एक कारगर हथियार सिद्ध हुआ। साम्यवादी तानाशाही का प्रतिरोध हंगरी, पोलैंड और चेकोस्लोवाकिया के आत्मवान नेताओं ने किसी न किसी रूप में गांधी के मार्ग पर चल कर ही किया। मिस्र में एक लम्बे अर्से से नागरिक अधिकारों के दमन के विरुद्ध वहाँ के तरुणों के अहिंसक संघर्ष के प्रेरणास्रोत भी गांधी ही रहे। यह अब रहस्य नहीं रहा कि बोस्टन के तिरासी वर्षीय गांधीमार्गी जेने शार्प का चौबीस भाषाओं में छपा पैम्फलेट—'फ्रॉम डिक्टेटरशिप टु डेमोक्रेसी' (तानाशाही से प्रजातंत्र तक) मिस्र, बर्मा, ईरान, ट्यूनीसिया जैसे अनेक देशों के जन-आन्दोलनों का मार्गदर्शक सिद्ध हुआ। मिस्र में गांधी का प्रभाव काफ़ी पुराना है। बचपन में अनवर सादात सफेद वस्त्र लपेट कर आँख पर चश्मा लगा और हाथ में डंडा लेकर गांधी का अभिनय करते हुए अपने देश से विदेशियों को भगाने का संकल्प दुहराया करते थे। शान्ति के 'नोबेल पुरस्कार' से सम्मानित उदारचेता मुहम्मद अल बरादी मिस्र में तानाशाही के ख़िलाफ़ प्रतिपक्ष की अन्तरात्मा माने जाते हैं। उन्होंने भी वहाँ के व्यापक जन-आन्दोलन पर जेने शार्प से छनकर आए गांधी और मार्टिन लूथर किंग जू. के प्रभाव को उल्लेखनीय माना है।

भौतिक काया के अवसान के बावजूद गांधी अन्धकार की शक्तियों के विरुद्ध संघर्ष में सत्याग्रह के हथियार से लैस लगातार खड़े मिलते हैं। ऐसे चमत्कारी गांधी के नेतृत्व में चले प्रतापी ख़िलाफ़त और असहयोग आन्दोलन के महाकाव्यात्मक आयाम से युगवाणी अकबर इलाहाबादी को यदि 'शाहनामा' याद आ गया हो तो अचरज की बात नहीं है। अबुल कासिम तूसी फ़िरदौसी (सन् 932-1020) द्वारा लगभग साठ हज़ार दो-दो पंक्तियों की तुकान्त कविता में लिखा गया 'शाहनामा' विश्व साहित्य को फ़ारसी भाषा की अनुपम देन है। उसे संस्कृत में भगवान व्यास के 'महाभारत', ग्रीक में होमर के 'ईलियड' और रोमन में वर्जिल के 'एनिड' की-सी अनूठी प्रतिष्ठा प्राप्त है। पर एक विशेष कारण से इसका वैशिष्ट्य इन सबसे अलग है। उसके रचनाकार फ़िरदौसी का उदय फ़ारसी के काव्य-क्षितिज पर तब हुआ था जब अरबों के हाथ ईरान की पराजय के लगभग तीन सौ साल हो रहे थे। इस्लाम के प्रवर्तक मुहम्मद साहब (सन् 570-632) की शिक्षा के प्रभावस्वरूप अरब के विभिन्न कबीलों के छोटी-छोटी बातों पर मारने-मरने और ख़ून-ख़राबे की प्रवृत्ति पर काफ़ी अंकुश लगा। थोड़े से ही समय में इस्लाम ने उन्हें एकता के सूत्र में पिरो दिया। नए धर्म के उत्साह में उन्हें उसके प्रसार-प्रचार की नवस्फूर्त प्रेरणा

राजनीतिक अस्मिता और उनके खोए हुए गौरव की पुनर्स्थापना की उद्दाम आकांक्षाएँ जुड़ी हुई थीं। दुर्भाग्यवश 1857 का विद्रोह और 1919 का ख़िलाफ़त आन्दोलन दोनों अलग-अलग कारणों और अपने अन्तर्विरोधों के कारण नाकामयाब रहे। जिस समय अकबर ने 'गांधीनामा' लिखा था उस समय साथ-साथ चले ख़िलाफ़त और असहयोग आन्दोलन का प्रताप चरम पर था। असहयोग आन्दोलन, दरअसल ख़िलाफ़त आन्दोलन की कोख से निकला था। जहाँ असहयोग आन्दोलन एक विशुद्ध मुक्तिकामी राजनीतिक आन्दोलन था वहीं ख़िलाफ़त आन्दोलन पूरी तरह धार्मिक आन्दोलन था जिसका उद्देश्य मुस्लिम जगत में सर्वोच्च धर्मगुरु—ख़लीफ़ा के रूप में समादृत तुर्की के सुलतान के खोए हुए गौरव की पुनर्प्रतिष्ठा था। ख़िलाफ़त आन्दोलन की पृष्ठभूमि में हिन्दुस्तान के मुसलमानों के बीच अठारहवीं और उन्नीसवीं शताब्दी के दौरान वैचारिक उथल-पुथल और सुधार के प्रयासों का इतिहास है जिस पर एक सजग विहंगम दृष्टि भारतीय उपमहाद्वीप के मुस्लिम-मानव की जटिल बुनावट को समझने में सहायक सिद्ध हो सकती है।

मुस्लिम नवजागरण के प्रथम अग्रदूत
शाह वली उल्लाह

मुग़ल वंश के अन्तिम प्रतापी शासक औरंगज़ेब (सन् 1659-1707) के देहावसान के बाद उसके लगभग सभी उत्तराधिकारी एक के बाद दूसरे निकम्मे, विलासी और कमज़ोर साबित हुए। फलस्वरूप जगह-जगह मराठे, जाट और सिख छत्रप सर उठाने लगे। लगभग सात सदियों के मुस्लिम शासकों के हुकूमत के दौरान हिन्दुस्तान के मुसलमानों ने यहाँ की बहुसंख्यक हिन्दू प्रजा के बीच कभी भी असुरक्षित और लाचार अनुभव नहीं किया। पर जैसे ही मराठे, जाटों और सिखों की राजनीतिक महत्त्वाकांक्षाएँ जगने लगीं और उनकी निगाहें दिल्ली की केन्द्रीय सत्ता पर टिकनी शुरू हुईं, वैसे ही एकाएक अब तक स्वयं को सत्तासीन वर्ग का अविभाज्य हिस्सा मानने वाले आश्वस्त मुस्लिम समाज के बीच राजनीतिक-सामाजिक असुरक्षा के भाव पनपने लगे। दरअसल एक विधर्मी बहुल देश में अब तक निर्द्वन्द्व मुसलमान-मानस में अल्पसंख्यक ग्रंथि के उदय की यह प्रारम्भिक पृष्ठभूमि थी। हिन्दुस्तान के मुसलमानों की धार्मिक, सामाजिक और राजनीतिक अस्मिता के साथ तेज़ी से बदलती परिस्थितियों में उनकी भूमिका फिर से परिभाषित करने और उनकी आस्था विशुद्ध इस्लाम में सुदृढ़ करने के लिए कृतसंकल्प शाह वली उल्लाह देहलवी (1703-1762) का आविर्भाव इसी संक्रमण के दौर में हुआ था। पश्चिमी उत्तर प्रदेश के मुज़फ्फरनगर ज़िले के फुलत क़स्बे में जन्मे शाह वली उल्लाह का नाम पहले क़ुतुबुद्दीन अहमद अबू अल-फ़य्याज़ था। बचपन में ही उनकी धार्मिक वृत्ति तथा पवित्र आचरण को देखकर उनके पिता और गुरु शाह अब्दुल रहीम (मृत्यु 1719) ने उन्हें प्यार से वली उल्लाह (ईश्वर का मित्र) कहना शुरू कर दिया था। वह अब इतिहास में इसी नाम से जाने जाते हैं। दक्षिण एशिया में मुसलमानों के बीच जो भी महत्त्वपूर्ण धार्मिक-सामाजिक और आध्यात्मिक आन्दोलन हुए उसे किसी न किसी रूप में शाह वली उल्लाह के विचारों से जोड़ कर देखा जाता है। दरअसल वह उन सभी आन्दोलनों के बौद्धिक स्रोत माने जाते हैं। इसी से भारतीय उप-महाद्वीप में मुस्लिम पुनर्जागरण में उनकी दूरगामी ऐतिहासिक भूमिका के महत्त्व का अनुमान लगाया जा सकता है।

इस्लाम धर्म के सुन्नी, हनफ़ी सम्प्रदाय के अनुयायी, सूफ़ी प्रवृत्ति के शाह अब्दुल रहीम अपने समय के प्रतिष्ठित धर्मशास्त्री थे। औरंगज़ेब के निर्देश पर हनफ़ी क़ानून के प्रावधानों की विस्तृत संहिता—'फ़तवये आलमगीरी'—तैयार करने के लिए गठित विद्वत्परिषद के वह सम्मानित सदस्य थे। दिल्ली की ज़ामा मस्जिद से थोड़ी ही दूर पर उन्होंने मदरसा रहीमिया की स्थापना की थी जिसमें बालक शाह वली उल्लाह की पुख़्ता धार्मिक शिक्षा-दीक्षा हुई। सात साल के होते-होते उन्होंने अपने पिता और आध्यात्मिक गुरु के मार्गदर्शन में पवित्र 'क़ुरान' को पूरी तरह कंठस्थ कर लिया था। साथ ही धर्म और ज्ञान की दूसरी महत्त्वपूर्ण शाखाओं में वह इस सीमा तक निष्णान्त हो गए थे कि उनकी योग्यता से प्रभावित हो उनके गुरु-पिता ने उन्हें पन्द्रह साल की उम्र में ही अपने मदरसे में पढ़ाने की अनुमति दे दी थी। सोलह साल के होते-होते किशोर वली उल्लाह के सिर से पिता का साया उठ गया। सन् 1719 में शाह अब्दुल रहीम के देहान्त के बाद तरुणाई में क़दम रखते वली उल्लाह ने तुरन्त न सिर्फ़ पूरी मुस्तैदी और योग्यता से मदरसा रहीमिया का काम सँभाल लिया बल्कि शीघ्र ही दिल्ली और उसके आस-पास के क्षेत्र में उसकी कई शाखाएँ शुरू कर दीं। साथ ही वह बारह बरसों तक इस्लाम धर्म के महत्त्वपूर्ण ग्रन्थों के गम्भीर अनुशीलन करते रहे तथा सुन्नी सूफ़ी साधना में गहराई से तल्लीन रहे। सन् 1731 में वह अरब रवाना हुए। चौदह महीने अपने मक्का और मदीना के प्रवास के दौरान उन्होंने वहाँ के विद्वानों और धर्म-गुरुओं के सान्निध्य में पवित्र 'क़ुरान', हदीस और इस्लामी दर्शन की विभिन्न शाखाओं का विस्तृत और गहरा अध्ययन किया। इसी बीच उन्होंने दो बार हज किया। मदीना में जिन धर्म और दर्शन के ग्रन्थों का उन्होंने गम्भीर अवगाहन किया उनमें सर्वाधिक महत्त्वपूर्ण था 'मुअत्ता इमाम मलिक'। इस पर मदीना में उन्होंने शीर्षस्थ विद्वानों के न केवल प्रवचन सुने थे बल्कि उसे स्वयं भी एकाधिक बार पढ़ा था। इस पर उन्होंने अरबी और फ़ारसी दोनों भाषाओं में क्रमशः 'मुसव्वा' और 'मुसफ़्फ़ा' नाम से दो विस्तृत टीकाएँ लिखी थीं।

पहली जनवरी 1734 को अरब-प्रवास और हज-यात्रा से दिल्ली लौटने के बाद आध्यात्मिक और बौद्धिक रूप से पूर्णतः समृद्ध एकतीस वर्षीय शाह वली उल्लाह अध्यापन के साथ लेखन में भी तल्लीनता से प्रवृत्त हो गए। उन्होंने अपने उनसठ साल के जीवन-काल में कुल इक्यावन किताबें लिखीं—अट्ठाइस अरबी में और तेईस फ़ारसी में। उनकी सबसे महत्त्वपूर्ण और दूरगामी प्रभाव वाली किताब 'हुज्जत अल्लाह अल बालिग़ा' है जो उन्होंने अरबी में हज यात्रा से लौटने के बाद लिखी थी। इसमें इस्लाम के सार्वभौम पक्षों के विश्लेषण के साथ हदीस के प्रकाश में उसके सिद्धान्तों और मूल्यों की वैज्ञानिक व्याख्या है। इस्लामी अध्ययन के क्षेत्र में इस किताब को एक अत्यन्त महत्त्वपूर्ण मील का पत्थर माना जाता है। अरब, मध्य पूर्व और दक्षिण एशिया के बौद्धिक मुस्लिम जगत में इसे बड़े सम्मान के साथ

पढ़ा जाता है। इस्लाम की समझ और विश्लेषण के अपने-अपने दावे की पुष्टि के लिए परम्परा और आधुनिकता के पक्षधर दोनों इस पुस्तक को सन्दर्भ-ग्रन्थ के रूप में इस्तेमाल करते हैं। मूलत: दो खंडों में लिखी गई 'हुज्जत अल्लाह अल बालिग़ा' का नामकरण पवित्र 'क़ुरान' के सूरतुल अन् आम (149) से प्रेरित है। शाह वली उल्लाह इस्लामी धर्मग्रन्थों के भाष्यकार के अलावा, जीवनीकार और कवि भी थे। उन्होंने अपने नाना, पिता और चाचा की जीवनियों के साथ मक्का और मदीना के उन इस्लामी धर्माचार्यों के बारे में भी दिलचस्प ढंग से लिखा है, जिनके ज्ञानवर्द्धक प्रवचनों में वह शामिल हुए थे और इस्लामी धर्मशास्त्रों के अपने अनुशीलन में जिनसे उन्होंने मार्गदर्शन प्राप्त किए थे। वह अरबी में कविताएँ भी लिखते थे। अरबी में उनके दो काव्य-संकलन हैं। उन्होंने पैग़म्बर मुहम्मद साहब की प्रशस्ति में अत्यन्त प्रेरक काव्य की रचनाएँ की हैं।

शाह वली उल्लाह को एक अन्य उल्लेखनीय ऐतिहासिक कार्य के लिए विशेष रूप से याद किया जाता है। उन्होंने फ़ारसी में न केवल 'क़ुरान शरीफ़' के अनुवाद किए बल्कि उसे समझाने के लिए उस पर फ़ारसी में ही भाष्य भी लिखे। 'क़ुरान शरीफ़' की व्याख्या के सिद्धान्तों पर उन्होंने फ़ारसी में लगभग साथ-साथ एक और महत्त्वपूर्ण क़िताब लिखी। अठारहवीं सदी के पूर्वार्द्ध में निश्चय ही यह एक क्रान्तिकारी क़दम था। ईरान में भी जहाँ इस्लाम सातवीं सदी में पहुँच गया था 'क़ुरान शरीफ़' के फ़ारसी अनुवाद के प्रयास सदियों तक नहीं हुए। शाह वली उल्लाह को अपने इस काम के कारण उस समय के रूढ़िवादियों के कड़े विरोध का सामना करना पड़ा था। ठीक उसी तरह जैसे कि गोस्वामी तुलसीदास (सन् 1543-1623) को पवित्र रामकथा गँवारों की भाषा अवधी में लिखने के लिए काशी के रूढ़िवादियों का विकट आक्रामक प्रतिरोध एक अर्से तक झेलना पड़ा था। यह अकारण नहीं था कि 'रामचरितमानस' के प्रारम्भ में देवी-देवताओं के साथ-साथ उन्होंने परविघ्न- सन्तोषी खलों की भी वन्दना की। शाह वली उल्लाह के 'क़ुरान शरीफ़' के फ़ारसी अनुवाद के कुछ समय बाद उनके दो पुत्रों शाह अब्दुल कादिर और शाह रफ़ीउद्दीन ने इस पवित्र धर्मग्रन्थ का एक क़दम और आगे बढ़कर उर्दू में अनुवाद कर दिया। अपने-अपने समय के ये दोनों अनुवाद अत्यन्त साहसिक क़दम थे। फ़ारसी मुग़लकाल में शासन के काम-काज की भाषा थी। उसे मुसलमान और ग़ैर-मुसलमान सभी पढ़े-लिखे लोग पढ़ते-समझते थे। अरबी सामान्यतया इस्लाम धर्म से जुड़ी भाषा थी। 'क़ुरान' इसी भाषा में उतरा था। पर इस भाषा के जानकारों की संख्या सीमित थी। इसके बरअक्स फ़ारसी की जानकारों की तादाद काफ़ी ज़्यादा थी। अत: फ़ारसी में 'क़ुरान शरीफ़' का अनुवाद और इस पर भाष्य लिख कर शाह वली उल्लाह ने उसे पढ़ने-समझने का द्वार मुसलमानों और ग़ैर-मुसलमानों दोनों के लिए खोल दिया। पर जैसे-जैसे मुग़ल साम्राज्य सिकुड़ता गया, फ़ारसी का महत्त्व भी कम होता गया।

अन्ततः सन् 1837 में फ़ारसी का दर्जा बतौर सरकारी काम-काज की भाषा के ख़त्म कर दिया गया था। धीरे-धीरे फ़ारसी की जगह उर्दू लेने लगी थी। फ़ारसी की बनिस्बत वह ज़्यादा आमफ़हम थी। उसकी लिपि ज़रूर अरबी-फ़ारसी से विकसित हुई थी पर उसके क्रियापद, अव्यय और कारक चिह्न जो भाषा के मूलाधार हैं, खड़ी बोली के थे। अतः शाह अब्दुल कादिर और शाह रफ़ीउद्दीन ने 'क़ुरान शरीफ़' का उर्दू अनुवाद कर इस महान धर्मग्रन्थ को और भी जन सुलभ बना दिया। इस्लाम धर्म के आधारभूत धर्मग्रन्थ की इस तरह अपने-अपने समय की प्रचलित भाषाओं में पिता-पुत्र द्वारा ये दोनों प्रस्तुतियाँ दूरगामी ऐतिहासिक महत्त्व की सिद्ध हुईं।

सजग-संवेदनशील बालक वली उल्लाह की चेतना की आँखें खुलने के साथ-साथ मुग़ल साम्राज्य के प्रताप का सूर्य तेज़ी से डूब रहा था। लगभग सात सौ साल के मुस्लिम राज के अन्तिम प्रतापी सम्राट औरंगज़ेब का देहावसान शिशु वली उल्लाह के जन्म के चार साल बाद हो गया था। धर्मनिष्ठ तरुण वली उल्लाह के पास इतिहास की धारा को समझने की गहरी अन्तर्दृष्टि थी। उन्हें मुसलमानों की भावी दुर्नियति का दुःखद आभास बहुत पहले ही हो गया था। अनिष्ट की उनकी भयावह आशंका उस समय सही साबित हुई जब सन् 1739 में फारस का एक लुटेरा बादशाह नादिर शाह दिल्ली के तत्कालीन कमज़ोर मुग़ल सम्राट मुहम्मद शाह का मेहमान बन कर आया। दो दिनों बाद ही उसने एक निराधार बहाना तलाश कर अपनी फौज़ को दिल्ली में क़त्लेआम, आगजनी और लूटपाट का हुक्म दे दिया। ये बर्बरता अट्ठावन दिनों तक लगातार चली जिसके शिकार असहाय हिन्दू और मुलमान दोनों हुए। इसके दौरान लगभग बीस हज़ार हतभाग्य मारे गए। दोनों समुदायों की औरतों के साथ घृणित बलात्कार हुए। बच्चों तक को नहीं बख्शा गया। लगभग दो माह तक चले इस बर्बर तांडव लीला के अन्त में वह शाही ख़ज़ाने और जनता के पास से अकूत सोने-चाँदी के सिक्के, हीरे-जवाहरात और मूल्यवान आभूषण लूट कर लौट गया। साथ ही वह शाहजहाँ का विश्व प्रसिद्ध तख़्ते ताऊस (मयूर सिंहासन) और अमूल्य कोहेनूर भी ले गया। तथाकथित मुग़ल सम्राट अपनी सेना और सहयोगियों के साथ अपनी नाक के नीचे अपनी प्रजा की क्रूर हत्या, लूट और बलात्कार का मौन-विवश साक्षी बना रहा। लाल किले और जामा मस्जिद से थोड़ी ही दूर पर अपने डरे-सहमे शागिर्दों के साथ मदरसा रहीमिया में व्यग्र-विचलित शाह वली उल्लाह भी अब तक अकल्पनीय यह भयावह अनर्थ देखने के लिए अभिशप्त थे।

दिल्ली के टूटते-बिखरते साम्राज्य के चारों ओर जाट, सिख और मराठा छत्रपों की ताक़तें दिन दूना रात चौगुना बढ़ती जा रही थीं। अवध में ज़रूर एक मुसलमान शासक अभी था पर सुन्नी शाह वली उल्लाह के लिए यह कम दुखद नहीं था कि वह शिया था जो हिन्दू छत्रपों से थोड़ा ही कम विधर्मी था। उनके सोच में शिया मत के अनुयायियों की विश्वसनीयता संदिग्ध थी जिनके हाथों में इस्लाम को सुरक्षित

मानना ख़ुद को धोखा देना था। यह तथ्य उनके लिए और भी दु:खद था कि निकट के इतिहास में अपनी बर्बरता में बेमिसाल नादिर शाह शिया ही था। चारों ओर से घिरे असुरक्षित-लाचार मुसलमानों को तत्कालीन दारुण स्थिति से उबारने के लिए वह मुख्यत: दो मोर्चों पर सक्रिय हुए। बाहर से एक-सा दिखनेवाला मुस्लिम समाज अन्दर से अनेक वर्गों और सम्प्रदायों में बुरी तरह बँटा था। उनको इसका भी शिद्दत से एहसास था कि मुसलमानों की राजनीतिक सत्ता जो दिन-ब-दिन कमज़ोर पड़ती जा रही थी, उसके पीछे मुसलमान शासकों के आपसी क्षुद्र स्वार्थ और बेमतलब के टकराव थे। इन प्रश्नों पर गम्भीरता से विचार करते हुए उन्होंने अपने लेखन और धार्मिक प्रवचनों (ख़ुत्बे) में इस्लाम की ऐसी व्याख्या की जिससे मुसलमान एकता के मजबूत धागे में बँध सकें और उनका खोया गौरव लौट सके। इसके लिए उन्होंने मुसलमानों को इस्लाम के आदिकाल की ओर लौटने की सलाह दी जब मुहम्मद साहब ने इस महान धर्म का प्रवर्तन किया था और जब उनके माध्यम से ईश्वर का सन्देश पवित्र 'क़ुरान' इस पृथ्वी पर उतरा था। इस्लाम के मूल उत्स 'क़ुरान' की सहज, सरल और अकृत्रिम व्याख्या की ओर शाह वली उल्लाह के लौटने का आवाहन लगभग वैसा ही था जैसाकि उन्नीसवीं सदी के उत्तरार्द्ध में इस्लाम और ईसाइयत की चुनौतियों से जूझते आत्ममंथन विकल हिन्दू धर्म के अनुयायियों को सम्बोधित आर्य-समाज के संस्थापक स्वामी दयानन्द सरस्वती (1824-1883) का वेदों की ओर लौटने का आवाहन। यह पहला मोर्चा था।

शाह वली उल्लाह का दूसरा मोर्चा था अपने समय के सहधर्मियों को हिन्दुस्तान के बहुसंख्यक हिन्दुओं और मुसलमानों के ही एक अपेक्षाकृत छोटे समुदाय शिया मत के अनुयायियों के सम्पर्क और प्रभाव से बचाए रखने का। वह इस तथ्य से नितान्त क्षुब्ध थे कि मुसलमान शासकों के दरबारों में बड़ी संख्या में हिन्दू और शिया दरबारी प्रभावशाली थे। उनके पास राजनीतिक प्रभाव के साथ अथाह सम्पदाएँ थीं। उनके बरअक्स सुन्नी दरबारी राजनीतिक प्रभाव और सम्पदा में कहीं नहीं ठहरते थे। वह इस सच्चाई से अच्छी तरह परिचित थे कि हिन्दुस्तान के बहुत थोड़े से मुसलमानों में ही शुद्ध अरबी रक्त था। नब्बे प्रतिशत से भी अधिक मुसलमानों की जड़ें हिन्दू धर्म में थीं। चूँकि उन्होंने हिन्दू धर्म त्याग कर इस्लाम स्वीकार किया था, इसलिए उनमें अभी भी बहुत से हिन्दू रीति-रिवाज़ प्रचलित थे। शाह वली उल्लाह को यह भयावह आशंका थी कि कहीं हिन्दू समाज धर्म परिवर्तन कर इस्लाम में दीक्षित मुसलमानों को सामाजिक-सांस्कृतिक रूप से अपने में आत्मसात् न कर ले। नतीजतन उन्होंने सुन्नी मुसलमानों को हिन्दुओं के सम्पर्क और प्रभाव-क्षेत्र से अधिक से अधिक दूरी बनाए रखने का सिद्धान्त विकसित किया। उन्होंने हिदायत दी कि मुसलमानों को हिन्दुओं से इतनी दूर रहना चाहिए कि उन्हें हिन्दुओं के घरों की रोशनी और उनसे उठता चूल्हे का धुआँ दिखाई न पड़े।

शाह वली उल्लाह स्वयं को अरब के प्रतिष्ठित क़ुरैश कबीले का वंशधर मानते थे। वह अपनी वंशावली पिता पक्ष से इस्लाम के दूसरे ख़लीफ़ा हज़रत उमर से जोड़ते थे। इसलिए उन्हें अपने उच्च वंश के कुलीन अरब रक्त की शुद्धता पर गर्व था। यहाँ इस्लामी यूनिवर्सिटी बहावलपुर (पाकिस्तान) के इतिहास और पाकिस्तान विषयक अध्ययन केन्द्र के अध्यक्ष डॉ. मुहम्मद सलीम अहमद द्वारा लिखित 'मुस्लिम लीग' के इतिहास में दिए गए तथ्यों का सन्दर्भ दिलचस्प होगा। डॉ. सलीम अहमद ने विभाजन पूर्व के हिन्दुस्तान के मुसलमानों को दो वर्गों में बाँटा है—अशराफ़ और अज्लाफ़। अरबी मूल का शब्द 'अशराफ़' 'शरीफ़' का बहुवचन है जिसका अर्थ है—कुलीन, ख़ानदानी, सभ्य, सुशील। 'अज्लाफ़' भी अरबी मूल का शब्द है जो 'जिल्फ़' का बहुवन है जिसका अर्थ है कमीना या नीच। डॉ. अहमद के अनुसार बीसवीं सदी के प्रारम्भ में अशराफ़ की संख्या मुसलमानों में चालीस लाख के आसपास थी जो उस समय मुसलमानों की कुल जनसंख्या का लगभग सात प्रतिशत ही था। अशराफ़ उन्हें कहा जाता था, जो अपने को सही या ग़लत बाहर से आए अरब, तुर्क, अफ़ग़ान, मुग़ल और ईरानी विजेताओं और शासकों का वंशधर मानते आए थे। अज्लाफ़ की श्रेणी में तिरानवे प्रतिशत स्थानीय मूल के बहुसंख्यक मुसलमान थे जिनके पूर्वजों ने या जिन्होंने स्वयं अपना पूर्ववर्ती धर्म छोड़कर इस्लाम की दीक्षा ले ली थी। उनकी ज़िन्दगी और जड़ें हिन्दुस्तान की मिट्टी से जुड़ी थीं। अल्लामा शिवली नोमानी (1857-1914), मौलवी अब्दुल हक़ (1870-1862), डॉ. सर मुहम्मद इक़बाल (1876-1938) क़ायदे आज़म मुहम्मद अली जिन्ना (1876-1948), मौलाना उबैदुल्ला सिन्धी (1872-1944), काजी नज़रूल इस्लाम (1899-1976), डागर बंधु, अज़ीम प्रेम जी, एम.जे. अकबर और ए.आर. रहमान कुछ ऐसे दीप्तिमान् मुस्लिम नाम हैं जिनके बिना इस्लाम धर्म, साहित्य, राजनीति, उद्योग, पत्रकारिता, संस्कृति और संगीत के कई परिदृश्य और विमर्श अधूरे साबित होंगे। इन सभी का मूल हिन्दू था। दिलचस्प तो यह है कि यदि अशराफ़ और अज्लाफ़ के विभाजन को ध्यान में रखें तो ये सभी अपने-अपने क्षेत्रों के मुसलमान दिग्गज अपने हिन्दू मूल के कारण अज्लाफ़ की श्रेणी में आएँगे। अज्लाफ़ की श्रेणी में बहुत बड़ी संख्या उन लोगों की भी थी, जो हिन्दू समाज के निचले वर्ग के थे और वहाँ व्याप्त जातिगत ऊँच-नीच और असमानता से आहत, सम्मान, समानता और भाईचारे की तलाश में इस्लाम की ओर उन्मुख हुए थे।

यदि बीसवीं सदी के प्रारम्भ में मुसलमान अशराफ़ की जनसंख्या डॉ. मुहम्मद सलीम अहमद के अनुसार हिन्दुस्तान में चालीस लाख थी तो यह अनुमान सहज रूप से लगाया जा सकता है कि इसके दो सौ साल पहले शाह वली उल्लाह के समय में ये संख्या पाँच लाख के आस-पास रही होगी। इनमें अनुमानतः सवा लाख के करीब शिया मतावलम्बी समाज की तादाद भी शामिल करना विवेकसंगत होगा

जिनसे शाह वली उल्लाह को हिन्दुओं के जितना ही परहेज था। इस प्रकार दो सौ साल पहले हिन्दुस्तान के मुसलमानों में सुन्नी अशराफ़ की संख्या पौने चार लाख के आस-पास रही होगी। तो क्या शाह वली उल्लाह का चिन्तन, लेखन और प्रवचन अपने समय के इतने सीमित समाज के लिए था? ये विचार मन में उठना स्वाभाविक है। जो भी हो, पर इसमें दो राय नहीं कि शाह वली उल्लाह के विचारों के वृहत्तर दिक्कालिक आयाम थे। डॉ. इश्तियाक़ हुसेन कुरैशी का 'भारत-पाकिस्तान उप-महाद्वीप का मुस्लिम समुदाय' (दि मुस्लिम कम्युनिटी ऑफ़ इंडो-पाकिस्तान सब कॉन्टिनेंट) में यह स्पष्ट विचार है कि शाह वली उल्लाह यह कभी नहीं चाहते थे कि मुसलमान इस उप-महाद्वीप के सामान्य परिदृश्य और मुख्य-धारा का एक हिस्सा बने। उनकी इच्छा थी वो (मुसलमान) अपने रिश्ते हिन्दुस्तान के बाहर के अपने सहधर्मियों के संसार के साथ सदैव जीवन्त रखें जिससे उनकी प्रेरणा और आदर्शों का स्रोत इस्लाम और उसके द्वारा विकसित विश्व समुदाय में केन्द्रित रहे।

3

शाह वली उल्लाह पर विचार करते समय उनके एक अत्यन्त महत्त्वपूर्ण समकालीन चिन्तक मुहम्मद बिन अब्दुल वहाब (1703-1792) पर भी संक्षिप्त चर्चा उपयोगी होगी। एक ही वर्ष में जनमे किन्तु परस्पर अपरिचित दोनों के विचारों में अद्‌भुत समानता है। अब्दुल वहाब का जन्म बानू तामीम कबीले में वर्तमान सऊदी अरब के वाडी हनीफ़ा नामक स्थान पर हुआ था। वहाब ने 'क़ुरान शरीफ़' दस साल की आयु में कंठस्थ कर लिया था। उन्होंने इस्लाम धर्म, दर्शन और हदीस का गहन अध्ययन मक्का, बसरा, दमिश्क और बग़दाद में किया था। फिर वह बग़दाद में अपने धार्मिक विचारों के प्रचार-प्रसार में तल्लीन हो गए। उन्होंने एक बार फिर इस्लाम की आधारशिला तौहीद (एकेश्वरवाद) पर ज़ोर दिया। उनकी सबसे महत्त्वपूर्ण कृति 'किताबुल तौहीद' है। उनका विचार था कि अरब में एक प्रभावशाली अभिजात वर्ग पैदा हो गया था जो इस्लाम की आत्मा एकेश्वरवाद से भटक गया था। वह शिर्क (अनेकेश्वरवाद) की ओर प्रवृत्त हो रहा था। इसके फलस्वरूप इस्लाम का मूल रूप कलुषित हो रहा था। जिस आक्रामकता से अब्दुल वहाब अपने मत का प्रचार कर रहे थे उससे अरब का एक बड़ा अभिजात वर्ग असन्तुष्ट और अप्रसन्न था। नतीजतन हासा के अमीर ने उन्हें गिरफ़्तार कर, मृत्युदंड देने का एलान कर दिया था। संयोग से हासा के निकट दारिया के एक प्रभावशाली कबीले के मुखिया मुहम्मद बिन सऊद के हस्तक्षेप और सहायता से वह बच निकले। अरब के दक्षिणी हिस्से नज्द पर मुहम्मद बिन सऊद का गहरा प्रभाव था। उनके उत्तराधिकारी अब्दुल अज़ीज़ बिन सऊद (1764-1803) का भी पूरा संरक्षण अब्दुल वहाब और उनके मत को

लगातार मिलता रहा। वहाब और वली उल्लाह दोनों के विचारों के अनुसार शिया मतावलम्बी पथभ्रष्ट थे। वहाब के गहरे प्रभाव के फलस्वरूप अब्दुल अज़ीज़ ने अप्रैल सन् 1801 में शिया मतावलम्बियों के श्रद्धास्पद पुण्यस्थल कर्बला को नष्ट-भ्रष्ट कर दिया था। कर्बला की धरती शिया समाज के प्रेरणा स्त्रोत हज़रत इमाम हुसेन के शहादत से पवित्र थी। वह पैग़म्बर मुहम्मद साहब के दौहित्र (नाती) थे। अपने पुण्य-स्थल के इस असह्य अपमान को लेकर शिया समुदाय के अन्तर की प्रतिशोध की ज्वाला तब शान्त हुई जब दारिया की एक मस्जिद में ईरानी मूल के एक शिया ने सन् 1803 में अब्दुल अज़ीज़ की हत्या कर दी। वर्तमान सऊदी अरब का क्षेत्र आज लगभग वही है पहले जिसे हिजाज़ नाम से जाना जाता रहा है। उसी क्षेत्र में इस्लाम के पवित्र शहर मक्का और मदीना स्थित हैं। अब्दुल अज़ीज़ के बेटे मुहम्मद ने अप्रैल सन् 1803 में कठिन प्रयास से इन दोनों पुण्य नगरों को तुर्कों के क़ब्ज़े से मुक्त करा लिया था पर तुर्क उन पर दुबारा काबिज़ हो गए थे।

हिजाज़ में अब्दुल वहाब के मत का प्रसार-प्रचार अठारहवीं सदी के अन्तिम दो दशकों और उन्नीसवीं सदी के पहले दशक में बड़ी तेज़ी से हुआ। वहाबियों ने एक बार फिर मक्का और मदीना को फरवरी सन् 1806 में तुर्कों से मुक्त करा लिया। इस्लाम के आदि रूप में निष्ठावान वहाबी मत के अनुयायियों ने एक निषेधवादी दृष्टि का परिचय दिया। सूफ़ी सन्तों के मज़ारों पर श्रद्धा-निवेदन पर सख़्त रोक लगा दी गई। औरतों पर सख़्त पर्दा लागू कर दिया गया। मदिरापान, संगीत, वाद्य, नृत्य और कविता सहित सभी तरह के मनोरंजन के साधनों को धर्म-विरुद्ध घोषित कर निषिद्ध कर दिया गया। आभूषणों और सुन्दर वस्त्रों सहित सभी प्रकार के शृंगार वर्जित कर दिए गए। इस प्रकार वहाबी मत का कठोर और अतिवादी जीवन-अनुशासन विजयकामी अरबों के अपने प्रभाव क्षेत्र के निरन्तर विस्तार की महत्त्वाकांक्षा से मिलकर एक अत्यन्त शक्तिशाली सम्मिश्रण सिद्ध हो रहा था। उन्नीसवीं सदी के पहले दशक के अन्त में हिजाज़ियों (अरबों) की सैन्य संख्या एक लाख बताई जाती थी।

तुर्कों और हिजाज़ियों की प्रतिद्वद्विता और शत्रुता पुरानी थी। मक्का और मदीना पर प्रभुत्व के लिए दोनों एकाधिक बार भिड़ चुके थे। वहाबी मत के प्रचार-प्रसार से हिजाजियों में जो नया विजयकामी जोश पैदा हुआ था उससे तुर्की के शासक सुलतान महमूद द्वितीय के कान खड़े होने स्वाभाविक थे। उन्नीसवीं सदी के दूसरे दशक के मध्य में चौकन्ने सुलतान ने मिस्त्र के अपने महत्त्वाकांक्षी और सुयोग्य खिदिव (वॉयसराय) मुहम्मद अली पाशा को वहाबियों के उफान को नियंत्रित कर हिजाज़ियों को वश में करने के फ़रमान जारी किए। अन्ततः मिस्त्र की सेना ने इब्राहिम पाशा नामक एक जनरल के नेतृत्व में स्वेज नहर के रास्ते अरब प्रायद्वीप पहुँच कर लगभग डेढ़ साल के कड़े युद्धों के बाद सन् 1818 में वहाबी हिजाज़ियों

को पूरी तरह परास्त कर दिया। तुर्क सुलतान ने इसके बाद हिजाज़ की सत्ता सऊदी शासकों से छीन कर हाशमी वंश के शासकों को सौंप दी। हिजाज़ तुर्की साम्राज्य का हिस्सा बन गया।

सन् 1818 के बाद वहाबी मत सौ साल से भी अधिक अवधि के दौरान निश्चेष्ट सुसुप्तावस्था में पड़ा रहा। उसे नया जीवन तब मिला जब प्रथम विश्व महायुद्ध में तुर्की की पराजय के बाद अंग्रेज़ों ने तुर्कों का वर्चस्व अरब प्रायद्वीप पर समाप्त कर दिया। सन् 1924 में अंग्रेज़ों ने हाशमी वंश के शासकों को हटा कर सऊदी अरब के प्रमुख को हिजाज़ की सत्ता सौंप दी और उसकी जगह एक नए देश सऊदी अरब की नींव रखने में सहायक सिद्ध हुए। सऊदी वंश के सत्ता में आते ही वहाबी मत में नई जान आ गई। धीरे-धीरे सऊदी अरब में पेट्रोल के कारण आई अपार समृद्धि के फलस्वरूप उसके प्रचार-प्रसार के लिए संसाधनों की कमी नहीं रही। आज हर देश के मुस्लिम समाज में उसकी सशक्त उपस्थिति एक बड़ी सच्चाई है।

4

विचारों में अद्‌भुत समानता के बावजूद समकालीन शाह वली उल्लाह और अब्दुल वहाब एक-दूसरे से अपरिचित और अप्रभावित थे। पर शाह वली उल्लाह पर सम्राट अकबर के समकालीन और उनके कटु आलोचक शेख़ अहमद सरहिन्दी (सन् 1563-1624) का गहरा प्रभाव था। यह सरहिन्दी का ही असर था कि मूर्तिपूजक हिन्दुओं के प्रति उदार और एक समावेशी मानवीय राजनीति के पक्षधर अकबर की जगह वली उल्लाह के आदर्श हिन्दू मन्दिरों के विध्वंसक और लुटेरे महमूद ग़ज़नवी तथा हिन्दुओं पर फिर से जज़िया लगाने वाले एवं कट्टर सुन्नी इस्लाम को लागू करने के लिए कृतसंकल्प औरंगज़ेब बने। सरहिन्दी बला के महत्त्वाकांक्षी थे। अकबर के बेटे और उत्तराधिकारी जहाँगीर को सत्ता में आते ही यह शिद्दत से एहसास होने लगा था कि उनके पिता की उदारता और मुक्त सोच बदलती स्थितियों में प्रासंगिकता खो चुकी थी। अत: उन्होंने सरहिन्दी से कहा कि वह ऐसे चार उच्चकोटि के उलमा के नाम सुझाएँ जिन्हें दरबार में परामर्शदाता के रूप में मनोनीत किया जा सके। सरहिन्दी ने जहाँगीर को गम्भीरता से समझाया कि चारों उलेमा का एक मत पर सहमत होना लगभग असम्भव होगा। नतीजतन उनमें आपसी कलह अपरिहार्य होगा। अत: चार की जगह एक ही आलिम बेहतर होगा। और इसके लिए चतुर सरहिन्दी ने अपना नाम बड़ी कुशलता से प्रस्तावित कर दिया। अभी इस पर विचार चल ही रहा था कि सरहिन्दी द्वारा अपने समवयस्क आध्यात्मिक गुरु ख़्वाजा बाक़ी बिल्लाह (सन् 1563-1603) को लिखे एक पत्र का पता चल गया। इसमें

उन्होंने अपने एक स्वप्न का ज़िक्र किया था जिसमें बताया गया था कि वह (सरहिन्दी) इस्लाम के पहले चार ख़लीफ़ाओं से भी ऊपर थे। इससे नाराज़ जहाँगीर ने उन्हें साल भर के लिए ग्वालियर के किले के क़ैदखाने की एक अँधेरी कोठरी में बन्द करवा दिया था। पर सरहिन्दी का महत्त्व पूरी तरह ख़त्म नहीं हो पाया था। अतः रिहा होने पर उन्हें नए वस्त्र और चाँदी के एक हज़ार सिक्के भेंट किए गए।

सरहिन्दी ने धीरे-धीरे सम्राट की निगाह में फिर जगह बना ली और उन्हें धार्मिक मामलों में राय देने लगे। उन्होंने जहाँगीर को अकबर द्वारा गोहत्या पर लगाई रोक हटाने, क़ाज़ी की संस्था फिर बहाल करने, शरिया को कठोरता से लागू करने, नए मस्जिदों के निर्माण और जीर्ण-शीर्ण मस्जिदों के उद्धार करने के लिए शाही ख़ज़ाने से उदारतापूर्वक धन देने के लिए प्रेरित किया। उन्होंने समझाया कि इस्लाम में सिर्फ़ अल्लाह को सजदा करने की व्यवस्था थी। इसलिए सम्राट के सामने लेटकर या बहुत अधिक झुक कर सम्मान प्रदर्शित करना धर्म विरुद्ध था। नतीजतन इस प्रचलित प्रथा पर उन्होंने रोक लगाने का सुझाव दिया। उन्होंने हिन्दुओं, शिया और सूफ़ी मतावलम्बियों पर लगातार हमले किए। उनके ज़हरीले सम्पर्क से बचने के लिए वह अक्सर हिदायतें दिया करते थे। उन्होंने मुग़ल सम्राट अकबर के एक महत्त्वपूर्ण दरबारी शेख़ फ़रीद बुखारी को लिखा था—इस्लाम का असली गौरव कुफ़्र और काफ़िरों को पस्त रखने में है। मूर्तिपूजक हिन्दुओं को जो सम्मानित स्थान अकबर के दरबार में प्राप्त था उससे सरहिन्दी चकित और दुखी रहते थे। उनके अनुसार हिन्दुओं को कुत्ते की तरह दूर रखना चाहिए। बुखारी सरहिन्दी के अध्यात्म गुरु ख़्वाजा बाक़ी बिल्लाह के सरपरस्त थे।

सरहिन्दी का बड़बोलापन और अतिवाद उनके आत्म-पराजय का कारण सिद्ध हुआ। दरअसल वह महत्त्वाकांक्षा के उन्माद से भयंकर रूप से ग्रस्त थे। कभी-कभी उन पर एक निहायत अजीब सनक सवार हो जाती थी। एक बार तो उन्होंने यह दावा तक पेश करने की हिमाक़त की थी कि वह पैग़म्बर मुहम्मद साहब और इस्लाम पूर्व के पैग़म्बर हज़रत इब्राहिम की समन्वित पूर्णताओं के उत्तराधिकारी थे। इसके लिए उनके चकित-क्रुद्ध समकालीनों ने उनकी कठोर भर्त्सना की थी। ज्ञातव्य है कि हज़रत इब्राहिम को ईसाई, यहूदी और मुसलमान तीनों अपना पैग़म्बर मानते हैं। उनके बारे में यह कथा प्रचलित है कि जब उनसे नाराज़ अत्याचारी शासक नम्रूद ने उन्हें आग के दरिया में भस्म करना चाहा था तो ईश्वरीय चमत्कार से आग का दरिया हरे-भरे शीतल छाया वाले वृक्षों से आच्छादित उद्यान में बदल गया था।

शाह वली उल्लाह की निगाह में आदर्श मुसलमान शासक औरंगज़ेब ने जब अपने शासन के बीसवें साल में एक बार फिर हिन्दुओं पर जज़िया लगाने का फ़रमान जारी किया था, तो करिश्माई मराठा शासक छत्रपति शिवाजी ने उस पर

पुनर्विचार का अनुरोध करते हुए उस अन्तिम प्रतापी मुग़ल शासक को सम्बोधित करते हुए अपने पत्र में इस्लाम के मर्म का स्मरण दिलाते हुए लिखा था कि "अगर आपका यक़ीन ईश्वर की वाणी नैसर्गिक पुस्तक पवित्र 'क़ुरान' में है, तो आप जानते होंगे कि उसमें ईश्वर को पूरी सृष्टि का स्वामी (रब्बुल आलमीन) कहा गया है, न कि केवल मुसलमानों का स्वामी। इस्लाम और हिन्दू धर्म एक-दूसरे से भिन्न ज़रूर दिखते हैं, पर दोनों एक ही सच्चे दिव्य चित्रकार द्वारा प्रयुक्त अनेक रंगों की छवियाँ हैं जिनके मेल से वह अपनी सृष्टि के खाके को भरता है। अगर कहीं मस्जिद है तो उसमें की गई प्रार्थनाओं में उसी का गुणगान होता है। और अगर कहीं मन्दिर है तो उसमें घंटियाँ उसी को स्मरण करते हुए बजती हैं। अपने धर्ममत और उसके व्यवहार के पक्ष में कट्टरता का प्रदर्शन दरअसल उस पवित्र ग्रन्थ को बदल देने जैसा है।" शिवाजी ने महान मुग़ल सम्राट अकबर के सर्वधर्म समभाव से प्रेरित 'सुलह कुल' की उदार धर्म नीति की याद दिलाते हुए लिखा था कि जहाँगीर और शाहजहाँ भी जज़िया जैसे कर लगाने में सक्षम थे पर उन्होंने ऐसा करना उचित नहीं समझा क्योंकि उनके दिलों में धर्मान्ध कट्टरता के लिए जगह नहीं थी।

औरंगज़ेब के परम प्रशंसक शाह वली उल्लाह को पता नहीं शिवाजी के उस पत्र का पता था कि नहीं। अगर पता भी रहा हो तो इससे उन्हें कोई फ़र्क़ नहीं पड़ता था। वह शेख़ अहमद सरहिन्दी के सन् 1624 में देहान्त के लगभग अस्सी साल बाद और औरंगज़ेब के देहान्त के चार साल पहले पैदा हुए थे। शाह वली उल्लाह के बालमुख पर तो मुग़ल साम्राज्य के तेज़ी से डूबते सूर्य का अन्तिम रुग्ण प्रकाश ही पड़ा था। इसके बाद तो अब लगातार बढ़ता घोर अन्धकार ही दिखाई दे रहा था। नादिर शाह ने दिल्ली की बची-खुची मुग़ल सत्ता की कमर पहले ही तोड़ दी थी। उसके बाद दिल्ली के चारों ओर सिख, जाट और मराठा छत्रपों की चुनौतियाँ लगातार बढ़ती जा रही थीं। इनमें दिल्ली को सबसे अधिक ख़तरा महत्त्वाकांक्षी तथा विजयकामी मराठों से था जिनसे निपटने में तत्कालीन निस्तेज और अशक्त मुग़ल शासक नितान्त अक्षम थे। सुदूर दक्षिण की मुसलमान सल्तनत ख़ुद मराठों के गहरे दबाव में थी। शाह वली उल्लाह अवध के शिया शासकों की सहायता की कल्पना भी नहीं कर सकते थे। अन्ततः उनका ध्यान अफ़ग़ानिस्तान के अमीर अहमद शाह अब्दाली (सन् 1726-1773) की ओर गया। उन्होंने संकट से घिरे मुसलमानों की रक्षा के लिए इस्लाम का वास्ता देते हुए अब्दाली से हिन्दुस्तान के हालात में हस्तक्षेप की गुहार लगाई। पाकिस्तानी इतिहासकार डॉ. सैयद रियाज़ अहमद ने लाहौर से छपी अपनी पुस्तक 'मौलाना मौदूदी और इस्लामी राज्य' (मौलाना मौदूदी एंड इस्लामिक स्टेट) में वली उल्लाह द्वारा अब्दाली को लिखे पत्र से निम्नलिखित उद्धरण दिया है—

"इस समय राजसत्ता पर पूरा क़ब्ज़ा हिन्दुओं के हाथों में है क्योंकि वही एक अकेली क़ौम है जो उद्यमी और बदलती स्थितियों से तालमेल की क्षमता रखती है। हर तरह की दौलत और ख़ुशहाली उसके पास है जबकि मुसलमानों के हिस्से में महज ग़रीबी और बदहाली है। ऐसे मौके पर आप ही अकेले शख़्स हैं जिसके पास दूरंदेशी, ताक़त, पहल व दुश्मनों को शिकस्त देने और मुसलमानों को काफ़िरों के चंगुल से हिफ़ाज़त की पूरी क़ूवत है। अल्लाह न करे गर उनका दबदबा और बरकरार रहा तो मुसलमान इस्लाम भूल जाएँगे और ग़ैर-मुसलमानों से अलग उनकी पहचान नामुमकिन हो जाएगी।"

डॉ. सैयद अतहर अब्बास रिज़वी की किताब 'शाह वली उल्लाह और उनका समय' (शाह वली उल्लाह एंड हिज़ टाइम) में उक्त पत्र का आगे का यह उद्धरण और भी उल्लेखनीय है—

"पैग़म्बर के नाम पर हम इस इलाके के काफ़िरों के ख़िलाफ़ जिहाद छेड़ने की आपसे इल्तिजा करते हैं।...नादिर शाह ने अपने हमले से मुसलमानों को तो तबाह कर दिया पर मराठों और जाटों को ख़ुशहाल और महफ़ूज छोड़ दिया। नतीजन क़ाफिरों की ताक़त दिन-ब-दिन बढ़ती जा रही है और दिल्ली के मुसलमान सरदारों सरबराह महज कठपुतली बन कर रह गए हैं।"

अहमद शाह अब्दाली दिल्ली के तेज़ी से बिगड़ते हालात पर पहले ही नज़र रखे हुए था। शाह वली उल्लाह की चिट्ठी ने उसके हिन्दुस्तान पर हमले के मंसूबे को और भी पुख़्ता कर दिया। सन् 1761 में अब्दाली की फौज और मराठों के बीच पानीपत का तीसरा युद्ध लड़ा गया। मराठे बुरी तरह पराजित हुए। अब्दाली के निर्णयात्मक हस्तक्षेप के कारण ही दिल्ली के तख़्त पर मराठों के अधिकार की चेष्टा असफल रही।

वली उल्लाह ने रुहेला सरदार नजीबुद्दौला के कानों में भी हिन्दुओं के ख़िलाफ़ ज़हर घोला। उन्होंने उसे समझाया कि उसके हिन्दू कर्मचारियों की सहानुभूति जाटों के साथ थी। उनके अनुसार मुसलमान शासकों के पतन का मुख्य कारण था उनकी शासन-व्यवस्था में महत्त्वपूर्ण पदों पर हिन्दुओं की उपस्थिति। नतीजतन हिन्दुओं के हिस्से में लगातार बढ़ती ख़ुशहाली थी और मुसलमानों की क़िस्मत में लगातार बढ़ती बदहाली। उनके मन में हिन्दुओं और शिया समुदाय के प्रति इतना बैर भाव था कि सैयद अतहर अब्बास रिज़वी के अनुसार उन्होंने अब्दाली को उनके होली और मुहर्रम जैसे त्योहारों पर रोक लगाने के लिए फ़रमान जारी करने की पुरज़ोर सिफ़ारिश की थी। सुप्रसिद्ध इतिहासकार डॉ. ताराचन्द ने अपने 'भारत के स्वतंत्रता आन्दोलन का इतिहास', प्रथम खंड (हिस्ट्री ऑफ़ दि फ्रीडम मूवमेंट ऑफ़ इंडिया, वाल्यूम 1) में कहा है—

"यह आश्चर्यजनक है कि वली उल्लाह ने अहमद शाह अब्दाली जैसे शख़्स पर यक़ीन किया जिसने मुग़ल साम्राज्य के समृद्धतम प्रान्तों को बुरी तरह उजाड़ कर

रख दिया, जिसने बेहिचक मुसलमानों और हिन्दुओं को बेरहमी से लूटा और तबाह किया और इन सबसे ऊपर जो निहायत ओछे क़िस्म का आदमी था, जिसकी अपने देश और समाज में न कोई जड़ थी और न ही कोई प्रतिष्ठा।''

शाह वली उल्लाह के बुलावे पर अब्दाली के निर्णयात्मक हस्तक्षेप और उसके हाथों मराठों की गहरी हार के बावजूद मुग़ल साम्राज्य के पतन की तेज़ रफ़्तार थम नहीं सकी। मुसलमानों के राजनीतिक वर्चस्व की पुनर्स्थापना की इच्छा एक दिवास्वप्न ही सिद्ध हुई। दरअसल राबर्ट क्लाइव के हाथों सन् 1757 में प्लासी के युद्ध में बंगाल के नवाब सिराजुद्दौला की ऐतिहासिक पराजय के साथ हिन्दुस्तान के इतिहास के सात सदियों के मुस्लिम काल का पटाक्षेप हो गया। साथ ही हिन्दुस्तान में अंग्रेज़ों के शासन के ज़रिये लगभग दो सौ सालों का औपनिवेशीकरण का दौर शुरू हुआ।

5

शाह वली उल्लाह को बदलते समय के साथ इस्लाम के मूल सिद्धान्तों की तर्कसंगत व्याख्या की साहसिक वकालत के लिए ख़ासतौर से याद किया जाता है। उन्होंने आने वाले समय के तेज़ कदमों की आहटें ध्यान से सुनी थीं। एच.ए. गनी ने अपनी पुस्तक 'मुस्लिम राजनीति की समस्याएँ और राष्ट्रीय एकता' (मुस्लिम पॉलिटिकल इशूज़ एंड नेशनल इंटीग्रेशन) में लिखा है कि ''शाह वली उल्लाह ने निडर होकर कहा कि हज़रत मुहम्मद साहब के उपदेश उनके समय में प्रचलित सामाजिक, सांस्कृतिक परिस्थितियों के परिणाम थे। उनका विचार था कि आज (समकाल में) शरीयत और हर एक इस्लामी क़ानून की निषेधाज्ञाओं का तर्कसंगत विश्लेषण और प्रस्तुतिकरण होना चाहिए।''

सैद्धाान्तिक स्तर पर शाह वली उल्लाह ने मुसलमानों के अध:पतन का पहला महत्त्वपूर्ण कारण राजतंत्र में ढूँढ़ा जिसमें वंशगत उत्तराधिकार की परम्परा का अनुसरण किया गया था। उन्होंने पाया कि यह उस इस्लामी प्रजातांत्रिक परम्परा के विरुद्ध था जिसके तहत इस्लाम के पहले चार ख़लीफ़ाओं के चयन और मनोनयन हुए थे। उनके अनुसार दूसरा अहम कारण था शरीयत की तर्कसंगत व्याख्या के प्रगतिशील सिद्धान्त—इज्तिहाद की बढ़ती उपेक्षा। इस्लाम में उसके सिद्धान्तों को सही ढंग से समझने और व्यक्ति और समाज पर उसे लागू करने के लिए तीन प्रमुख प्रावधानों का उल्लेख है—'इज्तिहाद' (स्वतंत्र तर्कसंगत निर्णय), 'शुरा' (पारस्परिक विचार-विमर्श) और 'इज्मा' (सहमति)। शाह वली उल्लाह ने 'इज्तिहाद' को सर्वाधिक वरीयता दी। इसीलिए उन्हें सम्मान से 'मुज्तहिद' (धर्माधिकारी) कहा जाता है। 'इज्तिहाद' के लिए एक और समानार्थक शब्द प्रयुक्त होता है—'तज्दीद'। इस्लाम धर्म के प्रमुख

विद्वान मौलाना वहीदुद्दीन ने एक महत्त्वपूर्ण हदीस का सन्दर्भ दिया है जिसके अनुसार मुसलमान समाज में लगभग हर सौ साल में एक मुज्तहिद का आविर्भाव होगा जो बदली हुई परिस्थितियों में इस्लाम के सिद्धान्तों की पुनर्व्याख्या में सक्षम होगा। आज विज्ञान के त्वरित विकास के फलस्वरूप देश और काल की दूरी निरन्तर तेज़ी से कम होती जा रही है। अत: हर पीढ़ी को तेज़ी से बदलती परिस्थितियों में 'इज्तिहाद' की ज़रूरत है। एक बात ख़ास ध्यान देने योग्य है। पुनर्व्याख्या का अर्थ इस्लाम के आधारभूत सिद्धान्तों में संशोधन या सुधार कतई नहीं है। दरअसल उसका उद्देश्य असमानता और अन्याय से मनुष्य की मुक्ति हेतु कृत संकल्प इस्लाम को रूढ़ियों और उससे उत्पन्न गतिरोध से स्वतंत्र रखना है। शाह वली उल्लाह द्वारा 'इज्तिहाद' पर दिए गए ज़ोर के आधार पर उन्हें इस्लामी आधुनिकता का पुरोधा सिद्ध करने की कोशिशें अनेक मुस्लिम विद्वानों ने की हैं। सुन्नी इस्लाम की विभिन्न विचारधाराओं की शाखाओं और उपशाखाओं के अन्तर्विरोधों को सुलझाने और उनके बीच समन्वित तार्किक सुसंगति स्थापित करने का भी श्रेय उन्हें दिया जाता है।

शाह वली उल्लाह के आर्थिक चिन्तन पर भी एक विहंगम दृष्टि उपयोगी होगी। उन्होंने अर्थशास्त्र के चार मूल तत्त्वों—धन के उत्पादन, उसके उपभोग, वितरण और विनिमय पर तफ़सील से विचार किया है। उनके अनुसार धन के उत्पादन में चूँकि पूरे राष्ट्र की भागीदारी होती है, इसलिए उसका न्यायोचित वितरण पूरे राष्ट्र में होना चाहिए। उन्होंने उत्पादन के मूल्यों और उपभोग के ढंग के भी सिद्धान्त निरूपित किए। उनका मत था कि वही आर्थिक व्यवस्था कामयाब होगी जिसमें उसकी चारों महत्त्वपूर्ण शाखाओं में सुसंगति और समन्वय होगा।

वली उल्लाह की आर्थिक सोच का पहला सिद्धान्त था कि किसी भौगोलिक सीमा के संसाधनों पर उसके सभी निवासियों का अधिकार है। वह उसी आर्थिक व्यवस्था को श्रेयस्कर मानते थे जिसमें सभी बराबर हों और जिसमें कोई व्यक्ति या वर्ग संसाधनों पर कब्जा न कर सके। उन्होंने अपने मत के समर्थन में 'सेज़ालतुल ख़ीफ़ा' में अबू बकर सिद्दीक़ी का निम्न कथन उद्धृत किया है—

"अर्थशास्त्र में किसी समूह विशेष को दूसरे समूह पर तरजीह देने से बेहतर है सबको बराबर मानना।" उनका दूसरा सिद्धान्त था कि चूँकि हर व्यक्ति की योग्यता और क्षमता एक-सी नहीं होती, इसलिए राष्ट्र के संसाधनों में उनके अधिकार की सीमा निर्धारित करना अनुचित नहीं होगा। सबकी ज़िन्दगी की ज़रूरतें बिना कठिनाई के पूरी होनी चाहिए। सबको उनकी योग्यता और क्षमता के अनुसार काम मिलना चाहिए। पर सभी को एक जैसी खाने-पीने, रहने और पहनने की सुविधा देना न तो आवश्यक है और न ही सम्भव। उनका तीसरा सिद्धान्त था कि ऐसी व्यवस्था के विकास के प्रयास होने चाहिए जिनमें धन थोड़े से हाथों में सिमट कर न रह जाए। अगर कुछ निहित स्वार्थी तत्त्व इस तरह की अनिष्ट चेष्टा करते हैं तो इसे नाकामयाब करने के

प्रावधान किए जाने चाहिए। उनका चौथा सिद्धान्त था कि आर्थिक व्यवस्था के सभी कारक तत्त्वों का प्रबन्धन इस तरह किया जाए जिससे समाज का समग्र और सन्तुलित विकास सम्भव हो पाए। वह एक ऐसे संगठन के निर्माण पर ज़ोर देते थे जिसके द्वारा पुरानी अर्थव्यवस्था को ख़त्म कर उनके सुझाए सिद्धान्तों के आधार पर समाज का समग्र-सन्तुलित विकास सुनिश्चित किया जा सके।

अठारहवीं सदी के पूर्वार्द्ध और छठे दशक में जब कार्ल मार्क्स (सन् 1818-1883) का जन्म बहुत दूर था, शाह वली उल्लाह के आर्थिक सोच के समाजवादी आयाम विस्मयकारी लगते हैं। उस युग में उनके आर्थिक विचारों को 'रैडिकल' (तीव्र परिवर्तनगामी) ही कहा जाएगा। यह विस्मय कई गुना और बढ़ जाता है जब उनकी आर्थिक सोच को, ग़ैर-मुसलमानों के प्रति उनके नितान्त अनुदार, आक्रामक और अलगाववादी धार्मिक राजनीतिक उद्घोषणाओं के बरअक्स देखते हैं। धर्म और संस्कृति बहुल देश के किसी भी सदाशय संवेदनशील नागरिक को उनका मुसलमान शासकों को यह उत्तेजक सम्बोधन गहराई से विचलित कर देगा—

"ऐ बादशाहो! मलाए आ'ला (बहिश्त के फ़रिश्तों) का फ़रमान है कि तुम अपनी तलवारें बाहर खींच लो और उन्हें दुबारा तब तक म्यान में मत रखो जब तक अल्लाह मुसलमानों को शिर्क (बहुदेववाद) में यक़ीन रखनेवालों से अलग न कर दे और बाग़ी काफ़िर और गुनहगार पूरी तरह कमज़ोर, लाचार और पस्त-हिम्मत न पड़ जाएँ।"

—सैयद अतहर अब्बास रिज़वी[1]

6

शाह वली उल्लाह औरंगज़ेब के बाद मुसलमानों की राजसत्ता के तेज़ी से होते हुए ह्रास का कारण हिन्दुओं के बढ़ते हुए राजनीतिक प्रभाव में खोजते थे। उनकी निगाह मुसलमान शासकों की कमज़ोरियों और उनके शासन में अन्तर्निहित पतनशील प्रवृत्तियों की ओर नहीं गई। हिन्दू कर्मचारियों और सेना के सदस्यों के ख़िलाफ़ मुसलमान शासकों के कान उनके द्वारा भरने के कई संकेत इतिहासकारों ने दिए हैं। इस तथ्य को उन्होंने नज़रअन्दाज़ किया कि उनके आदर्श मुसलमान शासक औरंगज़ेब की सेना में भी हिन्दुओं की संख्या नगण्य नहीं थी और उस अन्तिम प्रतापी मुग़ल सम्राट को चुनौती देने वाले उतने ही प्रतापी छत्रपति शिवाजी की सेना और प्रशासन में मुसलमान काफ़ी संख्या में कार्यरत थे। दरअसल वह हिन्दुओं के साथ किसी भी तरह के सम्पर्क को मुसलमानों के लिए अनिष्ट मानते थे। विभिन्न धर्मों और मतों के परस्पर सद्भाव पर निर्मित समरस समाज उनके लिए अकल्पनीय था। काफ़िर

1. शाह वली उल्लाह एंड हिज़ टाइम, पृष्ठ 299

हिन्दू तो दरकिनार, उन्हें शिया मतावलम्बी और उदार सूफ़ी सिलसिलों के अनुयायियों से भी सख़्त एतराज़ था। इस्लाम मूलत: शान्ति और सुलह का धर्म है। उसके इस मर्म को ध्यान में रखकर 'मुज्तहिद' के रूप में समादृत उन्होंने बदलते देश-काल के अनुरूप पवित्र 'क़ुरान' और शरीअत की व्याख्या से परहेज किया। उनके धर्म-चिन्तन में अध्यात्म की जगह गौण और धर्म के बाह्य स्थूल पक्ष पर बल मुख्य प्रतीत होता है। हिन्दुस्तान जैसे धर्म और संस्कृति बहुल देश में इस्लाम की समावेशी व्याख्या उनके लिए असम्भव थी।

यह दिलचस्प है कि उनके हिन्दुओं से मुसलमानों के पूरी तरह अलगाव के सोच को अमली जामा पहना पाना किसी मुसलमान शासक के लिए सम्भव नहीं हो सका। यह सम्भव हुआ उनके देहान्त के लगभग डेढ़ सौ साल बाद जब दिसम्बर सन् 1906 में मुस्लिम लीग की स्थापना के बाद उसकी माँग पर ब्रिटिश वॉयसराय लॉर्ड मिंटो (सन् 1845-1914) ने मुसलमानों के लिए पृथक निर्वाचन की बात मान ली। इस माँग को वैधानिक स्वीकृति भी तुरन्त मिल गई। इसके तहत मुसलमानों के अलग निर्वाचन क्षेत्र का प्रावधान था जिससे सिर्फ़ मुसलमान प्रत्याशी ही खड़े हो सकते थे और जिन्हें सिर्फ़ मुसलमान वोटरों द्वारा चुना जाना था। शाह वली उल्लाह के अलगाववाद का चरम भी हिन्दुस्तान में ब्रिटिश शासन के अन्तिम दौर में अगस्त 1947 में आया जब एक सार्वभौम मुस्लिम बहुल राष्ट्र पाकिस्तान का जन्म हुआ। यह अकारण नहीं है कि शाह वली उल्लाह को पाकिस्तान में उसकी विचारधारा के आदि प्रवर्तक के रूप में याद किया जाता है। हिन्दुओं, ईसाइयों, शिया तथा अहमदिया मतों के अनुयायियों तथा सूफ़ी सन्तों की मज़ारों पर जो प्राणघातक हमले और विस्फोट पाकिस्तान में लगातार होते रहते हैं उसकी जड़ें भी प्रत्यक्ष-परोक्ष रूप से शाह वली उल्लाह के विचारों की अतिवादी व्याख्या में तलाशना अनुचित नहीं होगा। शिया मृतकों के अन्तिम संस्कार के समय इकट्ठा जन-समूह और उनकी मस्जिदों में नमाज़ पढ़ते लोगों की हत्याओं को भी इसी सिलसिले में जानने-समझने की कोशिश होनी चाहिए। लाहौर में सन् 1941 में जमाते इस्लामी के संस्थापक मौलाना सैयद अब्दुल अला मौदूदी (सन् 1903-1979), जिन्हें एम.जे. अकबर ने पाकिस्तान का धर्मपिता (गॉड फादर) कहा है, से लेकर उदारचेता पाकिस्तानी क्रिकेटर-राजनेता इमरान ख़ान तक शाह वली उल्लाह को अपना आदर्श मानते रहे हैं। यह दिलचस्प है कि शाह वली उल्लाह के हिन्दुओं से अधिक से अधिक दूरी के सिद्धान्त के बरअक्स मौलाना मौदूदी को हिन्दुओं से सम्पर्क और उनके त्योहारों में शामिल होने से परहेज़ नहीं था। इसके पीछे कारण चाहे कुछ भी रहा हो। इमरान ख़ान राजनीति में सक्रिय सम्भवत: पाकिस्तान के ऐसे विरल राजनेता हैं जिन्होंने शाह वली उल्लाह की आर्थिक सोच की ओर ध्यान दिया।

इमरान ख़ान पर भारतीय लेखक फ्रैन्क हुज़ूर (मनोज कुमार) की सद्य:प्रकाशित

पुस्तक—'इमरान वर्सेज़ इमरान—दि अनटोल्ड स्टोरी' (इमरान बनाम इमरान—अनकही कहानी) में उनके धर्म-विषयक सोच पर भी निगाह डाली गई है। इमरान के अनुसार जिस तरह मुस्लिम सत्ता के पतन के दौरान शाह वली उल्लाह ने इस्लाम की अपनी समयानुकूल व्याख्याओं द्वारा उसके एक-दूसरे से टकराते मत-मतान्तरों के बीच एकता स्थापित करने की कोशिशें कीं, उसी तरह एक नव व्याख्याकार की ज़रूरत समकालीन पाकिस्तान को भी है। उनका मानना है कि शाह वली उल्लाह के लेखन में कई आधुनिक प्रगतिशील सामाजिक, राजनीतिक और आर्थिक विचारों के बीज मिलते हैं। सामाजिक सुधार, समान अधिकार, मजदूरों के हक़ों की हिफ़ाजत, शासकों द्वारा शासितों के हितों की एक ट्रस्टी के रूप में सुरक्षा तथा सबके लिए रोटी, कपड़ा और मकान के अधिकार की गारंटी के सबक शाह वली उल्लाह से सीखे जा सकते हैं। पाकिस्तान के अस्तित्व और अस्मिता के संकट की शुरुआत उसके जन्म के साथ ही हो गई थी। उसके संस्थापकों के पास कोई आर्थिक-सामाजिक विकास-दृष्टि नहीं थी। शाह वली उल्लाह की इस दिशा में सोच को मॉडल मान कर यदि एक साहसिक प्रयोग और परीक्षण की सम्भावना पर विचार गया होता तो शायद पाकिस्तान इतना दिग्भ्रान्त न हुआ होता।

डॉ. सैयद रियाज़ अहमद के अनुसार ख़िलाफ़त आन्दोलन के स्तम्भ नेताओं, अली बन्धुओं, मौलाना अब्दुल बारी, और मौलाना अबुल कलाम आज़ाद पर भी वहाबी और वली उल्लाह के विचारों का गहरा असर था। कविर्मनीषी इक़बाल भी इनके रंग में रंगे हुए थे। इनमें धार्मिक और आध्यात्मिक चिन्तन की गहराई में मौलाना आज़ाद बेमिसाल थे। उन्होंने देश के स्वतंत्रता-संग्राम की ज़रूरतों के हिसाब से इस्लाम के सिद्धान्तों की एक नई उपनिवेश विरोधी व्याख्या का साहस दिखाया। उन पर आगे स्वतंत्र रूप से विस्तार से विचार किया जाएगा।

धर्म योद्धा
सैयद अहमद बरेलवी

7

सन् 1757 के प्लासी के युद्ध के दौरान सिराजुद्दौला की बंगाल में और सन् 1798 में टीपू सुलतान की मैसूर में ऐतिहासिक हार हुई। इसी के साथ मुसलमानों का हिन्दुस्तान में अपनी राजसत्ता फिर से स्थापित करने का सपना सदा के लिए चूर-चूर हो गया था। सन् 1803 में नाममात्र के लिए ही सही अन्तिम मुग़ल सम्राट बहादुरशाह ज़फ़र ने ईस्ट इंडिया कम्पनी की अधीनता स्वीकार कर ली थी। हिन्दुस्तान अब दारुल इस्लाम नहीं रह गया था। इसी साल लाल किले और जामा मस्जिद से थोड़ी ही दूर पर मदरसा रहीमिया से शाह वली उल्लाह के धार्मिक उत्तराधिकारी और बेटे शाह अब्दुल अज़ीज़ (सन् 1745 से 1824) ने हिन्दुस्तान को अपने दूरगामी महत्त्व के फ़तवे के ज़रिये दारुल हर्ब घोषित कर दिया था। सन् 1825 में शाह अब्दुल अज़ीज़ के देहान्त के लगभग एक साल बाद उनके शिष्य सैयद अहमद बरेलवी (सन् 1786-1831) ने फिरंगियों के ख़िलाफ़ ज़ेहाद की घोषणा कर दी थी।

सैयद अहमद का जन्म वर्तमान उत्तर प्रदेश के रायबरेली नाम के क़स्बे (अब ज़िला) में हुआ था। रायबरेली में जन्म के कारण उन्होंने अपने नाम के साथ बरेलवी जोड़ लिया था। चौदह साल की उम्र में पिता के देहान्त के बाद सन् 1800 में वह घर छोड़कर दिल्ली आ गए थे। वहाँ मदरसा रहीमिया में उन्होंने शाह अब्दुल अज़ीज़ की शागिर्दी कबूल कर उनके प्रति निष्ठा की शपथ ले ली थी। अँग्रेजों से जूझने के संकल्प के साथ वह वर्तमान राजस्थान की रियासत टौंक के नवाब अमीर ख़ान की फौज़ में सन् 1812 में भर्ती हो गए थे। ईस्ट इंडिया कम्पनी की बढ़ती ताक़त के सामने नवाब की हिम्मत पस्त पड़ने लगी थी। बरेलवी द्वारा आगाह किए जाने के बावजूद अन्ततः नवाब ने कम्पनी से सुलह कर ली थी। ठगे से हताश वह फिर दिल्ली अपने गुरुधाम मदरसा रहीमिया में सन् 1818 में लौट आए थे।

अभी शाह अब्दुल अज़ीज़ जीवित थे और उनके साथ उनके भतीजे शाह इस्माइल और दामाद अब्दुल हई भी रहते थे। दोनों इस्लाम और हदीस के विद्वान

और फिरंगियों के ख़िलाफ़ बरेलवी के ज़ेहाद के विचार से पूरी तरह सहमत और प्रभावित थे। अत: दोनों ने बरेलवी के प्रति अपनी पूरी निष्ठा व्यक्त करते हुए उन्हें अपनी सेवाएँ समर्पित कर दीं।

बरेलवी के शिष्यों ने उनके विचारों का एक घोषणा-पत्र 'सीरतुल मुस्तक़ीम' (सरल चरित्र) नाम से सन् 1818 में ही तैयार कर दिया था। यह फ़ारसी में था। इसे कलकत्ता से सन् 1822-23 में प्रकाशित किया गया। जब वह हज यात्रा के दौरान मई 1822 में मक्का पहुँचे तो उनके वहाँ प्रवास के दौरान 'सीरतुल मुस्तक़ीम' का अनुवाद अरबी में किया गया। इसमें हिन्दुस्तान में इस्लाम की शुद्धता पर हिन्दुओं के बहुदेववाद और सूफ़ियों में प्रचलित सन्तों और पूर्वजों की मज़ारों पर श्रद्धा व्यक्त करने, वहाँ नज़र और नियाज़ तथा चादर आदि चढ़ाने की परम्परा के अनिष्ट प्रभाव की भर्त्सना की गई थी। लोगों ने अपनी कल्पना और अन्धविश्वास के ज़रिये कई ऐसे रीति-रिवाज़ गढ़ लिए थे जो इस्लाम की आत्मा एकेश्वरवाद के विरुद्ध थे। शादियों और सूफ़ी मज़ारों पर उर्स के दौरान गाने-बजाने, नाचने और झूमने की परम्पराओं को पतनशीलता का लक्षण बताते हुए उनकी तीव्र निन्दा इस ग्रन्थ में की गई थी। उनके विचारों के चार मुख्य आधार स्तम्भ थे : एकेश्वरवाद में दृढ़ आस्था, मनुष्य की समानता में विश्वास, हिन्दू धर्म और सूफ़ी मत के सम्पर्क से पनपी पतनशील प्रवृत्तियों से मुक्ति और ईसाई अंग्रेज़ों की धार्मिक-राजनीतिक चुनौतियों का मुक़ाबला। उनके व्यक्तित्व, विचारों और निर्मल चरित्र के प्रशंसक सिर्फ़ उनके अनुयायी ही नहीं थे बल्कि सर विलियम हंटर जैसे कई समझदार उच्च अंग्रेज़ पदाधिकारी भी थे

बरेलवी का प्रभाव बड़ी तेज़ी से गंगा-जमुना के दोआबे में फैलने के साथ पटना और कलकत्ता तक पहुँच गया। 1821 में उन्होंने पटना में अपना एक दफ़्तर और शुद्ध इस्लाम के मूल्यों की शिक्षा-दीक्षा के लिए एक बड़ा प्रशिक्षण केन्द्र शुरू किया। बढ़ती प्रतिष्ठा और सफलता के फलस्वरूप अब उनकी महत्त्वाकांक्षा को पंख लग गए थे। उन्होंने पाया कि अब वह ज़ेहाद शुरू करने में सक्षम एक ख़लीफ़ा की स्थिति में थे। अप्रैल 1824 में हज से लौटने पर उनका रुतबा और बढ़ गया। उनके प्रशंसकों और अनुयायियों ने उन्हें महदी (पथ प्रदर्शक) घोषित कर दिया। इस्लाम में यह विश्वास है कि क़यामत (प्रलय) के कुछ समय पहले महदी नाम के बारहवें इमाम प्रकट होंगे जो सबका मार्गदर्शन करेंगे।

विचारवीर शाह वली उल्लाह की विचारसरणि के समर्पित अनुगामी कर्मवीर बरेलवी ने अपने ज़ेहाद की राजनीति में एक नया आयाम जोड़ा। हिन्दुओं से पूरी तरह अलग-थलग रहने के बजाय उन्होंने उनके सहयोग का महत्त्व समझा। ईस्ट इंडिया कम्पनी की सत्ता की विस्तारवादी नीतियों की शिकार मुसलमान और हिन्दू रियासतें दोनों हो रही थीं। कैसे फिरंगी व्यापारी तेज़ी से राजसत्ता के सार्वभौम अधिकारी बनते जा रहे थे, यह खुली आँख का कोई भी संवेदनशील व्यक्ति समझ

सकता था। ज़ेहाद के लिए प्रस्थान के पूर्व उन्होंने ग्वालियर के राजा हिन्दूराव को अपने विश्वस्त हाजी बहादुर शाह के माध्यम से एक सदाशय पत्र भेजा। इसमें उन्होंने सुदूर देशों से आए अज्ञात कुलशील फिरंगियों के विरुद्ध शुरू किए ज़ेहाद में उनका और दूसरे महत्त्वपूर्ण हिन्दू शासकों और सामन्तों का हर तरह का हार्दिक सहयोग माँगा। पत्र में साफ़ आश्वासन था कि ज़ेहाद के कामयाब होने पर फिरंगियों द्वारा शासकों-सामन्तों को उनकी रियासतें-जागीरें बाइज़्ज़त लौटा दी जाएँगी। यह पत्र व्यर्थ नहीं गया। बरेलवी की योजना थी कि वह हिन्दुस्तान के उत्तरी-पश्चिमी सरहद के कबीलों के बहादुर और लड़ाकू मुसलमानों को संगठित कर पहले पंजाब और उसके ऊपर के इलाके में सिखों की बढ़ती ताक़त को रोकेंगे। उसके बाद अपनी सैन्य-शक्ति को और सुदृढ़ कर वह फिरंगियों से निपटेंगे।

17 जनवरी, 1826 को उन्होंने छः सौ की सेना के साथ अपने ज़ेहाद के अभियान के लिए रायबरेली से प्रस्थान किया। स्वयं घोषित ख़लीफ़ा और निष्ठावान अनुयायियों द्वारा स्वीकृत महदी की महिमा से मंडित बरेलवी ने अपनी इस ज़ेहाद यात्रा की तुलना हज़रत मुहम्मद साहब की ऐतिहासिक मक्का से मदीना की यात्रा हिज़रत से की। दिल्ली से होते हुए उन्होंने अपना मार्ग ग्वालियर, राजस्थान, सिन्ध, पंजाब, सरहदी सूबा और अफ़ग़ानिस्तान का चुना। ग्वालियर में हिन्दूराव और टौंक में अमीर ख़ान से उन्हें अच्छी सहायता और उपहार मिले। बरेलवी ने अपनी लम्बी ज़ेहाद यात्रा के अन्तिम पड़ाव के लिए पेशावर के पास नौशेरा नामक सुरक्षित स्थान को चुना। यह पूरा क्षेत्र लाहौर से शासन कर रहे प्रतापी सिख शासक महाराजा रणजीत सिंह के प्रभाव में था। स्थानीय मुस्लिम क़बीलों के मुखिया शासकों ने बरेलवी के ज़ेहाद में सहयोग देकर अनायास सिखों का कोप-भाजन बनना उचित नहीं समझा। पगारा के पीर सिब्गतुल्लाह शाह चाहते थे कि जब तक बरेलवी सरहद के इलाके में ख़ुद को अच्छी तरह स्थापित न कर लें तब तक वह स्वयं अपने पत्ते न खोलें। बलूचिस्तान के शासक मेहराब ख़ान ने साफ़ कह दिया कि उन्हें लाहौर स्थित महाराजा रणजीत सिंह से कहीं अधिक ख़तरा कंधार के महत्त्वाकांक्षी शासक अब्दुल्लाह ख़ाँ दुर्रानी से था। पेशावर के दुर्रानी मुखिया यार मुहम्मद ख़ाँ और पीर मुहम्मद ख़ाँ के असहयोग से तंग आकर बरेलवी अन्ततः अपने दल-बल के साथ यूसुफज़ाई इलाके में चले गए। वहाँ हुंड के मुखिया खादे ख़ाँ ने बरेलवी को सैन्य कार्यवाही के लिए पूरी सुविधाएँ प्रदान कीं।

दुर्भाग्यवश बरेलवी के सैनिकों में ज़ेहाद को लेकर किसी प्रकार की धार्मिक प्रतिबद्धता और आदर्शवाद का दुःखद अभाव था। उनका मुख्य उद्देश्य धर्मयुद्ध न होकर लूट-पाट था। खादे ख़ाँ के सहयोग के पीछे भी असली ध्येय उस क्षेत्र के समृद्ध व्यापारिक केन्द्र हाज़रू पर हमले और लूट-पाट के लिए बरेलवी के सैन्य बल का अधिक से अधिक उपयोग ही था। ऐसे लोभी अनुशासनहीन सैन्य बल को

महाराजा रणजीत सिंह की सिख सेना की स्थानीय चरित्रवान और अनुशासित टुकड़ी के हाथों कड़ी पराजय झेलनी पड़ी। सरदार बुद्ध सिंह के नेतृत्व में दस हज़ार के सिख सैन्य बल ने बरेलवी और उनकी सेना को सुरक्षित स्थान पर शरण लेने के लिए विवश कर दिया।

पर बरेलवी का धर्मदीप्त अन्तर्मन अपराजेय था। उन्होंने इस्लाम से शक्ति संचय करते हुए एक सर्वथा नई रणनीति की रचना की। 11 जनवरी, 1827 को उन्होंने स्वयं को एक नितान्त औपचारिक घोषणा-पत्र के ज़रिए इमाम घोषित कर दिया और इस्लाम के नाम पर सभी मुसलमानों से स्वयं को इस रूप में स्वीकार करने का फ़रमान जारी किया। वह यहीं तक नहीं रुके। उन्होंने अपने नाम के सिक्के ढलवाये जिन पर उनके इस्लाम के संरक्षक होने की इबारत खुदी हुई थी। इसका प्रत्याशित प्रभाव पड़ा। उनके नए स्थानीय अनुयायी उन्हें सैयद बादशाह कहने लगे। उन्होंने स्वयं भी अपने को ख़लीफ़ा साहब कहना शुरू कर दिया। उनके पुराने अनुयायी उन्हें 'अमीरुल मोमिनीन' (धर्मनिष्ठों का संचालक) पहले से कहते आ रहे थे। ऐसे में अनेक तरह से महिमामंडित हो चुके बरेलवी ने कश्मीर, चियाल, बुखारा तथा अन्य मुस्लिम राज्यों के शासकों को अपने ज़ेहाद में शामिल होने और तन, मन, धन से उसमें सहयोग देने के लिए प्रेरक पत्र लिखे। इसका अप्रत्याशित प्रभाव पड़ा। सन् 1828-29 में उनकी सैन्य संख्या आश्चर्यजनक रूप से बढ़कर अस्सी हज़ार तक पहुँच गई।

बरेलवी का लक्ष्य मात्र काफ़िरों के ख़िलाफ़ ही जेहाद नहीं था। वह कबीलों में व्याप्त कई असभ्य और धर्म-विरुद्ध प्रयासों को भी समाप्त करने की दिशा में सक्रिय थे। ऐसी दो प्रथाएँ ख़ास उल्लेखनीय हैं। पहली प्रथा थी, नदियों में नंगे नहाने की। बरेलवी ने इस पर रोक लगा कर इसे अपराध घोषित कर दिया। इस रोक को न मानने पर जुर्माने या कोड़े मारने की सज़ा की व्यवस्था दी गई। दूसरी घृणास्पद प्रथा थी क्वारी लड़कियों की सरेआम नीलामी की। उन्हें सबसे ऊँचे बोल लगाने वाले के हाथ बेच दिया जाता था। बरेलवी ने फ़तवा जारी कर इस पर रोक लगाने की कोशिश की। स्थानीय उलेमा अब तक कबीलों के मुखिया और सरदारों को धर्म-सम्मत राय देने के बजाय उन्हें उनके मनमाफ़िक राय देने में अपना भला समझते थे। बरेलवी के प्रयासों को स्थानीय रस्मो-रिवाज़ में हस्तक्षेप माना गया। इससे गहरा असन्तोष पनपना स्वाभाविक था।

बरेलवी को चेतावनी दी गई थी कि पेशावर के दुर्रानी सरदार—ख़ासकर पीर मुहम्मद ख़ाँ और यार मुहम्मद ख़ाँ उन्हें धोखा दे सकते हैं। हुआ भी वही। दुर्रानी सरदारों ने गुप-चुप सिखों से समझौता कर लिया। यहाँ तक कि बरेलवी की सिखों के साथ शैदू की लड़ाई के पहले उन्हें ज़हर देने की कोशिश की गई। नतीजतन वह ख़ुद युद्ध स्थल पर उपस्थित होने की स्थिति में नहीं रह सके। उनकी सेना के दुर्रानी सैनिकों ने भी निक्रिष्यता का परिचय दिया। परिणाम साफ़ था। अपनी अस्सी हज़ार की सैन्य शक्ति के साथ बरेलवी सिख सरदार बुधसिंह के तीस हज़ार सैनिकों से

एक बार फिर बुरी तरह मुँह की खा गए। लड़ाई के पहले बुधसिंह ने बरेलवी से समझौते की कोशिशें भी की थीं। इसके तहत बरेलवी को शांतिपूर्ण सहअस्तित्व के लिए नौ लाख रुपए की सालाना मालगुज़ारी की उपजाऊ ज़मीन नज़र करने का प्रस्ताव था पर बरेलवी ने इस प्रस्ताव को ठुकरा दिया।

सिखों के हाथों बरेलवी की दुःखद पराजय की ख़बर से विचलित दिल्ली में उनके एक प्रभावशाली प्रशंसक और समर्थक मौलवी महबूब अली ने उनकी सहायता के लिए अतिरिक्त सैन्य बल और आर्थिक सहयोग राशि इकट्ठा की। उसके साथ वह बरेलवी के पास पहुँचे। पर वहाँ के हालात से वह दंग रह गए। उन्होंने बरेलवी को निन्दनीय आडम्बरों से घिरा और उनके ज़ेहादी सैनिकों को निहायत धन लोलुप, कुटिल और पतनोन्मुख पाया। उन्हें लगा कि बाहर के काफ़िरों से लड़ने से कम ज़रूरी नहीं है अन्दर के काफ़िरों से लड़ना। निराश-हताश मौलवी महबूब अली मोहभंग की स्थिति में अपने सैन्य बल और आर्थिक सहयोग राशि के साथ दिल्ली लौट आए। गहरे संकट की घड़ी में उम्मीद की इस डोर के यकायक टूटने से बरेलवी ने हार नहीं मानी। उन्होंने हुंड के समीप मनरा कस्बे के हिन्दू साहूकारों से पैंतीस हज़ार रुपए ऊँची ब्याज दर पर उधार लिए। ज्ञातव्य है कि सदियों से परम्परागत वित्तीय विनिमय में प्रचालित हुंडी शब्द हुंड से ही बना है। हुंड के साहूकारों की केवल हिन्दुस्तान में ही नहीं बल्कि अफ़ग़ानिस्तान और ईरान तक में बड़ी साख थी।

उधार ली गई राशि से बरेलवी ने अपने सैन्य दल को फिर से संगठित करने के उद्देश्य से हुंड से कुछ दूरी पर बालकोट की दुर्गम पहाड़ी पर डेरा डाला। पर वहाँ भी वह सुरक्षित नहीं रह सके। उस पहाड़ी पर पहुँचने का रास्ता स्थानीय पठानों के अलावा और किसी को पता नहीं था। उनकी मदद से 6 मई, 1831 को महाराजा रणजीत सिंह की सेना के एक सुयोग्य सरदार शेरसिंह के नेतृत्व में सिख सैनिक बरेलवी की छावनी तक पहुँच गए। बालकोट की पहाड़ी को बरेलवी ने अभेद्य समझ कर चुना था। अतः वहाँ सिख सैनिकों को देख कर वह स्तब्ध रह गए। पर उन्होंने ईश्वर में विश्वास के साथ धैर्य बनाए रखा। उन्होंने नमाज़ अदा की और फिर 'नारा-ए-तक़वीर' तथा 'अल्ला हो अकबर' की ध्वनियों के बीच अपने बचे हुए सैन्य दल के साथ सिख सेना से जूझने के लिए निकल पड़े। बालकोट की पहाड़ी पर उन्होंने शेरसिंह से लड़ते हुए वीरगति प्राप्त की। ऐसा विश्वास है कि उन्हें मरते किसी ने नहीं देखा। एक बड़े वर्ग का मानना है कि शेरसिंह ने पूरे सम्मान से इस्लामी रस्मो-रिवाज के साथ उनका अन्तिम संस्कार किया। यह भी कहा जाता है कि दूसरे दिन जब शेरसिंह ने बालकोट से प्रस्थान किया तो कुछ सिख सैनिकों ने बरेलवी का शव कब्र से निकाल कर नदी में फेंक दिया। बाद में शव का सिर और धड़ नदी से अलग-अलग मिले। उन्हें अलग-अलग बालकोट के ही गढ़ी हबीबुल्लाह और तलहट्टा नामक स्थानों पर दफ़ना दिया गया। उनके घनिष्ट सहयोगी शाह इस्माइल (सन् 1779-1831) भी उन्हीं के साथ

वीरगति को प्राप्त हुए थे। उनकी और बरेलवी की मज़ारें बालकोट की पहाड़ियों पर आस-पास ही हैं। इन्हें अब तीर्थस्थल का दर्जा प्राप्त है।

8

शाह वली उल्लाह, शाह अब्दुल अज़ीज़ और सैयद अहमद बरेलवी के सामने बाहर से एक सी दिखती चुनौतियों के दरअसल कुछ ऐसे सूक्ष्म अलग-अलग आयाम थे जिससे निपटने के लिए उन्हें उतने ही अलग-अलग सरल रणनीतिक तरीक़ों की ज़रूरत थी। मुसलमानों के हाथ से राजसत्ता फिसल जाने के साथ अंग्रेज़ों की बढ़ती राजनीतिक ताक़त के फलस्वरूप शाह अब्दुल अज़ीज़ ने हिन्दुस्तान को सन् 1818 में दारुल हरब (संघर्ष का क्षेत्र) घोषित कर दिया था। ईस्ट इंडिया कम्पनी के ज़रिये बढ़ती फिरंगी ताक़त से निपटने के लिए अब मान लिया गया था कि सिर्फ़ मुसलमान ही सक्षम नहीं थे। इसके लिए हिन्दुओं का भी सहयोग निहायत ज़रूरी था। इस यथार्थ को मुसलमानों के धार्मिक नेताओं में सबसे पहले बरेलवी ने पहचाना था। असन्तोष और आक्रोश की जो चिनगारी धीरे-धीरे सुलगती हुई सन् 1857 के विद्रोह में भड़की, उसके पीछे दोनों धार्मिक समुदायों का योगदान था। सन् 1831 में बरेलवी के देहान्त के बाद और सन् 1857 के विद्रोह के बीच ऐसा बहुत कुछ घटित हुआ था जिस पर एक सरसरी निगाह भी उपयोगी होगी। सन् 1833 में इंग्लैंड की संसद ने क़ानून पास कर ईस्ट इंडिया कम्पनी को हिन्दुस्तान में दिए गए सभी प्रकार के व्यापारिक अधिकारों से वंचित कर दिया था। सन् 1835 में बंगाल सहित कम्पनी द्वारा अधिकृत सभी क्षेत्रों में उच्चतर शिक्षा का माध्यम अंग्रेज़ी घोषित कर दिया गया। सन् 1839-42 के दौरान अंग्रेज़ों और अफ़गानों के बीच पहली लड़ाई लड़ी गई। सन् 1843 में महर्षि देवेन्द्रनाथ ठाकुर (सन् 1817-1905) ने ब्राह्म सभा की ब्राह्म समाज के रूप में पुनर्स्थापना की। सन् 1849 में ईस्ट इंडिया कम्पनी ने अन्ततः सिखों को पराजित कर पंजाब को अपने राज्य में मिला लिया था। सन् 1853 में पहली बार कम्पनी ने हिन्दुस्तान में रेल और टेलीग्राम की लाइनें बिछाने की शुरुआत की। इन दूरगामी परिणामों और प्रभावों की घटनाओं से देश का मन धीरे-धीरे ही सही पर निश्चय ही बन और बदल रहा था। राजनीतिक सत्ता छिन जाने से सम्भवतः पहली बार हिन्दुओं और मुसलमानों, दोनों को अंग्रेज़ों के बरअक्स लाचार अधूरेपन का एहसास शिद्दत से सता रहा था। सन् 1857 के विद्रोह के दौरान अब नाम के ही मुग़ल सम्राट बहादुरशाह 'ज़फ़र' की ओर से उनके एक पोते द्वारा जारी आजमगढ़ घोषणा-पत्र इसका दिलचस्प गवाह है।

आज़मगढ़ घोषणा-पत्र में मुहम्मद और महावीर शरीया और शास्त्र, जोगी और फ़क़ीर, ज्योतिषी और रम्माल तथा पंडित और मौलवी का एक साथ वास्ता दिया

गया था। उसमें नवाब, राजा, ज़मींदार, अहलकार, व्यापारी, मजदूर, कारीगर और किसान की ख़स्ता हालत की दुखद तसवीरें भी पेश की गई थीं। इन सब का वास्ता देते हुए हिन्दुओं और मुसलमानों से एकजुट होकर दग़ाबाज फिरंगियों को उखाड़ फेंकने की पुरज़ोर अपील की गई थी। सामाजिक और सांस्कृतिक रूप से पहले की तरह अब भी एक-दूसरे से अलग, राजनीतिक रूप से हिन्दुस्तान के दो बड़े समुदायों को एकजुट करने का यह पहला प्रयास था। इस घोषणा-पत्र के जारी होने के कुछ हफ्ते बाद ही वृद्ध बहादुरशाह को गिरफ़्तार कर रंगून भेज दिया गया था। इसके बाद विद्रोह शीघ्र ही नाकाम हो गया था।

सन् 1857 के विद्रोह का इतना गहरा प्रभाव इतिहासकारों और उनके प्रबुद्ध पाठकों पर रहा है कि उसी वर्ष एक अन्य महत्त्वपूर्ण दूरगामी प्रभाव की ऐतिहासिक घटना की ओर बहुत कम लोगों का ध्यान जा पाया। यह घटना थी सन् 1857 में ही अंग्रेज़ों द्वारा अधिकृत कलकत्ता, बम्बई और मद्रास के प्रेसिडेन्सी प्रान्तों में अलग-अलग तीन विश्वविद्यालयों की स्थापना। कुछ वर्ष बाद दो और विश्वविद्यालय लाहौर और इलाहाबाद में स्थापित हुए। इन विश्वविद्यालयों का देश की राजनीति, सभ्यता और सोच पर गहरा प्रभाव पड़ा। लोग धीरे-धीरे संगठित और सुनियोजित संस्थाओं का महत्त्व गम्भीरतापूर्वक समझने लगे। सन् 1857 के विद्रोह की असफलता के बाद ऐसी अनेक संस्थाओं की नींव पड़ी जिनसे आगामी इतिहास की धारा गहराई से प्रभावित हुई। देवबन्द में दारुल उलूम (सन् 1866), बम्बई में प्रार्थना समाज (1867), आर्य समाज (1875) और इंडियन नेशनल कांग्रेस (1885), अलीगढ़ में मोहम्डन ऐंग्लो ओरियंटल स्कूल (1875) और कलकत्ता में रामकृष्ण मिशन (1897) जैसी नवोन्मेषी ऐतिहासिक संस्थाएँ सन् 1857 के बाद उन्नीसवीं सदी के उत्तरार्ध में ही स्थापित हुई थीं। व्यक्ति केन्द्रित दुस्साहसिकता (एडवेंचरिज़्म) का युग अब समाप्त हो चुका था। वर्ग और समाज की आशाओं-आकांक्षाओं के फलीभूत होने का माध्यम अब संगठित संस्थाएँ थीं।

अकबर इलाहाबादी का 'गांधीनामा' चूँकि ख़िलाफ़त और असहयोग आन्दोलन की उपज है, इसलिए उसे प्रभावित करने वाली अग्रणी संस्था देववन्द के दारुल उलूम पर थोड़ा विस्तार से विचार समीचीन है। वर्तमान उत्तर प्रदेश के सहारनपुर ज़िले के देवबन्द कस्बे में इस महान मुस्लिम संस्था की स्थापना बृहस्पतिवार के दिन पवित्र मुहर्रम मास की 15वीं तारीख हिज़री सन् 1283 तद्नुसार 30 मई, 1866 को हुई थी। इसके संस्थापकों में हज़रत हाज़ी इमदादुल्लाह मुहाजिर मक्की (42), उनके दो प्रिय शिष्य मौलाना मुहम्मद कासिम नानौतवी (25), मौलाना रशीद अहमद गंगोही (29) और एक अन्य प्रतिष्ठित इस्लाम धर्म के ज्ञाता मौलाना मुहम्मद याक़ूब ननौतवी प्रमुख थे। वर्तमान उत्तर प्रदेश के सहारनपुर और मुज़फ़्फ़रनगर ज़िले के कस्बे गंगोह, ननौता, देवबन्द और थानाभवन तथा उनके आसपास के

इलाके न केवल खेती की दृष्टि से बल्कि इस्लाम धर्म के ज्ञान की दृष्टि से भी काफ़ी समृद्ध और उर्वर रहे हैं। मुग़ल साम्राज्य के संस्थापक ज़हीरुद्दीन मुहम्मद बाबर (1483-1530) को गंगोह के ही एक इस्लाम धर्म के विद्वान अब्दुल कुद्दूस गंगोही (सन् 1456-1537) ने राय दी थी कि 'शरीया में काफ़िरों को दबा कर रखना फ़र्ज़ करार दिया गया है। उन्हें सख़्ती के साथ पस्त व मातहत बना कर रखते हुए उनके ऊपर कर लगाना चाहिए।' यहाँ कर से मुराद जज़िया से थी। पर अब पन्द्रहवीं सदी से उन्नीसवीं सदी के उत्तरार्ध तक गंगा और यमुना से न जाने कितना पानी बह गया था और इस दौरान इतिहास कितनी बार करवटें बदल चुका था। प्रत्यक्ष-परोक्ष एक-दूसरे को काफ़िर और म्लेच्छ कहने-समझने वाले देश के दोनों बड़े समुदायों के सामने अब एक ऐसी विकट चुनौती खड़ी थी जो श्रेष्ठ सैन्य शक्ति के साथ दमनकारी उपनिवेशवाद के हर कौशल से लैस थी। अब यह आमने-सामने की मात्र तोप और तलवार की लड़ाई नहीं रह गई थी।

दारुल उलूम के प्रबल उपनिवेश विरोधी तेवर की साफ़ झलक उन ओजस्वी तक़रीरों में मिलती है जो उसकी स्थापना के समय थाना भवन (मुज़फ़्फ़रनगर) की ऐतिहासिक छत्ता मस्जिद में दी गई थीं। हार तो एक हक़ीक़त थी। पर विजय की अदम्य कामना दिलों में अंभी भी धड़क रही थी। एक बुजुर्ग मौलाना ने गुरु-गम्भीर वाणी में कहा था कि अंग्रेज़ों ने अपना ख़ूनी चंगुल क़ौम के सीने में बहुत गहराई से गड़ा रखा है। हमें उस ज़रिये की शिद्दत से तलाश है जिससे हम उसे उखाड़ फेंकने में कामयाब हो सकें। संस्था के पहले मुहतमिम (अधिष्ठाता या कुलपति) मौलाना मुहम्मद याक़ूब ननौतवी ने गहरी चिन्ता के स्वर में कहा था कि "क्या आप समझते हैं कि वह दिन बहुत दूर है जब पूरे हिन्दुस्तान को एक चटाई की तरह लपेट कर एक तरफ़ रख दिया जाएगा। हम रात को सोएँगे एक राज में और सुबह जगेंगे दूसरे राज में।" इस तीखे उपनिवेश-विरोधी तेवर के बावजूद दारुल उलूम ने फ़िलहाल अपने आपको राजनीतिक गतिविधियों से अलग रखना ही श्रेयस्कर समझा था। एक धार्मिक संस्था के रूप में इसने अंग्रेज़ों की आर्थिक सहायता की पेशकश को भी अस्वीकार कर दिया था। उसके लिए आवश्यक संसाधन की व्यवस्था स्थानीय और पड़ोस के गाँवों तथा कस्बों से हो रही थी। विद्यार्थियों को धार्मिक शिक्षा देने के साथ-साथ संस्था में 'दारुल इफ़्ता' के नाम से एक और विभाग कार्यरत था। इसका काम था इस्लामी क़ानून की निगाह से उसके पास भेजे गए मसलों पर उचित फ़तवे (लिखित धर्मादेश) जारी करना।

यह जानकारी दिलचस्प होगी कि जब सन् 1885 में बम्बई में ऑल इंडिया नेशनल कांग्रेस की स्थापना हुई तो जहाँ सर सैयद अहमद ख़ाँ जैसे अग्रणी मुस्लिम समाज सुधारक और शिक्षाविद् ने उसका तीखा विरोध किया वहाँ दारुल उलूम के इस्लाम-विज्ञ विद्वत्समाज ने उसका दिल खोल कर स्वागत किया। उस समय दारुल

उलूम के सरपरस्त (संरक्षक) मौलाना रशीद अहमद गंगोही ने अद्भुत ऐतिहासिक दूरदृष्टि का परिचय देते हुए उस नवजात संगठन के समर्थन में फतवा जारी किया था। उन्होंने हज़रत मुहम्मद साहब द्वारा मदीने के ग़ैर-मुसलमानों के साथ सहयोग का दृष्टान्त देकर समझाया था कि कांग्रेस के साथ मिल कर अंग्रेज़ों से देश के लिए अधिक से अधिक रियायतें हासिल करने की कोशिशें इस्लाम के सिद्धान्तों के सर्वथा अनुकूल थीं। धर्म के प्रति पूरी आस्था और अडिग प्रतिबद्धता तथा राष्ट्रीयता के बीच किसी भी टकराव की सम्भावना को दारुल उलूम ने शुरू में ही निरस्त कर दिया था।

काहिरा (मिस्र) के अल अज़हर के बाद दारुल उलूम उत्कृष्ट इस्लामी शिक्षा का सबसे प्रतिष्ठित केन्द्र है जहाँ विश्व के हर कोने से छात्र ज्ञान लाभ के लिए आते हैं। हिन्दुस्तान की आज़ादी की लड़ाई में यहाँ के उलमा ने बढ़-चढ़ कर हिस्सा लिया था। राष्ट्रीयता के विषय पर हिन्दुस्तान के मुस्लिम समाज में चली लम्बी बहस के दौरान दारुल उलूम के प्रतिष्ठित मौलाना सैयद हुसेन अहमद मदनी ने बड़ी साफ़गोई से अपने विचार रखते हुए कहा था कि राष्ट्रीयता का आधार वतन (देश) है जबकि कविर्मनीषी इक़बाल का आग्रह था कि उसका आधार धर्म है। इस पर जो दिलचस्प बहस चली थी उस पर थोड़ा विस्तार से चर्चा इक़बाल के प्रसंग में।

महात्मा गांधी की जन्म शती के अवसर पर जब प्रसिद्ध गांधीवादी और अग्रणी स्वतंत्रता सेनानी ख़ान अब्दुल गफ़्फ़ार ख़ाँ (सन् 1890-1988) देश-विभाजन के बाद पहली बार भारत आए थे तो दारुल उलूम की विशाल सभा में बोलते हुए उन्होंने कहा था,

"मेरे ताल्लुक़ात दारुल उलूम से तब से रहे हैं जब शेख़ुल हिन्द मौलाना महमूद हसन ज़िन्दा थे। यहाँ बैठकर हम आज़ादी की लड़ाई के दौरान मंसूबे तैयार करते थे कि अंग्रेज़ों को कैसे इस मुल्क से बाहर किया जाए और कैसे हिन्दुस्तान बर्तानवी हुकूमत की बंदिश से नजात पाए। इस संस्था ने मुल्क की आज़ादी के लिए अज़ीमुश्शान कोशिशें की हैं।"

सरहदी गांधी के रूप में समादृत बादशाह ख़ान ने आज़ादी की लम्बी लड़ाई के दौरान, इन सीधे-सादे अल्फ़ाज़ में दारुल उलूम के महत्त्वपूर्ण योगदान को रेखांकित किया है। कांग्रेस के साथ सहयोग कर शान्तिपूर्ण मार्ग से अधिक से अधिक सुविधाएँ और सत्ता में भागीदारी का हक हासिल करने की कोशिशों के अलावा वहाँ एक और तेजस्वी वर्ग दूसरे विकल्प की तलाश में लगा था। मौलाना मुहम्मद क़ासिम ननौतवी के विश्वस्त शिष्य शेख़ुल हिन्द मौलाना महमूद हसन ने सन् 1913 में अंग्रेज़ी शासन के विरुद्ध सशस्त्र क्रान्ति की एक विस्तृत योजना तैयार की। इस योजना के तहत मौलाना ओबैदुल्लाह सिन्धी को चुपके से अफ़ग़ानिस्तान भेजा गया। मौलाना ओबैदुल्लाह सिन्धी मूलतः एक सिख थे जिन्होंने इस्लाम

अंगीकार कर लिया था। दारुल उलूम में शिक्षा-दीक्षा के बाद सन् 1915 में वह पश्चिमी सभ्यता की ओर आकर्षित मुसलमानों की इस्लामी मूल्यों में पुनः आस्था जागृत करने के लिए दरअसल दिल्ली में एक व्यवस्थित संस्था शुरू करना चाहते थे। पर अंग्रेज़ों के चंगुल से देश को मुक्त कराने के वृहत्तर उद्देश्य से प्रेरित उन्होंने फ़िलहाल यह योजना स्थगित कर दी थी। अफ़ग़ानिस्तान में भोपाल के मौलवी बरकतुल्लाह, जो कि क्रान्तिवादी विचारक श्याम जी कृष्ण वर्मा (1857-1930) और लाला हरदयाल (1884-1939) के सहयोगी थे, पहले ही पहुँचे हुए थे। लाला हरदयाल ने अमेरिका में उन्हें गदर पार्टी के मुख्य पत्र 'गदर' के उर्दू संस्करण का सम्पादक बनाया था। मौलवी बरकतुल्लाह काबुल, अमेरिका, मिस्र, तुर्की, जर्मनी, रूस और जापान रुकते हुए पहुँचे थे। गदर पार्टी के अभियान की विफलता के बाद वहाँ कई हिन्दुस्तानी क्रान्तिकामी युवक अमेरिका और यूरोप से लगातार पहुँच रहे थे। वहाँ तेजस्वी क्रान्तिवादी राजा महेन्द्र प्रताप (1886-1979) भी विद्यमान थे। मौलाना ओबैदुल्लाह सिन्धी ने काबुल पहुँच कर मौलवी बरकतुल्लाह और राजा महेन्द्र प्रताप के सहयोग से हिन्दुस्तान की एक अन्तरिम सरकार का गठन किया। इसके अध्यक्ष राजा महेन्द्र प्रताप, प्रधान मंत्री मौलाना बरकतुल्लाह और गृहमंत्री स्वयं मौलाना ओबैदुल्लाह सिन्धी बने।

सितम्बर, 1915 में जब ओबैदुल्लाह सिन्धी अफ़ग़ानिस्तान पहुँचे थे तो लगभग उसी समय शेख़ुल हिन्द मौलाना महमूद हसन हज के लिए रवाना हुए थे। पर इस धार्मिक यात्रा के पीछे एक राजनीतिक उद्देश्य भी था। वह तुर्की के उच्च पदस्थ अधिकारियों से सम्पर्क कर उनकी सहायता से अफ़ग़ानिस्तान में हिन्दुस्तान के अंग्रेज़ शासकों पर हमले के लिए एक सशक्त संगठित आधार भूमि तैयार करना चाहते थे। यहाँ 'सिल्केन लेटर कान्सिपिरेसी' (रेशमी चिट्ठी की साज़िश) के नाम से प्रसिद्ध घटना का ज़िक्र अत्यन्त आवश्यक है। एक मत के अनुसार हज पर रवाना होने के पहले शेख़ुल हिन्द ने ओबैदुल्लाह सिन्धी को अंग्रेज़ों के ख़िलाफ़ ज़ेहाद की योजना का खुलासा करते हुए सिल्क पर लिखवाकर एक चिट्ठी तैयार की थी। इसे एक सन्देशवाहक के कोट के अस्तर में सिलवाकर रवाना किया गया था। अंग्रेज़ सरकार के सतर्क ख़ुफ़िया विभाग ने सन्देशवाहक को बीच में ही गिरफ़्तार कर उक्त पत्र बरामद कर लिया था। पत्र के प्रेषक शेख़ुल हिन्द और उनके सहयोगी मौलाना हुसेन अहमद मदनी, मौलाना उज़ेर गुल तथा तथा उनसे जुड़े कुछ अन्य लोगों को गिरफ़्तार कर भूमध्य सागर स्थित सुदूर माल्टा के द्वीप में कई सालों तक क़ैद में रखा गया था।

'सिल्केन लेटर कान्सिपिरेसी' के बारे में दूसरा मत है कि मौलाना ओबैदुल्लाह सिन्धी ने स्वयं हिन्दुस्तान छोड़ने के पहले काबुल में सक्रिय मौलवी बरकतुल्लाह के पास एक सन्देशवाहक की कोट में सिलवा कर ये चिट्ठी भेजने का प्रयास किया था। दुर्भाग्य से इसका सुराग पंजाब के तत्कालीन लेफ़्टिनेंट गवर्नर सर माइकेल

ओ'डायर के एक दोस्त को अगस्त, 1916 में मिल गया। इस तरह तुर्की और जर्मनी के सहयोग से हिन्दुस्तान की अंग्रेज़ सरकार को काबुल स्थित हिन्दुस्तानी क्रान्तिकारियों का सम्भावित हमला नहीं झेलना पड़ा। यदि 'सिल्केन लेटर कान्सिपिरेसी' के तहत तैयार योजना सफल रही होती तो प्रथम विश्व महायुद्ध के तनाव से गुज़रते इंग्लैंड को एक विकट अप्रत्याशित समस्या का सामना करना पड़ता। एक तरफ़ कांग्रेस के साथ मिलकर काम करने की धारा दूसरी तरफ़ जर्मनी और तुर्की के सहयोग से सशस्त्र आक्रमण की धारा, दोनों दारुल उलूम देवबन्द में ख़िलाफ़त और असहयोग आन्दोलन की शुरुआत होने तक लगभग साथ-साथ सक्रिय रहीं। जब इन दोनों आन्दोलनों का नेतृत्व सन् 1920 के प्रारम्भ में गांधी के हाथ में आया तो हिंसक मार्ग की धारा लगभग निष्क्रिय हो गई। ज्ञातव्य है कि सन् 1919 के पूर्वार्द्ध में 'काले क़ानून' के नाम से कुख्यात रौलट क़ानून को आनन-फानन पास किए जाने के पीछे कई कारणों में एक महत्त्वपूर्ण कारण 'सिल्केन लेटर कान्सिपिरेसी' का उजागर होना भी था।

इस्लाम धर्म की उच्चकोटि की शिक्षा के उद्देश्य से स्थापित दारुल उलूम के उलमा स्वतंत्रता-संग्राम की मुख्य धारा से गहराई से जुड़े रहे। उसका बहुमत दो राष्ट्र के सिद्धान्त के आधार पर देश-विभाजन के सख़्त ख़िलाफ़ रहा। चूँकि दारुल उलूम मुख्यत: धार्मिक शिक्षा के केन्द्र के रूप में विकसित हो रहा था, शेख़ुल हिन्द मौलाना महमूद हसन और उनके साथियों के देश-निकाले की अवधि में उनके शिष्यों ने देश की नव जागृत राजनीतिक हरारत में योगदान देने के लिए सन् 1919 के उत्तरार्ध में जमीयतुल उलमाये हिन्द की स्थापना की। इसकी पहली बैठक 25 नवम्बर, 1919 को दिल्ली में लखनऊ के प्रतिष्ठित फिरंगी महल के मौलाना अब्दुल बारी की अध्यक्षता में हुई। जमीयत ने अपना पहला अधिवेशन दिसम्बर, 1919 में कांग्रेस और मुस्लिम लीग के ऐतिहासिक अधिवेशनों के साथ ही अमृतसर में आयोजित किया। 20 मार्च, सन् 1919 को ऑल इंडिया ख़िलाफ़त कमेटी की स्थापना 15000 लोगों की उपस्थिति में बम्बई में हुई। इसके पहले अध्यक्ष वहाँ के धनाढ्य सेठ मियाँ मुहम्मद हाजी जान मुहम्मद छोटानी चुने गए। सेठ छोटानी ने प्रथम विश्व महायुद्ध के दौरान अंग्रेज़ों को माल की आपूर्ति से अकूत सम्पदा अर्जित की थी। जुलाई में ख़िलाफ़त कमेटी की शाखाएँ पूरे देश में खोली गईं। जहाँ जमीयत उलमा-केन्द्रित संगठन था, वहीं ख़िलाफ़त कमेटी का जनाधार साधारण मुसलमानों के बीच था। दिसम्बर, 1919 में जमीयत, मुस्लिम लीग और कांग्रेस के अधिवेशनों के साथ ही ख़िलाफ़त कमेटी ने भी अपना पहला अधिवेशन अमृतसर में ही किया था। इन चारों संगठनों के अधिवेशन अमृतसर में ही 13 अप्रैल को घटित जालियाँवाला बाग के भयावह हत्याकांड की अनिष्ट छाया में हुए थे। इस नृशंस घटना में चार सौ से अधिक बेकसूर सिख, हिन्दू और मुसलमान अंग्रेज़ी सेना की 1605 राउंड गोलियों से तुरन्त मर गए थे। कई हज़ार बुरी तरह घायल हुए थे। इस बीच कुख्यात रौलट

क़ानून ने आग में घी का काम किया। इन घटनाक्रमों के फलस्वरूप देश के सभी धर्मों और वर्गों के बीच अभूतपूर्व एकजुटता दिखाई पड़ी। इससे ख़िलाफ़त और असहयोग आन्दोलन को बहुत बड़ी शक्ति मिली।

सन् 1920 के पूर्वार्द्ध में जब शेख़ुल हिन्द मौलाना महमूद हसन, मौलाना हुसेन अहमद मदनी, मौलाना उज़ेर गुल तथा उनके साथी देश-निकाले की अवधि पूरी कर माल्टा से स्वदेश लौटे तो आते ही वो जमीयत में शामिल हो गए। जमीयत ने आज़ादी की पूरी लड़ाई के दौरान कांग्रेस के कंधे से कंधा मिलाकर काम किया और मुस्लिम लीग के विभाजनपरक दो राष्ट्र के सिद्धान्त का हर तरह प्राणपण से विरोध किया। बीसवीं सदी के चौथे दशक के अन्त और पाँचवें दशक के प्रारम्भ में जब मुस्लिम लीग की देश-विभाजन की माँग ने मुहम्मद अली जिन्ना के नेतृत्व में ज़ोर पकड़ा तो दारुल उलूम का एक छोटा वर्ग ज़रूर उसके समर्थन में आगे आया। इनमें मौलाना अशरफ़ अली थानवी, मौलाना शब्बीर अहमद उस्मानी और मौलाना ओबैदुल्लाह सिन्धी के नाम विशेष उल्लेखनीय हैं। आज़ादी की लड़ाई की मुख्यधारा से अन्त तक जुड़े रहे दारुल उलूम और जमीयत के नेताओं में पहली पीढ़ी के मौलाना सैयद हुसेन मदनी, मौलाना मुफ़्ती किफ़ायतुल्लाह देहलवी और मौलाना सैयद फ़ख़रुद्दीन अहमद तथा दूसरी पीढ़ी के मौलाना हिफ़्ज़ुर्रहमान, मौलाना अतीकुर्रहमान उस्मानी और मौलाना सैयद मियां देवबन्दी के नाम विशेष स्मरणीय हैं। इन नेताओं को मुस्लिम लीग समर्थकों के तीखे व्यंग्य-बाण का सामना लगातार करना पड़ा। यहाँ तक कि मौलाना सैयद हुसेन अहमद मदनी सहित कई मौलानाओं को पाकिस्तान का विरोध करने के कारण मुस्लिम लीग में घुस आए अराजक गुंडों द्वारा गाड़ी से खींच कर सड़क पर घीसटते हुए भयावह ढंग से अपमानित किया गया। ज़िला और प्रान्तीय स्तर की लीग की सभाओं में उन्हें सम्बोधित नज़्मों में उनको क़ौमो मिल्लत के गद्दार और हिन्दू उद्योगपतियों के हाथों बिके हुए जैसे निहायत ओछे फ़िक़रों से लांछित किया जाता रहा। मौलाना मदनी को सम्बोधित इसी तरह के एक निहायत अपमानजनक नज़्म में उनसे सवाल किया जाता था—

सच बता मदनी तुझे,
बिरला की दौलत की कसम,
कौन है मिल्लत पे क़ायम
क़ायदे आज़म कि तू।

लीग समर्थकों के इस तरह के अनेक अपमानों और झूठे लांछनों के बीच धर्म और राष्ट्रनिष्ठ मौलाना मदनी और उनके साथी अपने उसूलों पर अडिग रहे। अकबर के 'गांधीनामा' में समावेशी राष्ट्रीयता के जिस स्वर की अनुगूँज साफ़ सुनाई देती है उसका श्रेय निश्चय ही दारुल उलूम और जमीयतुल उलमा के आत्मवान मौलाना समाज को भी है।

आधुनिकता की पहली आहट
मिर्ज़ा अबू तालिब

9

पश्चिम के व्यापारियों और ईसाई धर्म प्रचारकों के ज़रिये वहाँ की सभ्यता का प्रभाव धीरे-धीरे हिन्दुस्तान पहुँचने लगा था। एक-दूसरे को जानने-समझने की कोशिशें सत्रहवीं सदी के पूर्वार्द्ध में शुरू हो गई थीं। साहित्य संस्कृतियों के प्रभाव को आत्मसात् करनेवाला पहला संवेदनशील क्षेत्र है। ईसाई धर्म ईसा की पहली शताब्दी में वर्तमान केरल के पश्चिमी तट पर पहुँच गया था। ईसाई मिशनरियों की सुनियोजित गतिविधियाँ काफ़ी बाद में शुरू हुईं। मिशनरियों ने भी यहाँ की संस्कृति को समझने की ईमानदार कोशिशें कीं। इसकी शुरुआत साहित्य से ही हुई। तमिल साहित्य के स्वर्ण युग के रूप में मान्य संघम काल के अन्तिम चरण के विश्वविख्यात सन्त कवि तिरुवल्लुवर की कृति 'तिरुक्कुराल' सम्भवतः पहली भारतीय रचना है जिसका अनुवाद पश्चिम की किसी भाषा में हुआ। एक ईसाई धर्म प्रचारक फादर बेस्शी ने 'तिरुक्कुराल' के कुछ चुने हुए अंशों का अनुवाद लैटिन में सन् 1730 में किया था।

हिन्दुस्तान के दो बड़े धर्म—हिन्दू धर्म और इस्लाम ने पश्चिम के धर्म और सभ्यता के प्रति अलग-अलग प्रतिक्रियाएँ व्यक्त कीं। जहाँ शिक्षित हिन्दू समाज, पश्चिमी सभ्यता के विचारों को अपनी परम्परा के सन्दर्भ में जाँचने-परखने और उसके सकारात्मक तत्त्वों को आत्मसात् करने के लिए उत्कंठित था, वहीं मुस्लिम समाज एक लम्बे अर्से तक उससे अछूता रहा। उसका मुख्य कारण यह था कि वे विचार पवित्र 'क़ुरान' द्वारा समर्थित नहीं थे। अभी सर सैयद अहमद ख़ान (सन 1817-1898) और जमालुद्दीन अफ़ग़ानी (सन् 1838-1897) के समाज के परिदृश्य पर अवतरित होने में विलम्ब था।

इस पृष्ठभूमि में लखनऊ के मिर्ज़ा अबू तालिब ख़ान (सन् 1752-1807) की चर्चा दिलचस्प होगी। वह सम्भवतः पहले मुसलमान ही नहीं बल्कि पहले हिन्दुस्तानी थे जिन्होंने यूरोप की यात्रा की थी। उनका जन्म लखनऊ के एक ईरानी-तुर्की

मिश्रित नस्ल के सम्भ्रान्त मुस्लिम परिवार में हुआ था। उनके पिता का नाम मुहम्मद इस्पहानी था। उन्हें प्रकृति ने अत्यन्त आकर्षक और सुन्दर व्यक्तित्व दिया था। वह फ़ारसी और अरबी के साथ अंग्रेज़ी के भी जानकार थे। उन्होंने बंगाल और अवध के गवर्नरों के मातहत एक लम्बे अर्से तक काम किया था। पर प्रौढ़ावस्था में उनसे जलने वालों की शिकायतों के फलस्वरूप उन्हें नौकरी से हटा दिया गया था और उनकी पेन्शन तक रोक दी गई थी। उन्होंने इसके बाद एक अंग्रेज़ अधिकारी की नौकरी कर ली थी और उसके साथ कलकत्ता चले गए थे। वहाँ उन्होंने अंग्रेज़ी का और अच्छा ज्ञान हासिल कर लिया था। इसके बावजूद उन्हें उनकी योग्यता और अनुभव के अनुरूप पद नहीं प्राप्त हो सका। गहरे हताशा के दौर में उनके एक स्कॉटिश दोस्त ने उनके सामने अपने साथ इंग्लैंड यात्रा का प्रस्ताव रखा। दोनों का सफ़र ख़र्च वहन करने को स्कॉटिश सज्जन स्वयं तैयार थे। काफ़ी ऊहापोह के बाद अबू तालिब ने अन्ततः सोचा कि सफ़र निहायत लम्बा होगा और जोखिम भरा। मुमकिन है इसके दौरान किसी हादसे में मेरी मौत हो जाए। नतीजतन मुझे दुनिया की चिन्ताओं और इंसानों की एहसान-फ़रमोशी से नजात मिल जाए। यह विचार करते हुए उन्होंने अपने स्कॉटिश मित्र का यात्रा प्रस्ताव स्वीकार कर लिया।

अबू तालिब ने हिन्दुस्तान गहरे अवसाद की मनोदशा में छोड़ा था। पर इंग्लैंड सहित योरोप का उनका प्रवास लगभग तीन वर्षों का रहा जिसका उन्होंने भरपूर लुत्फ़ उठाया। वहाँ पहुँचते ही उन्हें सम्राट और महारानी के दरबार में एक ईरानी शाहजादे के बतौर पेश किया गया और प्रवास के दौरान अंग्रेज़ कुलीन समाज में उनकी अच्छी-ख़ासी आवभगत हुई। जब इस दिलचस्प यात्रा के बाद वह कलकत्ता लौटे तो उन्होंने अपने प्रवास की स्मृतियाँ फ़ारसी में एक यात्रा-वृत्तान्त के रूप में दर्ज कीं। उसका अंग्रेज़ी अनुवाद 'दि ट्रेवेल्स ऑफ़ मिर्ज़ा अबू तालिब' (मिर्ज़ा अबू तालिब का सफ़रनामा) के नाम से उपलब्ध है। इसमें हिन्दुस्तान के एक ख़ानदानी मुसलमान के उस नायाब नज़रिए से रू-ब-रू होने का मौका मिलता है जिससे पश्चिम के सामाजिक जीवन और रीति-रिवाज को देखने की कोशिश की गई है। इसमें सबसे खलने वाली बात लेखक की स्थूल दृष्टि और वहाँ के धर्म और संस्कृति के प्रति उसकी गहरी उदासीनता है। लन्दन के सामाजिक जीवन की चमक-दमक ने उन्हें लुभा लिया था। अतः वह उसके सतह पर ही तैरते रहे। उनके यात्रा-वृत्तान्त से लगता है कि उन्होंने अपने प्रवास के दौरान लन्दन पहुँचते ही पहले दिन से ही एक रोज़नामचा लिखना शुरू कर दिया था जिसमें वह हर दिन की घटनाएँ दर्ज किया करते थे। घटनाओं के बारे में तत्काल जो विचार और प्रतिक्रियाएँ उनके मन में उठती थीं, उन्हें भी वह रोज़ के रोज़ नियमित रूप से लिखते जाते थे। तीन वर्ष के पश्चिम-प्रवास से सन् 1803 में कलकत्ता लौट कर उन्होंने अपने रोज़नामचे को तरतीब दिया और उसका समझदारी से संक्षेपण भी किया। फिर उसके उचित सम्पादन के बाद

उन्होंने उसे अपने सफ़रनामे का रूप दिया। पिछले दो सौ सालों के हिन्दुस्तान में प्रचलित भाषाओं के इतिहास में अबू तालिब के इस सफ़रनामे का अत्यन्त विशिष्ट महत्त्व है। किसी हिन्दुस्तानी का लिखा यह सम्भवत: पहला यात्रा-वृत्तान्त है। सबसे अधिक विस्मयकारी उनका रोज़नामचा लगता है जिसे नियमित नित्यप्रति लिखने की बात उन्होंने अपने सफ़रनामे में की है। समस्त भारतीय साहित्य में डायरी लिखे जाने का सम्भवत: यह पहला उदाहरण है। आधुनिक भारतीय साहित्य के इतिहास की पीठिका में दर्ज होने लायक यह एक नितान्त महत्त्वपूर्ण तथ्य है।

मिर्ज़ा अबू तालिब को फ़ारसी भाषा और साहित्य का, लगता है, अच्छा ज्ञान था। फ़ारसी और उर्दू शायरी से वह अच्छे-ख़ासे परिचित लगते हैं। लन्दन पहुँचते ही उस शहर और वहाँ की ख़ूबसूरत बालाओं से वह अभिभूत हो गए थे। उस शहर और उसकी उन्मुक्त बालाओं को सम्बोधित उन्होंने फ़ारसी में एक दिलचस्प कविता लिखी थी। उसकी कुछ पंक्तियों के अनुवाद द्रष्टव्य हैं—

अब तो हमारी ज़िन्दगी निसार है लन्दन और उसकी दिलकश हसीनाओं पर। लुत्फ़ से लबरेज़ हैं हमारे दिल उसके खेतों, बग़ीचों, नदियों और महलों के पुररौनक नज़्ज़ारों से। अब नहीं बची ख़्वाहिश तोबा की और ना ही फिरदौस के सायेदार हरे-भरे दरख़्तों की। कितने ख़ुश और मुतमइन हैं हम आराम करते साइप्रेस की लहरदार लताओं के झुरमुट में। ख़फ़ा हैं अगर शेख़ुल मक्का हमारे इस कुफ़्र पर, किसे है उनकी फ़िक्र ज़रा भी। सलामत रहे वो बुतखाना और उसके पुरअक़ीदम पुजारी, बख़्श दी है जिन्होंने हमें इतनी नायाब नेमतें। भर दो मय से हमारे प्याले, गर बचा सके ये मुझको लौटने से अपने पुराने अक़ीदे के जानिब। परवाह नहीं है मुझे तनिक भी कहीं ज़्यादा ख़ुश हूँ मैं यहाँ बनिस्बत वहाँ के।

यह तो ख़ैर शेरो शायरी की बात हुई। फ़ारसी और उर्दू शायरी की रिवायत से परिचित इसे अच्छी तरह जानते हैं कि कविता में मज़हब को हलके ढंग से लेने और अपनी आशिक मिज़ाजी और मयनोशी का बढ़-चढ़ कर ढिंढोरा पीटने का चलन वहाँ आम बात थी। वली, मीर, सौदा, दर्द, ज़ौक, ग़ालिब और मोमिन की शायरी

इसके अनेक उदाहरणों से पटी है। पर शायरी से अलग अपने जीवन में ये सभी शायर पूरी तरह धर्मनिष्ठ थे। यही बात मिर्ज़ा अबू तालिब के साथ भी थी। यूरोप-प्रवास के दौरान इस्लाम में अपनी आस्था से वह ज़रा भी नहीं डिगे। बल्कि वहाँ विज्ञान और उससे प्रेरित औद्योगीकरण के फलस्वरूप जिस तरह आस्था कमज़ोर पड़ रही थी और बुद्धिवाद (रैशनलिज़्म) का प्रभाव जिस तरह बढ़ रहा था उससे वह गहरे विचलित थे। उन्होंने पश्चिम में बढ़ते भौतिकवाद और नैतिक मूल्यों के लगातार ह्रास पर गहरी चिन्ता व्यक्त की है। उन्होंने देखा था कि लोग क़ानून का पालन नैतिक मूल्यों में विश्वास के कारण नहीं बल्कि मजिस्ट्रेट से मिलने वाली सज़ा के भय से कर रहे हैं। औद्योगीकरण के फलस्वरूप अमीर-ग़रीब के बीच बढ़ती खाई और उसके फलस्वरूप अमीरों में गहराता असुरक्षा का भाव भी उनकी निगाह से बच नहीं सका था। औपनिवेशिक शोषण से समृद्ध अंग्रेज़ों के चरित्र में निरन्तर बढ़ रहे घमंड के दुर्गुण को उन्होंने अपने सफ़रनामा में अच्छी तरह रेखांकित किया है।

अबू तालिब ने बढ़ती महँगाई और टैक्स के बोझ से परेशान जनता के असन्तोष का भी अच्छा विवरण दिया है। वह बताते हैं किस तरह लोग काम-काज बन्द कर सड़कों पर उतर रहे थे जिससे गम्भीर क़ानून-व्यवस्था की स्थिति पैदा हो गई थी। इससे निपटने के लिए भारी संख्या में पुलिस का बन्दोबस्त था। चौकन्ने पुलिसकर्मी किसी अप्रिय स्थिति से निपटने के लिए रात-दिन गश्त लगाते थे। हालाँकि आन्दोलन को पुलिस की सख़्ती से दबा तो दिया गया, पर उसके कारणों की पड़ताल और उनके निराकरण की कोई कोशिश सरकार की ओर से नहीं हुई। उलटे सत्ता की ओर से यह कहा जाने लगा कि यह मजदूरों और कारीगरों की अपनी मजदूरी और तनख़्वाहें बढ़ाने की चालाक कोशिशों का नतीजा था। इस तरह के सुनियोजित क़दम व्यापारी टैक्स के बोझ बढ़ने के नाम पर चीज़ों की क़ीमत बढ़ाने के उद्देश्य से पहले भी उठाते रहे हैं। कुछ लोगों का मानना था कि चूँकि बढ़ती महँगाई और बढ़ते टैक्स के बोझ का कोई कारगर इलाज नहीं था इसलिए पहले की तरह ये आन्दोलन भी अपनी मौत मर जाएगा। अबू तालिब ने आज से लगभग दो सौ साल पहले जो स्थिति देखी थी उससे आज हिन्दुस्तान और तीसरी दुनिया के सभी देशों के साथ विश्व के समृद्ध देश भी लगातार गुज़रने को लाचार हैं। किसी के पास इसका कारगर इलाज दूर-दूर तक नज़र नहीं आता।

अबू तालिब ने पश्चिम के लोगों का एक बड़ा दोष उनमें दूरदृष्टि का अभाव माना है। उन्होंने पाया कि वहाँ के लोग घमंड में इतने अन्धे रहते हैं कि वह यह सोच कर रखते हैं कि कोई मुसीबत जब खड़ी होगी तो वह तुरन्त उससे अपनी काबिलियत से निपट लेंगे। पर यह उनका भ्रम ही मानना चाहिए। वह फ्रांस की राज्य-क्रान्ति का उदाहरण देते हुए बताते हैं कि इसके लक्षण काफ़ी पहले से प्रकट होने लगे थे। अगर वहाँ के सम्राट ने इस ख़ूनी घटना की आहटें सुनी होतीं तो यह टल सकती थी।

ज़रूरत से ज़्यादा घमंड भरा आत्मविश्वास कमोबेश उन्होंने हर अंग्रेज़ में भी पाया था। इसके बरअक्स हिन्दुस्तान और ईरानी मूल के लोगों का आत्मविश्वास उन्हें अलग क़िस्म का विनम्रतापूर्ण लगा। ये लोग किसी मुसीबत का सामना करने के लिए पहले से तैयार रहते हैं। इसका कारण उनकी दूरंदेशी है।

अपने तीन साल के प्रवास के दौरान अबू तालिब ने पाया था कि अंग्रेज़ों सहित पश्चिम के लगभग सभी लोगों में अधिक से अधिक दौलत और दुनियावी सुख-सुविधाओं की बटोरने की होड़ लगी हुई है। इसके पीछे असुरक्षा का डर है। इंग्लैंड में यह अगर थोड़ा कम है तो इसकी वजह है कि वहाँ लोगों की सम्पत्ति बेहतर ढंग से सुरक्षित है। लोगों को विश्वास है कि वह अपने जवानी के उद्यम के फलों का उपभोग अपने बुढ़ापे में करने से महरूम नहीं हो जाएँगे। पर इसके साथ ही उनमें हद दर्जे की लालच और समाज तथा दूसरों की भलाई के लिए साफ़ नज़र आती कंजूसी जैसी अनुदार आदतें भी हैं जो उन्हें बेहद घृणास्पद सिद्ध करती हैं। इसके बरअक्स अगर उनमें विवेकशीलता निर्दिष्ट फिज़ूलखर्ची के दुर्गुण से मुक्त उदारता होती तो वो असली मान-सम्मान के अधिकारी होते।

अबू तालिब के सफ़रनामे से यह साफ़ लगता है कि उनके मन में मनुष्य के ज्ञान की असीम पूर्णता में आधुनिक पश्चिमी सभ्यता की आस्था को लेकर घोर आश्चर्य का भाव था। वह लिखते हैं कि अंग्रेज़ों के पूर्णता के विषय में विलक्षण विचार हैं। वे (अंग्रेज़) इस पर ख़ास ज़ोर देते हैं कि यह उनका एकमात्र आदर्श गुण है जो पूरी तरह तुलना पर आश्रित है। वे मानते हैं कि मानव जाति धीरे-धीरे जंगली जीवन से ऊपर उठते हुए महान दार्शनिक न्यूटन की उदात्त स्थिति तक पहुँच सकी है। यहाँ तक पूर्णता प्राप्त कर सम्भव है कि वह भविष्य के दार्शनिक और वैज्ञानिक न्यूटन की महान उपलब्धियों को भी उपेक्षा-भाव से देखें जैसे कि हम आदिम मनुष्य की अनगढ़ कलाओं को देखते हैं। अगर उनका यह सिद्धान्त सही है तो मनुष्य को अभी बहुत कुछ सीखना है और उसका अब तक का बड़बोला ज्ञान महज एक दम्भ मात्र है।

मिर्ज़ा अबू तालिब ने इंग्लैंड सहित पश्चिम के जो दोष अपने सफ़रनामे में दर्ज किए हैं वे दिलचस्प होने के साथ विज्ञान प्रेरित आधुनिक सभ्यता की उस गम्भीर आलोचना का पूर्वाभास देते हैं जो उन्नीसवीं शताब्दी के उत्तरार्ध और बीसवीं सदी के प्रारम्भिक दशकों में लोकमान्य तिलक, विवेकानन्द, गांधी, अकबर, अरविन्द और इक़बाल की वाणी में तीव्रता से मुखर हुई। गजानन माधव मुक्तिबोध ने जिसे 'सभ्यता-समीक्षा' कहा है मिर्ज़ा अबू तालिब हिन्दुस्तान में इसके पहले पुरोधा हैं। उनके उपरान्त आत्महीन पश्चिम की आधुनिक सभ्यता के मर्म में धँसे भौतिकता की नव जागृत हिन्दुस्तान के चिन्तनशील नेतृत्व ने जिस धारदार वाणी में निन्दा की उसमें गांधी का स्वर सबसे प्रखर माना गया है। मुस्लिम नवजागरण में मिर्ज़ा अबू तालिब के योगदान का मूल्यांकन अभी बाक़ी है।

मुस्लिम नवोन्मेष के यायावर अग्रदूत **जमालुद्दीन अफ़गानी**

1

उन्नीसवीं सदी के उत्तरार्ध में हिन्दुस्तान के मुसलमानों के बदलते मिज़ाज पर चर्चा जमालुद्दीन अल अफ़ग़ानी (सन् 1838-1897) के ज़िक्र के बग़ैर अधूरी रह जाएगी। उक्त सदी के भारतीय उपमहाद्वीप के मुस्लिम विमर्श में अफ़ग़ानी की प्रखर उपनिवेश विरोधी सोच पर एक लम्बे अर्से तक पड़ा पर्दा खलने वाला तो लगता है पर विस्मजनक नहीं। अफ़ग़ानी के 59 वर्षीय जीवन का कर्मक्षेत्र एशिया, अफ्रीका और यूरोप में बँटा रहा। हिन्दुस्तान पहले वह सन् 1850 के दशक के उत्तरार्ध में अपनी अधूरी शिक्षा पूरी करने एक जिज्ञासु तेजस्वी किशोर के रूप में आए थे। चूँकि उनके सक्रिय बौद्धिक जीवन का अधिकांश समय हिन्दुस्तान के बाहर बीता, इसलिए यहाँ के समकालीन विमर्श पर उनकी गहरी छाप के संकेत अपेक्षाकृत विरल हैं। उनका जीवन बीसवीं सदी के पूर्वार्द्ध में हिन्दुस्तान की राजनीति में सक्रिय वामपंथी मानवतावादी चिन्तक मानवेन्द्र नाथ राय (1887-1954) की याद दिलाता है। राय का भी अधिकांश समय यूरोप, ख़ासकर सोवियत रूस में लेनिन और उनके साथियों के सान्निध्य में बीता था। अकबर इलाहाबादी की कविता ख़ासकर उनके 'गांधीनामा' के तेज़तर्रार उपनिवेश विरोधी तेवर को उनके आठ वर्ष बड़े अफ़ग़ानी की सोच के सन्दर्भ में बेहतर समझा जा सकता है।

अफ़ग़ानी हिन्दुस्तानी मूल के नहीं थे। उनके प्रारम्भिक जीवन के बारे में बहुत कम पता है। निक्की आर.केड्डी द्वारा लिखित तथा बर्कले से प्रकाशित अफ़ग़ानी की जीवनी के अनुसार उनका जन्म सन् 1838 में फ़ारस (पर्सिया—वर्तमान ईरान) के उत्तर-पश्चिम हिस्से में हमादान शहर के निकट एक गाँव असदाबाद के एक शिया परिवार में हुआ था। उनकी शुरू की शिक्षा तेहरान और नजफ़ के शिया धार्मिक मदरसों में हुई थी। किशोरावस्था में जब आगे की शिक्षा पूरी करने वह हिन्दुस्तान आए तो लगता है वह सन् 1857 के रक्त-रंजित उथल-पुथल का दौर था। सन् 1860 का दशक उन्होंने हिन्दुस्तान, ख़ासकर बम्बई, कलकत्ता और हैदराबाद

में बिताया। उन्होंने 1857 के विद्रोह और उसके क्रूर दमन की लोमहर्षक घटनाएँ भुक्तभोगियों से सीधे-सीधे सुन रखी थीं। उन्नीसवीं सदी में अश्वेत अफ्रीका के कई देशों की तरह मिस्र और ट्यूनीशिया भी अंग्रेज़ों की अधीनता में आ गए थे। इन देशों में अपनी साम्राज्य विरोधी सक्रियता के दौरान जब अफ़ग़ानी हिन्दुस्तान में अंग्रेज़ों के क्रूर दमन और अत्याचारों का वर्णन अपनी प्रभावशाली भाषा में करते थे तो कई लोग उसे अतिरंजित मानने लगते थे। अफ़ग़ानी ने अपने शिया मूल को कभी ज़ाहिर नहीं होने दिया। वरना वह अफ़ग़ानी की जगह ईरानी होते। वह यह अच्छी तरह समझते थे कि अगर उनके शिया ईरानी मूल का रहस्य उजागर हो जाता तो उनकी स्वीकार्यता सुन्नी बहुल मुस्लिम समाज में बहुत कम हो जाती। इस कारण वह स्वयं को अफ़ग़ान मूल का ही बताते रहे। ईरान के शिया धार्मिक मदरसों में अपनी प्रारम्भिक शिक्षा के दौरान उन्होंने वहाँ की (फ़ारस की) इस्लामी दार्शनिक परम्परा की अच्छी समझ विकसित कर ली थी। फ़ारस की इस्लामी दार्शनिक परम्परा में इस्लाम की नई समझ के लिए सुन्नी अरब की दार्शनिक परम्परा की अपेक्षा अधिक खुलापन था। अपनी जिस असल शिया पहचान को वह आजीवन छिपाते रहे उसकी दार्शनिक सोच ने इस्लाम के उनके संशोधनपरक विचारों के बारीक रगोरेशों को रचने में अहम भूमिका अदा की थी। इस्लामी दर्शन की एकाधिक धाराओं के अनुशीलन के दौरान उनका संग्रह-त्याग का विवेक सदा जाग्रत रहा। ईरान, अफ़ग़ानिस्तान, तुर्की, सीरिया, ट्यूनीशिया और मिस्र के बौद्धिकों के उन्नीसवीं सदी के विकल वैचारिक मंथन से वह अच्छी तरह परिचित थे। उन्हें यह शिद्दत से अनुभव होने लगा था कि इतिहास ईश्वर और पवित्र 'क़ुरान' समेत सभी धर्मग्रन्थों से स्वतंत्र काम कर रहा था। हर क्षेत्र में पहल और नेतृत्व के सूत्र अब साहसी और ऊर्जावान पश्चिम के हाथों में थे। इतिहास की धारा अब पश्चिम नियंत्रित कर रहा था।

अफ़ग़ानी एक विकल आत्मा थे। किसी एक देश और समाज में लम्बे समय तक स्थिर रह कर सामाजिक, राजनीतिक और वैचारिक सक्रियता उनकी नियति नहीं थी। इस तथ्य को ध्यान में रखकर उनकी तीन महाद्वीपों में फैली यायावरी और उसके दौरान उनकी गतिविधियों पर एक विहंगम दृष्टि उपयोगी होगी। सन् 1850 के दशक के उत्तरार्ध से लेकर सन् 1866 के पूर्वार्द्ध तक वह हिन्दुस्तान रहे। इसके उपरान्त 1869 के उत्तरार्ध तक वह अफ़ग़ानिस्तान रहे। यहाँ उनका अधिकांश समय काबुल में बीता। यहाँ कुछ समय में ही वह अफ़ग़ानिस्तान के अमीर के सलाहकार नियुक्त हो गए थे। अफ़ग़ानिस्तान में उस समय अमीर और उसके सौतेले भाई शेर अली के बीच राजसत्ता पर क़ब्ज़े के लिए गृह युद्ध चल रहा था। अफ़ग़ानी के बारे में कान्धार और काबुल से अंग्रेज़ों की खुफ़िया एजेन्सी ने दिलचस्प रिपोर्ट हिन्दुस्तान भेजी थी। उसमें अफ़ग़ानी को एक ज़हरीला अंग्रेज़-विरोधी उपद्रवी और संभावित

रूसी एजेंट बताया गया था। उन्हें दुबला-पतला, पीले रंग, चौड़े माथे, नीली अन्दर तक पैठ जाने वाली आँखों और बकरे जैसी दाढ़ी वाला शख़्स बताया गया था। रिपोर्ट में जोड़ा गया था कि अफ़ग़ानी को इतिहास और भूगोल का अच्छा ज्ञान था। वह अरबी, तुर्की और फ़ारसी अच्छी तरह पढ़-लिख और बोल सकते थे। ख़ासकर फ़ारसी में उनकी कुशलता फ़ारस के एक निवासी की तरह थी। दरअसल आगे चल कर उन्होंने अंग्रेज़ी सहित आठ भाषाओं पर अच्छा अधिकार प्राप्त कर लिया था। इसके अलावा उन्हें फ्रेंच का भी कामचलाऊ ज्ञान था। वह दिन में अनगिनत प्याले चाय पर रहते थे। प्रत्यक्षतः वह धार्मिक वृत्ति के नहीं थे और उनकी जीवन शैली मुसलमानों से कहीं अधिक यूरोपियनों से मिलती-जुलती थी।

अपने अफ़ग़ानिस्तान प्रवास के दौरान अफ़ग़ानी ने अफ़ग़ान-इतिहास पर अच्छी-ख़ासी सामग्री इकट्ठी कर ली थी। बाद में 1878 में उन्होंने अफ़ग़ानिस्तान का एक विशद इतिहास लिखा भी। सत्ता हड़पने में माहिर योरोपियनों के प्रति अफ़ग़ानों की सख़्त नफ़रत को रेखांकित करते हुए अपने इतिहास में उन्होंने दर्ज किया था कि उन्हें (अफ़ग़ानों को) उनकी आत्मा का आभिजात्य विदेशियों के अधम शासन के अन्तर्गत जीवन बिताने की अपेक्षा सम्मानित मृत्यु के श्रेष्ठतर वरण के लिए प्रेरित करता है। अफ़ग़ानी के मन में अंग्रेज़ों के प्रति गहरा अविश्वास और घृणा का सम्मिलित भाव था। उन्होंने गृहयुद्ध रत अमीर को रूस का सहयोग प्राप्त करने की कूटनीतिक सलाह दी थी। ओटोमान साम्राज्य से लेकर तिब्बत तक यूरोप और एशिया में फैले विस्तृत क्षेत्र में रूसी और अंग्रेज़ एक-दूसरे के बहुत बड़े प्रतिद्वन्द्वी सिद्ध हो रहे थे। अफ़ग़ानी का मानना था कि अज्ञात कुल-शील अंग्रेज़ लुटेरे और चोर थे जिनका उदय बहुत बाद का है। उन्होंने जो कुछ हासिल किया है वह अपनी धूर्त साज़िशों से ही किया है। इनके बरअक्स रूसी राज्य अत्यन्त प्राचीन है। वह सिकन्दर महान के काल से अस्तित्व में है।

अफ़ग़ानिस्तान के गृहयुद्ध में जमालुद्दीन अफ़ग़ानी का गणित ग़लत साबित हुआ। उनका पासा उलटा पड़ गया। अन्ततः अमीर की पराजय और उनके सौतेले भाई शेरअली की जीत हुई। शेर अली को अंग्रेज़ों से सुलह का सौदा ज़्यादा फ़ायदेमन्द लगा। इसके फलस्वरूप देश-निकाले के निर्णय के साथ अफ़ग़ानी को शेर अली ने कुछ समय के लिए काबुल के बाला हिसार किले में क़ैद करवा दिया था। किले में क़ैद के दौरान गहरे आत्म-मंथन के क्षणों में अकसर ग़लत समझे जाने की अपनी नियति को केन्द्र में रखकर अफ़ग़ानी ने एक दिलचस्प कविता लिखी थी। उसकी कुछ पंक्तियाँ दृष्टव्य हैं—

अंग्रेज़ मुझे रूसी समझते हैं
मुसलमान मुझे ज़रथुस्त्र का
अनुयायी पारसी, सुन्नी सोचते

हैं शिया हूँ मैं और शिया
मानते हैं मुझे अली का दुश्मन।

नियति ने अफ़ग़ानी के पैरों में निरन्तर चलायमान एक चक्र बाँध दिया था। अतः वह आजीवन अस्थिर रहे। इसके लिए उनकी परिवर्तन विकल आत्मा क़ाफी हद तक ज़िम्मेदार थी। स्वयं को ग़लत समझे जाने की जिस क़िस्मत का रोना अफ़ग़ानी ने क़ैद के दौरान लिखी उक्त कविता में रोया है दरअसल वह अधिकांश संवेदनशील रचनाकारों का प्रारब्ध रहा है। कविर्मनीषी इक़बाल ने अफ़ग़ानी के इस आत्मालाप को नीचे दिए गए अपने काव्यांश में और भी धारदार वाणी दी है—

ज़ाहिदे[1] तंग नज़र ने मुझे काफ़िर[2] जाना,
और काफ़िर यह समझता है मुसल्मां हूँ मैं।
रिन्द[3] कहता है वली[4] मुझको वली रिन्द मुझे,
सुन के इन दोनों की तक़रीर को हैरां हूँ मैं।

अन्ततः शेर अली सन् 1878 में अपने सरपरस्त अंग्रेज़ों की गतिविधियों से असन्तुष्ट हो उनके विरुद्ध हो गए थे। इसकी परिणति शीघ्र ही दूसरे अंग्रेज़-अफ़ग़ान युद्ध में हुई। उसके लगभग 10 साल पहले अफ़ग़ानी को अफ़ग़ानिस्तान से निकाला जा चुका था। उनके अनुसार अब वहाँ के लोग निहायत अविश्वसनीय थे और थोड़े से प्रलोभन में आकर वह विदेशियों से अपने ही देश-हित के विरुद्ध सहयोग कर सकते थे। दूसरे अंग्रेज़-अफ़ग़ान युद्ध के बाद अफ़ग़ानी के अफ़ग़ानियों के प्रति विचारों में थोड़ा बदलाव आया था।

2

सन् 1869 के पूर्वार्द्ध में अफ़ग़ानिस्तान से निकाले जाने के बाद अफ़ग़ानी ओटोमन साम्राज्य के केन्द्र तुर्की की राजधानी इस्ताम्बूल पहुँचे थे। हिन्दुस्तान और अफ़ग़ानिस्तान के अनुभवों से समृद्ध उन्होंने उपनिवेशवाद के बारीक रगोरेशों की अच्छी समझ विकसित कर ली थी। वह हिन्दुस्तान 1857 के विद्रोह के आस-पास आए थे। विद्रोह को जितनी आसानी से अंग्रेज़ों ने विफल कर दिया था और अवध पर बिना अधिक कठिनाई के उन्होंने जिस तरह क़ब्ज़ा कर लिया था उससे अफ़ग़ानी बहुत गहरे विचलित थे। वह विद्रोह के दमन के बाद पूरे मुस्लिम समाज की टूटन, उसके दुःखद सांस्कृतिक बिखराब और पूर्णतः ध्वस्त मनोबल के उद्विग्न साक्षी रहे। हिन्दुस्तान विश्व का बड़ी मुस्लिम आबादी वाला पहला देश था, जिसे अंग्रेज़ों ने बहुसंख्यक हिन्दुओं के साथ ग़ुलाम बनाया था। अतः वहाँ का औपनिवेशिक अनुभव

1. संकुचित दृष्टि के धार्मिक 2. विधर्मी 3. शराबी 4. सिद्धपुरुष।

अफ़ग़ानी के लिए अत्यन्त महत्त्वपूर्ण था। सन् 1878 में अफ़ग़ानिस्तान के अपने इतिहास में उन्होंने लिखा था कि विद्रोह के दमन के बाद अंग्रेज़ों के विरुद्ध हिन्दुस्तानियों का विद्वेष और बैर भाव इस तरह चरम पर पहुँच गया था कि शायद ही ऐसा कोई हिन्दुस्तान हो जो हिन्दुस्तान की सीमाओं से रूसियों के आगे बढ़ने की प्रार्थना न करता हो। धार्मिक और सामाजिक विभाजन से परे हिन्दुस्तान में जिस कदर अंग्रेज़-विरोधी भावनाएँ व्याप्त थीं उससे स्वयं अफ़ग़ानी चकित थे।

अफ़ग़ानी ने ब्रिटिश उपनिवेश की तुलना एक ऐसे भयावह अजगर से की थी जिसने कई लाख लोगों को निगल लिया था, जो सिन्धु और गंगा का समूचा जल गटक जाने के बावजूद अभी भी अतृप्त ही था। वह अब बचे हुए संसार को निगलने की तैयारी में था। उसकी अनिष्ट दृष्टि अब नील, दज़ला और फ़रात के जल को सोख जाने पर टिकी थी। 1857 के उथल-पुथल के दौर में 'दिल्ली उर्दू अख़बार' के ज़रिये उसके सम्पादक मौलवी वक़ार ने धर्म के मुहावरे का प्रयोग करते हुए ज़ोरदार उपनिवेश विरोधी मुहिम चला रखी थी। हिन्दू महाकाव्यों, पौराणिक कथाओं, 'क़ुरान शरीफ़' की कहानियों और तुर्की के इतिहास की घटनाओं का हवाला देते हुए मौलवी वक़ार एक ओर विद्रोह के बारे में अंग्रेज़ों के विचारों का ज़ोरदार खंडन कर रहे थे, तो दूसरी ओर हिन्दुस्तानी राष्ट्रीयता की एक नव्य समावेशी व्याख्या कर रहे थे। अफ़ग़ानी सन् 1869 में जब इस्ताम्बूल पहुँचे थे तो इन सबका बहुत गहरा असर उनकी उपनिवेश विरोधी मानसिक बुनावट पर पड़ चुका था।

उन्नीसवीं सदी के साठ के दशक में ओटोमन साम्राज्य का केन्द्र तुर्की अपने अब तक के इतिहास के सबसे बड़े राजनीतिक, सांस्कृतिक और सामाजिक संक्रमण से गुज़र रहा था। ओटोमन साम्राज्य यूरोप, अफ्रीका और एशिया महाद्वीपों में फैला हुआ था। उसका केन्द्र तुर्की, ईसाई यूरोप में अकेला मुस्लिम देश था। वहाँ पश्चिमीकरण की तेज़ आँधी चल रही थी। ब्रिटेन, फ्रांस, इटली और रूस समेत कई यूरोपीय राष्ट्र अपनी-अपनी औपनिवेशिक महत्त्वाकांक्षाओं से प्रेरित ओटोमन साम्राज्य के देशों, ख़ासकर तुर्की में विशेष रूप से सक्रिय थे। साथ ही वे एक-दूसरे के कतर-ब्योंत के खेल में भी लगे थे। इस्ताम्बूल में यद्यपि बहुसंख्यक सुन्नी मुसलमान ही थे, पर वहाँ पर्याप्त संख्या में ईसाई, यहूदी और कुर्द नस्ल के शिया भी थे। पूरे ओटोमन साम्राज्य में लगभग 35 प्रतिशत ईसाई थे जिनमें अधिकांश अरब नस्ल के थे। ईसाइयों में यूरोपीय नस्ल के लोगों की संख्या भी नगण्य नहीं थी। यूरोपीय देश इस्ताम्बूल समेत पूरे ओटोमन साम्राज्य में ईसाइयों की धार्मिक, सामाजिक और नागरिक स्वायत्तता को लेकर पूरी तरह सक्रिय और सजग थे। यूरोपीय सभ्यता की बयार पूरे विश्व की ही तरह ओटोमन साम्राज्य में भी बह रही थी। सन् 1869 में जब अफ़ग़ानी इस्ताम्बूल पहुँचे तो उनका साबका अफ़ग़ानिस्तान से बिल्कुल अलग सांस्कृतिक, सामाजिक और राजनीतिक परिस्थितियों से पड़ा।

सभ्यताएँ हमेशा दूसरी सभ्यताओं के साथ आदान-प्रदान से ही पुनर्नवा होती रही हैं। उनका गतिरोध एक-दूसरे के घात-प्रतिघात से ही टूटता है। ओटोमन साम्राज्य ख़ासकर तुर्की संग्रह-त्याग तथा टूटने-जुड़ने के जिस सभ्यता-संक्रमण से उन्नीसवीं सदी के अन्तिम चार दशकों के दौरान गुज़र रहा था उसमें वहाँ के बुद्धिजीवियों की महत्त्वपूर्ण भूमिका थी। उनमें अधिकांश का विश्वास था कि पश्चिमी सभ्यता की विकास-यात्रा से बहुत कुछ सीखा जा सकता है। एक महत्त्वपूर्ण तुर्क चिन्तक-लेखक नामिक कमाल (1840-1888) ने सन् 1860 के दशक के अन्त में लिखा था कि "यूरोप आज जिस स्थिति में है उसे वहाँ तक पहुँचने में दो शताब्दियाँ लगीं। और यह तब सम्भव हुआ जबकि वह अपने विकास-मार्ग का अन्वेषक स्वयं था। हमारे लिए यह सुविधा है कि हमें प्रगति की यह राह बनी-बनाई मिल रही है। क्या हमें इसमें किसी तरह का सन्देह है कि हम भी उस मार्ग पर चल कर प्रगति के उस स्तर पर पहुँच सकते हैं जहाँ हमारी गिनती उच्चकोटि के सुसभ्य देशों में हो? भले ही इसमें हमें भी दो सौ साल लगें।"

पश्चिम को ओटोमन साम्राज्य पर वर्चस्व के लिए किसी राजनीतिक या सैन्य विजय की ज़रूरत नहीं पड़ी जैसाकि हिन्दुस्तान में हुआ। वहाँ यह सब सरल-सहज ढंग से यूरोप की राजनीतिक, आर्थिक और सांस्कृतिक संस्थाओं और उनके मूल में सक्रिय विचारों के पूरे के पूरे अनुकरण से सम्भव हुआ। यूरोप के देशों के बैंक, वहाँ के ईसाई मिशनरियों के कान्वेंट स्कूल, वहाँ के क्लब और वहाँ की जीवन-शैली इन सबने मिलकर तुर्की के उच्च वर्ग का बहुत जल्द पश्चिमीकरण कर दिया। ऊपर से रिस कर इसके असर को नीचे के वर्गों तक पहुँचने में देर नहीं लगी। पर सामान्य जन का जातीय विवेक और अस्मिता बोध अभी भी पूरी तरह नष्ट नहीं हुआ था। वह दिग्भ्रान्त और किंकर्तव्यविमूढ़ अवश्य था पर उसके पैर अपनी ज़मीन पर अभी भी पूरी तरह जमे थे। उसी का परिणाम था कि पश्चिमी प्रभाव में डूबे उच्च वर्ग ने उनकी विनोद और व्यंग्य वृत्ति को दिलचस्प ढंग से उत्तेजित किया। उनका मखौल करते हुए अनगिनत व्यंग्य-कविताएँ, प्रहसन और चुटकुले उस दौर में रचे गए।

यूरोप ने अपनी ईसाई सभ्यता के सहयोग से धीरे-धीरे 19वीं सदी के तीसरे दशक से ओटोमन साम्राज्य की जड़ों को कुतरना शुरू कर दिया था। ड्यूक ऑफ़ वेलिंगटन ने सन् 1869 में साफ़ शब्दों में कहा था कि "अब ओटोमन साम्राज्य तुर्कों की भलाई के लिए नहीं बल्कि ईसाई यूरोप के हितसाधन का ज़रिया बन गया है।" सन् 1838 में ब्रिटेन ने ओटोमन साम्राज्य के साथ मुक्त व्यापार का समझौता कर लिया था। इसके बाद यूरोप के लोग व्यापार के लिए ढील पाते ही भारी संख्या में साम्राज्य के महत्त्वपूर्ण शहरों ख़ासकर इस्ताम्बूल पहुँचने लगे। सन् 1776 में भाप के इंजन के इंग्लैंड में आविष्कार के साथ वहाँ उत्पादन हाथ से चलने वाली मशीनों की जगह इंजन से चलने वाली मशीनों द्वारा किए जाने लगे। ये इंजन जल्द ही यूरोप के दूसरे देशों में भी पहुँच

गए। इनके द्वारा व्यापक स्तर पर व्यापारिक उत्पादन भारी मात्रा में इंग्लैंड समेत समूचे यूरोप में होने लगे। नतीजन ओटोमन साम्राज्य इस तरह उत्पादित माल से पटने लगा। उसके सामने स्थानीय माल टिकने की स्थिति में नहीं रह गए। ओटोमन साम्राज्य की आर्थिक कमर यूरोपीय माल की भरमार ने बुरी तरह तोड़ दी। यूरोप का वर्चस्व केवल व्यापार तक ही सीमित नहीं रहा। वो अपनी आधुनिक संस्थाओं के साथ वहाँ पहुँच रहे थे। यहाँ तक कि उन्होंने एक क़ानून तक पास करवा लिया था जिसके तहत योरोपियन लोग स्थानीय क़ानून की परिधि से बाहर हो गए थे। उन्होंने वहाँ अपनी स्वायत्त न्यायिक व्यवस्था स्थापित कर ली थी। अपने आर्थिक और प्राकृतिक संसाधनों के योरोपियनों द्वारा निर्लज्ज दोहन से ओटोमन साम्राज्य के कई जागरूक और संवेदनशील लोग, जिनमें बड़ी संख्या तरुणों की थी, विक्षुब्ध रहने लगे थे। ज़िया पाशा नामक एक युवा तुर्क ने सन् 1868 में लिखा था, "जब हमारा वाणिज्य, हमारा व्यापार यहाँ तक कि हमारी झोंपड़ियाँ भी विदेशियों को दी जाने लगी थीं तब हम सिर्फ़ मूक दर्शक ही बने रहे। जल्द ही मामूली रोज़ी तक नामुमकिन हो जाएगी।"

यूरोप, अफ्रीका और एशिया—तीन महाद्वीपों में फैले ओटोमन साम्राज्य में विभिन्न जातियों और नस्लों के मुसलमान, ईसाई और यहूदी सदियों से साथ रह रहे थे। साम्राज्य सभी धर्मों और संस्कृतियों की स्वायत्तता का पूरा सम्मान करता था। जब हिन्दुस्तान में पतनशील मुग़ल साम्राज्य अपनी अन्तिम घड़ियाँ गिन रहा था, ओटोमन साम्राज्य काफ़ी हद तक एक धर्म-निरपेक्ष शासन व्यवस्था बनाए रखने में सफल सिद्ध हुआ था। यह व्यवस्था कुशल, सुदृढ़ और धार्मिक-सांस्कृतिक बहुलता के प्रति उदार थी। इसे 'मिल्लत' व्यवस्था का नाम दिया गया था। उन्नीसवीं सदी के पूर्वार्द्ध में सुलतान महमूद (1808-39) और सुलतान अब्दुल मजीद (1839-61) के राज्य-काल में वरिष्ठ प्रशासकों ने 'तंज़ीमात' नाम से प्रशासनिक और न्यायिक सुधार की एक महत्वाकांक्षी योजना बड़े धूमधाम से शुरू की थी। 'तंज़ीमात' शब्द अरबी के 'तंज़ीम' शब्द का बहुवचन है। इसका अर्थ है व्यवस्था या बन्दोबस्त। 'तंज़ीमात' दरअसल एक धर्मनिरपेक्ष सुधार योजना थी। पर इसकी प्रस्तावना में मुल्ला समाज को सन्तुष्ट करने के लिए पवित्र 'क़ुरान' और शरिया का ज़िक्र भी था। 'तंज़ीमात' का उद्देश्य पश्चिम ख़ासकर फ्रांस की प्रशासनिक और न्यायिक व्यवस्था के आधार पर ओटोमन साम्राज्य में एक कुशल, समावेशी और धर्म निरेक्ष न्यायिक-प्रशासनिक प्रणाली स्थापित करना था। 'मिल्लत' व्यवस्था से अलग 'तंज़ीमात' में अल्पसंख्यकों को हर क्षेत्र में बराबरी का दर्जा दिया गया था। इसके तहत गाँव के किसानों को शहर में बसने की सुविधाएँ दी गईं जिससे आधुनिकीकरण के प्रयासों के फलस्वरूप वह भी सुधार की धर्म निरपेक्ष धारा के अंग बन सकें। स्थानीय क्षत्रपों के अधिकार कम कर 'तंज़ीमात' ने एक केन्द्रीकृत प्रशासन प्रणाली विकसित की। इसमें ओटोमन साम्राज्य के देशों की अलग-अलग नागरिकता के

साथ साम्राज्य की एकीकृत नागरिकता के विचार को भी बढ़ावा दिया गया। एक वित्त मंत्रालय का भी गठन हुआ जिसके ज़रिये धर्म निरपेक्ष शिक्षण संस्थाओं को अनुदान आदि के ज़रिये बढ़ावा दिया गया।

'तंज़ीमात' ने एक उच्चकोटि के धर्म निरपेक्ष विश्वविद्यालय की योजना भी तैयार की। तुर्की के उच्च वर्ग में स्वयं को यूरोपीय मानदंडों के अनुसार सभ्य सिद्ध करने की होड़ लग गई थी। यूरोपीय सभ्यता फ्रांस में अपने चरम पर पहुँची हुई मानी जाती थी। ओटोमन साम्राज्य के वरिष्ठ नौकरशाह, जिन्हें पाशा उपाधि से जाना जाता था, अधिकांशत: पेरिस में प्रशिक्षित हुए थे। वो समूचे तुर्की के सामाजिक, सांस्कृतिक और बौद्धिक जीवन को पश्चिम के साँचे में ढालने के लिए कृतसंकल्प थे। पुराने धार्मिक रीति-रिवाज़ों के लिए न तो उनके पास समय था और न ही धैर्य। ओटोमन साम्राज्य के एक समुद्र तटीय राज्य के एक स्वेच्छाचारी मंत्री फ़ुअद पाशा ने तो यहाँ तक कह दिया था कि "सदियों से इस्लाम अपने क्षेत्र में विकास का एक प्रशंसनीय साधन रहा है। पर आज समय इसकी (इस्लाम की) घड़ी की पकड़ से छूट गया है। उसे अब इस तरह साधना होगा कि वह निरन्तर गतिमान समय के साथ चल सके।"

जो सम्भ्रान्त समाज 'तंज़ीमात' को अमली जामा पहना रहा था उसकी निगाह तुर्की के पश्चिमीकरण की यूरोप से दाद पाने पर टिकी हुई थी। जब तक उनकी आधुनिकता को पश्चिम की स्वीकृति न मिले तब तक वह आश्वस्त होने की स्थिति में स्वयं को नहीं पा रहे थे। उनकी यह उत्कंठा निरर्थक नहीं थी। आधुनिकता के मक्का फ्रांस ने उन्हें बल प्रदान किया। पश्चिम में आधुनिकता का स्रोत फ्रांस ही माना जाता रहा है। स्वघोषित प्रत्यक्षवाद के पुरोहित (पोप ऑफ़ पॉज़िटिविज़्म) फ्रांस के दार्शनिक ऑगस्ट काम्टे (1798-1857) के हाथ एक अर्से तक पश्चिम के आधुनिक चिन्तन की मशाल रही। तुर्की की आधुनिकीकरण की प्रक्रिया से सन्तुष्ट काम्टे ने घोषित किया था कि तुर्की मानवता के धर्म की एक सही प्रयोगशाला साबित हो सकता है। काम्टे ने अपने इस कथन के ज़रिये यह रेखांकित करने का प्रयास किया था कि तुर्की में परम्परागत धर्म इस्लाम के साथ पश्चिम की आधुनिकता के समाहार में मनुष्यता की सभ्यता के दूरगामी परिणाम की सम्भावनाएँ सन्निहित थीं।

तुर्की के आधुनिकीकरण की प्रक्रिया को धार देने के लिए पश्चिम की उदार शिक्षा से प्रेरित एक विश्वविद्यालय की ज़रूरत एक अर्से से महसूस की जा रही थी। इस उद्देश्य से सन् 1870 के पूर्वार्द्ध में इस्ताम्बूल में दारुल-फनूने उस्मानी नाम से एक आधुनिक विश्वविद्यालय की स्थापना हुई। जमालुद्दीन अफ़ग़ानी जब 1869 के उत्तरार्ध में इस्ताम्बूल पहुँचे थे तो वहाँ उनकी भेंट अली पाशा नाम के एक अत्यन्त शक्तिशाली राजनेता से हुई थी। अली पाशा तुर्की के पश्चिमीकरण की प्रक्रिया में लगे राजनेताओं और वरिष्ठ नौकरशाहों में अग्रणी थे। अफ़ग़ानी का अली पाशा से सम्पर्क उनके (अफ़ग़ानी के) लिए वरदान सिद्ध हुआ। उनकी पहुँच शीघ्र ही

उच्चतम शासक वर्ग में हो गई। परिणामस्वरूप उन्हें तुर्की की शिक्षा-परिषद का सदस्य मनोनीत कर दिया गया। उन्हें नव स्थापित विश्वविद्यालय के उद्घाटन समारोह के दौरान शिक्षा मंत्री तथा अन्य महत्त्वपूर्ण प्रशासकों की उपस्थिति में भाषण के लिए निमंत्रित किया गया था। अफ़ग़ानी विश्वविद्यालय के निदेशक से अच्छी तरह परिचित थे। वह एक स्वतंत्र चेता विचारक थे। अत: रूढ़िवादी मुल्ला समाज के व्यंग्य और तीखी आलोचनाओं के वह अकसर शिकार होते थे। 'तंज़ीमात' के उच्च प्रशासकों को लगा कि अफ़ग़ानी के रूप में उदार चेता निदेशक को एक मूल्यवान सहयोगी प्राप्त होगा। वो अफ़ग़ानी की इस्लाम की उदार समझ और उसकी युगानुरूप आधुनिक व्याख्या के सामर्थ्य के प्रति आश्वस्त थे। उनकी आश्वस्ति का तर्कसंगत आधार भी था।

ओटोमन साम्राज्य के रूढ़िग्रस्त सुन्नी उलेमा-समाज की इस्लाम की अनुदार समझ के बरअक्स अफ़ग़ानी की फ़ारस की उदार दार्शनिक परम्परा के प्रकाश में इस्लाम की गत्यात्मक व्याख्या की पृष्ठभूमि से 'तंज़ीमात' से जुड़े प्रगतिशील तत्त्वों को बहुत उम्मीदें थीं। उन्हें लगता था कि दारुल फ़नूने उस्मानी के निदेशक से अफ़ग़ानी के जुड़ाव से धर्म निरपेक्ष शिक्षा के ख़िलाफ़ कट्टरपंथियों की अतार्किक आलोचना के घटाटोप को छँटने में महत्त्वपूर्ण मदद मिलेगी। अफ़ग़ानी स्वयं भी आधुनिक शिक्षा के मुसलमानों के बीच पुनर्स्थापना चाहते थे। परम्परागत मदरसों और दरवेश-पाठशालाओं में पश्चिम की वैज्ञानिक सोच के मुकाबले का ज़रा भी दम-ख़म नहीं था। अफ़ग़ानी इस सच्चाई से पूरी तरह वाक़िफ़ थे। विज्ञान की शक्ति से लैस होकर ही पश्चिम आसानी से पूरब को पराजित करने में सक्षम हो सका था। दारुल फ़नूने उस्मानी के उद्घाटन के अवसर पर अफ़ग़ानी का सम्बोधन उनका सम्भवत: पहला रिकॉर्ड किया गया भाषण है। इसमें अफ़ग़ानी ने अपने उद्बोधन में कहा था—

''मेरे भाइयो, अपनी बेपरवाह नींद से अब तो जागो। समझो कि कभी इस्लाम को मानने वाले सबसे ताक़तवर हुआ करते थे। उनकी क़ूवत और अहमियत बेशक़ीमती थी। बाद में वो क़ाहिली और आरामतलबी में गर्क हो गए। कई इस्लामी मुल्कों को ग़ैर-इस्लामी मुल्कों ने दबोच लिया। उन्हें पतन की चादर ने ढक लिया। अज़ीमुश्शान 'मिल्ला' लगातार बेइज़्ज़त और बेक़द्र होती गई। ये सब हुआ क़ाहिली, निकम्मेपन, जहालत़ और जागरूक न रहने की वजह से। क्या हम तहज़ीबयाफ्ता (सभ्य) देशों के उदाहरण से सीख नहीं सकते ? अपनी कोशिशों के ज़रिये वो ज्ञान और उपलब्धियों की सबसे ऊँची चोटी पर पहुँच गए हैं। हमारे लिए भी वो सभी रास्ते खुले हैं और हमारी तरक्की की राह में कोई भी रुकावट नहीं है। सिर्फ़ क़ाहिली, जहालत और अज्ञान ही हमारी राह रोके खड़े हैं।''

तहज़ीबयाफ़्ता (सभ्य या सिविलाइज़्ड) देश का अफ़ग़ानी द्वारा प्रयोग विशेष ध्यान देने योग्य है। इस शब्द का प्रयोग यूरोप के राजनेता उन्नीसवीं सदी के दौरान

अपने देशों की श्रेष्ठता की धाक दूसरे देशों पर ज़माने के लिए करते रहते थे। 'सिविलाइज़ेशन' (सभ्यता या तहज़ीब) शब्द विभिन्न क्षेत्रों में उस समय विकास का चरम बिन्दु संकेतित करता था। निश्चित रूप से इस शब्द के यूरोपीय-ईसाई आयाम थे। 'तंज़ीमात' से जुड़े लोग यूरोपीय सभ्यता की तत्कालीन कसौटी पर खरा उतरने की दृष्टि से निरन्तर प्रयत्नशील थे। स्वयं अफ़ग़ानी द्वारा इस शब्द का प्रयोग यह इंगित करता था कि वह मुस्लिम मिथ्याभिमान और अपवादवाद के अस्वीकार की दिशा में कितना आगे बढ़ गए थे। इसका साफ़ जोखिम भरा मतलब था कि मुसलमान अब ख़ुदा के प्रिय बन्दे नहीं रह गए थे और उनका इतिहास अब ख़ुदा की मर्ज़ी और योजना से निर्दिष्ट नहीं हो रहा था। मदरसे अब मुसलमानों की तालीम की नई चुनौतियों के लिए निहायत नाकाफ़ी साबित हो रहे थे। अफ़ग़ानी को पूरा यक़ीन था मुसलमानों का अब अपने सुनहरे अतीत और गौरवशाली साम्राज्य की ओर लौटना असम्भव था। मुस्लिम देशों के सैन्य आधुनिकीकरण का कोई मतलब नहीं था जब तक कि उनकी सोच आधुनिक न हो।

दारुल फ़नूने उस्मानी ने अफ़ग़ानी के चौदह भाषणों की एक श्रृंखला आयोजित कर रखी थी। अपने पहले ही भाषण में अफ़ग़ानी ने बला का दुस्साहस प्रदर्शित करते हुए पैग़म्बरों की तुलना दार्शनिकों से की थी। इसमें उन्होंने दार्शनिकों को वरीयता दी थी। उनके अनुसार दार्शनिकों के उपदेश सार्वभौम थे—युग विशेष की स्थितियों से निरपेक्ष जबकि पैग़म्बरों के सन्देश समय सापेक्ष थे—समय विशेष की परिस्थितियों से उद्भूत, प्रेरित और उन पर निर्भर। इसी से उनके आदेश बदलती परिस्थितियों में विवेक-सम्मत व्याख्या के अनुरूप परिवर्तनशील थे। आधुनिक समय में अफ़ग़ानी के ये कथन सम्भवत: किसी भी तरह आघात पहुँचाने वाले प्रतीत नहीं होते। पर जिस समय उन्होंने ये बात कही थी वह 'तंज़ीमात' का आखिरी दौर था। 'तंज़ीमात' से जुड़े लोग मुल्ला समाज की भावनाओं के प्रति अत्यन्त सजग और संवेदनशील थे। अफ़ग़ानी के अनुसार पैग़म्बर मुहम्मद साहब को शरिया पर दार्शनिकों द्वारा विचार-विमर्श के बाद ज़रूरत पड़ने पर बदलाव का सुझाव उचित मानना चाहिए। उनके ये विचार निराधार नहीं थे। उन्नीसवीं सदी के पहले की सदियों में हिन्दुस्तान और ईरान और उसके भी पहले अरब जगत में शरिया की तर्कसंगत व्याख्या की परम्पराएँ थीं। यह माना जाता था कि विवेकवान लोग शरिया या पवित्र पैग़म्बर की वाणी की शाब्दिक व्याख्या की जगह उसके मन्तव्य को समझते हुए उसकी युगानुरूप विवेकसंगत व्याख्या कर सकते थे। दरअसल शाब्दिक व्याख्या मुख्य रूप से अशिक्षित जनता के लिए थी। पर तुर्की की आधुनिकीकरण की प्रक्रिया से डरे-घबराए दकियानूस मुल्ला समाज के हाथ अज्ञात कुलशील अफ़ग़ानी से छुटकारा पाने का एक नायाब मौक़ा हाथ लग गया। उन्होंने अफ़ग़ानी द्वारा व्यक्त विचारों के आधार पर उन्हें धर्मच्युत साबित करना शुरू कर दिया जिसके लिए पवित्र मुहम्मद और

उनके माध्यम से अवतरित ईश वाणी में आस्थावान मुस्लिम समाज में कोई जगह नहीं थी। अतः एक तरफ़ जहाँ उन्हें विधर्मी करार देकर देश-निकाले का फ़तवा जारी कर दिया गया, दूसरी तरफ़ धर्म निरपेक्षता के प्रसार-प्रचार के अपराध में दारुल फ़नूने उस्मानी के निदेशक को उनके पद से हटा दिया गया। यही नहीं विश्वविद्यालय को भी बन्द करने का आदेश मुल्ला वर्ग के दबाव में जारी करना पड़ा। अफ़ग़ानी के पहले ही व्याख्यान से इतनी उथल-पुथल मच गई कि आगे के व्याख्यानों की नौबत ही नहीं आई।

अपने विचारों के प्रति तुर्की के मुल्ला समाज की तीखी प्रतिक्रिया ने अफ़ग़ानी को आत्म-निरीक्षण के लिए प्रेरित किया। इस्लाम को लेकर मुल्ला समाज की हठधर्मितापूर्ण रूढ़िवादी समझ की अपने व्याख्यान में जिस ढंग से उन्होंने दो टूक आलोचना की थी उसके विरोध में प्रतिकार अप्रत्याशित नहीं था। अफ़ग़ानी समझ गए थे कि उन्हें खलनायक साबित करने के लिए मुल्ला-समाज ने उनकी आलोचना को इस्लाम के पवित्र प्रवर्तक मुहम्मद साहब की वाणी को ही चुनौती देने का प्रयास निरूपित किया था। अफ़ग़ानी को समझ में आ गया था कि यदि पश्चिम की आधुनिकता और वैज्ञानिक सोच को मुस्लिम समाज में प्रसारित करना है तो उससे सम्बन्धित विमर्श इस्लाम के मुहावरे के ज़रिये ही करना होगा। तभी उसे स्वीकार्य बनाना सम्भव हो सकेगा। बहुत से युवा तुर्क विचारक आधुनिक वैज्ञानिक सोच पर विमर्श इस्लाम की शब्दावली में चला भी रहे थे। बहरहाल, अफ़ग़ानी को इस्ताम्बूल सन् 1871 के प्रारम्भ में छोड़ देना पड़ा। वहाँ वह दो साल भी नहीं रह पाए। पर अफ़ग़ानी ने इस्ताम्बूल दोबारा लौटने के संकल्प के साथ छोड़ा था।

3

इस्ताम्बूल से बौद्धिक यायावर अफ़ग़ानी मिस्र की राजधानी काहिरा पहुँचे थे तो वहाँ भी यूरोपीकरण की तेज़ लहर चल रही थी। इसके तहत सबसे पहले सेना के आधुनिकीकरण की प्रक्रिया शुरू की गई। बड़ी संख्या में फ्रांस के भाड़े के सैनिक मिस्र की सेना में भर्ती किए जाने लगे। उन्नीसवीं सदी के मध्य में काहिरा में रह रहे प्रख्यात फ्रेंच लेखक गुस्ताव फ्लॉबेयर ने भी इसकी पुष्टि की है। ओटोमन मूल के मिस्र के शासक मुहम्मद अली (1769-1849) ने जहाँ यूरोपीय महाप्रभुओं की चापलूसी और ख़ुशामद में अप्रतिम महारत का परिचय दिया था वहीं अपनी मिस्री प्रजा और अधीनस्थ सामन्तों के प्रति उसका व्यवहार अत्यन्त अन्यायपूर्ण था। उसने पुराने सामन्तों की सम्पत्तियाँ जब्त कर ली थीं और मस्जिदों के नाम ज़माने से चली आ रही खेती की ज़मीनों के पट्टे रद्द कर दिए थे। किसानों के साथ भी उसका बर्ताव बहुत बुरा था। उसने अनाज की पैदावार की जगह किसानों को सिर्फ़ कपास

की खेती करने के लिए मजबूर कर दिया था। यूरोप की कपड़ा मिलों को कपास की बहुत ज़रूरत रहती थी। उसकी आपूर्ति के लिए मुहम्मद अली ने मिस्त्र की युगों पुरानी आत्मनिर्भर ग्रामीण अर्थव्यवस्था पूरी तरह चौपट कर दी थी। अपने राज्य क्षेत्र के विस्तार के लिए सैन्य बल की बढ़ोतरी भी मुहम्मद अली को अत्यन्त आवश्यक लग रही थी। नतीजतन किसानों को भी उसने सेना में भर्ती करना शुरू कर दिया। इसी बढ़ी सैन्य शक्ति से उसने जहाँ एक ओर अपने राज्य का विस्तार सूडान तक कर लिया था वहीं दूसरी ओर अरब के कट्टरपंथी वहाबियों को भी पराजित करने में उसे कामयाबी मिली थी। कपास के निर्यात से जो धन आया उसका उपयोग अली ने सेना में ज़बर्दस्ती भर्ती में तो किया ही साथ ही उसने योग्यता पर आधारित सुयोग्य नौकरशाही के विकास पर भी उसे ख़र्च किया।

अमेरिकी गृह युद्ध (1861-1865) के फलस्वरूप अमेरिका से यूरोप की कपड़ा मिलों को कपास की आपूर्ति बन्द हो गई थी। अत: मिस्त्र और हिन्दुस्तान से कपास का निर्यात काफ़ी बढ़ गया था। इस बढ़े हुए निर्यात से जो बढ़ा हुआ राजस्व मिस्त्र में आने लगा उसका उपयोग आधुनिक शिक्षा के प्रसार के लिए कॉन्वेंट स्कूलों, इंजीनियरिंग कॉलेजों तथा अन्य पेशों से जुड़ी संस्थाओं के निर्माण संचालन और उद्योग-धंधों के आधुनिक कारखानों की शुरुआत और विस्तार पर किया गया। चीन और जापान से दशकों पूर्व टेलीग्राफ और रेलवे की लाइनें मिस्त्र के काफ़ी इलाकों में बिछ गई थीं। आधुनिक शिक्षा के प्रसार और कपास के निर्यात से आई समृद्धि के फलस्वरूप काहिरा अरब जगत की वित्तीय और सांस्कृतिक राजधानी बन गया था। सन् 1798 में नैपोलियन के आक्रमण के समय का पिछड़ा मिस्त्र अब बिलकुल बदल गया था। इसका काफ़ी कुछ श्रेय मुहम्मद अली के उत्तराधिकारियों को जाता है।

अली के उत्तराधिकारियों में महत्त्वपूर्ण खिदिव इस्माइल (1830-1895) ख़ुद 1867 में पेरिस की विराट प्रदर्शनी देखने के लिए फ्रांस गए थे। यात्रा के दौरान उन्होंने संकल्प लिया था वह काहिरा को पेरिस की ही तरह एक अत्याधुनिक राजधानी के रूप में विकसित करेंगे। इसके फलस्वरूप भारी संख्या में काहिरा के पश्चिम में नील नदी के रमणीक तट पर निर्मित आलीशान महलों में सीरिया और यूरोप के समृद्ध व्यवसायी लाकर बसा दिए गए। सन् 1869 में स्वेज़ नहर के खुलने से काहिरा समेत मिस्त्र के महत्त्व में एक दूरगामी ऐतिहासिक आयाम जुड़ गया। इससे काहिरा के यूरोप के पैटर्न पर और आगे विकसित होने का एक विशाल द्वार खुल गया। इससे प्रेरित होकर खिदिव इस्माइल ने यहाँ तक कह दिया था कि "मेरा देश अब अफ्रीका में न होकर योरोप का हिस्सा बन गया है।"

मिस्त्र के महाप्रभुओं का कोई दावा हो पर यूरोप का सम्भ्रान्त समाज मानता था कि तुर्की यूरोपीय सभ्यता को आत्मसात् कर अब तक अविरल उपलब्धियों के जिस

स्तर पर पहुँच गया था वहाँ पहुँचने में मिस्र को अभी बहुत देर थी। पश्चिमीकरण की प्रक्रिया से अधिकांश मिस्रवासी असन्तुष्ट और अप्रसन्न थे। उस समय के प्रतिष्ठित मिस्री कवि सालेह मागदी ने यूरोपीकरण के प्रति सामान्य मिस्री जनता की नफ़रत व्यक्त करते हुए कहा था—

आपकी दौलत बर्बाद हो रही है
रंडियों और भडुवों पर। आम आदमी को
दरकार है बतौर बीवी के महज एक औरत की
पर उन्हें चाहिए लाखों बीवियाँ।
आम आदमी को दरकार है
महज एक मकान की, पर
उन्हें चाहिए नब्बे अलीशान महल।
ओह, मिस्र के निवासियो, चारों ओर
व्याप्त है कलंक और लज्जा,
जागो! अब तो जागो!

दरअसल पश्चिमीकरण के नकारात्मक प्रभाव के लक्षण तुर्की में भी प्रकट होने लगे थे। जिस तरह के झटके वहाँ की अर्थव्यवस्था को उन्नीसवीं सदी के सातवें दशक में लग रहे थे उसे झेल जाने की क्षमता वहाँ की व्यवस्था में थी। पर मिस्र के लिए उसे झेल पाना असम्भव था। अन्य फसलों पर लगभग रोक लगा कर सिर्फ़ कपास की खेती पर ज़ोर देने से एक बड़ा तात्कालिक लाभ फ़ौरन अवश्य मिल गया था। यूरोप की कपड़ा मिलों को कपास के निर्यात से विदेशी मुद्रा के रूप में जो राजस्व मिला था वह यूरोप के पैटर्न पर आधुनिकीकरण पर आ रहे ख़र्च के लिए ही पर्याप्त नहीं था। अत: यूरोप के बैंकों से क़र्ज़ भी लेने पड़े थे। इसी बीच अमेरिकी गृह युद्ध के सन् 1865 में अन्त होने के कारण यूरोप की कपास की आपूर्ति वहाँ से फिर होने लगी। नतीजतन यूरोप की कपड़ा मिलों के पास ज़रूरत से कहीं ज़्यादा कपास का अम्बार लग गया। इसके फलस्वरूप कपास का अन्तरराष्ट्रीय मूल्य बुरी तरह गिर गया। खिदिव इस्माइल की मिस्र को यूरोप बनाने की दम्भपूर्ण योजनाओं पर लगातार बढ़ते ख़र्च के फलस्वरूप राजकोष लगभग ख़ाली होने के कगार पर था। कपास का अन्तरराष्ट्रीय भाव गिरने से मिस्र की अर्थव्यवस्था चूर-चूर हो गई। इस्माइल की फ़िज़ूलखर्ची के कारण ऊँची ब्याज दर पर यूरोप के बैंकों से लिए गए ऋण के बोझ ने रही-सही कसर पूरी कर दी। मिस्र की अर्थव्यवस्था की कमर अब पूरी तरह टूट चुकी थी। खिदिव नए शिक्षित वर्ग की आशाओं-आकांक्षाओं के अनुरूप आधुनिक संस्थाओं के निर्माण में बुरी तरह असफल सिद्ध हुए। मिस्र अब पूरी तरह यूरोप का ग़ुलाम था। यूरोप ने अपनी आर्थिक सुरक्षा के लिए खिदिव पर ज़बर्दस्त दबाव बनाने शुरू कर दिए। नतीजतन उन्हें अपनी

कैबिनेट में कई यूरोपीय मंत्री शामिल करने पड़े। देश की सार्वभौम सत्ता एक तरह यूरोप के पास बंधक हो गई।

अधिक से अधिक कपास की खेती की वजह से खाद्यान्न का उत्पादन निहायत कम हो गया। देश को भुखमरी से बचाने के लिए उसका आयात ही विकल्प था। पश्चिम के कल-कारखानों से उत्पादित सामान से बाज़ार पटने लगे थे। स्थानीय हस्तशिल्प का धंधा नष्ट हो गया था। इसका दुष्परिणाम सामाजिक-सांस्कृतिक मूल्यों के तेज़ी से होते क्षरण के रूप में साफ़ दिख रहा था। संकट दिन-पर-दिन गहराता जा रहता था। नित नए टैक्स लगाए जा रहे थे। सामान्य जीवन से जुड़ी कोई भी ऐसी चीज़ नहीं बची थी जो कर से बची रह गई हो। हर ऊँट, गाय, बैल, भेड़, बकरी, खच्चर और घोड़े पर टैक्स लग गया था। किसानों को रोटी तक के लाले पड़ गए थे। इस दौरान अंग्रेज़ अधिकारियों की पूरी कोशिश रही कि मिस्री जनता ख़ासकर किसानों की कमर इस हद तक तोड़ दी जाए कि उनमें किसी भी प्रकार के प्रतिरोध की ताक़त ही न बची रहे। हिन्दुस्तान के सन् 1857 के उथल-पुथल से उन्होंने लगता है कोई ख़ास सबक हासिल नहीं किया था। पश्चिमी शिक्षा के सम्पर्क से उपजे नए तरुण वर्ग की हताशा और किसानों की दारुण स्थिति से पनपे भयावह असन्तोष ने मिलकर अन्दर ही अन्दर सन् 1870 के दशक के उथल-पुथल की विस्फोटक भूमिका तैयार कर दी थी। पर अभी कोई भी खुल कर लगातार बिगड़ती स्थिति का वस्तुनिष्ठ विश्लेषण और उसके लिए ज़िम्मेदार कारक तत्त्वों तथा शक्तियों पर कुछ कहने के लिए मुँह खोलने की हिम्मत जुटा नहीं पा रहा था। ऐसे दुस्साहस की परिणति देश निकाले, जेल और सम्पत्ति की कुर्की के अलावा मृत्युदंड तक में ही होनी निश्चित थी। जमालुद्दीन अफ़ग़ानी के प्रशंसक जीवनीकार एक विपन्न किसान परिवार में जन्मे मुहम्मद अब्दुह (1849-1909) ने इस पृष्ठभूमि पर व्यापक विचार करते हुए लिखा कि "मिस्र के तत्कालीन इतिहास के इस निबिड अन्धकार के दौर में अफ़ग़ानी ने हत्भाग्य मिस्र में प्रवेश किया था। लेकिन अफ़ग़ानी से अब्दुह का सम्पर्क मुक्तिदायी सिद्ध हुआ। इसी का परिणाम था कि आगे चल कर अब्दुह मुस्लिम जगत के अग्रणी आधुनिकतावादी विचारकों में गिने गए।"

मिस्र यूरोपीय साम्राज्यवादी अर्थव्यवस्था द्वारा चलाया जा रहा था। उसकी आधुनिकीकरण की प्रक्रिया की अपनी जटिल समस्याएँ थीं। अन्तरराष्ट्रीय पूँजीवादी अर्थतंत्र के नियामक यूरोपीय साम्राज्यवादी देश ही थे। वे खेल के नियम अपने हितों के अनुसार बदलने में पारंगत थे। उनकी पूरी कोशिश रहती थी कि इस खेल में बाद में शमिल साम्राज्यवादी खिलाड़ियों को भी इन निरन्तर बनते-बिगड़ते नियमों से रंचमात्र भी लाभ न मिल सके। यूरोपीय ब्रांडधारी और महाजन ही दरअसल देश को चला रहे थे। सन् 1871 का यह वही निबिड अन्धकार था जिसमें प्रकाश के एक तीर की तरह अफ़ग़ानी ने प्रवेश किया था और मिस्र के मुक्तिकामी मानस में गहरे धँस गए थे।

जब कोई देश अथवा सभ्यता पतनशील यथास्थिति से उबरने के लिए अँगड़ाई लेती है तो उसके पीछे सक्रिय शक्तियों को अपनी बात सामान्य जन, विशेषकर परिवर्तनकामी युवा वर्ग तक पहुँचाने के लिए एक सर्वसुलभ सम्प्रेषण माध्यम की ज़रूरत शिद्दत से महसूस की जाती है। उसके लिए सबसे सशक्त माध्यम अख़बार ही सिद्ध होते हैं। दिलचस्प बात ये है कि अरबी के स्वतंत्र चेता अख़बारों को शुरू करने वाले मुसलमान अरब न होकर अरबी नस्ल के ईसाई और यहूदी थे। ये सभी अफ़ग़ानी के प्रशंसक और मित्र थे। शीघ्र ही बेरुत, सिकन्दरिया और दमिश्क समेत कई शहर जहाँ ग़ैर-मुस्लिम अरबों की संख्या काफ़ी थी, अरब पत्रकारिता और नए अरबी साहित्य के नवोन्मेष के केन्द्र बन गए। बाद में अरब मुसलमान भी इन प्रयासों से जुड़े पर उनका मुख्य उद्देश्य अस्त हो रहे इस्लामी अरब गौरव का पुनर्जीवन ही था। इन सब प्रयासों के बीच अरबी आधुनिक संवेदना के सम्प्रेषण के लिए एक अत्यन्त समर्थ भाषा बन गई। औपनिवेशिक शक्तियों के विरुद्ध मिस्र में राष्ट्रीयता की एक अभूतपूर्व लहर चल पड़ी। इसमें अफ़ग़ानी के प्रशंसकों और अनुयायियों की बड़ी अहम भूमिका रही। 'दि टाइम्स' के संवाददाता ने मिस्र के शहरों और क़स्बों के कॉफी हाउसों में उस दौरान चलती बहसों का जायज़ा लेते हुए लिखा था कि "उनमें यूरोप के चंगुल से मुक्त होने की जो तड़प थी वह उन्हें दरअसल जमालुद्दीन अफ़ग़ानी से ही मिली थी। जनमत के निर्माण और राष्ट्रीयता की चेतना जागृत करने में अब्दुला अल नदीम और सलीम अल नक़्श जैसे मिस्र के दो चिन्तकों की भी अहम भूमिका थी। दोनों स्वयं को अफ़ग़ानी का अनुयायी मानते थे। उन्होंने एक अत्यन्त लोकप्रिय नारा दिया था—मिस्र मिस्रियों के लिए। शीघ्र ही यह मिस्र में उपनिवेशवादी शक्तियों के चंगुल से मुक्ति का मंत्र बन गया।"

उन्नीसवीं सदी के अन्तिम ढाई दशकों में मिस्र ने तेजस्वी उपनिवेश विरोधी पत्रकारिता के नवोन्मेष का एक अभूतपूर्व दौर देखा। जेम्स सानुआ नामक एक यहूदी अरब ने सन् 1877 में 'अबू-नद्दारा ज़र्क़ा' (नीले चश्मे वाला आदमी) नाम से एक व्यंग्य पत्रिका का प्रकाशन शुरू किया। इसमें तीखे चुटकुले, प्रहसन, निबंध और वार्तालाप होते थे जिनके द्वारा योरोपियनों के साथ-साथ पश्चिमपरस्त मिस्रियों की भी अच्छी ख़बर ली जाती थी। विद्वत्तापूर्ण विमर्श की औपचारिक भाषा की जगह पहली बार अरबी पत्रकारिता में रोज़मर्रा की बोलचाल की भाषा का प्रभावशाली उपयोग सानुआ ने ही किया। पत्रिका की व्यंग्यधार इतनी तेज़ थी कि यथास्थितिवादी शक्तियाँ उसके आघात से तिलमिला उठीं। नतीजतन पत्रिका के दो अंकों के प्रकाशन के बाद ही उस पर रोक लगा दी गई और उसके सम्पादक को पेरिस में तत्काल निर्वासित कर दिया गया। पत्रिका सन् 1910 तक पेरिस से छपकर गोपनीय माध्यमों से मिस्र पहुँचती रही। पत्रिका के मूल में अफ़ग़ानी का ही प्रारम्भिक समर्थन रहा। पर अफ़ग़ानी इस व्यंग्य पत्रिका के बाहर से छप कर मिस्र में चोरी-

छिपे वितरित होने मात्र से सन्तुष्ट नहीं हुए। उन्होंने अपने एक मिस्त्री अरब ईसाई प्रशंसक अदीब इसहाक को सानुआ के देश-निकाले के तुरन्त बाद 'मिस्त्र' नाम से एक पत्र निकालने के लिए प्रोत्साहित किया। कुछ दिनों काहिरा से छपने के बाद यह सिकन्दरिया से निकलने लगा। 'मिस्त्र' को अत्यन्त व्यापक अप्रत्याशित सफलता मिली। इसहाक ने इस पत्र में मिस्त्र के राजतंत्र और उसके विदेशी समर्थकों पर तीखे प्रहार किए। उन्होंने सरकारी नौकरियों में विदेश से शिक्षा प्राप्त कर लौटे मिस्त्रियों को तरजीह देने की मानसिकता की जमकर आलोचना की। यूरोप में लच्छेदार भाषा में स्वतंत्रता और समानता की स्थापना के लिए लम्बे-चौड़े भाषण देने और अपने उपनिवेश को उससे वंचित रखने के लिए हर हथकंडे का सहारा लेने की प्रवृत्ति के कारण उन्होंने योरोपियनों की जम कर खिंचाई की। मिस्त्र की क़ानूनी प्रक्रिया के दायरे से यूरोपीय अपराधियों को बाहर रखने के नियम की भी इसहाक ने तीखी किन्तु तर्कसंगत भर्त्सना की थी। उन्होंने 'मिस्त्र' के एक अंक में सन् 1877 में लिखा था कि "शायद ही कोई दिन ऐसा जाता हो जब कोई योरोपियन सिरफिरा किसी न किसी मिस्त्र के नागरिक पर छुरे से घातक हमला न करता हो। ऐसी स्थिति में यदि घायल मिस्त्री नागरिक क़िस्मत से बचा तो उसे अस्पताल भेज दिया जाता है और हमलावर योरोपियन को उसके देश के कॉन्सुलेट के सिपुर्द कर दिया जाता है। वहाँ साफ़-सुथरे सुविधा-सम्पन्न कमरे में रखकर उसकी अच्छे से अच्छे स्वादिष्ट भोजन और पेय से पूरी आवभगत की जाती है।" उस दौरान मिस्त्र के पर्यटन पर पहुँची एक भद्र अंग्रेज़ महिला लेडी डफ़ गॉर्डन ने लिखा था कि— अंग्रेज़ों को अकसर यह कहते हुए सुन कर मेरा दम घुटने लगता है कि अरब के लोगों को महज डंडे से वश में रखा जा सकता है। पश्चिम कितने हिक़ारत से मिस्त्रियों समेत अरब नस्ल के लोगों को उस दौर में देख रहा था इसकी यह महज छोटी सी बानगी है।

मिस्त्र पहुँचने पर अफ़ग़ानी को लगा कि वहाँ उन्हें अपनी वैचारिक सक्रियता कुछ इस तरह चलानी चाहिए जिससे वे मिस्त्र की पश्चिम-परस्त सत्ता की कुटिल दृष्टि से जितना सम्भव हो बचे रह सकें। अत: विचार-विकल अनेक सदाशय मिस्त्रियों की तरह उन्होंने भी 'फ्रीमैसन्स' नामक अन्तरराष्ट्रीय संगठन की स्थानीय शाखा की सदस्यता ग्रहण कर ली। इस संगठन की स्वायत्तता और काफ़ी हद तक उसकी गतिविधियों की गोपनीयता का विश्व स्तर पर आज भी सम्मान है। अपने विचारों के प्रसार के लिए एक मंच की उनकी तत्काल ज़रूरत 'फ्रीमैसन्स' की सदस्यता से पूरी हो गई। इस दौरान अफ़ग़ानी ने पश्चिम के विचारोत्तेजक साहित्य का व्यापक अध्ययन किया। इस्लाम की अपनी रूढ़िमुक्त नवोन्मेषी व्याख्या के साथ पश्चिम के समकालीन विचारों की अपनी समझ का समाहार कर उन्होंने एक नई चिन्तन दृष्टि विकसित करने का सफल प्रयास किया। फ्रांसीसी इतिहासकार फ्रैन्स्वा

गिज़्वो की सभ्यता दृष्टि से वह गहरे प्रभावित हुए थे जिन्होंने सभ्यता का श्रेय संहति (सॉलिडैरिटी) और विवेक (रीज़न) के समन्वय को दिया था। गिज़्वो के अनुसार यूरोप के इतिहास की सबसे निर्णायक घटना सोलहवीं सदी में 'प्रोटेस्टैंटिज़्म' के उदय को मानना चाहिए। 'प्रोटेस्टैंटिज़्म' जर्मन ईसाई धर्म चिन्तक मार्टिन लूथर (1483-1546) के नेतृत्व में सोलहवीं सदी में चले 'रिफॉर्मेशन' आन्दोलन के गर्भ से उपजा था। उस समय पूरे यूरोप में फैले रोमन कैथोलिक धर्म में जो विकृतियाँ आ गई थीं उनके सुधार के लिए मार्टिन लूथर ने इस आन्दोलन का सूत्रपात जर्मनी में सन् 1517 में किया था। मार्टिन लूथर ने ईसाई धर्म की आत्मा को मूलतः 'बाइबिल' में सुरक्षित मानते हुए उसी की ओर लौटने का सन्देश ईसाई जगत को दिया था। रोमन कैथोलिक धर्म के प्रतिरोध में पैदा 'प्रोटेस्टैंटिज़्म' (प्रोटैस्टैंटवाद) को यह नाम सन् 1529 में जारी मार्टिन लूथर के विचार-संग्रह 'प्रोटेस्टैंशियो' से मिला था। उन्नीसवीं सदी के उत्तरार्ध में भारत में सुधारवादी आन्दोलन में अग्रणी 'आर्य समाज' के संस्थापक स्वामी दयानन्द सरस्वती ने भी देश के हिन्दुओं को हिन्दू धर्म के आदि स्रोत वेदों की ओर लौटने का सन्देश दिया था। गिज़्वो के लेखन के ज़रिये 'प्रोटेस्टैंटिज़्म' और उसके प्रवर्तक मार्टिन लूथर की युगान्तरकारी भूमिका से परिचित और प्रभावित जमालुद्दीन अफ़ग़ानी भी समकालीन इस्लाम में सम्भवतः अपने लिए वही भूमिका तलाश रहे थे।

मिस्र की राजनीति में लगातार बढ़ते यूरोप के हस्तक्षेप ने अफ़ग़ानी के बेलौस राजनीतिक लेखन को न केवल प्रेरित किया बल्कि उसे एक तेज़ उपनिवेश विरोधी धार भी दी। उन्होंने अपने ओजस्वी भाषणों और लेखों के ज़रिये मिस्र की जनता को उनके गौरवशाली अतीत का ध्यान दिलाते हुए उससे प्रेरणा ग्रहण कर अपनी वर्तमान दुर्दशा से उबरने का आवाहन किया। सम्भवतः अफ़ग़ानी पहले मुसलमान चिन्तक हैं जो किसी मुस्लिम देश को अपने इस्लाम पूर्व इतिहास और उसकी अस्तंगत संस्कृति से प्रेरणा लेने की बात करते हैं। ईसाई धर्म में दीक्षित होने के पहले यूनान और रोम तथा इस्लाम स्वीकार करने के पहले मिस्र अपने सुदूर गौरवशाली सांस्कृतिक अतीत के लिए इतिहास प्रसिद्ध रहा है। अफ़ग़ानी के प्रशंसक डॉ. सर मोहम्मद इक़बाल (1876-1938) ने इन तीनों प्राचीन सभ्यताओं के अन्त और उनके बरअक्स हिन्दुस्तान की प्राचीन संस्कृति के अब तक चले आ रहे अजस्र प्रवाह की ओर इन पंक्तियों में संकेत किया है—

यूनानो मिस्र रोमां सब मिट गए जहाँ से
बाक़ी बचा है फिर भी नामोनिशां हमारा।

साम्राज्यवाद के ख़िलाफ़ हर संघर्ष में अफ़ग़ानी ने अपनी ज़ोरदार आवाज़ हमेशा बुलन्द की। सन् 1878 में दूसरे ब्रिटिश-अफ़ग़ान युद्ध के दौरान उन्होंने अफ़ग़ानियों की हिम्मत और बहादुरी की जमकर प्रशंसा की थी जबकि पहले वह

उन्हें अविश्वसनीय घोषित कर चुके थे। हिन्दुस्तान में सन् 1857 के उथल-पुथल के दौरान वह हिन्दू-मुस्लिम एकता के अनन्य प्रशंसक थे।

सन् 1879 में अफ़ग़ानी द्वारा लिखित एक लेख 'आदमी की ख़ुशी की सच्ची वजह' (ट्रू रीज़न फॉर मैन्स हैपीनेस) शीर्षक के अन्तर्गत प्रकाशित हुआ। इसमें उन्होंने अंग्रेज़ों के इस दावे का ज़ोरदार खंडन किया कि रेलों, नहरों और आधुनिक स्कूलों के माध्यम से आधुनिकता से परिचय कराते हुए उन्होंने हिन्दुस्तान को सभ्य बनाया। हिन्दुस्तान के अपने बचाव के दौरान अफ़ग़ानी ने हिन्दुस्तानी सभ्यता के विकास में हिन्दुओं और मुसलमानों दोनों के व्यापक योगदान को रेखांकित किया था। उन्होंने अठारहवीं सदी के आयरिश मूल के प्रख्यात राजनेता और ओजस्वी वक्ता एडमंड बर्क (1729-1797) को उद्धृत करते हुए कहा था कि "जब अंग्रेज़ जंगली जीवन बिता रहे थे, उसके युगों पूर्व हिन्दुस्तान के लोग सभ्य और सुसंस्कृत बन चुके थे। सुरुचिपूर्ण और परिष्कृत जीवन की कलाओं के अभ्यास में उनका कोई सानी नहीं था।" अंग्रेज़ों के हिन्दुस्तान को सभ्य बनाने के दावे को ज़ोरदार शब्दों में ख़ारिज करते हुए अफ़ग़ानी ने बताया था कि "अंग्रेज़ तो स्वयं सुदूर अतीत में लम्बे अर्से तक वन्य जीवन की बर्बर घाटियों में भटकने को अभिशप्त थे। फिर उन्होंने कैसे मनुष्य जाति की पहली शरिया (धार्मिक, सामाजिक विधि-विधान) की आधारशिला रखने वाली ब्रह्मा और महादेव की सन्तानों के दोष दर्शाने के लिए स्वयं को सक्षम मान लिया?"

अफ़ग़ानी ने मिस्र के नवजागृत तरुणों को उनके इस्लाम पूर्व ऐतिहासिक गौरव का स्मरण दिलाने की कई बार कोशिशें की थीं। हिन्दुस्तान में उन्होंने कलकत्ता के नौजवानों की एक विशाल सभा को, जिसमें अधिसंख्यक मुसलमान थे, विज्ञान और गणित के क्षेत्र में प्राचीन काल के हिन्दुओं की खोजों का विस्तार से बखान किया था। उन्होंने गर्मजोशी से कहा था कि वह उस दिन ऐसे हिन्दुस्तान की सन्तानों को देखकर, जो मानव सभ्यता का पालना रहा है, कितने ख़ुश थे। मानव-मूल्य पूरे संसार में हिन्दुस्तान से ही फैले थे। ये नौजवान उसी धरती से थे जहाँ भूमध्यरेखीय वृत्तों का सर्वप्रथम निर्धारण हुआ था। ये उसी भूखंड के थे जिसने ग्रहों के राशि चक्र की पहली समझ विकसित की थी। ये सभी समझते हैं कि इन वृत्तों का निर्धारण ज्यामिति में पूर्णता हासिल किए बिना असम्भव था। इस आधार पर हम कह सकते हैं कि हिन्दुस्तानी गणित और ज्यामिति के पहले अन्वेषक थे। ज़रा ध्यान दें कैसे संख्या का ज्ञान सर्वप्रथम हिन्दुस्तान से अरब और अरब से यूरोप पहुँचा था। दार्शनिक विचारों में हिन्दुस्तान के लोग बहुत पहले चरम पर पहुँच चुके थे।

प्राचीन भारत के धार्मिक और न्यायिक ग्रन्थों—वेदों और शास्त्रों के विस्तृत उद्धरण देते हुए अफ़ग़ानी ने जोड़ा था कि "ये तरुण उसी धरती की सन्तानें थे जो संसार के सभी विधि-विधानों और नियमों की जननी थी।" हिन्दुस्तान के मुसलमान तरुणों को उनके गौरवशाली हिन्दू अतीत की अफ़ग़ानी द्वारा याद दिलाने वाले इस

उद्‌बोधन के लगभग आठ दशक बाद सन् 1958 में अलीगढ़ मुस्लिम विश्वविद्यालय के बहुसंख्यक मुस्लिम छात्रों को प्रो. हुमायूँ कबीर (1898-1969) ने अपनी ओजस्वी वाणी में बताया था कि उनकी नसों में भी उनके हिन्दू पूर्वजों का ही रक़्त दौड़ रहा था। उन्होंने इस पर खेद व्यक्त किया था कि "भारतीय मुसलमानों ने जहाँ इस्लाम के उदय के पूर्व के यूनानी और ईरानी विजेताओं, दार्शनिकों और मिथकीय नायकों को अपनाकर उन्हें अपना प्रेरक माना था, वहीं भारतीय मिथकीय चरित्रों और इस्लाम पूर्व के हिन्दू विजेताओं, दार्शनिकों और वीर नायकों की उन्हें सुध तक नहीं आई। वे दरअसल उनके भी पूर्वज होने के नाते उतने ही आदरणीय और प्रेरक सिद्ध होने में सक्षम थे जितने कि हिन्दुओं के।"

चिन्तक, राजनेता और शिक्षा शास्त्री डॉ. हुमायूँ कबीर ने 30 दिसम्बर, 1958 को अलीगढ़ मुस्लिम विश्वविद्यालय के दीक्षान्त भाषण में याद दिलाया था कि पश्चिमी एशिया के मुसलमानों ने किस तरह यूनान और ईरान के इस्लाम पूर्व इतिहास के विजेताओं सायरस और अलेक्ज़ेंडर (सिकन्दर), दार्शनिकों प्लेटो (अफलातून) और अरिस्टॉटिल (अरस्तू) तथा मिथकीय वीर नायकों रुस्तम और सोहराब जैसे चरित्रों को अपनी सांस्कृतिक विरासत का अपरिहार्य हिस्सा मान लिया था। उस परम्परा का अनुपालन भारत के मुसलमान इस्लाम पूर्व के भारतीय विजेताओं, दार्शनिकों और 'रामायण' तथा 'महाभारत' के आदर्श एवं प्रेरक चरित्रों राम, कृष्ण, अर्जुन और कर्ण को अपनाकर नहीं कर सके। निश्चय ही एकेश्वरवादी इस्लाम एक ही ईश्वर (ख़ुदा या अल्लाह) के अलावा किसी और में ईश्वरत्व के दर्शन की अनुमति नहीं दे सकता। अत: राम और कृष्ण में हिन्दुओं जैसी देवत्व की उद्‌भावना मुसलमानों के लिए असम्भव थी। यहाँ प्रो. कबीर ने इंडोनेशिया के मुसलमानों का हवाला देते हुए बताया था कि किस तरह उनकी जन्म-नाल अपने हिन्दू अतीत से सम्बद्ध महाकाव्यों—'रामायण' और 'महाभारत' से आज भी जुड़ी हुई थी। उन्होंने राम और कृष्ण में ईश्वरत्व की उद्‌भावना को नकारते हुए भी उन जैसे महाकाव्यों और पुराणों के अनेक चरित्रों से अपना रचनात्मक सांस्कृतिक रिश्ता सदैव बरकरार रखा। भारतीय मुसलमानों का अपने हिन्दू सांस्कृतिक मूल से अलगाव और उसके प्रति घोर उदासीनता का परिणाम किसी भी तरह श्रेयस्कर सिद्ध नहीं हुआ। जहाँ इंडोनेशिया की हिन्दू संस्कृति वहाँ के मुसलमानों की सांस्कृतिक विरासत का अपरिहार्य हिस्सा बनी रही, वहीं भारतीय मुसलमानों की संस्कृति की अपनी मिट्टी से रस ग्रहण करने की अक्षमता उनके दु:खद अधूरेपन का एक महत्त्वपूर्ण कारण सिद्ध हुई। प्रो. कबीर ने फ़ैजी, अबुल फ़ज़ल और दारा शिकोह की परम्परा को आगे न बढ़ाए जाने पर अपना सन्ताप साफ़ शब्दों में व्यक्त किया।

अपने दीक्षान्त भाषण में प्रो. कबीर ने बताया कि किस तरह यूनानी दर्शन ख़ासकर अरस्तू के विचार, ईरानी, यहूदी, ईसाई और रोमन न्यायशास्त्र तथा ब्रह्मांड विज्ञान के

तत्त्व भारतीय मुस्लिम समाज की बौद्धिक विरासत के अंग बन गए थे। भारत ने भी मुस्लिम विचारधारा के विभिन्न क्षेत्रों में अपना बहुमूल्य योगदान दिया था। अरबी गणित और प्राकृतिक विज्ञान के क्षेत्र में भारतीय विज्ञान के प्रभाव तथा इस्लाम पूर्व सूफ़ी मत के विकास में उपनिषदों के अवदान को उन्होंने विशेष रूप से रेखांकित किया। हिन्दू धर्म और दर्शन की पूर्णता द्रविड़ और आर्य संस्कृतियों के युगों पूर्व परस्पर समन्वय की प्रक्रिया का परिणाम है। विष्णु और उनके अवतार माने गए श्याम वर्ण कृष्ण को द्रविड़ देवता बताते हुए विद्वान वक्ता ने बताया था कि किस तरह वो वैदिक साहित्य से होते हुए आर्य देवताओं—रुद्र और शिव के साथ हिन्दू देवमाला में आत्मसात् कर लिए गए थे। हिन्दू दर्शन और इस्लामी विचारधारा के बौद्धिक संश्लेषण की असफलता के फलस्वरूप भारतीय मुसलमानों का मनोजगत अपने देश की ऐतिहासिक-सांस्कृतिक विरासत की ढेर सारी ख़ूबियों से वंचित रह गया।

प्रो. कबीर ने ध्यान दिलाया था कि सिकन्दर प्रकृति और मूर्ति पूजा में आस्थावान यूनानी था। फिर भी समूचे पश्चिम एशिया ने उसे अपना नायक माना। सोहराब, रुस्तम और नौशेरवान ऐसे वीर नायक हैं जो इस्लाम के प्रवर्तक मुहम्मद साहब के आविर्भाव के बहुत पहले हुए थे। उनके जीवन से जुड़े उनके साहसिक वीरत्वपूर्ण करतबों का इस्लाम की शिक्षा में कहीं ज़िक्र तक नहीं है। इसके बावजूद उन्हें मुसलमानों की सांस्कृतिक परम्परा में सम्मानपूर्ण स्थान प्राप्त है। यही स्थिति मध्य एशिया के कई नायकों के सम्बन्ध में भी है। यूनान और ईरान के इस्लाम पूर्व वीर नायकों और दार्शनिकों की गौरव गाथाओं और चिन्तन परम्पराओं को आत्मसात् करने की जो समावेशी प्रवृत्ति मुसलमानों ने सदियों पूर्व प्रदर्शित की थी, उसका परिचय हिन्दुस्तान के सन्दर्भ में न दे पाने के कारण उनकी जड़ें यहाँ की सांस्कृतिक धरती में गहरी नहीं पैठ सकीं। इसके फलस्वरूप हिन्दू विचारों और इस्लामी सोच के बीच संश्लेषण सम्भव नहीं हो पाया।

कट्टरपंथियों के प्रबल विरोध के बावजूद सर सैयद ने जिस तरह इस्लाम की तर्कसम्मत पुनर्व्याख्या का मार्ग प्रशस्त किया और धर्म, संस्कृति तथा शिक्षा के क्षेत्र में सुधारों का द्वार जिस साहसिकता के साथ खोला, उसकी हृदय से प्रशंसा करते हुए भी प्रो. कबीर ने राष्ट्रीयता की शक्तियों से मुसलमानों को दूर रखने की उनकी (सर सैयद की) कोशिशों की आलोचना से ज़रा भी गुरेज नहीं किया। साथ ही प्रो. कबीर ने सर सैयद की इतिहास दृष्टि पर भी सवाल उठाए। उनके अनुसार अंग्रेज़ सरकार से सहयोग और राष्ट्रीय धारा से अलगाव की प्रवृत्ति से अन्ततः देश के मुसलमानों का नुकसान तो हुआ ही पर उससे कहीं अधिक दुर्भाग्यपूर्ण साबित हुआ सर सैयद का हिन्दुस्तान के इतिहास से अधूरा रिश्ता। अगर उन्होंने हिन्दुस्तान के मुसलमानों की विरासत की वैविध्यपूर्ण लड़ियों के बौद्धिक संश्लेषण का महत्त्व समझा होता तथा उनकी सांस्कृतिक परम्पराओं के बौद्धिक धरातल पर समन्वय हेतु

क़दम उठाए होते तो शायद भारत का निकट का समूचा इतिहास आज एक अलग राह पर आगे बढ़ता।

दरअसल अर्जुन की तरह सर सैयद को चिड़िया की आँख सरीखा अपना मूल लक्ष्य ही दिखाई दे रहा था। अपने समकालीन दकियानूस और निहायत पिछड़े मुस्लिम समाज के अँधेरे दिलों में आधुनिक पश्चिमी शिक्षा के प्रकाश का संचार उनकी पहली प्राथमिकता थी। उनके पास हिन्दुस्तान के इतिहास की गुत्थियों को सुलझाने और उसकी एक समग्र समावेशी समझ विकसित करने का समय नहीं था। पर जहाँ उन्हें लगा उन्होंने इस दिशा में भी कोशिश की। सन् 1852 में उन्होंने 'सिलसिलातुल मुलूक' में पिछले पाँच हज़ार सालों के दौरान दिल्ली के शासकों का विवरण दिया है। उसमें उन्होंने दिल्ली का पहला शासक महाभारतकालीन ज्येष्ठ पांडव महाराज युधिष्ठिर को बताया है और अन्तिम महारानी विक्टोरिया को। 'महाभारत' एक महाकाव्य है। उसकी ऐतिहासिकता वैज्ञानिक साक्ष्यों के आधार पर संदिग्ध है। दिल्ली के शासकों के विवरण के लिए उन्हें पौराणिक युग में जाने की कोई भी विवशता नहीं थी। उसे वह मुस्लिम काल से भी शुरू कर सकते थे। पर उसे उन्होंने यदि महाभारत काल से शुरू किया तो इसे एक हद तक इस्लाम पूर्व भारतीय इतिहास के प्रति उनकी समावेशी समझ का परिचायक ही मानना चाहिए।

उन्नीसवीं सदी में जमालुद्दीन अफ़ग़ानी और बीसवीं सदी में प्रो. हुमायूँ कबीर ने हिन्दुस्तान के मुसलमानों में यहाँ के इस्लाम पूर्व हिन्दू इतिहास के प्रति जिस समावेशी दृष्टि के विकास पर ज़ोर दिया था उसके बीज निश्चय ही सर सैयद में मिलते हैं। यह दूसरी बात है कि वह आगे पुष्पित-पल्लवित नहीं हो सका।

4

अफ़ग़ानी और सर सैयद अहमद ख़ाँ (1817-1898) लगभग समकालीन थे। दोनों के विचारों और मुस्लिम नवजागरण में अवदान पर एक तुलनात्मक विहंगम दृष्टि दिलचस्प होगी। अफ़ग़ानी हिन्दुस्तान की जटिल धार्मिक, सांस्कृतिक और सामाजिक बुनावट से परिचित थे। हिन्दू बहुल देश में हिन्दुस्तानी मुसलमान अल्पसंख्यक थे पर वे प्रभावशाली अल्पसंख्यक थे। अंग्रेज़ों के पहले वे इस हिन्दू बहुल देश के लगभग सात सौ वर्ष शासक रह चुके थे। अंग्रेज़ों के हिन्दुस्तान आगमन के साथ जो आधुनिक वैज्ञानिक पश्चिमी शिक्षा यहाँ आई उसे हिन्दू भद्रलोक ने सबसे पहले अपनाया। मुसलमान इस क्षेत्र में हिन्दुओं से कई दशक पीछे थे। मदरसों की मज़हबी शिक्षा के बरअक्स हिन्दुओं द्वारा अपनाई जा रही आधुनिक पश्चिमी शिक्षा का महत्त्व और उसकी उपयोगिता मुसलमानों के लिए हिन्दुस्तान में सबसे पहले सर सैयद अहमद ने ही समझी थी। मिस्र और मध्य पूर्व के मुस्लिम देशों में पश्चिमी

वैज्ञानिक शिक्षा के प्रसार-प्रचार के पक्ष में सर्वप्रथम आवाज़ अफ़ग़ानी ने उठाई थी। जहाँ दोनों मध्यकालीन दकियानूसी मानसिकता से उबरने के लिए पश्चिमी वैज्ञानिक शिक्षा के महत्त्व पर सहमत दिखते हैं, वहीं पश्चिम की उपनिवेशवादी दृष्टि के प्रति दोनों की सोच में ज़मीन-आसमान का अन्तर है। सर सैयद हिन्दुस्तान में अंग्रेज़ों की न्यायप्रियता और प्रशासनिक कुशलता से इतने अभिभूत थे कि उनका शासन यदि हिन्दुस्तान में अनन्त काल तक बना रहे तो भी उन्हें (सर सैयद को) इस पर कोई एतराज नहीं था। अफ़ग़ानी सर सैयद की इस अन्ध अंग्रेज़परस्ती के कटु आलोचक थे। अकबर इलाहाबादी ने भी अफ़ग़ानी की ही तरह सर सैयद के मुस्लिम शिक्षा में योगदान की प्रशंसा के बावजूद उनकी अंग्रेज़परस्ती पर तीखे व्यंग्य-बाण चलाए।

सन् 1880 से 1882 के बीच अपने हिन्दुस्तान-प्रवास के दौरान अफ़ग़ानी यहाँ के मुल्ला समाज में अपनी सतत ब्रिटिश विरोधी सक्रियता और सर सैयद की तीखी आलोचना के लिए ख़ासे लोकप्रिय रहे। इस सन्दर्भ में सर सैयद पर केन्द्रित उनका आलेख—'नेचरी लोगों के बारे में सच्चाई' (दि ट्रुथ एबॉउट नेचरीज़) विशेष उल्लेखनीय है। प्राकृतिक विज्ञान (नेचुरल साइंस) की शिक्षा पर अपने लेखों और भाषणों में ज़ोर देने के व्यंग्य से सर सैयद को उनके आलोचक 'नेचरी' कहते थे। पर प्रत्यक्ष विरोधाभास के बावजूद अफ़ग़ानी और सर सैयद दोनों ने दर्शन और आधुनिक विज्ञान के पठन-पाठन पर पूरा ज़ोर दिया। अफ़ग़ानी ने मुल्ला समाज से आधुनिक विज्ञान को समझने और स्वीकार करने का हार्दिक आग्रह करते हुए कहा कि ज्ञान को इस्लामी और पश्चिमी खानों में बाँटना नामुनासिब है। कलकत्ता में 'अध्यापन और शिक्षा-प्राप्ति' (ऑन टीचिंग एंड लर्निंग) शीर्षक के अपने भाषण में उन्होंने बताया था कि "सभी महान साम्राज्य विज्ञान की ही शक्ति से शक्तिशाली बने थे।" इनमें वह अपने समय के यूरोपीय विजेताओं को भी शामिल मानते थे। उन्होंने कहा था कि "अज्ञान हमेशा विज्ञान से पराजित होता आया है। विज्ञान सभी क्षेत्रों में उन्नत टेक्नोलॉजी का आधार रहा है। दरअसल फ्रांस और इंग्लैंड के लोगों ने नहीं बल्कि विज्ञान की महान शक्ति ने ग़ैर यूरोपीय संसार को ग़ुलाम बनाया है।"

हिन्दुस्तानी मुल्ला समाज की रूढ़िग्रस्त जड़ता के अफ़ग़ानी और सर सैयद दोनों सख़्त आलोचक थे। सर सैयद की आलोचना से बुरी तरह चिढ़े मुल्ला वर्ग ने उनका सर कलम करने के लिए फ़तवा तक जारी कर दिया था। इसके लिए अफ़ग़ानी को भी कई बार जेल और नज़रबंदी की सजाएँ भुगतनी पड़ी थीं। कलकत्ता के अपने भाषण में अफ़ग़ानी ने मुल्ला सद्रा और मुल्ला महमूद जौनपुरी तथा उनकी (जौनपुरी की) सत्रहवीं सदी में लिखी गई पुस्तक 'शम्सी बज़ीग़ा' से अभिभूत रहने के लिए हिन्दुस्तानी उलेमा की तीव्र भर्त्सना की थी। उनके अनुसार दोनों ने अपने को महान

धर्मचिन्तक के तौर पर पेश करने की कोशिशें की थीं। हालाँकि उनमें न तो कोई विद्वत्ता थी और न ही ज्ञान के विराट समुद्र में आगे बढ़ने की रंच मात्र प्रवृत्ति। हिन्दुस्तान के मुल्ला समाज में नई चीज़ों को जानने-समझने की अभिरुचि के अभाव की आलोचना करते हुए अफ़ग़ानी ने कहा था कि वो ये कभी नहीं पूछते कि बिजली कैसे पैदा होती है और स्टीमर तथा रेलगाड़ी कैसे चलती है। मुस्लिम विज्ञान और यूरोपीय विज्ञान के नामों में विज्ञान को बाँटने तथा कुछ अत्यन्त उपयोगी ज्ञान की शिक्षा पर मुस्लिम शिक्षण संस्थाओं में रोक लगाने की उलेमा की प्रवृत्ति पर उन्होंने घोर आश्चर्य व्यक्त किया था। 'मक़ालाते जमालिया' में अफ़ग़ानी ने उलेमा समाज को उनके ग़लत धार्मिक उत्साह के विरुद्ध चेतावनी दी थी जिसकी वजह से मुसलमानों में ज्ञान-विज्ञान के प्रति नफ़रत फैल रही थी। नतीजतन मुसलमान नए खोज और उद्यम से मुँह मोड़ रहे थे। अफ़ग़ानी ने आगे जोड़ा था कि "जो ज्ञान और विज्ञान का विरोध इस विश्वास के साथ करते हैं कि ऐसा कर वो इस्लाम की रक्षा कर रहे हैं, दरअसल वो लोग इस्लाम के दुश्मन हैं।"

अफ़ग़ानी का विश्वास था कि एक धर्म-व्यवस्था के रूप में इस्लाम और आधुनिक विज्ञान परस्पर-विरोधी नहीं हैं। सर सैयद का भी यही मानना था। उनके अनुसार असली गुनहगार इस सम्बन्ध में मौलवी लोग थे। उन्हें न केवल विज्ञान के प्रति बल्कि समूचे विश्व के प्रति अपना दृष्टिकोण बदलना पड़ेगा जिसने पिछली सदियों के दौरान प्रगति के अप्रत्याशित तेज़ डग भरे हैं। अफ़ग़ानी ने उलेमा की तुलना दीये की एक निहायत पतली बाती से की थी जिसके ऊपर एक नितान्त छोटी लौ थी जो न तो अपने आस-पास उजाला कर सकती थी ना ही औरों को उजाला देने में समर्थ थी। छद्म विद्वत्ता के घटाटोप को बेधने की अफ़ग़ानी की तेजस्विता अद्भुत थी।

सर सैयद और अफ़ग़ानी दोनों ने अपनी-अपनी भाषाओं को आधुनिक विमर्श हेतु सक्षम बनाने की दिशा में भगीरथ प्रयास किए। मौलाना आज़ाद ने सर सैयद द्वारा सम्पादित और अलीगढ़ से प्रकाशित उर्दू पत्रिकाओं की नव्य भाषा को लक्ष्य कर कहा था कि आधुनिक उर्दू गद्य का जन्म अलीगढ़ में हुआ था। इसी तरह उर्दू में ओजस्वी वक्तृत्व कला के विकास का श्रेय भी आज़ाद ने सर सैयद को ही दिया है। अरबी में आधुनिक गद्य के विकास में अफ़ग़ानी के आधारभूत योगदान को उनके समकालीनों और परिवर्तियों सभी ने सराहा है। यूरोप की भाषाओं की पत्रिकारिता के उन्नत गद्य के अनुरूप अरबी पत्रकारिता की भाषा ढालने के पीछे अफ़ग़ानी की ही प्रेरणा रही। मिस्र और सीरिया में उनके मार्गदर्शन में अरबी के अनेक उच्च कोटि के अख़बारों और पत्रिकाओं का प्रकाशन शुरू हुआ।

सर सैयद ने जो प्रयास मुसलमान युवकों में आधुनिक पश्चिमी शिक्षा के प्रचार-प्रसार के लिए किए उसका पुन: ज़िक्र पिष्टपेषण यानी पिसे हुए को दोबारा पीसना जैसा ही होगा। पर स्त्रियों की शिक्षा के प्रति उनकी उदासीनता निहायत खलने वाली

है। स्त्री समानता के प्रश्न पर भी उनका मौन विचलनकारी है। इसके बरअक्स अफ़ग़ानी स्त्री-शिक्षा और पुरुषों के साथ उनकी समानता के लिए वे मुखर और प्रबल समर्थक सिद्ध होते हैं। उनके अनुसार पुरुषों की उच्च व्यापक शिक्षा के बावजूद स्त्रियों की समुचित शिक्षा के अभाव में कोई राष्ट्र अज्ञान के अन्धकार में भटकने के लिए अभिशप्त रहता है। उनका विचार था कि स्त्रियों की उपेक्षा दरअसल आधी मनुष्यता की उपेक्षा है।

भारतीय राष्ट्रीय कांग्रेस की स्थापना सन् 1885 में हुई थी। सन् 1882 में अफ़ग़ानी हिन्दुस्तान छोड़ चुके थे। कांग्रेस की स्थापना का वर्ष पश्चिमी उपनिवेशवाद के प्रतिरोध के इतिहास में मील का पत्थर था। अफ़ग़ानी के बाद के लेखों और भाषणों में उनके कांग्रेस की गतिविधियों और बदलते मिज़ाज से परिचित होने के संकेत नहीं मिलते। पर कांग्रेस का बदलता तेवर अफ़ग़ानी की साम्राज्यवाद विरोधी प्रवृत्तियों के साथ गहरा मेल खाता है। अत: वह निश्चय ही उसके प्रबल और मुखर समर्थक सिद्ध होते। इसके बरअक्स सर सैयद का कांग्रेस से हमेशा छत्तीस का रिश्ता रहा। उनकी अंग्रेज़परस्ती के साथ कांग्रेस का बदलता राजनीतिक तेवर कतई मेल नहीं खाता था। अत: वह उसके धुर विरोधी और कटु आलोचक आजीवन बने रहे।

5

अफ़ग़ानी के 'रैडिकल'(तीव्र परिवर्तनगामी) विचारों की तेज़ आँच किसी भी देश के यथास्थितिवादी, आत्मतुष्ट और निरंकुश शासक वर्ग के लिए नितान्त असह्य थी। जिस तरह वह मिस्र के किसानों और नौजवानों को अपने ओजस्वी-उत्तेजक भाषणों से लगातार उद्‌बोधित कर रहे थे, उससे सत्ता के कान खड़े होना स्वाभाविक था। उपनिवेशवादी तत्त्वों और देश के शासकों के बीच जिस तरह परिवर्तनगामी वर्ग के दमन और उत्पीड़न की दुरभिसंधि चल रही थी उससे व्यग्र अफ़ग़ानी समस्या के हिंसक हल के विकल्प को भी विचारणीय मान रहे थे। इसकी चर्चा उन्होंने अपने प्रखर बौद्धिक शिष्य मुहम्मद अब्दुह से विचार-विमर्श के दौरान की भी थी। निकम्मे आततायी शासकों से मुक्ति के लिए उनकी हत्या का मार्ग वह न्यायसंगत मानते थे। पर इस दिशा में आगे बढ़ने की कोई ठोस योजना उनके पास नहीं थी। जून 1879 में मिस्र के नए शासक (खिदिव) तौफ़ीक़ ने सत्ता ग्रहण की। अफ़ग़ानी ने उनको बधाई देते हुए उनसे ज़ोरदार अपील की कि वो विदेशियों को मिस्र से बाहर करने के लिए जल्द से जल्द सख़्त क़दम उठाएँ। इस अपील का उलटा असर पड़ा। योरोपियों की सहायता से न केवल असहमति की आवाज़ उठाने वालों का भयंकर दमन किया गया बल्कि देश के राजकोष का नियंत्रण भी यूरोपीय वित्त-विशेषज्ञों को सौंप दिया गया। अफ़ग़ानी के विपरीत तौफ़ीक़ का विश्वास था कि मिस्र का पुनर्निर्माण निश्चय ही पश्चिम के ज़रिये सम्भव है। हिंसा द्वारा सत्ता परिवर्तन के

अफ़ग़ानी के विचार धीरे-धीरे अफ़वाहों में बदलने लगे थे। कुछ निहित स्वार्थी तत्त्वों ने खिदिव तौफ़ीक़ के कानों में अफ़ग़ानी के ख़िलाफ़ ज़हर भरना शुरू कर दिया था। कहा यह जाने लगा कि अफ़ग़ानी तख़्ता पलट की साज़िश में लगे थे। अफ़ग़ानी के विरुद्ध वातावरण बनाने में काहिरा और सिकन्दरिया स्थित चतुर पर कुटिल अंग्रेज़ों की भी महत्त्वपूर्ण भूमिका थी। परिणामस्वरूप उन्हें अगस्त 1879 में गिरफ़्तार कर लिया गया। स्वेज़ के पास उन्हें दो दिनों तक पूरी तरह भूखा-प्यासा रखा गया। उनके सभी व्यक्तिगत उपयोग के सामान पुलिस ने छीन लिए और उन्हें पानी के जहाज से हिन्दुस्तान रवाना कर दिया।

अफ़ग़ानी के पास एक अद्‌भुत कालवेधी इतिहास दृष्टि थी। उन्होंने मिस्र की जनता और शासकों को चेतावनी दी थी कि जिस तरह व्यापारी बनकर आए अंग्रेजों ने धीरे-धीरे पूरे हिन्दुस्तान पर कब्जा कर लिया था उसी तरह वह मिस्र को भी जल्द ही अपनी धूर्त चालों से ग़ुलाम बना लेंगे। यह भविष्यवाणी जल्द ही सही सिद्ध हुई। सन् 1882 में अंग्रेज़ों ने सिकन्दरिया पर भयावह बमबारी कर पूरे मिस्र पर क़ब्ज़ा कर लिया था। ट्यूनीशिया में भी आधुनिकीकरण की प्रक्रिया काफ़ी तीव्र गति से चल रही थी। सन् 1881 में फ्रांस ने उसे अपने औपनिवेशिक चंगुल में दबोच लिया था। यूरोप अरब और एशिया के देशों पर अपनी गिद्ध दृष्टि लगातार गड़ाए था।

हिन्दुस्तान में अफ़ग़ानी पर सरकारी जासूसों द्वारा सख़्त निगाह रखी जा रही थी। इसलिए उन्होंने यहाँ भरसक स्वयं को राजनीतिक गतिविधियों से दूर रखा। उनका हिन्दुस्तान प्रवास सन् 1879 से 1882 के दौरान रहा। उन्होंने अपना अधिकांश समय यहाँ करांची, बाम्बे, हैदराबाद तथा कलकत्ता में बिताया। अफ़ग़ानी लगभग बीस साल बाद हिन्दुस्तान आए थे। उनके यहाँ पहुँचने के पहले मई सन् 1875 में मोहम्मडन ऐंग्लो ओरियंटल कॉलेज की स्थापना अलीगढ़ में सर सैयद अहमद द्वारा की जा चुकी थी। देश के मुसलमानों को आधुनिक पश्चिमी शिक्षा से जोड़ने का यह पहला प्रयास था। अफ़ग़ानी स्वयं आधुनिक पश्चिमी शिक्षा को धार्मिक कट्टरता और धर्मान्धता से मुक्ति का एक सशक्त साधन मानते थे। पर उनका दृढ़ विश्वास था कि आधुनिक शिक्षा का मतलब पश्चिमपरस्ती कतई नहीं थी। हिन्दुस्तान प्रवास के दौरान अंग्रेज़ी में लिखे अपने लेखों में उन्होंने सर सैयद की सख़्त आलोचना की है। इसकी बराबरी सिर्फ़ अकबर इलाहाबादी के उन पर (सर सैयद पर) चलाए गए तीखे व्यंग्य बाणों से ही की जा सकती है। सन् 1880 के दशक के मध्य अरब संस्कृति और साहित्य के प्रशंसक अंग्रेज़ी कवि विल्फ्रेड स्कॉवेन ब्लंट (1840-1922) हिन्दुस्तान आए थे। यहाँ उनकी मुलाक़ात अनेक ऐसे मुसलमानों से हुई थी जो अफ़ग़ानी द्वारा की गई सर सैयद की आलोचनाओं के कारण उनकी (अफ़ग़ानी) ओर आकर्षित हुए थे। अफ़ग़ानी पर हिन्दुस्तान में ब्रिटिश शासन के जासूसों की नज़र लगातार बनी हुई थी। लगता है उनकी सूचना के आधार पर अफ़ग़ानी को सन्

1882 के उत्तरार्ध में कुछ समय के लिए नज़रबन्द कर दिया गया था। किसी सबूत के अभाव में उन पर आगे कोई कार्यवाही सम्भव नहीं हो सकी। अन्ततः उन्होंने सन् 1882 के अन्त में हिन्दुस्तान छोड़ दिया था।

जनवरी 1883 में वह पेरिस जाने के दौरान कुछ दिनों के लिए लन्दन में रुके। वहीं उन्हें अंग्रेज़ों के ख़िलाफ़ मिस्र में विद्रोह की ख़बर लगी। उसे दबाने में अंग्रेज़ पूरी तरह कामयाब रहे। मिस्र अब पूरी तरह ब्रिटिश क़ब्ज़े में था। लन्दन में उनकी भेंट विल्फ्रेड ब्लंट से हुई। वहाँ लेबनान के अरब मूल के एक कैथोलिक ईसाई, जो स्वयं को अफ़ग़ानी का शिष्य मानते थे, अंग्रेज़ी के एक अख़बार का सम्पादन कर रहे थे। उसमें ब्रिटिश साम्राज्यवाद के ख़िलाफ़ अफ़ग़ानी ने एक ज़ोरदार लेख लिखा और पेरिस के लिए रवाना हो गए। पेरिस में भी लेबनानी मूल के एक अरब सज्जन अरबी में एक पत्रिका निकाल रहे थे। वह भी स्वयं को अफ़ग़ानी का शिष्य बताते थे। उक्त पत्रिका के सम्पादक के नाम अफ़ग़ानी ने एक खुले लम्बे पत्र में आगाह किया कि पूरब के लोगों की अतिशय आलोचना से उस जैसी पत्रिका को बचना चाहिए। यह कभी नहीं भूलना चाहिए कि पूरब के देश किस क्रूरता से साम्राज्यवादी शक्तियों द्वारा कुचले जा रहे थे। पूरब के लोगों की परस्पर आन्तरिक एकता से ही उपनिवेशवादी दमन के प्रतिकार का मार्ग निकलना सम्भव था। लेख में अफ़ग़ानी ने ओटोमन सुलतान को एक ऐसी शक्ति के रूप में निरूपति किया जिसमें पूरे मुस्लिम जगत को एकता के सूत्र में पिरोने की मूल्यवान क्षमता और सम्भावना थी। इस पत्रनुमा लेख का मुसलमान बुद्धिजीवी वर्ग ने दिल खोलकर स्वागत किया—ख़ासकर बेरुत में, जहाँ मिस्र पर अंग्रेज़ों के क़ब्ज़े के बाद कई प्रखर मिस्री बुद्धिजीवियों ने शरण ले रखी थी। मुहम्मद अब्दुह ने मिस्र में उपनिवेशवादी कुचक्र के विरुद्ध चेतना जगाने के लिए अफ़ग़ानी की मुक्तकंठ से प्रशंसा की थी। शीघ्र ही अब्दुह भी पेरिस पहुँच गए। वहाँ अफ़ग़ानी के साथ मिलकर उन्होंने इस्लाम में सुधार और उसके विभिन्न फिरकों में एकता के लिए एक गोपनीय संगठन बनाया था। अब्दुह, स्त्रियों के अधिकारों के एक प्रबल समर्थक वकील क़ासिम अमीन तथा अफ़ग़ानी ने मिलकर पेरिस के एक उपनगरीय परिसर के एक छोटे से कमरे से अरबी में 'उर्वा अल वुस्का' (दृढ़तम अनुबंध) नामक एक तेजस्वी पत्रिका का सम्पादन शुरू किया। ट्यूनीशिया के कुछ सदाशय विचारशील समृद्ध लोगों के आर्थिक सहयोग से निकली यह पत्रिका अरब देशों में निःशुल्क वितरण के लिए थी।

शीघ्र ही इसके उपनिवेश विरोधी तेवर की ख़बर यूरोप के देशों के गुप्तचरों के कानों में पहुँच गई। फलस्वरूप उन देशों द्वारा नियंत्रित मुस्लिम देशों में इसके वितरण और प्रसार पर रोक लगा दी गई। फिर भी पत्रिका सही हाथों में लगातार पहुँचती रही। इसके साम्राज्यवाद विरोधी लेख सामान्यतया समूचे पूरब के लोगों को और ख़ासकर मुसलमानों को सम्बोधित होते थे। 'उर्वा अल वुस्का' ने न केवल

यूरोपीय साम्राज्यवाद के ख़िलाफ़ आवाज बुलन्द की बल्कि मुस्लिम देशों को उसके विरुद्ध एकजुट होने के लिए लगातार आवाहन किया। पत्रिका में दरअसल विचार अफ़ग़ानी के होते थे और अभिव्यक्ति कौशल अब्दुह की। पहली बार अब्दुह के सशक्त और प्रभावशाली गद्य के ज़रिये जिहाद की नई व्याख्या की गई। इसके अनुसार जिहाद को सामूहिक की जगह व्यक्तिगत कर्तव्य निरूपित किया गया। अपने देश को मुसलमानों के ही अधीन रखना सिर्फ़ शासकों का फ़र्ज़ नहीं था बल्कि यह प्रत्येक मुसलमान का व्यक्तिगत कर्तव्य भी था। अब्दुह और अफ़ग़ानी ने पवित्र 'क़ुरान' से ऐसी आयातों को ढूँढ़ निकालने का समवेत प्रयास किया जिसका उपयोग मुसलमानों में साम्राज्यवाद विरोधी चेतना जगाने में किया जा सके। 'उर्वा अल वुस्का' के ज़रिए ही पहली बार 'पैन इस्लामिज़्म' (अखिल इस्लामवाद) की विचारधारा की नींव पड़ी। 'पैन इस्लामिज़्म' वस्तुतः एक पश्चिमी अवधारणा है जो उन्नीसवीं सदी के अन्तिम दशकों में मुसलमान देशों में यूरोपीय साम्राज्यवाद द्वारा फैलाए जा रहे अलगाववाद के प्रतिरोध के रूप में विकसित हुई। हिन्दुस्तान में इसके प्रबल प्रवक्ता अफ़ग़ानी के अनन्य प्रशंसक कविवर डॉ. सर मोहम्मद इक़बाल (1876-1938) रहे। उनके अनुसार विभिन्न देशों और सम्प्रदायों में बँटे मुसलमान दरअसल एक ही धार्मिक-राजनीतिक इकाई थे। अपनी 'वतनीयत' शीर्षक कविता में उन्होंने स्पष्ट लिखा है—''इस्लाम तेरा देश है तू मुस्तफ़वी है।'' मुस्तफ़ा मुहम्मद साहब के पर्यायवाची नामों में से एक है। 'मुस्तफ़वी' का अर्थ है मुस्तफ़ा का अनुयायी। सुप्रसिद्ध समाजवादी चिन्तक आचार्य नरेन्द्र देव ने भी अपने 'राष्ट्रीय आन्दोलन का इतिहास' (राष्ट्रीयता और समाजवाद) में सैयद जमालुद्दीन अफ़ग़ानी को ही 'पैन इस्लामिज़्म' का जन्मदाता बताया है। जैसे-जैसे उपनिवेशवाद से मुक्ति की छटपटाहट उन्नीसवीं सदी के अन्तिम और बीसवीं सदी के प्रारम्भिक दशकों में बढ़ती गई वैसे-वैसे अफ़ग़ानी के विचार 'पैन इस्लामिज़्म' के साथ मध्य एशिया के देशों, चीन के मुस्लिम बहुल क्षेत्रों, और मलय प्रायद्वीप तक गहराई से फैलते गए।

फ्रांसीसी इतिहासकार अर्नेस्ट रेनान से अफ़ग़ानी की मुलाक़ात पेरिस में ही हुई थी। रेनान का विचार था कि इस्लाम के प्रभाव के फलस्वरूप मुसलमान तर्कसंगत वैज्ञानिक सोच की दिशा में अक्षम सिद्ध हो रहे थे। अफ़ग़ानी के व्यक्तित्व और बौद्धिक क्षमता से रेनान ख़ासे प्रभावित थे। दोनों के बीच इस्लाम, अरब संस्कृति, ईसाई धर्म और यूरोपीय संस्कृति तथा उनसे जुड़े विषयों पर चर्चा के लम्बे दौर चलते थे। रेनान ने सॉरबॉन विश्वविद्यालय में इसी दौरान 'इस्लाम और विज्ञान' विषय पर विचारोत्तेजक भाषण दिया था। अफ़ग़ानी ने रेनान को अच्छी तरह उत्तर देते हुए इस्लाम के ईरानी चिन्तकों के रूढ़िमुक्त चिन्तन का हवाला दिया था। रेनान और अफ़ग़ानी के बीच जो बहसें चलीं उसमें इस्लाम की आलोचना और प्रत्यालोचना

के तार्किक औजार प्रायः वही थे जो प्रोटेस्टेंट मत के अनुयायियों ने रूढ़िग्रस्त कैथोलिक मत के विरुद्ध इस्तेमाल किए थे। अफ़ग़ानी ने इस्लाम के बचाव में रेनान का जवाब देते हुए उसकी और उसके अनुयायियों की कमियों को स्वीकार करने में ज़रा भी संकोच नहीं किया था। पर साथ ही उन्होंने जोड़ा था कि लगभग सभी धर्मों ने विज्ञान और तार्किकता का पहली बार सामना होने पर कमोबेश ऐसी ही असहिष्णुता का परिचय दिया था। आगे चलकर धीरे-धीरे ही वो अपने पूर्वाग्रहों से मुक्त हो सके।

अपनी उदार सोच और उपनिवेशवाद विरोधी तेवर के कारण अफ़ग़ानी अनेक देशों के परिवर्तनकामी लोगों ख़ासकर मुस्लिम तरुणों के आकर्षण का केन्द्र बन गए थे। विल्फ्रेड ब्लंट ने लिखा है कि वह जब भी पेरिस में उनके डेरे पर जाते थे, रूस, अमेरिका, यूरोप और एशिया के विभिन्न मतों, विचारों और अनुशासनों के अनेक अनुयायियों से उन्हें घिरा पाते थे। अफ़ग़ानी के अनुसार इस्लाम में भी ईसाई धर्म के सुधारवादी आन्दोलन 'रिफार्मेशन' की तरह एक आन्दोलन की ज़रूरत थी जिसमें वह स्वयं को मार्टिन लूथर (1483-1546) की भूमिका में कल्पित करते थे। पर जल्द ही वह अपनी सोच और महत्त्वाकांक्षा की सीमाओं से अवगत हो गए थे। वह अब समझने लगे थे कि उपनिवेशवादी और इस्लाम विरोधी पश्चिम के विरुद्ध विश्व के मुसलमानों को एकजुट करने के लिए एक सशक्त केन्द्रीय नेतृत्व की सख़्त ज़रूरत थी। इस तरह के नेतृत्व की सम्भावना उन्हें सबसे पहले सुलतान अब्दुल हमीद में नज़र आई थी। दूसरा समकालीन व्यक्तित्व जिस पर उनकी दृष्टि टिकी वह महदी का था। इस्लाम में यह विश्वास रहा है कि अन्तिम दिनों में उसके अनुयायियों को सच्चा नेतृत्व देने के लिए उद्धारक के रूप में महदी नामक एक पवित्र पुरुष का प्रादुर्भाव होगा। महदी अरबी का शब्द है जिसका अर्थ है—रहनुमा, मार्गदर्शक। समय-समय पर कई लोगों को इस पदवी से अलंकृत किया गया। अठारहवीं सदी के उत्तरार्ध में तत्कालीन उत्तर और पश्चिमोत्तर भारत में सक्रिय सैयद अहमद बरेलवी ने भी स्वयं को महदी घोषित किया था। अफ़ग़ानी की निगाह में विश्व के मुसलमानों को एक सशक्त केन्द्रीय नेतृत्व प्रदान करने के लिए ऐसा एक प्रभावशाली नेता महदी के रूप में समादृत एक सूडानी महापुरुष हो सकता था जिसने सन् 1884-85 में मिस्र की अधीनता से अपने देश को मुक्त कराया था। दरअसल महदी अफ़ग़ानी के साम्राज्य विरोधी पान इस्लामी रणनीति के केन्द्रबिन्दु थे। पर दुर्भाग्यवश अफ़ग़ानी की महदी के नेतृत्व का सपना जनमते ही चकनाचूर हो गया। सूडान के महदी का सन् 1885 में ही एकाएक देहान्त हो गया था।

महदी के देहावसान से कुछ समय के लिए किंकर्तव्यविमूढ़ जमालुद्दीन अफ़ग़ानी इस अप्रत्याशित आघात से जल्द ही उबर गए। सन् 1885 के उत्तरार्ध में वह इंग्लैंड पहुँचे। लन्दन में विल्फ्रेड ब्लंट के ज़रिये वह हिन्दुस्तानी मामलों के मंत्री रेंडॉल्फ़

चर्चिल से मिले। ब्लंट ने चर्चिल को आगाह कर दिया था कि अफ़ग़ानी इंग्लैंड के लगभग हर महत्त्वपूर्ण व्यक्ति की काली किताब (ब्लैक बुक) में थे। अफ़ग़ानी ने चर्चिल से साफ़-साफ़ शब्दों में कहा कि हिन्दुस्तान के मुसलमानों के दिल में अंग्रेज़ों के लिए बहुत ज़्यादा नफ़रत थी। ये नफ़रत उनके प्रतिद्वन्द्वी रूसियों के प्रति दुर्भावना से कहीं अधिक थी। इस स्थिति से ब्रिटेन का उद्धार तभी सम्भव था जब वह मिस्त्र और हिन्दुस्तान को अपनी अधीनता से मुक्त कर दे और दुनिया के मुसलमान देशों से समझौता कर ले। अगर यह हो जाता है तो दुनिया-भर का मुल्ला समाज ब्रिटेन के पक्ष में और रूस के ख़िलाफ़ जिहाद के प्रचार के लिए ख़ुद तैयार हो जाएगा। इससे रूस के विरुद्ध ब्रिटेन का पलड़ा ख़ुद भारी साबित हो सकेगा। अफ़ग़ानी की शेख़चिल्ली जैसी इस योजना का नतीजा साफ़ था। वे अंग्रेज़ों को इसी तरह के अपने मंसूबों से अवगत कराते रहे। लेकिन इन्हें दूरदर्शी तथा चतुर अन्तरराष्ट्रीय कूटनीति और रणनीति की समझ रखने वाले अंग्रेज़ों के लिए गम्भीरता से लेना असम्भव था। अफ़ग़ानी लन्दन में तीन महीने ब्लंट के घर मेहमान रहे। ब्लंट के मन में उनकी प्रतिभा और दुनिया के मुसलमानों की सुधारवादी सोच पर उनके दूरगामी प्रभाव के प्रति गहरा आदरभाव था। ब्लंट ने लिखा है कि अफ़ग़ानी ने तीन माह इंग्लैंड में उनकी छत के नीचे साथ रह कर उन्हें जो सम्मान दिया वह अभिभूतकारी रहा। पर ब्लंट ने उनके व्यक्तित्व का आकलन करते हुए कहा है वह प्रकृति से अराजक थे—पूरी तरह एशियाई। उनके लिए यूरोप के शान्त-शालीन और संयत साँचे में ढल जाना आसान नहीं था।

लगभग दो दशकों तक अफ़ग़ानी अपने गृह-देश पर्सिया (फारस—वर्तमान ईरान) से लगभग पूरी तरह कटे रहे। सन् 1886 के अन्त में वह वहाँ पहुँचे और बुशेहर बन्दरगाह के साथ विकसित शहर में कई माह रहे। अब वह अन्तरराष्ट्रीय ख्याति से मंडित थे। उन्होंने सम्भवतः पहली बार फारस में अपने स्थानीय मूल को गर्वपूर्वक घोषित किया। वहाँ उनके प्रशंसकों और समर्थकों में सार्वजनिक जीवन के हर क्षेत्र के प्रभावशाली लोग थे। इनमें तरुण सक्रिय नेता मिर्ज़ा नसरुल्ला इस्फहानी का नाम विशेष उल्लेखनीय है। इस्फहानी सन् 1906 की फारस की संवैधानिक क्रान्ति के अग्रणी नेता रहे। आगे वे मलिक अल मुतकल्लिमीन के नाम से विख्यात प्रगतिशील उलेमा समाज के एक प्रभावशाली सदस्य रहे। अफ़ग़ानी के पर्सिया पहुँचने के पहले मलिक अल मुतकल्लिमीन हिन्दुस्तान आ गए थे। अंग्रेज़ों ने उनके ख़िलाफ़ ख़ुफ़िया सूचनाओं के आधार पर सन् 1886 के उत्तरार्ध में उन्हें हिन्दुस्तान से निकाल दिया था। मुतकल्लिमीन जब पर्सिया पहुँचे तो उसी समय अफ़ग़ानी का वहाँ आगमन हुआ था। वह अफ़ग़ानी के पान इस्लामी विमर्श से गहरे प्रभावित हुए थे। पर्सिया के शाह नासिर अल-दीन के कानों में भी शीघ्र ही अफ़ग़ानी की ख्याति पहुँच गई थी। शाह ने उन्हें तेहरान बुला लिया था। पहली मुलाक़ात में

ही अफ़ग़ानी ने शाह से बेलौस कहा था कि वह शासक के हाथ में तेज़ धार तलवार सरीखे थे जिसे निष्क्रिय नहीं रखा जा सकता। उनकी आक्रामक भाषा और बड़बोलापन परम्परागत विचारों वाले शाह को रास नहीं आया। शाह अफ़ग़ानी के राजनीतिक भाषणों, लेखन और रैडिकल विचारों से अच्छी तरह परिचित थे। अत: इस संभावित उपद्रवी को उन्होंने धीरे से अपने देश की सीमा से बाहर कर दिया।

6

पर्सिया से निकाले जाने के बाद सन् 1887 के पूर्वार्द्ध में वह रूस की राजधानी मास्को पहुँचे। वहाँ उनके मेज़बान 'मास्को गज़ट' के सम्पादक राष्ट्रवादी नेता मिखेल निकी फ़ोरोविच काटकोव रहे। अपने अख़बार में काटकोव ने अफ़ग़ानी के रूस पहुँचने पर लिखा था कि "उनके (अफ़ग़ानी के) वहाँ आगमन के पीछे मुख्य उद्देश्य था उस देश से प्रत्यक्ष रूप से व्यवहारिक परिचय प्राप्त करना जिस पर छह करोड़ हिन्दुस्तानी मुसलमान पूरा विश्वास रखते थे। उन्हें (हिन्दुस्तानी मुसलमानों को) उम्मीद थी कि रूस की ओर से उन्हें पूरी तरह संरक्षण मिलेगा और वह उन्हें अंग्रेज़ों के ग़ुलामी के नफ़रत भरे जुए से मुक्त कराने में सहायक सिद्ध होगा।" काटकोव ने रूस के सम्राट ज़ार के दरबार में अफ़ग़ानी के प्रवेश के लिए ज़ोरदार प्रयास किए जिसमें वह असफल रहे। दुर्भाग्यवश अफ़ग़ानी के रूस पहुँचने के थोड़े समय बाद ही काटकोव का देहावसान हो गया। अफ़ग़ानी ने एक साक्षात्कार में अफ़ग़ानिस्तान में बढ़ते ब्रिटिश प्रभाव को लेकर चिन्ता व्यक्त की थी। उनका मानना था कि अंग्रेज़ किसी देश में बतौर सलाहकार प्रवेश करते थे और जल्द ही वो वहाँ के मालिक बन बैठते थे। उन्होंने ताज़ातरीन उदाहरण पर्सिया का दिया था जहाँ शाह ने अंग्रेज़ों को कई महत्त्वपूर्ण सहूलियतें रूस की उपेक्षा करते हुए दी थीं। अफ़ग़ानी ने रूस और अफ़ग़ानिस्तान की सीमा-निर्धारण में रूस द्वारा ब्रिटिश भूमिका को सहमति दिए जाने पर घोर आश्चर्य प्रकट किया था।

रूस में ब्रिटिश विरोधी अपनी रणनीति को अमली जामा पहनाने की कोशिशों के दौरान अफ़ग़ानी की मुलाक़ात पंजाब के अन्तिम सिख शासक महाराजा रणजीत सिंह के रंगीन मिज़ाज पुत्र दलीप सिंह से हुई। अंग्रेज़ों ने हिन्दुस्तान में उनसे जिस तरह का व्यवहार किया था उससे दलीप सिंह गहरे आहत और नाराज़ थे। रूसी मूल के इस्लामी विद्वान अब्दुर्रशीद इब्राहिम से भी इसी सिलसिले में अफ़ग़ानी की भेंट सेंट पीटर्सबर्ग में हुई। तरुण इब्राहिम ने उसी समय अन्तरराष्ट्रीय इस्लामी सक्रियता के क्षेत्र में उल्लेखनीय शुरुआत की थी। अफ़ग़ानी अमूर्त सैद्धान्तिकता से अब ऊब चुके थे। अत: इब्राहिम की कर्मठ सक्रियता की ओर उनके आकर्षण को आसानी से समझा जा सकता है। इब्राहिम स्वयं भी अफ़ग़ानी से कम प्रभावित नहीं थे। उन्होंने

अफ़ग़ानी के रूस प्रवास के दौरान घटी एक दिलचस्प घटना का ज़िक्र किया है। लाख कोशिशों के बावजूद जब अफ़ग़ानी को रूसी शासक ज़ार से मिलने में कामयाबी नहीं मिल पाई तो उन्होंने इसके लिए एक नायाब रास्ता अख़्तियार किया। सिनेमा हॉल में उन्होंने इब्राहिम के सहयोग से ज़ार के बॉक्स से सटे बॉक्स में दो सीटें बुक करा लीं—एक अपने लिए और दूसरी इब्राहिम के लिए। ज़ार अपने बॉक्स में सपरिवार बैठे थे। जैसे पर्दा उठा अफ़ग़ानी खड़े हो गए। उन्होंने नाटकीयता से घोषित किया कि यह उनकी शाम की नमाज़ का समय था। ज़ोर से 'अल्लाहो-अकबर' का उच्चारण करते हुए वह बॉक्स के बाहर नमाज़ पढ़ने लगे। चकित सभी उनकी ओर देखने को विवश थे। ज़ार की सुरक्षा के लिए तैनात जनरल ने तुरन्त अफ़ग़ानी के पास जाकर जानना चाहा कि उनके दिमाग़ में क्या था। पर अन्दर से पूरी तरह विचलित पर बाहर से शान्त और संयत इब्राहिम ने जनरल से विनम्रतापूर्वक कहा कि वह कृपया उन्हें अपनी नमाज़ पूरी कर लेने दें। ज़ार भी सपरिवार अफ़ग़ानी के नमाज़ की प्रक्रिया विस्मय और कौतूहल के साथ देखते रहे।

अफ़ग़ानी जब नमाज़ पूरी कर उठे तो उन्होंने जनरल से कहा कि वह सम्राट को बता दें कि जब वह (अफ़ग़ानी) ख़ुदा के साथ होते हैं तब उनके पास किसी सम्राट और पैग़म्बर के लिए वक़्त नहीं होता। अफ़ग़ानी द्वारा धर्म के इस धृष्ट प्रदर्शन से, वह भी देश के सम्राट और उनके परिवार के सामने, इब्राहिम सकते में थे। उन्हें डर था कि कहीं अफ़ग़ानी की नाटकीयता में उनकी मिलीभगत मानकर जनरल वहीं उन्हें मौत के घाट न उतार दें। अफ़ग़ानी ने इब्राहिम को आश्वस्त करते हुए जनरल से कहा कि वह सम्राट, साम्राज्ञी और रूस के मंत्रियों के लिए इस्लाम का सन्देश लेकर आए थे। ज़ार थोड़े समय के लिए देखने में अफ़ग़ानी की इस्लाम धर्म में निष्ठा से प्रभावित अवश्य हुए लेकिन इसका असर तात्कालिक ही रहा। पर इसका एक लाभ अफ़ग़ानी को अवश्य मिला। वह उस समय गिरफ़्तारी से बच गए। अफ़ग़ानी फिर भी सम्राट से मिलने में सफल नहीं हो सके। इस तरह रूस में अफ़ग़ानी की ब्रिटिश-विरोधी साज़िश की योजनाओं का कोई महत्त्वपूर्ण ग्राहक नहीं मिल पाया। अन्ततः उन्हें रूस छोड़ना ही श्रेयस्कर लगा।

अफ़ग़ानी के रूस प्रवास और वहाँ उनकी नेटवर्किंग की ख़बरें बढ़-चढ़कर पर्सिया पहुँच रही थीं। अफ़ग़ानी के प्रति अपनी नापसन्दगी पर काबू पाते हुए शाह ने उन्हें दुबारा तेहरान बुला लिया। वहाँ उन्हें एक अख़बार के सम्पादन की ज़िम्मेदारी सौंप दी गई।

शाह ने सोचा था यह आरामदेह काम जहाँ अफ़ग़ानी की पसन्द का होगा वहीं उससे उनमें एक नया दायित्व बोध और वैचारिक सन्तुलन जाग सकेगा। लेकिन पहला ही सम्पादकीय जो अफ़ग़ानी ने लिखा उसमें मुस्लिम देशों में बढ़ते यूरोपीय प्रभाव की आक्रामक शैली में उग्र भर्त्सना की गई थी। शाह को जल्द ही अपनी

ग़लती का एहसास हो गया। दरअसल मिस्र और तुर्की के शासकों की तरह पर्सिया के शाह ने भी यूरोप का शानोशौकत भरा ख़र्चीला दौरा किया था और वहाँ की सभ्यता और संस्थाओं से वह गहरे प्रभावित हुए थे। इस सम्बन्ध में उन्होंने प्रशंसात्मक लेख भी लिखे थे। उन्होंने कुछ चुने विद्यार्थियों को पेरिस पढ़ने भेजा और यूरोप की ईसाई मिशनरियों को पर्सिया में अपने स्कूल खोलने की अनुमति भी दी। आधुनिकीकरण की एक सतही प्रक्रिया शाह ने शुरू अवश्य की किन्तु उसका उद्देश्य अत्यन्त सीमित था। वह दरअसल संभावित विपरीत विचारों वाले लोगों पर अपनी निगरानी रखना और जासूसी का तंत्र आधुनिक तरीकों से और भी प्रभावी और सुदृढ़ बनाना चाहते थे। जब अफ़ग़ानी शाह के बुलावे पर दोबारा तेहरान पहुँचे थे उस समय देश के तरुणों में सुधार और उदारीकरण की ओर शाह की अनदेखी और गहरी उदासीनता को लेकर असन्तोष फैलने लगा था। देश के बुद्धिजीवी भी, जो मिस्र, तुर्की तथा अन्य मुस्लिम देशों में चल रही परिवर्तन की बयार से परिचित थे, सार्वजनिक जीवन में सुधार और उदारीकरण के पक्ष में थे।

रूस और ब्रिटेन के बीच पर्सिया में अपना प्रभाव क्षेत्र बढ़ाने की तीखी प्रतिस्पर्धा चल रही थी। ईसाई विदेशियों के देश की अर्थव्यवस्था पर लगातार बढ़ते वर्चस्व से अनुदार मुल्ला समाज बेहद ख़फ़ा था। मिस्र के सुन्नी मुल्ला समाज से पर्सिया का शिया मुल्ला समाज कहीं ज़्यादा शक्तिशाली था। विदेशी व्यापार के क्षेत्र में शाह ने यूरोपीय व्यवसायियों को अधिक से अधिक रियायतें देनी शुरू कर दी थीं। शाह को उम्मीद थी कि तेल की खोज, रेलवे लाइन के विस्तार, राजकीय लॉटरी जैसे उपक्रमों के लाभ में उन्हें भी अच्छा-ख़ासा लाभ मिल सकेगा। रायटर समाचार एजेन्सी के संस्थापक ब्रिटेन के बैरन रायटर को शाह ने सन् 1872 में रेलों, सड़कों, बाँधों और कारखानों के निर्माण तथा खदानों के ऊपर एकाधिकार दिए थे। रूसियों के विरोध के कारण इसका कार्यान्वयन रोक दिया गया। इसकी एवज में रायटर को कई अन्य सुविधाएँ और अधिकार दिए गए। देश के बहुत बड़े वित्तीय घाटे को कम करने के लिए यूरोप के देशों को अधिक से अधिक सुविधाएँ देना दरअसल शाह की विवशता थी। तुर्की और मिस्र में साम्राज्यवादी शक्तियों का यह खेल अफ़ग़ानी ने अच्छी तरह देखा था कि पश्चिम के देश कैसे व्यापारी बनकर आते हैं और कुछ ही समय बाद कैसे व्यापार की रक्षा के लिए पूर्व निर्धारित योजना के अनुसार लुटेरे सैनिक ले आते हैं। फिर तो देश की सत्ता पर क़ाबिज़ होने में उन्हें ज़रा भी देर नहीं लगती। अफ़ग़ानी ने तेहरान पहुँचते ही जान लिया था कि सभी कुछ पूर्व निर्धारित साज़िश भरी योजना के अनुसार वहाँ भी चल रहा था। बैंक, मिशनरी स्कूल, कस्टम के प्रबंधन और खदानों के पट्टों की आड़ में चतुर विदेशी अधिकारी देश में निर्द्वन्द्व प्रवेश कर रहे थे। वो देश के समूचे तंत्र को अपने क़ब्ज़े में करने की चालाक योजना से लैस थे। अफ़ग़ानी ने उनकी साम्राज्यवादी योजनाओं का पर्दाफ़ाश करते हुए

पर्सिया के सभी उच्चाधिकारियों के पास चेतावनी भरी चिट्ठियाँ भेजीं। शाह और अफ़ग़ानी के बीच सम्पर्क और विश्वास का सेतु दरअसल शुरू से ही बन पाना असम्भव हो गया था। जैसे-जैसे शाह की पश्चिमपरस्त नीतियों में तेज़ी आती गई वैसे-वैसे अफ़ग़ानी का तेवर उनके विरोध में सख़्त होता गया। अफ़ग़ानी को अपने ख़िलाफ़ शाह के रोष का पता प्रत्यक्ष-परोक्ष अनेक स्रोतों से लगातार मिल रहा था। अतः गिरफ़्तारी या नज़रबन्दी से बचने के लिए उन्होंने तेहरान के बाहर एक शिया धर्मस्थली में शरण ले ली थी। वहाँ से वह अपने धुआँधार भाषणों के ज़रिये पर्सिया की जनता को सतत चेतावनी दे रहे थे। वह उन्हें बता रहे थे कि पश्चिम के हाथों उनके देश को बेचे जाने का आसन्न संकट दिन पर दिन गहराता जा रहा था। इसके पहले कि हिन्दुस्तान की जनता की तरह वो भी विदेशियों के ग़ुलाम बन जाएँ उन्हें इस कुचक्र की काट निकालनी होगी।

अफ़ग़ानी को सबसे उत्साही समर्थक राष्ट्रवादी शिया बुद्धिजीवियों के बीच मिले। अफ़ग़ानी के इस मत से वो काफ़ी उत्तेजित थे कि इस्लाम में प्रजातंत्र और क़ानून के शासन (रूल ऑफ़ लॉ) के सभी सिद्धान्त सन्निहित थे। जिसे आज 'इस्लामी जम्हूरियत' कहते हैं उसकी प्रतिध्वनि अफ़ग़ानी की तक़रीरों में उनके समर्थकों को उसी समय मिलने लगी थी। दिलचस्प बात यह है कि उनके पश्चिमी साम्राज्यवाद विरोधी अभियान के समर्थकों में केवल सुधारप्रिय राष्ट्रवादी बुद्धिजीवी और विदेशी बाज़ारवाद के प्रतिरोध में ज़ोरदार आवाज़ उठा रहे व्यापारी ही नहीं थे बल्कि वहाँ का अनुदार माना जा रहा उलेमा समाज भी था। यहाँ यह ध्यान देने योग्य है कि पर्सिया के उलेमा समाज के बरअक्स मिस्र और तुर्की का उलेमा वर्ग अफ़ग़ानी को सन्देह और अविश्वास की नज़र से देखता था।

अफ़ग़ानी ने शिया धर्मस्थली में शरण इस यक़ीन के साथ ली थी कि उसकी पवित्रता का सम्मान करते हुए शाह के सैनिक वहाँ नहीं घुसेंगे। अन्ततः अपने विरोध में अफ़ग़ानी की आक्रामक सक्रियता से तंग आकर शाह ने अपने सैनिकों को धर्मस्थली की पवित्रता का उल्लंघन करने की अनुमति दे ही दी। सैनिकों ने वहाँ से अफ़ग़ानी को ढूँढ़ निकाला और गिरफ़्तार कर लिया। कड़कड़ाती ठंड के बीच सैनिकों ने उन्हें तुर्की द्वारा शासित मेसोपोटामिया (वर्तमान ईराक और सीरिया तथा तुर्की के कुछ हिस्से से निर्मित तत्कालीन देश) की सरहद के अन्दर छोड़ दिया। इस व्यवहार से गहरे अपमानित अफ़ग़ानी का शाह और पश्चिम विरोधी स्वर और भी आक्रामक हो उठा। इसकी परिणति उनके द्वारा प्रेरित विदेशी लुटेरों और उनके स्थानीय गुर्गों के ख़िलाफ़ एक विशाल जन आन्दोलन में हुई।

सन् 1891 में शाह ने एक ब्रिटिश व्यावसायिक कम्पनी को स्थानीय किसानों द्वारा उगाई जाने वाली एक महत्त्वपूर्ण नक़द-फ़सल (कैश क्रॉप) तम्बाकू की ख़रीद-बिक्री और निर्यात के एकाधिकार दे दिए थे। तम्बाकू का सेवन देश के

छोटे-बड़े सभी वर्गों में लोकप्रिय था। उसके ख़िलाफ़ अफ़ग़ानी ने ज़ोरदार आवाज़ बुलन्द की। उन्होंने बताया कि शाह के इस क़दम से तम्बाकू उगाने वाले किसान अब विदेशी कम्पनी के काफ़िरों की कृपा पर निर्भर होने के लिए विवश थे। इससे काश्तकारों की जीविका विनाश के कगार पर थी। शिया मतानुयायियों का समाज धूम्रपान से अलग दूषित हो रहा था। शाह की जनविरोधी और पश्चिमपरस्त नीतियों के ख़िलाफ़ जनता को जागृत करने के लिए अफ़ग़ानी ने गुप्त समितियों का गठन पूरे तेहरान में किया। यह सर्वथा नई रणनीति थी। पर्सिया से बाहर रहते हुए भी अगर उस देश में वह इतना कुछ कर पाने में सफल हो रहे थे तो इसका श्रेय देश की जनता ख़ासकर वहाँ के तेजस्वी परिवर्तनकामी शिया बुद्धिजीवियों पर उनके व्यापक प्रभाव को ही देना उचित होगा। तेहरान में गठित विरोध समितियाँ उन्नीसवीं सदी के अन्त में महर्षि अरविन्द घोष (1872-1950) के नेतृत्व में कलकत्ता में गठित गुप्त क्रान्तिकारी संगठन—अनुशीलन समिति की याद दिलाती हैं। तेहरान में गठित ये समितियाँ एक सर्वथा नया राजनीतिक प्रयोग थीं। जो पर्चे और पुस्तिकाएँ अफ़ग़ानी गोपनीय तौर पर इन समितियों के लिए लिख रहे थे उनकी भाषा काफ़ी उत्तेजक और प्रभावशाली थी। दरअसल उसके तेवर मिस्र के काश्तकारों को सम्बोधित भाषणों की तरह ही आक्रामक और असरदार होते थे। उसकी एक बानगी ध्यान देने योग्य है—

''जो तम्बाकू अपनी सख़्त मेहनत से आप पैदा करते आए हैं और जिसका कुछ हिस्सा अपनी रोटी हासिल करने के लिए आप निर्यात कर लेते रहे हैं उस पर अब काफ़िरों की लालची नज़रें गड़ी हुई हैं। अब दरअसल उन्हें ही उसका हक दे दिया गया है। पैग़म्बर के अनुयायियों के लिए वो अब वर्जित हैं। ओ महान लोगो, क्या आपको पता नहीं है कि आप क्या हैं? आप कब जागेंगे?''

अफ़ग़ानी के पर्चों और पुस्तिकाओं ने पर्सिया की जनता को हिला कर रख दिया था। निर्वासित अफ़ग़ानी की देश में अब एक जीवंत उपस्थिति थे। नतीजतन देश के हर बड़े शहर में शाह और विदेशी कम्पनियों के ख़िलाफ़ प्रतिरोध के प्रबल स्वर उभरने लगे। शीघ्र ही इसने उग्र प्रदर्शनों की शक्ल अख़्तियार कर ली। अफ़ग़ानी ने मेसोपोटामिया और पर्सिया के नगरों में स्थित शिया धर्मस्थलों के मुल्ला समाज का राजनीतिक उदासीनता से मुक्त होकर शाह के ख़िलाफ़ उठ खड़े होने के लिए आवाहन करना लगातार जारी रखा। एक अत्यन्त सम्मानित शिया मौलाना मिर्ज़ा हसन शीराज़ी को लिखे पत्रों में उन्होंने शाह तथा उनके ऊपर गहरा प्रभाव रखने वाली ब्रिटिश और रूसी शक्तियों की गम्भीर भर्त्सना की थी। इनमें से कई पत्र पर्सिया और यूरोप के शहरों में व्यापक रूप से बाँटे गए थे। राजनीतिक रूप से तटस्थ मुल्ला वर्ग में उन्होंने धीरे-धीरे चेतना जागृत करने में कामयाबी हासिल की थी। बैंक का विचार मुस्लिम देशों की वित्तीय व्यवस्था में बिलकुल नया था। किस

तरह पश्चिम के देश जिन्हें अफ़ग़ानी ने इस्लाम का दुश्मन करार दिया था बैंकों के ज़रिये सरकार के आर्थिक संसाधनों पर काबिज होते जा रहे थे इसे उन पत्रों में सरल किन्तु उत्तेजक भाषा में समझाने की कोशिश की गई थी। एक पत्र में उन्होंने कहा था कि "तुम्हें किस तरह समझाया जाए कि बैंक क्या बला है। इसके मतलब हैं सरकार की लगाम पूरी तरह इस्लाम के दुश्मनों के हाथों में दे देना, देश को जनता को उस दुश्मन की ग़ुलामी के लिए सौंप देना...और राज्य की सत्ता के सभी क्षेत्रों को विदेशी दुश्मनों के क़ब्ज़े में सुपुर्द कर देना।"

सन् 1891 के अन्त में अफ़ग़ानी बसरा के रास्ते लन्दन पहुँच गए थे। अब शाह के जनविरोधी और पश्चिमपरस्त नीतियों के प्रबल प्रतिरोध की मशाल मिर्ज़ा हसन शीराज़ी के सुयोग्य हाथों में थी। शीराज़ी ने शाह को लिखे अपने पहले ही राजनीतिक पत्र में मुसलमान जनता पर विदेशियों के बैंकों और व्यावसायिक सुविधाओं के ज़रिये लगातार बढ़ते नियंत्रण की घोर भर्त्सना की थी। शाह की हमेशा यह चिन्ता रही कि देश का शिया मुल्ला समाज उनके साथ बना रहे। अतः शीराज़ी के पत्र से, जो लगभग सार्वजनिक हो चुका था, उनका विचलित होना स्वाभाविक था। शीराज़ी को शान्त रखने तथा उन्हें और उनके समर्थकों को अपने पक्ष में करने के लिए शाह ने मध्यस्थता के लिए कई प्रतिनिधि उनके पास भेजे। पर शीराज़ी न केवल अपने विचारों पर अडिग रहे बल्कि उन्होंने इस आशय का एक फ़तवा भी जारी कर दिया कि जब तक तम्बाकू पर विदेशी एकाधिकार बना रहेगा तब तक पर्सिया में उसका सेवन धर्म-विरुद्ध माना जाएगा। फ़तवे का असर आश्चर्यजनक रूप से प्रभावशाली रहा। यहाँ तक कि शाह का राजमहल भी तम्बाकू-सेवन से फ़तवे के दौरान पूरी तरह मुक्त रहा। अन्ततः शाह को बुद्धिजीवियों, व्यापारियों तथा मुल्ला समाज की एकजुटता के सामने झुकना पड़ा। तम्बाकू पर दिया गया विदेशी एकाधिकार निरस्त कर दिया गया। सम्भवतः किसी भी मुस्लिम देश में अहिंसक जन प्रतिरोध के सामने दम्भ स्फीत राजसत्ता की यह पहली पराजय थी।

यह अफ़ग़ानी के कर्ममय सार्वजनिक जीवन की चरम उपलब्धि थी। पर वह इतने से ही सन्तुष्ट नहीं थे। वह लन्दन के अख़बारों और वहाँ की सभाओं में अपने उत्तेजक लेखों और भाषणों के ज़रिये पर्सिया के शिया उलेमा समाज को तेहरान की भ्रष्ट और जनविरोधी राजसत्ता को उखाड़ फेंकने का प्रेरक सन्देश लगातार दे रहे थे। शाह का इनसे विचलित और क्रुद्ध होना स्वाभाविक था। 'कंटेम्परेरी रिव्यू' के अपने एक लेख में अफ़ग़ानी ने बताया कि मुसलमान पश्चिम और उसके द्वारा मुस्लिम देशों में समर्थित और स्थापित निरंकुश आतातायी शासकों से क्यों नफ़रत करते थे—

"यह चाहे कितना भी विचित्र और अटपटा लगे पर यह एक सच्चाई है कि शाह की हर यूरोप यात्रा के बाद अपने देश की प्रजा पर उनके (शाह) द्वारा होनेवाले

अत्याचार और भी बढ़े हैं। सम्भवत: इसका एक कमोबेश कारण उन्हें यूरोप में मिलने वाले भव्य स्वागत भी हैं। नतीजतन पर्सिया की जनता अपनी बढ़ती मुसीबतों की वजह (शाह पर) यूरोप के प्रभाव को मानती है। इसके परिणामस्वरूप उनकी नफ़रत यूरोप के लोगों के प्रति ऐसे समय और बढ़ती जा रही है जबकि उनके (शाह और जनता के) बीच समझौते की गुंजाइश बन सकती थी।''

अफ़ग़ानी ने ईरान के राजनीतिक प्रदर्शनकारियों को ब्रिटिश प्रेस द्वारा धार्मिक कट्टरवादी बताए जाने की प्रवृत्ति की ज़ोरदार निन्दा की। उन्होंने बताया कि प्रदर्शनकारी दरअसल सुधार और क़ानूनी संहिता को लागू किए जाने की ईमानदार इच्छा से प्रेरित थे। वे उसे ही वाणी दे रहे थे। ब्रिटिश पूँजीपति रायटर के स्वामित्व वाली इसी नाम की समाचार एजेन्सी के पक्षपातपूर्ण समाचार-प्रसारण पर भी उन्होंने ख़ास सवाल उठाए। रायटर के पास अभी भी ईरान की बैंकिंग और उसकी खानों पर एकाधिकार बना हुआ था। उन्होंने ब्रिटिश सरकार से मिस्र और हिन्दुस्तान से हट जाने की लगातार पुरज़ोर अपीलें कीं। बिना इसके इन दोनों देशों में अंग्रेज़ों के प्रति नफ़रत कम नहीं हो सकेगी, यह उनका दृढ़ मत था। अफ़ग़ानी ने ईरान के शाह का तख़्ता पलटने का अपना आह्वान जारी रखा। 'पाल माल गज़ट' को दिसम्बर, 1891 में दिए गए अपने एक साक्षात्कार में उन्होंने बताया कि ईरानियों में दूसरे एशियाई देशों की अपेक्षा सुधार और प्रगति की सम्भावना बहुत अधिक थी। अफ़ग़ानी ने बड़े ही आत्मविश्वास के साथ कहा था कि ''मुस्लिम देशों में परिवर्तन लाने की दिशा में वह स्वयं एक महत्त्वपूर्ण प्रेरक की भूमिका अदा करने में पूरी तरह सक्षम थे। उनका दावा था कि पवित्र 'क़ुरान' में व्यक्त भाव आधुनिक स्वतंत्रता की अवधारणओं के सर्वथा अनुरूप थे। यूरोप के उदार सिद्धान्तों से परिचित एक सुविज्ञ मुसलमान पवित्र 'क़ुरान' के प्रमाण के साथ अपने लोगों को बिना कठिनाई उसे अच्छी तरह समझा सकता है। यह सुविधा प्रोटेस्टैंटवाद के उन्नायक मार्टिन लूथर को नहीं थी।''

7

तुर्की की राजधानी इस्ताम्बूल में ओटोमन सुलतान अब्दुल हमीद द्वितीय की समूचे मुस्लिम जगत का ख़लीफ़ा बनने की महत्त्वाकांक्षा दिन दूनी रात चौगुनी बलवती होती जा रही थी। इसके लिए उन्हें अफ़ग़ानी की सेवाएँ मूल्यवान लगीं। हालाँकि वह अफ़ग़ानी को निहायत बड़बोला और अविश्वसनीय मानते थे पर प्रोपेगंडा के एक प्रबल मानव संसाधन के रूप में उनका महत्त्व निर्विवाद था। अत: अब्दुल हमीद ने एक अतिरंजित प्रशंसापूर्ण पत्र भेज कर सन् 1892 की गर्मियों में उन्हें इस्ताम्बूल बुला लिया। अफ़ग़ानी बहुत थोड़े से व्यक्तिगत सामान के साथ वहाँ पहुँचे थे। उनकी सादगी पर लोग चकित थे। उनका सुलतान के दरबार में भव्य स्वागत हुआ। उन्हें

बास्पोरस नदी के किनारे बने एक भव्य अतिथि गृह में ठहराया गया। दरअसल यह आलीशान महल सुलतान ने कुछ समय पहले अपने लिए बनवाया था। उन्होंने अफ़ग़ानी के लिए अच्छी-ख़ासी मासिक वृत्ति निश्चित कर दी थी। सुलतान को लगता था कि अफ़ग़ानी अरबों के बीच उनके ख़िलाफ़ काफ़ी समय से मनमुटाव और असन्तोष पैदा करते रहे हैं। पर पूरी दुनिया के मुसलमानों के शीर्षस्थ धर्मगुरु—ख़लीफ़ा घोषित किए जाने की प्रबल कामना के फलस्वरूप उन्होंने इस पहलू को नज़रअन्दाज़ करना ही श्रेयस्कर समझा। अफ़ग़ानी के ज़रिये सुलतान एक साथ दो काम साधना चाहते थे। जहाँ एक तरफ़ वह स्वयं को ख़लीफ़ा मान लिए जाने की दिशा में अफ़ग़ानी का उपयोग एक प्रोपेगैंडिस्ट के रूप में करना चाह रहे थे वहीं उन्हें इस्ताम्बूल में अपना अतिथि बनाकर वह उनकी गतिविधियों को नियंत्रित रखना चाह रहे थे। सुलतान ने अफ़ग़ानी को वश में रखने के लिए एक और चाल सोची। अपने दरबार की एक सुन्दर रखैल से शादी का प्रस्ताव भी उन्होंने अफ़ग़ानी के सामने रखा। घुमन्तू प्रकृति के चतुर-सजग अफ़ग़ानी ने उक्त प्रस्ताव पर अपना दिलचस्प जवाब बड़े ही दार्शनिक भाव से दिया था—"आदमी इस दुनिया में एक मुसाफ़िर की तरह है—उधड़ा, डरा, सभी तरह से बाधाओं से घिरा और उनसे स्वयं को बचाने और मुक्त होने के लिए लड़ता हुआ। क्या नतीजा निकलेगा अगर आप इसका बोझ और बढ़ा देंगे?" इस तरह अफ़ग़ानी सुलतान के चतुर जाल से बच निकले थे। पर उनके इस्ताम्बूल प्रवास के दौरान ऐसी अनेक अफ़वाहें उनके बारे में फैली हुई थीं जिससे उनकी धार्मिक छवि दाग़दार होने से बच नहीं सकती थी। इसमें उनकी बीयर पीने और वेश्यागामी होने की आदतों का शुमार ख़ास उल्लेखनीय है।

सुलतान के प्रति अफ़ग़ानी की उदासीनता दिन-ब-दिन बढ़ती जा रही थी। अगर उन्हें कुछ राहत थी तो वह उनके चारों ओर जमा विभिन्न देशों और नस्लों के जिज्ञासु तरुण शागिर्दों से थी जिनमें से कई आगे चलकर अपने देशों में राजनीतिक-सामाजिक सक्रियता और धार्मिक-दार्शनिक चिन्तन तथा लेखन के क्षेत्रों में महत्त्वपूर्ण नाम साबित हुए। धीरे-धीरे अफ़ग़ानी की छवि न केवल सत्ता के ख़िलाफ़ उपद्रव उकसाने वाले की बल्कि स्वयं भी एक बीहड़ उपद्रवी की बनती गई। नतीजतन सत्ता के गलियारे में उनका प्रवेश उनकी लाख कोशिशों के बावजूद सम्भव नहीं हो सका। जहाँ एक ओर सुलतान ने अफ़ग़ानी के लिखने और छपने पर रोक लगा दी थी, वहीं इस्ताम्बूल में ईरान के राजदूत ने उनकी गतिविधियों पर सख़्त निगरानी और ख़ुफ़िया नज़र रखने की पुरज़ोर कोशिश की थी। सुलतान का सद्भाव अर्जित करने के लिए अन्ततः अफ़ग़ानी ने उनके (सुलतान के) ख़लीफ़ा बनने के दावे का समर्थन करने के लिए सन् 1895 में ईरान और ईराक़ के शिया धार्मिक नेताओं को कई पत्र लिखे पर अफ़ग़ानी और उनके समर्थकों के प्रति सुलतान के विचारों में कोई परिवर्तन नहीं आया। इसी बीच अफ़ग़ानी के एक शागिर्द मिर्ज़ा रज़ा किरमानी ने

सन् 1896 के दौरान ईरान के शाह की हत्या कर दी। यह हत्या तेहरान के बाहर उसी शिया धर्मस्थली में की गई थी जहाँ अफ़ग़ानी ने अपने ईरान प्रवास के दौरान शरण ले रखी थी। उक्त धर्मस्थली में शाह अपने शासन की पचासवीं सालगिरह के अवसर पर आयोजित एक जश्न में शामिल होने के लिए गए थे। पूछताछ के दौरान किरमानी ने जो जवाब दिए थे उसकी शब्दावली अफ़ग़ानी के लेखों और भाषणों की भाषा से मिलती-जुलती थी। किरमानी ने कहा था—

"पचास साल के शासन के बाद भी अगर एक राजा को ग़लत सूचनाएँ मिलती रहती हैं और वह उनकी सच्चाई पता नहीं कर पाता तो मान लेना चाहिए कि उसके राज के वृक्ष के फल किसी काम के नहीं हैं। ऐसे राजा और उसके लोगों को कुलीन, दोगलों और गुंडों की श्रेणी में रखना चाहिए। ये मुसलमानों के लिए दूर-दूर तक मुसीबत के ज़रिये साबित होते हैं। ऐसे वृक्ष को काट देने में ही भलाई है जिससे वो आगे ऐसे और फल न दे सके। दरअसल मछली सिर की ओर से ही सड़ती है।"

ईरानियों ने वृद्ध शाह की हत्या के लिए अफ़ग़ानी के उकसावे को ही ज़िम्मेदार माना था। शाह के प्रति अफ़ग़ानी की नफ़रत जग ज़ाहिर थी। शाह की हत्या के एक माह पहले इस्ताम्बूल में अफ़ग़ानी के एक समर्थक ने उन्हें अपने आवास में आविष्ट वेग से चहलकदमी करते और लगभग चीख कर ख़ुद से कहते हुए पाया था, "हत्या के अलावा छुटकारे का कोई और रास्ता नहीं है। इसके अलावा अब कोई दूसरा उपाय नहीं बचता।" हत्या के पहले किरमानी ने अच्छा-ख़ासा समय इस्ताम्बूल में अफ़ग़ानी के सम्पर्क में बिताया था। पुलिस द्वारा पूछताछ के दौरान किरमानी ने माना था कि शाह द्वारा अफ़ग़ानी का तेहरान से अपमानपूर्वक निर्दय निष्कासन हत्या का प्रमुख कारण था। इन सबके बावजूद अफ़ग़ानी इस मामले में स्वयं को निर्दोष बताते हुए हत्या में प्रत्यक्ष-परोक्ष अपना हाथ होने से इनकार करते रहे। ये बात उन्होंने यूरोप के कई देशों के संवाददाताओं के सामने भी दोहराई थी। उनकी आँखों की तेजस्विता अभी भी बरकरार थी पर उसमें उनके मन की बढ़ती कटुता साफ़ परिलक्षित होती थी। उन्होंने एक जर्मन पत्रकार से कहा था, "मैंने सड़े हुए बदहाल पूरब में सुधार के लिए शुरू से संघर्ष किया है और इसके लिए अभी भी संघर्षशील हूँ। मैं निरंकुशता की जगह विधि व्यवस्था, अत्याचार की जगह न्याय और कट्टरता की जगह सहनशीलता स्थापित करना चाहता हूँ।" उनके इस कथन से असहमति निश्चय ही कठिन है। पर उद्देश्य की पूर्ति के लिए हिंसा का सहारा लेना और उसका खुलेआम प्रचार और समर्थन करना किसी भी सदाशय व्यक्ति के लिए अस्वीकार्य ही समझा जाएगा।

ईरान की सरकार ने शाह की हत्या उकसाने के अपराध की सज़ा देने के लिए अफ़ग़ानी के तुर्की से प्रत्यर्पण के प्रयास काफ़ी तेज़ कर दिए थे। अफ़ग़ानी को कुछ समय के लिए सुलतान के आदेश पर इस्ताम्बूल में क़ैद कर लिया गया था। इसी बीच पता चला कि उनके जबड़े में कैंसर था। डॉक्टरों के अनुसार यह अतिशय

धूम्रपान का नतीजा था। अफ़ग़ानी की इस जानलेवा बीमारी की ख़बर से उनकी गतिविधियों से त्रस्त हलकों में लोगों ने राहत की साँस ली थी। सन् 1896 के अन्त में इस्ताम्बूल स्थित ईरानी राजदूत ने तेहरान को सूचित किया था, "अब आगे उनके बचने की कोई उम्मीद नहीं रही। सर्जन ने दाँतों सहित उनकी ठुड्डी का एक बड़ा हिस्सा काट कर निकाल दिया है। वह जल्द ही मर सकते हैं।" मृत्यु के पहले अफ़ग़ानी के जीवन के कुछ महीने अत्यन्त कष्ट में बीते। अन्ततः 9 मार्च, 1897 को मृत्यु के हस्तक्षेप से उन्हें इस असह्य पीड़ा से मुक्ति मिली। देहान्त के समय वह मात्र उनसठ साल के थे। अन्तिम समय में उनके एक ईसाई सेवक के अलावा उनके पास और कोई नहीं था। लगता है सरकार के भय और भीरुता के कारण उन्हें लगातार घेरे रहने वाले उनके प्रशंसक और समर्थक दुर्दिन में उनसे धीरे-धीरे अलग हो गए थे। उन्हें इस्ताम्बूल के एक उपेक्षित पड़े कब्रिस्तान में दो पेड़ों की छाया तले सुपुर्दे खाक कर दिया गया था।

बीसवीं सदी के प्रारम्भिक दशकों में जैसे-जैसे हिन्दुस्तान सहित मुस्लिम देशों में उपनिवेश विरोधी चेतना बढ़ने लगी थी, वैसे-वैसे अफ़ग़ानी के चिन्तन और लेखन में धीरे-धीरे लोगों की दिलचस्पी फिर पैदा होने लगी थी। अरब इतिहास, संस्कृति और साहित्य के प्रेमी-प्रशंसक एक अमेरिकी धनाढ्य चार्ल्स क्रेन को निकट के अतीत में हुए किसी ऐसे महान मुस्लिम की तलाश थी जिसने मुस्लिम देशों की सोच पर अपनी गहरी छाप छोड़ी हो। मुस्तफ़ा कमाल पाशा ने सन् 1924 में ख़लीफ़ा की संस्था समाप्त कर दी थी। तुर्की के सुलतान अब्दुल हमीद इसके फलस्वरूप सैन रैमो नामक शहर में निर्वासित कर दिए गए थे। वहाँ उनसे क्रेन की भेंट हुई। बातचीत के दौरान उन्होंने जिज्ञासु क्रेन से जमालुद्दीन अफ़ग़ानी की थोड़े विस्तार से चर्चा की और अफ़ग़ानी के इस्ताम्बूल के ही किसी कब्रिस्तान में दफ़न होने का ज़िक्र किया। उसके बाद से क्रेन अफ़ग़ानी की कब्र की तलाश में लग गए थे। इस तलाश के दौरान उनकी भेंट हरा साफ़ा बाँधे एक सम्भ्रान्त लगने वाले प्रौढ़ अरब सज्जन से हुई। बातचीत के दौरान उक्त सज्जन ने कहा कि हालाँकि अफ़ग़ानी की कब्र का कोई निशान नहीं था पर वह उस स्थान को उन दो वृक्षों के आधार पर पहचानते थे जिनके बीच अफ़ग़ानी को दफ़न किया गया था। क्रेन ने अपनी आत्मकथा में लिखा है कि "इसके बाद उक्त अरब सज्जन की सहायता से वह (क्रेन) उस स्थल पर पहुँचे जहाँ दोनों वृक्षों की छाया में नीचे धँसी हुई अफ़ग़ानी की कब्र थी जिसमें मुस्लिम इतिहास का एक अत्यन्त महत्त्वपूर्ण व्यक्तित्व दफ़न था।" क्रेन ने अब तक अलक्षित-उपेक्षित उस कब्र के ऊपर एक स्मारक का निर्माण करा दिया था। सन् 1944 में एक अफ़ग़ान मंत्री की उपस्थिति और देख-रेख में अफ़ग़ानी का शव स्मारक के नीचे कब्र से बाहर निकाला गया। उसे हवाई जहाज से कराची लाया गया और वहाँ से ट्रेन से उसे पेशावर पहुँचाया गया। एक भव्य

जुलूस की शक्ल में सुसज्जित शव वाहन जलालाबाद होते हुए काबुल पहुँचा। रास्ते भर विस्मित श्रद्धालुओं के सामने से गुज़रते हुए उसे काबुल विश्वविद्यालय के परिसर में लाया गया। एक समारोह में, जिसमें अफ़ग़ानिस्तान के नेता, मंत्री, विदेशी कूटनीतिज्ञ और जाने-माने बुद्धिजीवी बड़ी संख्या में उपस्थित थे, अफ़ग़ानी का शव विश्वविद्यालय के मैदान में फिर से इस्लामी रीति-रिवाज़ों के अनुसार दफ़ना दिया गया। विदेशी कूटनीतिज्ञों समेत सभी उपस्थित विशिष्ट जनों ने श्रद्धापूर्वक पुष्पांजलियाँ अर्पित कीं। अफ़ग़ान लोगों ने अपनी इस विशिष्ट सन्तान के प्रति कृतज्ञता और गर्व व्यक्त किया। दिलचस्प बात ये है कि अफ़ग़ानी अफ़ग़ानिस्तान के नहीं बल्कि ईरान की धरती की विभूति थे। इस तथ्य के आधार पर तेहरान की आपत्ति को काबुल ने सुविधापूर्वक नज़रअन्दाज़ कर दिया था। दरअसल अफ़ग़ानी पर ईरानी दावे को अब बहुत देर हो चुकी थी।

8

जमालुद्दीन अफ़ग़ानी के विचार और कर्म का क्षेत्र एशिया, अफ्रीका और यूरोप जैसे विश्व के तीन महाद्वीपों में फैला हुआ था। इनमें उनके विचारों से प्रभावित तरुणों की संख्या बहुत बड़ी थी। आगे चलकर इनमें से कई अपने-अपने देशों के महत्त्वपूर्ण विचारक और सामाजिक, राजनीतिक कर्मी के रूप में समादृत हुए। अफ़ग़ानी स्वयं एक व्यवस्थित चिन्तक नहीं थे। ऐसा उनका दावा भी नहीं था। नियति ने उन्हें एक स्थान पर स्थिर रह कर एकाग्रचित हो अपने विचारों को व्यवस्थित करने का अवसर नहीं दिया। वह एक कर्मठ यायावर विचारक थे। पश्चिम की उपनिवेशवादी नीतियों का प्रबल विरोध उनकी वैचारिक सक्रियता का मूल स्वर था। विश्व में मुसलमानों की जो स्थिति उन्नीसवीं सदी में थी उससे वह गहराई तक उद्वेलित थे। वह देख रहे थे कि इंग्लैंड ने मिस्र, सूडान और हिन्दुस्तान पर क़ब्ज़ा कर रखा था। फ्रांस ने मोरक्को, ट्यूनीशिया और अल्जीरिया पर अधिकार कर लिया था। नीदरलैंड ने जावा और उसके आसपास के द्वीपों पर हक़ जमा लिया था। रूस ने पश्चिमी तुर्किस्तान और ट्रान्सोक्ज़ियाना के बड़े शहरों, काकेशिया और दागिस्तान पर चंगुल गड़ा रखा था। पूर्वी तुर्किस्तान चीन के क़ब्ज़े में था। बहुत थोड़े से मुस्लिम देश बचे थे जो नाममात्र को स्वतंत्र थे। उन पर भी पश्चिम के कई देशों ने तरह-तरह के समझौतों के ज़रिये शिकंजा कसने की तैयारी कर रखी थी। इन परिस्थितियों में मुसलमानों को लेकर अफ़ग़ानी की विश्व दृष्टि उत्तरोत्तर ज़्यादा से ज़्यादा अन्धकारमय होती जा रही थी। उन्होंने नाटकीयता से सन् 1896 के प्रारम्भ में कहा था कि ''पश्चिम और यूरोप के भय से न तो मुसलमान रात को सो सकते हैं और ना ही दिन में चैन की साँस ले सकते हैं। निराश वे अपने ही घरों में पश्चिम

के घोर दमन के असहाय शिकार हैं। इन हालात से निपटने के लिए न तो उनके पास हाथ हैं और ना ही उससे बच निकलने के लिए उनके पास पाँव।' अफ़ग़ानी के अनुसार अगर कहीं कोई उम्मीद बाक़ी है तो पवित्र 'क़ुरान' के इस कथन में, 'ख़ुदा लोगों में बदलाव तभी लाता है जब वे ख़ुद अपने में बदलाव ले आते हैं।' अफ़ग़ानी आजीवन पश्चिम के वर्चस्व, दमन और दोहन से मुस्लिम देशों की मुक्ति के लिए अपनी पूरी शक्ति से प्रतिबद्ध रहे।

हिन्दुस्तान यद्यपि मुस्लिम देश नहीं था, पर यहाँ के बहुसंख्यक हिन्दू समाज में मुसलमानों की व्यापक उपस्थिति के कारण अफ़ग़ानी अपने उपनिवेश विरोधी विमर्श और संघर्ष में उसका महत्त्व अच्छी तरह समझते थे। इसलिए इंग्लैंड के साम्राज्यवादी चंगुल से हिन्दुस्तान की आज़ादी की बात वह लगातार करते रहे, लेखन में भी और भाषणों में भी। सन् 1857 के विद्रोह के आस-पास वह हिन्दुस्तान में भी रहे। हिन्दुओं और मुसलमानों ने जिस एकजुटता से इस विद्रोह में हिस्सा लिया था उसके वह मुक्तकंठ प्रशंसक थे। वह पहले मुसलमान चिन्तक थे जिसने हिन्दुस्तान के मुसलमानों को उनके इस्लाम पूर्व गौरवशाली अतीत की याद दिलाई। इसके साथ ही उन्होंने मिस्र के मुसलमानों को भी उनकी इस्लाम पूर्व उन्नत सभ्यता का स्मरण कराया था। उन्हें इसका सदैव ध्यान रहा कि कहीं उनके पश्चिमी उपनिवेशवाद के प्रतिरोध को ईसाई धर्म का विरोध न मान लिया जाए। यूरोप जिसकी घोर साम्राज्यवादी नीतियों से वह आजीवन लड़ते रहे, लगभग पूरा का पूरा ईसाई धर्म का ही अनुगामी था। वह ऐसे अनेक अरब ईसाइयों और यहूदियों से परिचित थे जो पश्चिम की कुटिल उपनिवेशवादी विस्तारपरक नीतियों के उन्हीं की तरह अत्यन्त मुखर तथा कटु आलोचक थे। ये सजगता आगे चलकर पश्चिम की साम्राज्यवादी शोषक और दमनकारी नीतियों तथा उससे पनपी आधुनिक सभ्यता के प्रबल आलोचक गांधी में भी दिखाई देती है। उन्होंने 'हिन्द स्वराज' और आगे के अपने अनेक लेखों में यह साफ़ कहा है कि यूरोप की आधुनिक सभ्यता की उनकी निन्दा को ईसाई धर्म की निन्दा नहीं समझना चाहिए। वह मानते थे विश्व के सभी बड़े धर्मों की तरह ईसाई धर्म भी पूरब की ही देन है। ईसाई मिशनरियों की पश्चिमी उपनिवेशवाद के साथ दुरभिसंधि के कारण महाप्रभु ईसा मसीह द्वारा प्रवर्तित करुणा और अपरिग्रह का यह पवित्र धर्म पश्चिम में विकृत हो गया था।

इस्लाम धर्म के अनुयायियों के सुन्नी और शिया मत के बीच विभाजन के अफ़ग़ानी सख़्त ख़िलाफ़ थे। उनका मानना था कि मुसलमान शासक अपने स्वार्थ के लिए लड़े जा रहे युद्धों के ज़रिये अपनी भोली-भाली अनजान प्रजा को गुमराह रखने के लिए इस विभाजन का सहारा लेते रहे हैं। वह निरंकुश मुस्लिम शासकों और यूरोपीय उपनिवेशवादियों द्वारा शासित देशों में संवैधानिक सुधार और प्रजा के नागरिक अधिकारों के पक्ष में लगातार आवाज़ उठाते रहे। वह सभी एकेश्वरवादी

धर्मों की आवश्यक एकता के सम्बन्ध में अकसर बातें करते थे। उन्होंने इस तथ्य पर सतत ज़ोर दिया कि वह यूरोप के साम्राज्यवादी कुचक्रों के, न कि उसके नागरिकों के ईसाई जीवन मूल्यों के विरुद्ध थे।

मिस्र, तुर्की और दूसरे मुस्लिम देशों में जब आधुनिकीकरण की लहर चलनी शुरू हुई तो इस्लाम को भी उसके सन्दर्भ में समझने और पुनर्परिभाषित करने की ज़रूरत अनुभव की जाने लगी। इसमें अफ़ग़ानी की भूमिका मूल्यवान साबित हुई। 'क़ुरान शरीफ़' का अवतरण और इस्लाम का उदय अरब में हुआ था। अरब भूमि में ही उसकी प्रारम्भिक सदियों में इस्लाम का गम्भीर अनुशीलन और उसके विविध पक्षों पर दार्शनिक चिन्तन और लेखन हुआ। ये इस्लाम का क्लासिकी युग था। पर बाद की सदियों में जब इस्लाम का प्रसार-प्रचार मिस्र, तुर्की, ईरान और हिन्दुस्तान में हुआ तो ये देश उसके अनुशीलन, चिन्तन और व्याख्या के नए जीवन्त केन्द्र बन गए। अरब भूमि में इस दौरान इस्लामी चिन्तन और लेखन क्लासिकी युग की उपलब्धियों के आगे नहीं बढ़ सका। अरब देश के उलेमा अब इन नए केन्द्रों के उलेमा के सामने अपनी दोयम दर्जे की स्थिति से अवगत हो चले थे। इन देशों में सरकारी काम-काज और बौद्धिक विमर्श की अपनी अलग भाषाएँ थीं। पर इस्लामी चिन्तन और विमर्श की भाषा अधिकांशतः अरबी ही रही। यहाँ तक कि हिन्दू नवजागरण के उन्नायक राजा राममोहन राय ने भी वेदों, उपनिषदों तथा अन्य हिन्दू धार्मिक-दार्शनिक ग्रन्थों के गम्भीर अवगाहन और मंथन के बाद अपनी एकेश्वरवाद पर किताब अरबी में ही लिखी थी। अफ़ग़ानी का अरबी भाषा पर अच्छा अधिकार था। उनके अध्ययन और सोच का दायरा काफ़ी व्यापक था। वह यूरोपीय विचारकों को गम्भीरतापूर्वक पढ़ते और उन पर मनन करते रहते थे। उनकी कृतियों का अकसर वह अरबी में अनुवाद भी करते जाते थे। ये अनुवाद उस समय की अरबी की तेजस्वी पत्रिका 'मिस्र' में कभी उन्हीं की नाम से और कभी छद्म नामों से छपते थे। योरोपीय विचारकों का जो असर उनके देश और समाज पर पड़ा था, उस आधार पर अफ़ग़ानी की दृढ़ धारणा बन गई थी कि इस्लामी जगत को भी एक 'रिफार्मेशन' (सुधारवादी आन्दोलन) की सख़्त ज़रूरत थी। इसमें वह स्वयं को मार्टिन लूथर की भूमिका में देखते थे।

इस्लाम की उदार समझ से प्रेरित काहिरा समेत बहुत से मुस्लिम देशों के बड़े शहरों के उलेमा समाज के बीच उदार सुधारवादी धार्मिक आन्दोलन की शुरुआत करने का श्रेय अफ़ग़ानी को ही दिया जाता है। काहिरा के विश्व प्रसिद्ध इस्लामी शिक्षा-केन्द्र अल अज़हर के आधुनिक सोच वाले शेख़ (संस्था के सर्वोच्च अधिष्ठाता) ने अंग्रेज़ी के अरब प्रेमी कवि विल्फ्रेड स्कावेन ब्लंट से कहा था कि इस्लाम की नई उदारवादी समझ का प्रवर्तक कोई अरब, मिस्री या तुर्क नहीं था बल्कि इनसे सर्वथा अलग एक 'बीहड़ प्रतिभाशाली व्यक्ति' था जिसने विभिन्न विषयों पर

इस्लाम के वर्तमान दृष्टिकोण पर पुनर्विचार की ज़रूरत पर बल दिया था। 'बीहड़ प्रतिभाशाली व्यक्ति' से शेख़ साहब का आशय निश्चय ही जमालुद्दीन अफ़ग़ानी से ही था। शेख़ साहब के अनुसार अफ़ग़ानी का मानना था अतीत से चिपके रहने के बजाय हमें आधुनिक ज्ञान के साथ सामंजस्य स्थापित करते हुए बदलती परिस्थितियों में इस्लाम की सही भूमिका परिभाषित करने के लिए एक अग्रगामी बौद्धिक आन्दोलन का सूत्रपात करना होगा। उन्होंने ब्लंट को आगे भी बताया था कि 'क़ुरान' और हदीस के अपने गम्भीर ज्ञान और व्यापक समझ के आधार पर अफ़ग़ानी का दृढ़ मत था कि सही व्याख्या और दोनों ('क़ुरान' और हदीस) के सन्दर्भित प्रसंगों के विवेक-संगत सामंजस्य के सहारे इस्लाम के नियम अत्यन्त उदार व्याख्या के विकास में पूरी तरह सक्षम थे। इसके फलस्वरूप किसी हितकारी परिवर्तन और इस्लाम के नियम में दरअसल किसी टकराव की गुंजाइश असम्भव थी।

उन्नीसवीं सदी में धर्म को विज्ञान से लगातार चुनौती मिल रही थी। अफ़ग़ानी इस सच्चाई से भली-भाँति परिचित थे कि धार्मिक आस्था की जड़ें विज्ञान बारीकी से कुतर रहा था। इस चुनौती का सामना सबसे पहले यूरोप में ईसाई धर्म को करना पड़ा। इससे निपटने के नए सोच के औजारों की तलाश भी सर्वप्रथम पश्चिम में ही शुरू हुई। अफ़ग़ानी जानते थे कि इस्लाम इसका अपवाद नहीं हो सकता। वैज्ञानिक प्रगति से वैज्ञानिक सोच का पैदा होना स्वाभाविक था। पश्चिम में नए विचारों की लहर से अफ़ग़ानी परिचित थे। जो मानवतावादी सोच पश्चिम में विकसित हो रही थी उसके आधार थे मनुष्य की सार्वभौम स्वतंत्रता, समानता और बंधुत्व। प्रजातंत्र इन्हीं विचारों की देन था। मुस्लिम जगत में इस्लाम की स्थूल समझ रखने वाला एक अपेक्षाकृत बड़ा मुल्ला समाज वैज्ञानिक सोच से उभरे पश्चिम के नए विचारों से तालमेल नहीं बैठा पा रहा था। अफ़ग़ानी इस्लाम की अपनी बारीक समझ के साथ यूरोप में हो रही नई वैज्ञानिक खोजों और वैचारिक आन्दोलनों की अधिक से अधिक जानकारी रखते थे। नतीजतन वह मानव समाज के लिए हितकारी अन्वेषणों और विचारों को इस्लाम के अपने सूक्ष्म ज्ञान की कसौटी पर उन्मुक्त मन से कसते थे। वह पवित्र 'क़ुरान' के उपदेश और सन्देश की शाब्दिक व्याख्या को अपर्याप्त मानते थे। उनके अनुसार शाब्दिक व्याख्या अशिक्षित और अर्ध-शिक्षित वर्ग के लिए ही उपयोगी हो सकती थी। पर उनकी सही व्याख्या के लिए शब्दों का अतिक्रमण कर उनके मर्म और मन्तव्य को समझना आवश्यक था। ओटोमन साम्राज्य के कई विचारक और सुधारक पश्चिम के नए विचारों को मानने के पक्ष में थे। किन्तु वे समझ नहीं पा रहे थे कि सामान्य मुस्लिम समाज में उन्हें कैसे स्वीकार्य बनाया जाए। इसके बरअक्स अफ़ग़ानी ने नए से नए विचारों को इस्लामी मुहावरे में परिभाषित करने और उन्हें स्वीकार्य बनाने की स्वयं में अद्भुत क्षमता विकसित कर ली थी। उनका बौद्धिक लचीलापन और आधुनिकता के सन्दर्भ में पवित्र

'क़ुरान' को पुनर्परिभाषित करने की उनकी अप्रतिम योग्यता शुरू से उनके लिए वरदान सिद्ध हुई। हालाँकि इसके कारण उन्हें दकियानूसी मुल्ला समाज की कम नाराज़गी का सामना नहीं करना पड़ा। अकसर उनके विरुद्ध ये नाराज़गी तीखे आक्रोश का रूप धारण कर लेती थी। इससे उनके अनेक समर्थक और शिष्य सहम जाते थे। आधुनिक मिस्री राष्ट्र के जनक के रूप में आगे चलकर समादृत साद ज़ग़लुल जैसे उनके अनेक अनुयायियों और शिष्यों ने उनके (अफ़ग़ानी के) विरुद्ध मुल्ला समाज के क्रुद्ध अभियान की आँच से स्वयं को बचाए रखने के लिए उनके (अफ़ग़ानी के) साथ अपने सम्पर्क-सम्बन्ध एक अर्से तक छिपाए रखना ही श्रेयस्कर समझा था।

अफ़ग़ानी यदि अपनी बातें असरदार ढंग से सम्प्रेषित करने में कामयाब हो पाए थे तो इसका सबसे अहम कारण था उनके द्वारा ईजाद की गई एक नई आधुनिक संवेदना सम्पन्न भाषा। आधुनिक अरबी गद्य और पत्रिकारिता के लिए नए मुहावारे वाली भाषा के आविष्कार का श्रेय उन्हें ही दिया जाता है। दरअसल अठारहवीं सदी के उत्तरार्ध और उन्नीसवीं सदी के दौरान पश्चिमेत्तर विश्व की अधिकांश भाषाओं में आधुनिक गद्य का विकास पश्चिम के साथ बौद्धिक सम्पर्क के फलस्वरूप ही हुआ था। उन्नीसवीं सदी तथा उसकी पूर्ववर्ती कई सदियों में इस्लामी संस्कृति की उत्कृष्टता के अनेक केन्द्र उसके उद्‌गम स्थल अरब भूमि से स्वतंत्र ईरान (पर्सिया), हिन्दुस्तान और तुर्की में विकसित हो गए थे। 'उपजहि अनत अनत छबि लहहीं' तुलसीदास की यह उक्ति पूरी तरह चरितार्थ हो रही थी। इससे त्रासद रूप से अवगत अरब देश अपनी दोयम दर्जे की नियति स्वीकार कर चुके थे। अत: उनमें हीनता का भाव पनपना स्वाभाविक था। उन्नीसवीं सदी के अन्तिम दशकों में अरब पहचान से जुड़े हीन भाव से मुक्ति के प्रयास संवेदनशील अरब वर्ग में शुरू हो गए थे। दिलचस्प बात यह है कि इसकी पहल मुस्लिम अरब जगत से न होकर उनके बीच अल्पसंख्यक ईसाई और यहूदी अरब समाज से हुई। अफ़ग़ानी के प्रशंसक और समर्थक इन दोनों समाजों में बड़ी संख्या में थे। इस ग़ैर-मुस्लिम अरब समाज के संवेदनशील बुद्धिजीवी पश्चिम की बौद्धिक गतिविधियों के लगातार सम्पर्क में थे। वह देख रहे थे कि नए विचारों और आन्दोलनों से साधारण जनता को जोड़ने के लिए अख़बार एक अत्यन्त शक्तिशाली माध्यम थे। अन्याय के प्रतिकार के लिए भी इनके धारदार इस्तेमाल का महत्त्व अतिशयोक्ति का मोहताज नहीं था। अकबर इलाहाबादी ने इसकी अहमियत इन दिलचस्प अल्फ़ाज़ में बयान की है—'जब तोप मुक़ाबिल हो तो अख़बार निकालो।'

जिन शहरों में ईसाई और यहूदी अरब काफ़ी तादाद में थे वहीं से स्वतंत्र अरबी अख़बार निकलने शुरू हुए। देखते-देखते दमिश्क, सिकन्दरिया और बेरुत अरबी पत्रकारिता के जीवन्त केन्द्र बन गए। इन शहरों के बौद्धिक क्षेत्र में ईसाई और यहूदी

अरबों की अल्पसंख्यक होने के बावजूद बड़ी भूमिका थी। आधुनिक अरबी साहित्य के प्रारम्भिक केन्द्र भी यही शहर साबित हुए। जल्द ही मुसलमान अरब भी इस क्षेत्र में आए। इन सबके समवेत प्रयास से अरब अस्मिता का गौरव बोध एक बार फिर जागृत हुआ। मुसलमानों ने पत्रकारिता का उपयोग एक ओर इस्लाम के खोये गौरव को पुनः अर्जित करने के लिए किया तो दूसरी ओर अरबी को आधुनिक विचारों के सम्प्रेषण के लिए अधिक से अधिक सक्षम बनाने के प्रयास किए। काहिरा से अरबी का पहला अख़बार 'अल अहराम' सन् 1875 में शुरू किया गया। इसके पीछे अफ़ग़ानी की प्रत्यक्ष-परोक्ष प्रेरणा के संकेत नहीं मिलते। पर उसके बाद के मिस्र के लगभग सभी अख़बार अफ़ग़ानी के शिष्यों द्वारा ही निकाले गए। ये अख़बार धीरे-धीरे न केवल सामाजिक-राजनीतिक विषयों का बारीक विश्लेषण करने लगे बल्कि देश में सक्रिय निहित स्वार्थी विदेशी कम्पनियों की बखिया भी उधेड़ने लगे। शीघ्र ही ये जनता के जीवन्त वाणी बन गए। इस परिवर्तन-विकल वातावरण के पीछे की अफ़ग़ानी की प्रेरक भूमिका निर्विवाद थी।

9

तुर्की के प्रखर विचारक, कवि, अनुवादक, लेखक और पत्रकार नामिक कमाल (1840-1888) का जमालुद्दीन अफ़ग़ानी पर गहरा प्रभाव था। नामिक कमाल ऐसे पहले मुस्लिम चिन्तक थे जिन्होंने राष्ट्र (वतन) के सिद्धान्त पर साम्राज्यवाद विरोधी मुसलमानों को संगठित करने के प्रयास किए। अफ़ग़ानी ने कमाल के राष्ट्रीयता केन्द्रित उपनिवेश विरोधी विमर्श से अपने राष्ट्रवादी विचारों की प्रभावपूर्ण अभिव्यक्ति के औजार गढ़े। वह अकसर अपने भाषण के अन्त में अपने अरब स्रोताओं से कहते थे कि उन्हें उम्मीद थी कि वे अपने देश में संसदीय प्रजातंत्र की दिशा में आगे बढ़ने के लिए विदेशियों को अलग रखते हुए एक सशक्त राष्ट्रीय राजनीतिक दल का गठन करेंगे। दकियानूसी मुस्लिम अरब समाज का एक वर्ग पश्चिम की संसदीय प्रजातांत्रिक व्यवस्था को इस्लाम विरोधी करार दे रहा था। अफ़ग़ानी ने पवित्र 'क़ुरान' और हदीस से अपने विचारों के समर्थन में सटीक उदाहरण देकर उन्हें शान्त कर दिया था। इससे प्रगतिशील अरब मुस्लिम युवा चमत्कृत और अभिभूत थे। अफ़ग़ानी का मानना था कि राष्ट्रवादी राजनीतिक दल तब तक अशक्त और अस्थिर रहेंगे जब तक देश के लोगों के पास अपनी एक अभिव्यक्ति सक्षम विकसित भाषा नहीं होगी। उन्होंने आगाह किया था कि यह कोई विदेशी भाषा कतई नहीं हो सकती। उनके विचारों में सांस्कृतिक राष्ट्रवाद घुला-मिला था। उस समय यूरोप के सांस्कृतिक राष्ट्रवादी भी अपने-अपने देशों में राष्ट्रीय भाषा और साहित्य की संरचना में संलग्न थे। अफ़ग़ानी के इन विचारों में यूरोप के

सांस्कृतिक राष्ट्रवादियों के विचारों की प्रतिध्वनि मिल रही थी। सिकन्दरिया के एक विचारोत्तेजक भाषण में अफ़ग़ानी ने कहा था—

"राष्ट्रीयता के बिना कोई सुख अकल्पनीय है और वह राष्ट्रीयता भाषा के ज़रिये ही सम्भव है। एकता और साहित्यविहीन देश दरअसल भाषाविहीन देश होता है। एक इतिहासविहीन देश आत्मगौरव से तब तक वंचित रहता है जब तक उसके विद्वान देश के ऐतिहासिक नायकों की स्मृति संरक्षित और पुनर्जीवित करने के लिए कमर नहीं कस लेते जिससे देश के लोग उनसे प्रेरित हो उनका अनुगमन और अनुकरण कर सकें। ये सभी राष्ट्रीय शिक्षा पर आश्रित हैं...जिसका अन्तिम उद्देश्य है पितृभूमि (की सेवा)।"

सिकन्दरिया के उसी भाषण में अफ़ग़ानी ने स्त्रियों के महत्त्व और अधिकारों के बारे में ज़ोर देते हुए कहा था—

"अपमान और दुःख की क़ैद, पतन और अन्धकार के गहरे खन्दक तथा जहालत के घटाटोप से बाहर निकलना तब तक ग़ैर-मुमकिन है जब तक हमारी औरतें अपने अधिकारों से वंचित और अपने कर्तव्यों से अनजान हैं। ये हमारी माताएँ ही हैं जो प्रारम्भिक शिक्षा और नैतिकता की मूल स्रोत हैं। मेरे विचार से यदि स्त्री-शिक्षा उपेक्षित रहती है तो चाहे पूरे राष्ट्र के समस्त पुरुष कितने ही शिक्षित और ऊँचे दिमाग़ के हो जाएँ उसका असर महज एक ही पीढ़ी तक सीमित रहता है। उनके बाद उनके बच्चों में माँ की शिक्षा और नैतिक चेतना की कमियों का असर साफ़ दिखने लगता है। इसके फलस्वरूप उनका राष्ट्र अज्ञान और मुसीबतों के दौर में एक बार फिर लौटने को अभिशप्त हो जाता है।"

राष्ट्रीयता, उसके सुदृढ़ विकास में राष्ट्रीय भाषा के योगदान और स्त्री शिक्षा के महत्त्व पर गहराई से चिन्तन करने वाले अफ़ग़ानी सम्भवतः पहले मुस्लिम विचारक थे। उन्होंने राष्ट्रीयता और अखिल इस्लामवाद (पैन-इस्लामिज़्म) पर एक साथ ज़ोर दिया। उन्होंने जहाँ इस्लाम के गौरवशाली अतीत का अपने समकालीन मुस्लिम समाज को स्मरण दिलाया, वहीं उन्होंने इस्लाम के अनुयायियों की असहिष्णुता पर गहरा दुःख व्यक्त किया। पश्चिमी उपनिवेशवाद के विरुद्ध संघर्ष की सफलता के लिए मुसलमानों की एकता पर बल देते हुए अफ़ग़ानी ने उनसे हिन्दुओं, ईसाइयों और यहूदियों के सहयोग से ही आगे बढ़ने की सीख दी। दरअसल यूरोपीय साम्राज्यवाद के अपने विरोध को वह उनके धर्म और संस्कृति का विरोध मानने को तैयार नहीं थे। ज्ञान-विज्ञान के क्षेत्र में पश्चिम की प्रगति और उपलब्धियों के वह गहरे प्रशंसक थे। पर साथ ही वह मानते थे कि तार्किक विवेकशीलता इस्लाम की मूलभूत विशेषता थी।

अफ़ग़ानी पहले मुस्लिम चिन्तक थे जिन्होंने पश्चिमी राष्ट्रों के बढ़ते वर्चस्व और प्रभाव से अभिभूत न होने की मुसलमानों को सीख दी। साथ ही उन्होंने अपनी

निश्चेष्टता और उदासीनता के जल्द से जल्द मुक्त होने का उनका ज़ोरदार आवाहन किया। उनके अनुसार सत्ता की कुंजी विज्ञान, शिक्षा और सैनिक शक्ति में थी। उनका दृढ़ मत था कि मुसलमान इन्हें हासिल कर लेने में पूरी तरह समर्थ थे। वह पवित्र 'क़ुरान' का यह कथन बार-बार दोहराते थे कि "अल्लाह उनके हालात तब तक नहीं बदलता जब तक वो ख़ुद उन्हें बदलने की कोशिश नहीं करते।" आज अगर पूरे अरब जगत में प्रतिरोध और परिवर्तन की ज़ोरदार बयार बह रही है तो उसके पीछे अफ़ग़ानी के बौद्धिक विमर्श को कतई नज़रअन्दाज़ नहीं किया जा सकता। यह पश्चिमी विचारों के साथ मुस्लिम परम्परा के उनके समन्वय के प्रयास से ही सम्भव हो सका।

परम्परागत इस्लामी विद्वत्ता की दुनिया के बाहर वह रूढ़िमुक्त शिक्षित वर्ग की पहली पीढ़ी के तेजस्वी प्रतिनिधि थे जिसने मुसलमानों के लगातार पतन के गर्त में गिरते जाने के कारणों का विवेकसंगत आकलन किया। दरअसल उन्हीं की वजह से हिन्दुस्तान में सर मुहम्मद इक़बाल, मिस्र में सैयद कुतब, मुहम्मद अब्दुह, साद ज़गलुल, इब्राहिम अल भुवयलिही, तुर्की में ज़िया गॉकल्प, नामिक, कमाल और सीरिया में राशिद रिदा तथा अदीब इसहाक़ एवं ईरान में अली शरियाती जैसी उच्चकोटि की अनेक रचनात्मक प्रतिभाएँ और चिन्तक सम्भव हो सके। इन्होंने न केवल अपने देशों को बल्कि पूरी इस्लामी दुनिया के चिन्तन, इतिहास और रचनात्मकता को गहराई से प्रभावित किया। ईरान के अया तुल्लाह ख़ुमेनी और सऊदी अरब के ओसामा बिन लादेन पर भी अफ़ग़ानी का विचारणीय प्रभाव माना जाता है। पश्चिम के विभाजनकारी औपनिवेशिक कुचक्र के विरुद्ध दोनों ने प्रभावशाली आवाज़ें उठाईं। पर अफ़ग़ानी ने कभी भी आतंकवादी हिंसा का प्रचार नहीं किया। अपने प्रेरक-उत्तेजक व्याख्यानों और लेखों की धारदार तर्कसंगत भाषा से उन्होंने मुस्लिम जगत को ग़फ़लत की नींद से झकझोर कर जगाने की लगातार पुरज़ोर कोशिशें कीं। अली शरियाती के इस कथन में ज़रा भी अतिशयोक्ति नहीं है कि अफ़ग़ानी पहले मुस्लिम बौद्धिक हैं जिन्होंने सोये हुए पूरब के कानों में जागरण की पहली आवाज़ लगाई। उन्होंने एक प्रखर इस्लामी चिन्तक के बतौर इस्लाम और पश्चिम की अवधारणाओं का सर्वप्रथम प्रयोग एक-दूसरे के प्रति उग्र युग्म के रूप में अद्‌भुत ऐतिहासिक अन्तर्दृष्टि के साथ किया।

अफ़ग़ानी ने मिस्र में यूरोपीय बांडधारियों और ईरान में तम्बाकू के विदेशी व्यापारियों के धूर्त आचरण से पश्चिमी उपनिवेशवाद के मायावी चेहरे को अच्छी तरह पहचान-परख लिया था। उन्होंने समझ लिया था कि पश्चिम के वर्चस्व का प्रतिरोध मात्र सैन्य बल से सम्भव नहीं था। उन्होंने एक गहरी ऐतिहासिक पूर्व दृष्टि से मुस्लिम शासकों को, पश्चिम के देशों को अपने यहाँ सुविधाएँ देने और उनके भूराजनीतिक (जियो पॉलिटिकल) और आर्थिक हितों के प्रति आँख मूँद कर

उदारता बरतने की प्रवृत्ति के विरुद्ध बार-बार आगाह किया था। अपनी निरन्तर चेतावनियों से मुस्लिम शासकों को प्रभावी ढंग जागरूक न कर पाने को वह अपनी व्यक्तिगत विफलता मानते थे। जीवन के अन्तिम दिनों में इसके कारण उनके मन में एक तिरस्कृत मसीहा का भाव पैदा हो गया था। इन्हीं दिनों उन्होंने एक जर्मन पत्रकार से कहा था कि ''समूचा पूर्वी संसार इतना सड़ा हुआ और सच सुनने तथा उसके अनुपालन में इतना अक्षम हो गया है कि मैं चाहता हूँ कि कोई विकराल बाढ़ या भूचाल इसे निगलकर समूचा खत्म कर दे।'' ईरान के पहले प्रधानमंत्री मेहंदी बज़रगान (1907-1995) ने अफ़ग़ानी की मृत्यु के कई दशक बाद कहा था कि ''अफ़ग़ानी की यह एक बहुत बड़ी कमी थी कि अपनी शक्ति का उपयोग बजाय जन साधारण के बीच करने के उन्होंने उसे सत्तासीन उच्च वर्ग पर ख़र्च किया।'' अफ़ग़ानी सम्भवत: यह समझ नहीं सके कि सत्ता के गणित में अकसर आदर्शों और उदात्त मूल्यों की कोई ख़ास जगह नहीं होती।

जो बज़रगान ने अफ़ग़ानी के देहावसान के कई दशक बाद कहा था वह उन्होंने (अफ़ग़ानी ने) पहले ही समझ लिया था। जीवन की संध्या में गहरे अवसाद के क्षणों में उन्होंने अपने एक ईरानी शिष्य को लिखा था कि वह जगते हुए पूरब को देखने के लिए ज़िन्दा नहीं रहेंगे। दुखी मन से उन्होंने कहा था कि उन्होंने अपने विचारों के बीज स्वायत्त शासकों की नमक भरी बंजर जमीन में बोकर बर्बाद कर दिए थे—

''मैंने जो बोया था वह कभी नहीं उगा। जो पौधे मैंने क्षारीय धरती में रोपे थे वे जलकर नष्ट हो गए। इस दौरान मेरे सदाशय परामर्श पूरब के शासकों के कानों को ज़रा भी रास नहीं आते थे। उनका स्वार्थ और अज्ञान ही उनके द्वारा मेरी बातों को मानने की राह में बाधक रहा। काश मैंने अपने विचारों के बीज जन साधारण के ग्रहणशील विवेक भूमि में बोये होते।''

हालाँकि यह कथन उनके जीवन के अन्तिम दिनों का है, पर उनकी यह सोच नई नहीं थी। इस्ताम्बूल में नज़रबन्दी के दिनों में गहरे वैचारिक आत्ममंथन के दौरान भी वह इसी निष्कर्ष पर पहुँचे थे। वह समझ गए थे कि राजनीतिक परिवर्तन के लिए संगठिन अभियान ऊपर से शासकों के स्तर से कारगर नहीं हो सकते, चाहे शासक कितने ही प्रबुद्ध और उदार क्यों न हो। क्रान्तिकामी जन-आन्दोलन दरअसल जनता के स्तर पर ही नीचे से चलाया जाना ज़रूरी है। तभी दमन तंत्र को आमूल-चूल छिन्न-भिन्न किया जा सकता है। उन्होंने अद्‌भुत आशावादिता के साथ कहा था, ''पुनर्निर्माण की धारा तीव्र गति से पूरब की ओर बह रही है। निरंकुशता की जड़ों को उखाड़ फेंकने के लिए जितनी ज़ोरदार कोशिशें सम्भव हैं, आपको करनी होंगी। यहाँ-वहाँ से उसके दलालों को चुन कर उखाड़ फेंकने से काम नहीं चलेगा।''

गहरे अवसाद और आत्म-ग्लानि के क्षणों में अफ़ग़ानी ने भले ही सोचा हो कि क्षारीय धरती में बोये जाने के कारण उनके विचार-बीज जल कर उनके जीवन काल में ही भस्म हो गए पर इतिहास की अदालत में देर तो हो सकती है, पर अन्धेर नहीं। मुस्लिम जगत सहित समूचे पूरब में पश्चिमी उपनिवेशवाद के ख़िलाफ़ जो संघर्ष बीसवीं सदी में चले उसमें अफ़ग़ानी के विचारों की ऊष्मा को नज़रअन्दाज़ करना भारी भूल होगी। समय की राख के नीचे छिपी उनके परिवर्तनकामी विचारों की चिनगारी ने मिस्र समेत कई मुस्लिम देशों में निरंकुश तानाशाहियों के ख़िलाफ़ छिड़े जनान्दोलनों को एक सर्वथा नई हरारत प्रदान की। इक्कीसवीं सदी के प्रारम्भ में 'अरब स्प्रिंग'(अरब बसन्त) के काव्यात्मक नाम से विख्यात व्यापक जनान्दोलनों ने मध्य-पूर्व में स्वेच्छाचारी निरंकुश सत्ता की चूलें बुरी तरह हिला दी थीं, इसके पीछे भी प्रत्यक्ष-परोक्ष किसी न किसी रूप में अफ़ग़ानी के विचारों की प्रेरणा मानी जाती है। अफ़ग़ानी के सत्ता प्रतिरोध के विमर्श में हिंसा की जगह एक अपवाद को छोड़कर सामान्यत: नहीं थी। उनसे प्रेरित युवा नेतृत्व के अन्तर्गत 'अरब स्प्रिंग' के नाम से मध्य-पूर्व में चले आन्दोलन यदि पूरी तरह अहिंसक रहे तो उनके अलावा उसमें एक अमेरिकी गांधीवादी चिन्तक जीन शार्प (1928) के विचारों का योगदान भी उल्लेखनीय है। बोस्टन निवासी शार्प के अनुसार हिंसा अनुर्वर है। उन्होंने तानाशाहियों के कारगर प्रतिरोध के लिए मार्गदर्शन हेतु कई पुस्तिकाएँ लिखी हैं जिनमें सबसे अधिक चर्चित पुस्तिका का शीर्षक है—'फ्रॉम डिक्टेटरशिप टू डेमोक्रेसी' (तानाशाही से लोकतंत्र की ओर)। सन् 2006 में मिस्र की भ्रष्ट तानाशाही के ख़िलाफ़ संघर्ष की रणनीति की तलाश में उसके प्रमुख नीतिकार अहमद माहिर जीन शार्प के लेखन से टकराए थे। जीन शार्प के लेखन ने माहिर के सोच की दिशा बदल दी थी। शार्प के अनुसार हिंसा प्रतिहिंसा को जन्म देती है। उनकी पुस्तिकाओं में गांधी के अहिंसक संघर्ष के अनेक उदाहरण और उनके (गांधी के) कथनों के ढेर सारे उद्धरण हैं। सबसे पहले सर्बिया में सन् 2006 के दौरान चले 'ओट पोर' नामक जनान्दोलन में शार्प द्वारा सुझाई अहिंसक गांधीवादी शैली का प्रयोग हुआ। उसके साथ मिस्र और मध्यपूर्व के देशों में निरंकुश आततायी तानाशाहियों के ख़िलाफ़ शार्प के माध्यम से छन कर आए गांधी मार्ग का अनुगमन किया गया। यह प्रक्रिया निरन्तर जारी है।

शार्प की पुस्तिकाओं के अनुवाद अरबी, फ़ारसी सहित विश्व की अनेक भाषाओं में उपलब्ध हैं। उनके ज़रिये आन्दोलन की गांधीवादी शैली की श्रेष्ठता और उपयोगिता का ज्ञान लोगों को अपनी ही भाषा में सहज सुलभ है। ईरान में कुछ वर्षों पहले जब भ्रष्ट तरीके से राष्ट्रपति का चुनाव जीतने के आरोप से घिरे नव निर्वाचित अहमदी नेजान के ख़िलाफ़ जनान्दोलन छिड़ा तो प्रदर्शनकारियों के हाथों में नारों की तख़्तियों के बीच सबसे अधिक संख्या में गांधी के विशाल चित्रों की तख़्तियाँ थीं।

अफ़ग़ानी का अपनी जन्मभूमि में यह गांधी के साथ अद्‌भुत मिलन था। जहाँ अफ़ग़ानी पश्चिमी उपनिवेशवाद के विरुद्ध उन्नीसवीं सदी में सबसे प्रबल स्वर थे वहीं बीसवीं सदी में पश्चिम के साम्राज्यवाद के लिए गांधी सबसे बड़ी चुनौती सिद्ध हुए। दोनों के कर्म और चिन्तन देश-काल का अतिक्रमण करते हैं। अकबर के 'गांधीनामा' में गांधी साक्षात और प्रत्यक्ष विद्यमान हैं, अफ़ग़ानी उसके साम्राज्यवाद विरोधी स्वर में अप्रत्यक्ष रूप से मुखर हैं।

मुस्लिम नवजागरण की मशाल
सर सैयद अहमद ख़ाँ

9

सैयद की रोशनी को अल्लाह रखे क़ायम,
बत्ती बहुत है मोटी रोग़न बहुत ही कम है।

× × ×

सदमे उठाये, रंज सहे, गालियाँ सुनीं,
लेकिन न छोड़ा क़ौम के ख़ादिम ने अपना काम।
दिखला दिया ज़माने को ज़ोरे दिलो दिमाग़,
बतला दिया कि करते हैं यों करने वाले काम।

—अकबर इलाहाबादी

सर सैयद अहमद ख़ाँ (सन् 1817-1898) ही दरअसल वह सेतु हैं जिससे होकर पश्चिम की आधुनिकता हिन्दुस्तान के रूढ़िग्रस्त मुसलमान समाज तक पहुँच सकी। इतिहास में किसी नए सन्देशवाहक को जिन दुर्दम्य चुनौतियों का सामना करना पड़ता है, सर सैयद उस अपरिहार्य नियति से कैसे बच सकते थे ? अकबर इलाहाबादी के व्यंग्य-बाण के शिकार जितना वह अपनी नव्य सोच के कारण हुए उतना कोई दूसरा नहीं हुआ। पर अन्ततः विदग्ध अकबर ने भी उनकी कर्मठता और मुस्लिम समाज के जागरण में उनके अपूर्व योगदान का लोहा मान लिया था।

सैयद अहमद का जन्म 17 अक्तूबर, सन् 1817 को उनके नाना ख़्वाजा फ़रीदुद्दीन की दिल्ली स्थित हवेली में हुआ था। उनके पिता का नाम मीर मुहम्मद मुत्तक़ी और माँ का नाम अज़ीज़ुन्निसा बेगम था। सैयद अहमद अपनी वंशावली हज़रत मुहम्मद साहब की छत्तीसवीं पीढ़ी से जोड़ते थे। उनका परिवार अपने को हुसेनी सैयद मानता था। उनके पूर्वजों में अन्तिम इमाम का नाम हज़रत इमाम मुहम्मद तक़ी बिन इमाम मूसा रिज़ा था। इसलिए सैयद अहमद ख़ुद को तक़वी सैयद भी कहा करते थे। उनकी बड़ी बहन का नाम सफ़ीयतुन्निसा बेगम और बड़े भाई का नाम सैयद मुहम्मद

ख़ान था। उनका ख़ानदान माँ और पिता दोनों पक्षों से अपने समय की दिल्ली के प्रतिष्ठित शरीफ़ों का ख़ानदान था। उनका बचपन अपने नाना फ़रीदुद्दीन के संरक्षण में बीता। ख़्वाजा फ़रीदुद्दीन धर्मविद, सुशिक्षित और और उच्चकोटि के सुरुचि सम्पन्न व्यक्ति थे। ये गुण उन्होंने अपनी सन्तानों और उनकी सन्तानों को भी मूल्यवान उत्तराधिकार के रूप में दिए। ख़ानदान के बच्चों को सख़्त हिदायत थी कि वे बाहर के हमउम्र बच्चों से अधिक से अधिक दूर रहें। गली-कूचे के बच्चों के सम्पर्क से उन्हें अपने ख़ानदान के बच्चों की भाषा बिगड़ने का भय था। ख़ुद ख़्वाजा फ़रीदुद्दीन की शिक्षा दिल्ली और लखनऊ में हुई। गणित में उनकी गहरी दिलचस्पी थी। उसमें उन्होंने उच्चकोटि की योग्यता हासिल की थी। अरबी गणित, जिसे उकरू कहते हैं, उनकी रुचि का विशेष क्षेत्र था। इसके साथ उन्होंने खगोल शास्त्र और ज्यामिति का भी गहराई से अध्ययन किया था। लगता है उन्हें अरबी-फ़ारसी के उच्च कोटि के ज्ञान के साथ थोड़ा-बहुत अंग्रेज़ी का भी ज्ञान था। उनकी शोहरत लखनऊ के योरोपियन अधिकारियों तक पहुँच चुकी थी।

सन् 1798 में जब वह दुबारा लखनऊ पहुँचे तो अंग्रेज़ों द्वारा कलकत्ता में स्थापित मदरसा के लिए एक सुयोग्य अधीक्षक (सुपरिंटेंडेंट) की तलाश की जा रही थी। उनकी योग्यता से प्रभावित एक अंग्रेज़ अधिकारी के सुझाव पर उन्हें सात सौ रुपए महीने पर उक्त पद पर नियुक्त कर कलकत्ता भेज दिया गया। वहाँ से लॉर्ड वेलेज़ली ने उन्हें ईरान में नियुक्त राजदूत के साथ उसके सहायक के रूप में ईरान भेज दिया। राजदूत रास्ते में गम्भीर रूप से बीमार पड़ गए। फलस्वरूप उन्हें लौटना पड़ा। वेलेज़ली ने इसके बाद ख़्वाजा फ़रीदुद्दीन को ही राजदूत बना दिया। ईरान से लौटकर उन्होंने कुछ समय बांदा (वर्तमान उत्तर प्रदेश) में तहसीलदार के पद पर काम करने के बाद सन् 1815 में मुग़ल बादशाह अकबर शाह द्वितीय के आग्रह पर उनका मंत्री पद स्वीकार कर लिया। बादशाह पर भारी क़र्ज़ का बोझ था और राज्य की माली हालत निहायत ख़स्ता थी। उन्होंने उसे सुधारने के लिए कई कठोर क़दम उठाए जिससे दरबार के कुछ प्रभावशाली लोग उनके ख़िलाफ़ हो गए। फलस्वरूप अंग्रेज़ रेज़िडेंट की सलाह पर उन्होंने इस्तीफ़ा दे दिया। दरअसल वह शुरू से दार्शनिक और रहस्यवादी प्रकृति के थे।

इस बीच ख़्वाजा फ़रीदुद्दीन की ख्याति लाहौर महाराजा रणजीत सिंह तक पहुँच चुकी थी। उन्होंने मार्ग व्यय के साथ एक विशेष सन्देशवाहक को ख़्वाजा के पास अपने यहाँ मंत्री पद पर नियुक्ति के प्रस्ताव के साथ भेजा। पर ख़्वाजा ने विनम्रतापूर्वक उक्त प्रस्ताव स्वीकार करने में असमर्थता व्यक्त करते हुए सन्देशवाहक को लौटा दिया था। सर सैयद के जीवनीकार मौलाना अल्ताफ़ हुसेन 'हाली' (सन् 1837-1914) के अनुसार ऐसा उन्होंने अपनी बेटी अज़ीज़ुन्निसा के परामर्श पर किया था। पर इस अस्वीकृति के पीछे एक दूसरा महत्त्वपूर्ण कारण था उनकी धर्म

और अध्यात्म में बढ़ती गहरी रुचि। वह शीघ्र ही अब अपने बड़े भाई शाह फिदा हुसैन का अनुसरण करते हुए रसूल शाही सम्प्रदाय में शामिल हो गए थे और उसके धर्मगुरु मक्का शाह की शागिर्दी स्वीकार कर ली थी। बीच में मुग़ल बादशाह का दोबारा बुलावा भी उनके पास आया पर उन्होंने मना कर दिया। रसूल शाही मत में रंगे उनका देहान्त सन् 1828 में हुआ। ख़्वाजा फ़रीदुद्दीन और उनके परिवार जन शाह अब्दुल अज़ीज़ (शाह वली उल्लाह के बड़े बेटे) के अनुयायी थे। पर उनमें धार्मिक संकीर्णता छू तक नहीं गई थी। हिन्दुओं और मुसलमानों के बीच सौहार्द और परस्पर विश्वास के वे बहुत बड़े समर्थक थे। मलूक चन्द नामक अपने हिन्दू मैनेजर पर उनका सर्वाधिक विश्वास था। घर और बाहर की संवेदनशील समस्याओं पर वह उन्हीं की राय से काम करते थे। अपने वसीयतनामे में अपनी सम्पत्ति में जो हिस्सा एक भाई का बनता है वह उन्होंने मलूक चन्द को देने की हिदायत दी थी।

जब ख़्वाजा फ़रीदुद्दीन शाह का देहान्त सन् 1828 में हुआ तो सैयद अहमद ग्यारह साल के थे। एक संवेदनशील बालक के लिए किसी महान व्यक्तित्व का प्रभाव ग्रहण करने के लिए यह उम्र कुछ कम नहीं थी। वह अपने नाना के जीवन और आदर्शों से कितनी गहराई से प्रभावित थे इसका प्रमाण है उनके द्वारा लिखी गई फ़रीदुद्दीन शाह की जीवनी—'सीरते फ़रीदिया'। इस जीवनी में उन्होंने अपनी माँ अज़ीज़ुन्निसा बेगम का भी विस्तारपूर्वक ज़िक्र किया है। इस पुस्तक से और मौलाना हाली की सर सैयद की जीवनी 'हयाते जावेद' से अज़ीज़ुन्निसा की छवि एक अत्यन्त धर्मपरायण, बुद्धिमती, उदार, परदु:खकातर और क्षमाशील नारी की उभरती है। उन्होंने इस्लाम धर्म के मर्म को गहराई से आत्मसात् किया था। सैयद अहमद पर नाना से कहीं अधिक असर माँ का था। माँ को शास्त्रों में आदि गुरु कहा गया है। सैयद अहमद के सन्दर्भ में यह उक्ति सोलह आने चरितार्थ होती है। उन्हें प्रारम्भिक शिक्षा इस्लाम धर्म में निष्णान्त माँ से ही मिली थी। नाना फ़रीदुद्दीन भी उन्हें परिवार के दूसरे बच्चों के साथ रात का खाना खाने के बाद उर्दू और गणित ख़ास तौर से पढ़ाते थे। मौलाना 'हाली' ने सर सैयद की शोधपरक जीवनी 'हयाते जावेद' उनके सविस्तार बातचीत के बाद ही लिखी थी। उसमें माँ अज़ीज़ुन्निसा से जुड़ी कई ऐसी घटनाओं का वर्णन है जिसने सैयद अहमद के व्यक्तित्व को रचने में महत्त्वपूर्ण भूमिका अदा की। जहाँ उनका हृदय अपने होनहार बेटे के लिए स्वभावत: फूल से भी अधिक कोमल था, वहीं उसकी उद्दंडता और अशिष्टता की सज़ा देते समय वह वज्र से भी अधिक कठोर हो सकती थीं। एक बार जब किशोर होते सैयद अहमद ने एक नौकर को गुस्से से तमाचा जड़ दिया था, तो माँ अज़ीज़ुन्निसा ने उन्हें घर से निकाल दिया था। कई दिनों के बाद एक महिला रिश्तेदार की सिफ़ारिश पर उन्होंने बेटे को घर में तभी घुसने दिया था जब उसने उस नौकर के पास जाकर अपनी ग़लती स्वीकार कर उससे माफ़ी माँग ली थी।

माँ ने सैयद अहमद समेत अपने सभी बच्चों को न केवल क्षमाशीलता की शिक्षा दी थी बल्कि आजीवन उनकी कोशिश रही कि वह इस गुण को अपने जीवन में भी उतारें। मौलाना 'हाली' ने ख़ुद सर सैयद के ज़ाब्ते से इसका उदाहरण देते हुए बताया है कि जब वह (सैयद अहमद) मुंसिफ़ थे तो एक ईर्ष्यालु व्यक्ति उनकी झूठी शिकायतें लिख कर उनके वरिष्ठ अधिकारियों को बरगलाने की लगातार कोशिशें करता रहता था। इस हरक़त का पता चलने पर जब उन्होंने उसे सबक सिखाने का मन बनाया तो माँ अज़ीज़ुन्निसा ने उन्हें समझाया कि उसे सज़ा देने का काम वह अल्लाह पर छोड़ दें। सुख-दुःख दोनों की स्थितियों में उनके मन में अद्‌भुत समत्व का भाव था। कुछ-कुछ 'गीता' के स्थितप्रज्ञ जैसा। उनके बड़े बेटे सैयद महमूद का जब भरी जवानी में देहान्त हो गया था तो उन्होंने अपने आँसू पीते हुए मात्र इतना कहा था, "जैसी अल्लाह की मर्ज़ी।"

सैयद अहमद के ननिहाल का लगभग पूरा परिवार शाह अब्दुल अज़ीज़ का अनुयायी था। पर उनके पिता, मीर मुत्तक़ी और माँ अज़ीज़ुन्निसा, मौलाना हाली के अनुसार सूफ़ी सन्त शाह ग़ुलाम अली की मुरीद थीं। शाह ग़ुलाम अली के ख़नक़ाह की प्रतिष्ठा पूरी दिल्ली में थी। मीर मुत्तक़ी से शाह साहब का विशेष स्नेह था। मीर मुत्तक़ी की अपनी आस्था उनमें इतनी गहरी थी कि उन्होंने हिदायत दे रखी थी कि उनकी मृत्यु के बाद उन्हें शाह साहब के पास ही दफ़न किया जाए। शाह साहब धार्मिक अन्धविश्वास से मुक्त थे। गंडे, ताबीज और तरह-तरह के चढ़ावे आदि में उनका यक़ीन नहीं था। ज़रूरतमन्द और दुखी लोगों को वह अल्लाह से प्रार्थना करने के लिए कहते थे और उन्हें आश्वस्त करते थे कि ऊपरवाला उसे ज़रूर सुनेगा। सैयद अहमद के माँ-बाप दोनों पर उनका गहरा असर था। वे परम आस्तिक और धर्मभीरु होने के साथ ही किसी भी तरह के अन्धविश्वास और परम्पराजन्य रूढ़ियों से मुक्त थे। सैयद अहमद, उनके बड़े भाई सैयद मुहम्मद और बड़ी बहन सफ़ीयतुन्निसा के नामकरण और विद्यारम्भ संस्कार (बिस्मिल्लाह) शाह ग़ुलाम अली ने ही किए थे। तीनों बच्चे उन्हें पितामह मानते थे और उन्हें सम्मान से 'दादा हज़रत' कहते थे। शाह साहब ख़ानक़ाह से अमूमन बहुत कम निकलते थे और निकलते थे तो सिर्फ़ मीर मुत्तक़ी के घर के लिए ही। सैयद अहमद की रूढ़िमुक्त उदार धर्मदृष्टि पर शाह ग़ुलाम अली का ही प्रारम्भिक प्रभाव था।

सैयद अहमद की माँ किस धातु की बनी थीं इसका पता मौलाना हाली द्वारा वर्णित एक घटना से चलता है। सैयद अहमद के बड़े भाई सैयद मुहम्मद की जवान मौत के चार दिन बाद परिवार में एक शादी थी। महीनों से उसकी तैयारियाँ चल रही थीं लेकिन सभी की राय थी कि शादी रोक दी जाए। पर उन्होंने ज़ोर देकर न केवल शादी को स्थगित नहीं होने दिया बल्कि उसमें वह स्वयं भी सक्रिय रूप से शामिल हुईं। सन् 1857 के विद्रोह के दौरान परिवार से अलग-थलग कई दिनों तक उन्हें

एक घुड़साल में बिना अन्न-जल रहना पड़ा। किसी तरह वहाँ बचे घोड़े के रातिब से उन्होंने अपनी जीवन-रक्षा की। सैयद अहमद उस समय किसी काम से मेरठ गए थे। जब वे लौटे तो उस भयावह रक्त-रंजित उथल-पुथल के बीच किसी तरह ढूँढ़ कर वह माँ को अपने साथ मेरठ ले गए। कई दिनों तक दूषित जल पीने और घोड़े के बचे रातिब खाने से अज़ीज़ुन्निसा बेगम का पाचन-तंत्र पूरी तरह चौपट हो गया था। उनसे अब कुछ भी खाया-पिया नहीं जा रहा था। कुछ ही दिनों में सैयद अहमद और दूसरे परिवारजनों के बीच उनका देहान्त हो गया।

सैयद अहमद के दादा का नाम सैयद हादी था। वह मुग़ल शासक अज़ीज़ुद्दीन आलमगीर दोयम की सेना में ऊँचे पद पर थे। उनकी गणना बादशाह के प्रमुख सम्मानित दरबारियों में होती थी। उन्हें कई उपाधियों से विभूषित किया गया था। वह फ़ारसी के अच्छे शायर भी थे। सन् 1774 में उनके देहान्त के बाद सैयद अहमद के पिता मीर मुत्तक़ी मुग़ल बादशाह शाह आलम और अकबर शाह के दरबार में अपने पिता के उत्तराधिकारी बने। पर ये मुग़ल साम्राज्य के भयावह पतनशीलता के दिन थे। मुग़ल दरबार में अब उपहासास्पद प्रतीत होती लम्बी-चौड़ी उपाधियों के अलावा कुछ बचा नहीं था। मीर मुत्तक़ी ने इन्हें ग्रहण करने से विनम्रतापूर्वक मना कर दिया। पर अकबर शाह से उनका मैत्री-सम्बन्ध सदा बना रहा। उन्हें बादशाह के ख़्वाबगाह तक जाने की छूट हासिल थी। मीर मुत्तकी का रिश्ता अपने पिता के ननिहाल की तरफ़ से विख्यात उर्दू शायर ख़्वाजा मीर दर्द के साथ जुड़ता था।

बालक सैयद अहमद कभी-कभी अपने पिता के साथ राज दरबार जाया करता था। मीर मुत्तक़ी अत्यन्त शिष्ट, मनस्वी और स्वाभिमानी थे। अकबर शाह के ख़ज़ाने के वज़ीर राजा सोहन लाल से उनकी बनती नहीं थी। अतः उन्होंने राजदरबार आना-जाना बहुत कम कर दिया था। पर ज़रूरी मौक़ों पर वह सैयद अहमद को अपने एवज में भेजने से कभी चूकते नहीं थे। जब बहादुर शाह 'ज़फ़र' मुग़ल बादशाह की गद्दी पर बैठे तो भी उनका राजदरबार आना-जाना कम ही बना रहा। पर जब भी जाते वह सैयद अहमद को साथ ले जाते। मौलाना अल्ताफ़ हुसेन 'हाली' के अनुसार अपने पिता के साथ बहादुर शाह 'ज़फ़र' के दरबार में हाज़िरी के दौरान बालक सैयद अहमद ने युग-प्रवर्तक, समाज-सुधारक राजा राममोहन राय (सन् 1774-1833) को कई बार देखा था। उन्हें अन्तिम बार संवेदनशील चौदह वर्षीय किशोर सैयद अहमद ने सन् 1831 में देखा था जब वो बादशाह के पेंशन वृद्धि के पेटीशन के साथ इंग्लैंड रवाना हो रहे थे।

मीर मुत्तक़ी प्रकृति से विरक्त भाव थे। भौतिक सुख-सुविधा और दरबारी चमक-दमक के प्रति उनके मन में ज़रा भी आकर्षण नहीं था। एक के बाद एक मुग़ल शासकों के दरबार में जाने से वह यदि बचने की कोशिशें करते थे तो इसके पीछे मूलतः उनकी विरक्त प्रकृति ही थी। बढ़ती उम्र के साथ उनकी आस्था अपने

गुरु शाह ग़ुलाम अली में और भी बढ़ती गई। सन् 1838 में उनका देहान्त हुआ और उनकी इच्छा के अनुसार उन्हें शाह ग़ुलाम अली की समाधि के पास ही दफ़न कर दिया गया।

सैयद अहमद की बड़ी बहन सफ़ीयतुन्निसा बेगम भी एक धर्मनिष्ठ विदुषी थीं। वह सैयद अहमद से पन्द्रह साल बड़ी थीं। उन्होंने पवित्र 'क़ुरान' और हदीस के विभिन्न अंशों पर लिखी पुस्तकों को मूल अरबी में उर्दू अनुवाद के साथ पूरे मनोयोग से पढ़ा और आत्मसात् किया था। अपने मायके और ससुराल—दोनों पक्षों की स्त्रियों को घर में ही शिक्षित कर उन्हें जागरूक और सुसंस्कृत बनाने में उनकी भूमिका अत्यन्त महत्त्वपूर्ण थी। सैयद अहमद दिसम्बर 1892 में जब दिल्ली में आयोजित मोहम्मडन एजुकेशनल कॉन्फ्रेंस की बैठक में भाग ले रहे थे उस समय नब्बे वर्ष की आयु में उनके (सफ़ीयतुन्निसा के) देहान्त की सूचना उन्हें मिली थी। सैयद अहमद की घर पर हुई प्रारम्भिक शिक्षा में मातृवत स्नेहशीला इस बड़ी बहन का भी योगदान था।

सैयद अहमद के बड़े भाई सैयद मुहम्मद का जन्म सन् 1811 में हुआ था। सैयद अहमद से छः साल बड़े वह केवल प्रारम्भिक शिक्षा ही हासिल कर सके थे। पर स्वाध्याय से उन्होंने व्यापक ज्ञान अर्जित कर लिया था। छोटे भाई के साथ वह क़ानून की पढ़ाई भी करते रहते थे। वह निहायत ख़ुशमिज़ाज, निश्छल और ज़िन्दादिल शख़्स थे। प्रारम्भिक जवानी के दिनों में उनकी मौजमस्ती और मज़हब के प्रति चिन्ताजनक उदासीनता से उनके परिचित और सम्बन्धी उनके भावी आचरण को लेकर आशंकित रहने लगे थे। पर उनके पिता मीर मुत्तक़ी आश्वस्त थे कि कुछ ही दिनों में वह (सैयद मुहम्मद) सही राह पर आ जाएँगे। धीरे-धीरे उनके जीवन में चमत्कारिक परिवर्तन आने लगे। इसके फलस्वरूप वह अपना अधिक से अधिक समय दत्तचित्त होकर पवित्र 'क़ुरान' के पठन में लगाने लगे थे। उन्होंने अब छाती तक दाढ़ी बढ़ा ली थी। वह अब न केवल पाँच वक़्त की नमाज़ अदा करते थे बल्कि आधी रात और सुबह की नमाज़ के बीच की तहज्जुद की नमाज़ भी नित्य रूप से पढ़ने लगे थे। उनकी छवि धीरे-धीरे एक अत्यन्त धर्मनिष्ठ चरित्रवान युवक की बन गई थी। उन्हें शीघ्र ही ईस्ट इंडिया कम्पनी की ओर से फतेहपुर ज़िले के तत्कालीन हथगाम परगने का नायब मुंसिफ़ नियुक्त कर दिया गया था।

हथगाम क़स्बा जयचन्दी मस्जिद के लिए मशहूर है। सैयद अहमद उस समय फतेहपुर सीकरी में मुंसिफ़ थे। सन् 1845 की दशहरा की छुट्टियों में दोनों भाई दिल्ली घर आए। इसी बीच दिल्ली में भयंकर रूप से कालाजार फैल गया। सैयद मुहम्मद उसकी चपेट में आ गए। धीरे-धीरे उनकी हालत बद से बदतर होती गई। उन्हें अपनी आसन्न मृत्यु का पूर्वाभास हो गया था। उन्होंने इसके फलस्वरूप दो विलक्षण निर्णय लिए। क़ब्रिस्तान में अपने दफ़न होने की जगह पसन्द कर उन्होंने

न केवल पहले ही अपनी कब्र खुदवाई बल्कि उसमें लेटकर ख़ुद देखा कि क्या वहाँ उनके शव को आराम से लिटाया जा सकता था। इसके बाद उन्होंने ख़ुद अपने कफ़न का कपड़ा भी पसन्द किया और उसमें स्वयं को लिपटवाकर आश्वस्ति का भाव प्रकट किया। इन विचित्र प्रक्रियाओं से गुज़रने के बाद उन्होंने शाह ग़ुलाम अली मरहूम के उत्तराधिकारी शाह अहमद सईद को खानक़ाह से आदरपूर्वक बुलवाया और उनसे धर्म तथा अध्यात्म की चर्चा की। इसके तीन दिनों के अन्दर उनके प्राण-पखेरू उड़ गए।

मनुष्य के प्रारम्भिक व्यक्तित्व और संस्कार गढ़ने-रचने में परिवार की महत्त्वपूर्ण भूमिका निर्विवाद है। इसे ध्यान में रखते हुए सैयद अहमद के परिवारजनों पर थोड़ा विस्तार से विचार अभीष्ट रहा।

10

बालक सैयद अहमद की प्रारम्भिक शिक्षा घर पर ही धर्मनिष्ठ विदुषी महिलाओं के बीच हुई। पवित्र 'क़ुरान' का पहला पाठ जब उन्होंने पहली बार पूरा किया तो घर में एक आलीशान जश्न मनाया गया। इस जश्न और उसके साथ आयोजित दावत की याद उनके मन में हमेशा ताज़ा रही। इसके बाद फ़ारसी और अरबी की तालीम उन्हें पास के ही एक मकतब में मिली। उनके नाना की हवेली के पास ही एक पुण्यात्मा विद्वान मौलवी हमीदुद्दीन रहते थे। सैयद अहमद की अरबी और फ़ारसी भाषा की कुशलता के पीछे उनका विशेष योगदान था। किशोरावस्था में सैयद अहमद को उस समय के शरीफ़ ख़ानदानों की परम्परा के अनुसार सभ्य-शिष्ट व्यवहार और बातचीत का सलीक़ा भी सिखाया गया। गणित, ज्योतिष, तिब्बिया, शास्त्रीय संगीत, शायरी और चित्रकला की शिक्षा के साथ उन्हें तैराकी, तीरंदाज़ी और पतंगबाजी की भी विधिवत शिक्षा दी गई। उनके एक मामा ने उन्हें रंग-बिरंगी पतंगें बनाने और शीशा पीसकर उसकी लुगदी से माँझा बनाने की कला में उन्हें पारंगत कर दिया था। बाद में तो उन्होंने इस पर एक अच्छा-ख़ासा दिलचस्प निबन्ध तक लिख डाला था।

यह विचित्र सा लगता है कि यद्यपि सैयद अहमद के नाना, मामा और बड़े भाई को अंग्रेज़ों की मुलाज़मत से परहेज़ नहीं था पर उन्हें अंग्रेज़ी पढ़ाने-सिखाने की कोशिश नहीं की गई। उनके आवास से थोड़ी ही दूर पर अजमेरी दरवाज़े के पास उत्तर भारत का पहला अंग्रेज़ी माध्यम का विद्यालय—दिल्ली कॉलेज—अंग्रेज़ सरकार द्वारा सन् 1794 में ही खोल दिया गया था। सैयद अहमद की तालीम जब चल रही थी तो वह कॉलेज (वर्तमान ज़ाकिर हुसेन कॉलेज) लगभग तीन दशक पुराना हो चुका था। उसमें फ़ारसी के प्राध्यापक के पद पर विख्यात शायर मिर्ज़ा

असादुल्ला ख़ाँ 'ग़ालिब' (सन् 1797-1869) की नियुक्ति हो चुकी थी। पर स्वाभिमानी तुनकमिज़ाज ग़ालिब उसमें कभी इसलिए नहीं पढ़ा सके क्योंकि उनकी उम्मीद के मुताबिक अंग्रेज़ प्रिंसिपल पहले दिन कॉलेज के फाटक पर उनकी अगवानी के लिए हाज़िर नहीं हुआ था। इसे अपनी तौहीन मानकर मनस्वी ग़ालिब ने फिर कभी उस ओर रुख़ नहीं किया। अंग्रेज़ी भाषा और दिल्ली कॉलेज के प्रति सैयद अहमद और उनके परिवार की उदासीनता के पीछे सम्भवत: उस समय के उलेमा-समाज की अंग्रेज़ों और उनकी संस्थाओं के प्रति नफ़रत की भावना थी। इस नफ़रत के पीछे अंग्रेज़ों के हाथों बंगाल और दक्षिण में क्रमश: प्रतापी मुसलमान शासकों—सिराजुद्दौला और टीपू सुलतान की दुखद पराजय थी। और साथ ही थी दिल्ली के मुग़ल बादशाह के पर कतर कर उसे सिर्फ़ नाम का दयनीय बादशाह बना देने की चाल से उभरती टीस। अंग्रेज़ों की संस्थाओं को उलेमा 'शैतान का घर' बताते थे। सम्भवत: इसी कारणवश सैयद अहमद के धर्मभीरु परिवार ने अपने होनहार को आधुनिक अंग्रेज़ी शिक्षा न दिलाने का निर्णय लिया था। इसके बावजूद आगे चलकर उसी दृढ़ संकल्प के हाथों में हिन्दुस्तान के मुसलमानों के बीच आधुनिक अंग्रेज़ी शिक्षा के प्रसार की अनवरत रोशनी मशाल होनी थी।

अठारह साल की उम्र में उनकी औपचारिक शिक्षा पूरी हो गई थी। उसी समय उनकी शादी कर दी गई। वह एक जिज्ञासु तरुण थे इसलिए उनका स्वाध्याय लगातार चलता रहा। दिल्ली के दानिशवरों, विद्वानों और शायरों से मिलने का कोई भी मौका वह हाथ से जाने नहीं देते थे। सहबाई, आजुर्दा और ग़ालिब से उनकी मुलाक़ातें विशेष उल्लेखनीय थीं। तरुणाई में वह काफ़ी रंगीन तबीयत थे। उस समय के शरीफ़ ख़ानदान के युवकों के जो भी रंगीन शग़ल थे लगभग सभी के लुत्फ़ उन्होंने उठाए थे। पर शालीनता और ख़ानदान की मर्यादा का उन्होंने सदा ध्यान रखा। होली, फूलवालों की सैर और बसन्त के उत्सवों में उनकी ख़ास रुचि थी। उस दौर में सूफ़ी सन्तों के उर्स पर बसन्त का उत्सव धूमधाम से मनाने का रिवाज़ था। इनमें वह इष्ट मित्रों के साथ हर्षोल्लास से भाग लेते थे। तवायफ़ों के मुजरों, ग़ज़ल और शास्त्रीय संगीत की महफ़िलों के आयोजन उस समय के हिन्दू और मुसलमान रईस अकसर करते रहते थे। सैयद अहमद और उनके बड़े भाई सैयद मुहम्मद उनमें बड़े शौक से भाग लेते थे।

सैयद मुहम्मद अपने छोटे भाई को साथ लिये बिना किसी आयोजन में नहीं जाते थे। सैयद अहमद की ध्रुपद और ख़याल गायन में रुचि विशेष रूप से उल्लेखनीय है। वह उनकी बारीकियों के ख़ास पारखी थे। वीणा और सितार उनके प्रिय वाद्य यंत्र थे। उनके मामा नवाब ज़ैनुल आब्दीन ख़याल और ध्रुपद गायन और वीणा तथा सितार वादन के क्षेत्रों के प्रतिष्ठित कलाकारों के कार्यक्रम समय-समय पर आयोजित करते रहते थे। मौलाना हाली ने दिल्ली के एक सम्मानित हिन्दू रईस राय प्रान किशन

के यहाँ आयोजित होने वाले शास्त्रीय गायन और वादन की महफ़िलों का ख़ास ज़िक्र किया है। राय साहब के यहाँ स्थायी रूप से एक वेश्या जन्ना बाई रहती थी। उसने वेश्यावृत्ति बहुत पहले छोड़ दी थी। वह ख़याल और ध्रुपद गायन तथा वीणा वादन में प्रवीण थी। हर महीने की सत्रह तारीख को राय साहब द्वारा आयोजित महफ़िल में उसकी कला का विशेष आकर्षण होता था। तरुण सैयद अहमद अपने मामा नवाब ज़ैनुल आब्दीन के साथ इसमें नियमित रूप से शामिल होते थे। उनकी यह रंगीन मिज़ाजी एक अर्से तक बनी रही। पर बड़े भाई सैयद मुहम्मद के सन् 1845 में देहान्त के बाद एकाएक उनकी प्रकृति में बदलाव आया। वह धीरे-धीरे गम्भीर पठन-पाठन में प्रवृत्त होने लगे। शुरू में उन्होंने उर्दू और फ़ारसी में शेर भी कहे। पर जल्दी उसे छोड़कर वह शोधपरक ऐतिहासिक-धार्मिक लेखन की ओर उन्मुख हो गए।

सन् 1838 में पिता मीर मुत्तक़ी के देहान्त के समय सैयद अहमद इक्कीस वर्ष के थे। मुग़ल बादशाह से पिता को मिलनेवाली पेन्शन बन्द हो गई थी। उन्हें उनके जीवन-काल में उपयोग के लिए बादशाह से जो जायदाद मिली थी उसे भी वापस ले लिया गया था। अब परिवार को महज उस थोड़ी सी पेन्शन का सहारा था जो सैयद अहमद की माँ अज़ीज़ुन्निसा बेगम को अभी भी मिल रही थी। उन्हें लगा कि अब निस्तेज मुग़ल दरबार से जुड़े रहने का कोई मतलब नहीं रह गया। अत: नाममात्र की जो डोर उससे जुड़ी थी उसे भी उन्होंने तोड़ लिया। उन्होंने अब अंग्रेज़ सरकार की मुलाज़िमत का निर्णय ले लिया था। इसके लिए उन्हें पता था कि अंग्रेज़ों द्वारा स्थापित न्यायालयों के क़ानून-कायदे की अच्छी जानकारी ज़रूरी है। उनके मामा मौलवी ख़लीलुल्लाह ख़ान दिल्ली स्थित अंग्रेज़ों की कचहरी में एक अमीन थे। उन्होंने सैयद अहमद को अपने दफ़्तर की मिसिलें और फ़ाइलें वग़ैरह पढ़ने और वहाँ के काम-काज सीखने-समझने की इजाज़त दे दी। कुछ ही दिनों बाद खलीलुल्लाह ने उन्हें अपने ऑफिस में ही क्लर्क की नौकरी दे दी। दिल्ली में राबर्ट हैमिल्टन नाम के एक जज सैयद अहमद की लगन और मेहनत से प्रभावित थे। कुछ समय बाद, जब वह आगरे तबादले पर गए तो वहाँ नायब मुंसिफ़ का एक पद ख़ाली था। सन् 1838 के पूर्वार्द्ध में उन्होंने उस पर सैयद अहमद को नियुक्त कर दिया। ऐसे में यहीं से सैयद अहमद की अंग्रेज़ सरकार की नौकरी की शुरुआत हुई।

अंग्रेज़ सरकार की न्यायिक सेवा में उन्होंने नायब मुंसिफ़, मुंसिफ़ और सदर अमीन के पदों पर आगरा, फतेहपुर सीकरी, मैनपुरी, दिल्ली, रोहतक, बिजनौर, ग़ाज़ीपुर, मुरादाबाद, अलीगढ़ और बनारस में काम किया। सन् 1857 के विद्रोह के दौरान वह सदर अमीन के पद पर बिजनौर में कार्यरत थे। वहाँ विद्रोहियों से अंग्रेज़ अधिकारियों और उनके परिवार की रक्षा उन्होंने अपनी और अपने परिवार के सदस्यों की जान की बाज़ी लगा कर की। अप्रैल सन् 1869 में वह बनारस से इंग्लैंड

के सत्रह माह के प्रवास के लिए समुद्री यात्रा पर रवाना हुए। साथ में उनके दोस्त मिर्ज़ा ख़ुदादाद बेग, दोनों बेटे सैयद महमूद, सैयद हामिद और विश्वस्त सेवक छज्जू भी थे। इस यात्रा के ख़र्च के लिए सैयद अहमद को अपना पुस्तकालय बेचना पड़ा और आवास गिरवी रखना पड़ा। सीधे उस देश को देखने-समझने के अलावा उनका इसके पीछे एक विशेष उद्देश्य था अपने बड़े बेटे सैयद महमूद को लन्दन के एक प्रतिष्ठित कॉलेज में ऊँची शिक्षा के लिए भर्ती कराना। सैयद महमूद को अंग्रेज़ सरकार ने इंग्लैंड में शिक्षा के लिए एक अच्छी छात्रवृत्ति दे रखी थी। सैयद अहमद का इंग्लैंड प्रवास के दौरान वहाँ के राजनैतिक, सामाजिक और सांस्कृतिक क्षेत्रों में उत्साहवर्धक स्वागत हुआ। वहाँ के कैम्ब्रिज और ऑक्सफोर्ड विश्वविद्यालयों को देखने और उनकी उच्चकोटि की शिक्षा-व्यवस्था की बारीकियों को समझने के बाद ही उसी तरह की एक शिक्षण संस्था हिन्दुस्तान के मुसलमानों के लिए स्थापित करने का संकल्प उनके मन में जगा। हिन्दुस्तान लौटकर वह अपने संकल्प को अमली जामा पहनाने में तत्पर हो गए। मौलाना हाली के अनुसार सैयद अहमद की इंग्लैंड यात्रा के पीछे एक और अत्यन्त महत्त्वपूर्ण उद्देश्य था। दरअसल वह इस्लाम के मूलभूत सिद्धान्तों पर एक ऐसी सुसंगत पुस्तक लिखना चाहते थे जिससे इस धर्म के सम्बन्ध में ईसाई समाज की भ्रान्तियाँ दूर की जा सकें। 'ख़ुतबाते अहमदिया' नाम से इस विषय पर लिखी गई उनकी किताब का तुरन्त अंग्रेज़ी अनुवाद भी किया गया। इस पुस्तक से अंग्रेज़ी शिक्षा प्राप्त मुस्लिम तरुणों को भी अपने धर्म की बेहतर समझ में सहायता मिली।

सैयद अहमद ने अपनी न्यायिक सेवा से बचे समय का सदुपयोग अपनी बौद्धिक समृद्धि के लिए किया। दिल्ली की पुरानी ऐतिहासिक इमारतें, उनका इतिहास, सन् 1857 के विद्रोह में मुसलमानों की केन्द्रीयता को लेकर अंग्रेज़ों के मन में व्याप्त प्रतिकूल भाव, विद्रोह के कारणों की गहरी अन्तर्दृष्टि के साथ विवेचना, हिन्दुओं की तुलना में मुसलमानों का लगभग हर क्षेत्र में पिछड़ापन, ईसाई धर्म के बरअक्स इस्लाम की वैज्ञानिक व्याख्या और मुस्लिम युवकों में धार्मिक मूल्यों से समझौता किए बिना आधुनिक पश्चिमी शिक्षा का प्रसार उनके सोच के बहुआयामी पक्ष थे। इन पर उन्होंने उच्चकोटि का लेखन किया। अपने हमनाम सैयद अहमद बरेलवी की सिखों के साथ युद्ध में मृत्यु पर उन्होंने श्रद्धांजलिस्वरूप एक मार्मिक नज़्म लिखी थी। वह फ़ारसी से उर्दू अनुवाद के सिद्धहस्त अनुवादक भी थे। 'तुहफ़ाये हसन' और 'तहशील फ़ी जारुस्स सक़ील' उनकी अनूदित कृतियाँ हैं। पहली कृति शिया समाज द्वारा हज़रत अबू बकर पर लगाए गए आरोपों का खंडन है। दूसरी कृति यांत्रिकी के सिद्धान्तों, धातु विज्ञान और भारी पदार्थों को ऊपर उठाने की विधियों पर लिखी गई है। इनके पहले सैयद अहमद ने एक पुस्तिका 'ज़िला-उल-क़ुलूब-बिज़िक्र-उल महबूब' लिखी थी। इसमें मुहम्मद साहब के जीवन,

मृत्यु, चमत्कारों और दूसरी महत्त्वपूर्ण घटनाओं का ज़िक्र है। मॉलूद के आयोजनों में यह पुस्तिका अत्यन्त मूल्यवान सिद्ध हुई।

'आसार उस सनादीद' दिल्ली और उसके आसपास की ऐतिहासिक इमारतों के स्थापत्य और शिल्प पर लिखी उनकी उल्लेखनीय कृति है। इसमें दिल्ली की जलवायु और इस्लाम धर्म, संस्कृति, साहित्य, हिकमत, संगीत, चित्रकला और आध्यात्म के क्षेत्र के एक सौ बीस महत्त्वपूर्ण व्यक्तियों का परिचय भी है। इसके दूसरे संस्करण में सैयद अहमद ने पहले अध्याय के पूर्व एक अंश सिलसिलातुल मुलूक नाम से जोड़ा जो दरअसल दिल्ली पर शासन करनेवाले शासकों की एक विस्तृत सूची है। इसमें पहला नाम महाराज युधिष्ठिर का और अन्तिम नाम महारानी विक्टोरिया का है।

'ज़िला बिजनौर की तारीख़' (ज़िला बिजनौर का इतिहास), 'तारीखे सरकशी-ए-बिजनौर' (बिजनौर के विद्रोह का इतिहास), 'तफ़्सीरुल क़ुरान' (पवित्र 'क़ुरान' की व्याख्या), 'तहक़ीक़े लफ़्ज़े नसारा' (नसारा शब्द की विवेचना), 'असबाबे-बग़ावते हिन्द' (हिन्दुस्तान के विद्रोह के कारण), 'तबईनुल कलाम' (कलाम की मीमांसा—'बाइबिल' की व्याख्या) और 'आईना-ए-अकबरी' के खंडों का सम्पादन और व्याख्या उनकी प्रमुख कृतियाँ हैं। सैयद अहमद को अरबी, फ़ारसी और उर्दू पर तो पूरा अधिकार था ही पर जब अपनी ग़ाज़ीपुर नियुक्ति के दौरान उन्होंने 'बाइबिल' पर अपनी व्याख्या लिखने का मन बनाया तो उन्होंने उसे न केवल हिब्रू भाषा में पढ़ने का निश्चय किया बल्कि उस भाषा में उपलब्ध उसकी टीकाओं का भी गहन अध्ययन करना चाहा। इसके लिए हिब्रू पढ़ने के लिए उन्होंने सलीम नामक एक यहूदी युवक की सेवाएँ प्राप्त कीं। इसके अलावा ग़ाज़ीपुर के एक उच्चकोटि के अरबी और हिब्रू के जानकार मौलवी इनायत रसूल चिरैयाकोटी की सहायता भी उन्होंने हासिल की।

गहन और विस्तृत अध्ययन के बाद उन्होंने 'बाइबिल' की जो व्याख्या 'तबईनुल कलाम' नाम से लिखी वह कई कारणों से विशिष्ट मानी गई। वह ईसाई मत के आधारभूत धर्मग्रन्थ की पहली ऐसी व्याख्या थी जो किसी ग़ैर-ईसाई द्वारा लिखी गई थी। उसे खंडन-मंडन के प्रच्छन्न उद्देश्य से नहीं लिखा गया था बल्कि 'बाइबिल' और 'क़ुरान' के बीच सामंजस्य स्थापित करना उसका मुख्य उद्देश्य था। पर प्रकारान्तर से उन्होंने दिल्ली और उसके आसपास एक अर्से से सक्रिय ईसाई धर्म प्रचारकों को सहज ढंग से बता दिया था ईसाई और इस्लाम मत मित्रधर्म हैं। अज्ञान और ग़लतफ़हमियों के कारण ही उनके बीच शंका और भय का वातावरण पैदा करने की कोशिशें की गई हैं।

'तफ़्सीरुल-क़ुरान' उनकी पवित्र 'क़ुरान' की साहसिक व्याख्या है। यह कार्य उन्होंने सन् 1876 में प्रारम्भ किया था। पर इसे विधिवत शुरू करने के पहले उन्होंने

'क़ुरान' की कुछ महत्त्वपूर्ण चुनी हुई आयतों पर 'तहज़ीबुल एख़लाक' नामक पत्रिका में कई विवेचनात्मक लेख लिखे। बनारस से सेवानिवृत्त होने पर यह काम पूरी गति से आगे बढ़ा। फिर भी वह उसका दो बटा पाँच भाग ही पूरा कर सके। मृत्यु के अपरिहार्य हस्तक्षेप से उसका शेष भाग अधूरा ही रह गया। विज्ञान के विकास के फलस्वरूप पश्चिम में धार्मिक विश्वासों के प्रति अन्धश्रद्धा के सामने उन्नीसवीं सदी के उत्तरार्ध में प्रश्नचिह्न लगाए जाने लगे थे। सैयद अहमद इससे अच्छी तरह परिचित थे। पर इस्लाम की व्याख्या की सदियों से ज़िम्मेदारी ओढ़े उलेमा-समाज विज्ञान से धर्म को मिल रही इस अप्रत्याशित चुनौती से सर्वथा अनभिज्ञ था। इस तथ्य को रेखांकित करने वाले विचारशील सैयद अहमद मुस्लिम संसार में सम्भवत: पहले चिन्तक थे। उस समय धर्म और विज्ञान को लेकर पश्चिम में जो वैचारिक उथल-पुथल चल रही थी उसकी तेज़ आहट उनके कानों में लगातार पहुँच रही थी। यह आश्चर्यजनक लगता है कि अंग्रेज़ी या पश्चिम की किसी भाषा का कामचलाऊ ज्ञान न होने के बावजूद भी वह उस वैचारिक उथल-पुथल से जुड़े विमर्श की बारीकियों से भली-भाँति परिचित थे। तभी वह अपने एक भाषण में कह सके थे कि विज्ञान ईसाइयत और इस्लाम की ही नहीं बल्कि सभी धर्मों की जड़ें तेज़ी से कुतर रहा है। धर्म को विज्ञान से मिल रही इस विकट चुनौती को स्वीकार करते हुए उन्होंने 'क़ुरान शरीफ़' की अपनी नव व्याख्या का अपूर्व साहस दिखाया।

सैयद अहमद की मान्यता थी कि धर्म के उपदेश और प्रकृति (नेचर) के नियम—दोनों के स्रोत एक ही परमशक्ति थी। इसलिए दोनों में सामंजस्य के अभाव का प्रश्न ही नहीं था। यह बात किसी भी धर्म पर लागू थी। जहाँ तक पवित्र पैग़म्बर (मुहम्मद साहब) के माध्यम से प्रकाशित ईश्वर (अल्लाह) की वाणी ('क़ुरान शरीफ़') के किसी अंश और आधुनिक विज्ञान की किसी उपपत्ति में अन्तर का सवाल है पहले तो यह परखना होगा कि यह कहीं ऊपर से दिखनेवाला अन्तर तो नहीं है। और यदि यह सही नहीं पाया जाता तो विज्ञान की उपपत्ति को ही ग़लत मानना होगा और पवित्र 'क़ुरान' के अंश विशेष को सही। वह जानते थे कि विज्ञान के नियम मनुष्य की खोज के परिणाम में होते हैं और वह खोज अनन्त है। आगे की नई खोजों के परिणामस्वरूप वह उपपत्ति में बदल सकती है। नेचुरल साइंस (प्राकृतिक विज्ञान) की शिक्षा की प्रगति के उत्साह में उन्होंने अपने निबन्धों और भाषणों में अनेक बार यह घोषित किया था कि 'क़ुरान' को यदि सही ढंग से समझने की कोशिश की जाए तो उसमें ऐसा कुछ भी नहीं मिलेगा जो 'नेचर' (प्रकृति) के सिद्धान्तों के प्रतिकूल प्रतीत हो। सैयद अहमद की 'क़ुरान शरीफ़' की प्रस्तावित व्याख्या ने उनके अनेक कटु आलोचक और शत्रु पैदा कर दिए थे। 'नेचर' शब्द के उनके भाषणों और लेखों में कई बार हो रहे प्रयोगों से चिढ़कर उनके आलोचक व्यंग्य से उन्हें 'नेचरी' कहने लगे थे पर इससे वह अविचलित रहे।

सैयद अहमद ने 'तफ़्सीरुल क़ुरान' लिखते समय एक और विलक्षण साहस का परिचय दिया। ख़लीफ़ा हज़रत उमर ने कहा था कि 'हमारे लिए अल्लाह की किताब ही काफ़ी है।' हज़रत उमर के इस कथन में दृढ़ आस्था के साथ उन्होंने पवित्र 'क़ुरान' की वाणी को ही प्रमाण माना। उन्होंने अपने तफ़्सिरे से हदीस (पैग़म्बर साहब के आचरण और कथनोपकथन की संहिता) को बाहर रखना अपेक्षाकृत अधिक श्रेयस्कर समझा। इसके पूर्व 'क़ुरान शरीफ़' पर जितने तफ़्सिरे लिखे गए थे सभी में खंडन-मंडन की दृष्टि से हदीस की भूमिका का विशेष और अपरिहार्य योगदान था। सैयद अहमद ने अपनी टीका में अपने मन्तव्य की सिद्धि के लिए पवित्र 'क़ुरान' की आयतों का ही सहारा लिया। यह उस युग में निश्चय ही क्रान्तिकारी क़दम था। मौलाना हाली के अनुसार सैयद अहमद ने अपने पूर्ववर्ती उलेमा की टीकाओं और इस्लामी न्यायशास्त्रियों तथा धर्मविदों के भाष्यों को हिम्मत के साथ यह कह कर नज़रअन्दाज़ कर दिया कि उनमें व्यक्त विचार और निर्णय दरअसल उन्हीं के थे और उनके लिए इस्लाम को ज़िम्मेदार ठहराना उचित नहीं था। वह मुसलमान युवकों में नेचुरल साइंस (प्राकृतिक विज्ञान) तथा आधुनिक पश्चिमी शिक्षा के प्रसार-प्रचार के लिए बड़ी से बड़ी क़ीमत अदा करने को तैयार थे। उनके लन्दन प्रवास के दौरान उन पर कट्टरपंथियों और रूढ़िवादियों के हमले काफ़ी तेज हो गए थे। इसके जवाब में उन्होंने निम्नलिखित शालीन बयान दिया था—

"कानपुर की भयावह चीख-पुकार, लखनऊ की तंज़िया नज़्में, आगरा और इलाहाबाद की बकझक, रामपुर और बरेली के फ़तवे तथा दिल्ली के उलेमा साहबान के अपमानजनक इलज़ाम मुझे दुःख नहीं पहुँचाते। मेरा दिल अपने समाज के कल्याण के भाव से भरा हुआ है। उसमें किसी तरह के गुस्से और बैर की कोई जगह नहीं बचती।"

अक्तूबर सन् 1870 में तिरपन वर्षीय सैयद अहमद कैम्ब्रिज और ऑक्सफोर्ड की तर्ज पर मुसलमानों के लिए एक उच्चकोटि का आधुनिक शिक्षा-केन्द्र स्थापित करने का दीप्त सपना और संकल्प लिए हिन्दुस्तान लौटे। बनारस में उन्होंने अपना सरकारी कार्यभार पहुँचते ही सँभाल लिया। पर अपने सपनों को हक़ीक़त का जामा पहनाने के लिए उनका मन अब लगातार बेचैन रहने लगा। नतीजतन उन्होंने लगभग उन सभी बड़े शहरों का दौरा शुरू कर दिया जहाँ मुसलमान काफ़ी तादाद में थे। उनकी आयोजित सभाओं में सदाशय हिन्दुओं की भी अच्छी उपस्थिति होती थी। जब कॉलेज की योजना रूपाकार ग्रहण करने लगी तो उसके लिए आर्थिक संसाधन जुटाने की ज़रूरतें भी महसूस होने लगीं। एक सरकारी मुलाजिम के लिए चन्दा इकट्ठा करना उन्हें संकोचजनक और अनैतिक लगा। फलस्वरूप उन्होंने जून 1876 से पेंशन लेना शुरू कर दिया और अलीगढ़ चले गए। वहाँ उनकी पहल पर मित्रों और शुभाकांक्षियों द्वारा जुटाए संसाधनों से महारानी विक्टोरिया के

जन्मदिन 24 मई, सन् 1875 को सरकारी ज़मीन पर मोहम्मडन ऐंग्लो ओरियंटल कॉलेज की स्थापना हो गई और उसी दिन उसमें पढ़ाई भी शुरू कर दी गई। सैयद अहमद इसके उद्घाटन समारोह में बनारस से पहुँचकर शामिल हुए। यह हिन्दुस्तान के मुसलमान-समाज में आधुनिक शिक्षा के प्रसार-प्रचार की अपूर्व ऐतिहासिक पहल भी।

इसके बाद सैयद अहमद पर रूढ़िग्रस्त मुल्ला-समाज के आक्रमण और तीखे होने लगे। पर अपने संकल्प पर दृढ़ उन्होंने अपने प्रयास को और भी कारगर बनाने के लिए अपने गम्भीर चिन्तन के दौरान लिखा—

''मैंने मुस्लिम-समुदाय में बढ़ती पतनशील प्रवृत्तियों पर गहराई से विचार किया। उसके फलस्वरूप मैं इस निष्कर्ष पर पहुँचा कि आधुनिक शिक्षा ही उनके सभी मर्ज़ों की दवा है। मैंने उनके दिमाग़ की गहराई में बैठे इस साम्प्रदायिक विश्वास को निकालने की रणनीति तैयार करने का निर्णय लिया कि यूरोप के साहित्य और विज्ञान का अध्ययन धर्म विरुद्ध है और उससे कुफ़्र फैलता है।''

उन्होंने अपना अन्तर्द्वन्द्व व्यक्त करते हुए कहा कि ''मेरी यह पूरी मंशा रही है कि मुसलमानों में आधुनिक शिक्षा के प्रसार के प्रयास के दौरान धर्म पर विचार-विमर्श से बचे रहने की हर सम्भव कोशिश की जाए। पर समस्या यह है कि हमारे व्यवहार, सामाजिक आचरण और धार्मिक विश्वास आपस में कुछ इस तरह घुले-मिले हैं कि कोई भी सामाजिक सुधार का विमर्श बिना धार्मिक विवाद के सम्भव ही नहीं लगता।'' दकियानूस मुल्ला-समाज के रवैये से खिन्न गहरे आत्मचिन्तन के क्षणों में उन्होंने जोड़ा था कि ''जब किसी नुकसानदेह चीज़ को छोड़ने को कहा जाता है तो वे कहते हैं कि यह धर्मसम्मत है और जब किसी सकारात्मक लाभकारी चीज़ पर अमल की बात उठती है तो वे दावा पेश करते हैं कि यह धर्म-विरुद्ध है। ऐसी स्थिति में अपनी योजना को आगे बढ़ाने के लिए धर्म पर विचार-विमर्श के अलावा कोई और विकल्प नहीं बचता।''

मौलाना अब्दुल हसन अली नदवी ने अपनी मशहूर किताब 'इस्लामियत और मग़रीबियत की कशमकश' में आगे चलकर लिखा—

''सर सैयद के तालीमी मिशन और उनकी पश्चिमी तहज़ीब की वकालत दोनों एक-दूसरे से वाबस्त थे। उनसे लोगों के ज़ेहन में शदीद ख़ौफ़ और शुबहे पैदा हो गए। इसकी वजह से मज़हबी इदारों में मुख़ालफ़त की तेज़ आँधियाँ उठने लगीं। नतीजतन उनकी तालीम मुहिम को कई तरफ़ से ज़ोरदार बायकाट का सामना करना पड़ा।''

सैयद अहमद की आचार-विचार की उदारता से भी मुल्ला समाज ख़ुश नहीं था। अंग्रेज़ों के साथ खाना खाने पर उनके ख़िलाफ़ काफ़ी बवाल उठाया गया और उनकी सख़्त मज़म्मत की गई। इसका तर्कसम्मत जवाब उन्होंने अपने दस्तखत किए लेख से देकर लोगों का मुँह बन्द कर दिया। वह बेवजह और बेकार के विरोध और

विवाद से बचने के उद्देश्य से फूँक-फूँक कर क़दम रखने की कोशिशें करते थे। मोहम्मडन ऐंग्लो ओरियंटल कॉलेज में नेचुरल साइंस (प्राकृतिक विज्ञान) तथा अन्य आधुनिक विषयों की शिक्षा के साथ वह दीनी तालीम (धार्मिक शिक्षा) भी देना चाहते थे। पर मुल्ला समाज के तीखे विरोध-भाव से परिचित वह उसके पाठ्यक्रम-निर्धारण से अपने को दूर रखना ही श्रेयस्कर समझते थे। अत: दीनी तालीम का पाठ्यक्रम तैयार करने के लिए उन्होंने शीर्षस्थ इस्लामी धर्मविदों को निमंत्रित किया। पर उनका वांछित सहयोग मिलना सम्भव नहीं हो सका। दारुल उलूम देवबन्द के मौलाना याक़ूब और मौलाना क़ासिम ननौतवी ने तो उनका निमंत्रण यह कहकर ठुकरा दिया कि वे ऐसी संस्था से कोई सम्बन्ध नहीं रखना चाहते जिसमें शिया विद्यार्थी भी पढ़ते हों। मौलाना अल्ताफ़ हुसेन 'हाली' ने 'हयाते-जावेद' में लिखा है—

"साठ मौलवियों और आलिमों ने अपने दस्तख़त के साथ फ़तवे जारी कर सर सैयद पर काफ़िर और धर्मच्युत होने के इल्ज़ाम लगाए। हिन्दुस्तान के उलेमा-समाज में इस पर पूरी सहमति थी। अगर कोई कमी रह गई थी वह थी ईश्वरीय समर्थन की। इसे पूरा किया मौलवी अलीबख़्श ने। वह ज़ाहिरा तौर पर मक्का और मदीना के लिए हज यात्रा के बहाने रवाना हुए। पर वहाँ पहुँच कर उन्होंने सर सैयद का सिर कलम करने के आवाहन का फ़तवा हासिल किया—अगर वह (सैयद अहमद) अपने किए पर पछतावा नहीं करते और कॉलेज क़ायम करने के अपने मन्सूबे पर अड़े रहते हैं तो फ़तवे के मुताबिक उनका सिर कलम करना जायज़ होगा।"

सैयद अहमद को इस मुल्ला-समाज की अज्ञानता पर तरस आता था। शान्त-संयत वह अकसर कहा करते थे, "मैं वो जानता हूँ जो वे नहीं जानते और मैं उसे समझता हूँ जो वे कतई नहीं समझते।"

11

चालीस साल के प्रौढ़ सैयद अहमद सन् 1857 के विद्रोह के चश्मदीद गवाह रहे। विद्रोह की शुरुआत मेरठ से हुई थी। जब आग की तेज़ी से वह हिन्दुस्तान के उत्तरी और बीच के हिस्से में फैलने लगा था तब तबादले पर वह बिजनौर आ गए थे। वहाँ अपनी सूझ-बूझ और नैतिक प्रभाव से उन्होंने बड़ी तादाद में अंग्रेज़ों के जान-माल की रक्षा की थी। बिजनौर ज़िले के मुसलमान और हिन्दू ज़मींदारों के बीच इस दौरान मची मारकाट से वह बहुत उद्विग्न रहे। वहाँ के विद्रोह का जीवन्त विवरण उन्होंने अपनी पुस्तक 'तारीख़े सरकशी ये बिजनौर' (बिजनौर के विद्रोह का इतिहास) में दिया है। दिल्ली में उनके कई निकट सम्बन्धी अंग्रेज़ सैनिकों द्वारा मारे गए थे।

इसका दुःख होना उनके लिए स्वाभाविक था। पर उस भयावह संक्रमण के उथल-पुथल से गुज़रते समाज के दुःख ने उन्हें व्यक्तिगत दुःख से उबार लिया था। उन्होंने विद्रोह के कारणों पर गहराई से चिन्तन-मनन किया। उसका परिणाम था उनकी आँख खोल देने वाली पुस्तिका—'असबाबे बग़ावते हिन्द' (हिन्दुस्तान के विद्रोह के कारण)। इसे उन्होंने मुरादाबाद में सदर सदूर के पद पर नियुक्ति के दौरान सन् 1858 में लिखा था। उनका मानना था कि जिस तरह अंग्रेज़ों ने विद्रोह की व्यवस्था और उसके कारणों का विश्लेषण किया था वह सही नहीं था। उनके अनुसार सेना की बग़ावत के पीछे हिन्दुस्तान में अंग्रेज़ों की सत्ता को जड़ से उखाड़ फेंकने का कोई सुनियोजित षड्यंत्र नहीं था। उन्होंने इस आरोप को सिरे से नकार दिया था कि बग़ावत के पीछे रूस और फ़ारस की शह थी। उनका अपना निष्कर्ष था कि इसके पीछे सिपाहियों को दी गई कारतूसों में गाय और सूअर की चर्बी लगे होने के सम्बन्ध में फैली भ्रांति थी। इससे हिन्दू और मुसलमान दोनों समुदायों के सिपाही इसे अपने-अपने धर्मों पर आघात समझ कर उत्तेजित हो उठे थे। ईस्ट इंडिया कम्पनी के अधिकारियों और ईसाई मिशनरियों के धर्म प्रचारकों के बीच दुरभि संधि के तहत अधिक से अधिक हिन्दुस्तानियों के धर्म परिवर्तन की कोशिशों से उपजे असन्तोष ने भी इस उत्तेजना को हवा दी थी। अतः बग़ावत के पीछे आशंका, अज्ञान और अन्धविश्वास के भाव थे न कि कोई सुविचारित और सुनियोजित साज़िश।

अपनी इस पुस्तिका में सैयद अहमद ने यह साफ़-साफ़ कहा था कि विद्रोह के पीछे एक प्रमुख कारण था अंग्रेज़ों द्वारा हिन्दुस्तानियों को सत्ता और शासन में भागीदारी से एक लम्बे अर्से तक वंचित किया जाना। वह इस तथ्य से अच्छी तरह परिचित थे कि बग़ावत के दौरान हज़ारों हिन्दुस्तानी परिवार, जिनमें बड़ी संख्या में मुसलमान थे, तबाह और बरबाद कर दिए गए थे। इनमें बहुत से बिलकुल निर्दोष भी थे। बग़ावत के कारणों के अपने तर्कसंगत विश्लेषण में सैयद अहमद ने किसी भी प्रकार के राजनीतिक कारण से अंग्रेज़ों के ख़िलाफ़ नफ़रत और साज़िश की बहुप्रचारित व्याख्या को सिरे से नकार दिया था।

'असबाबे बग़ावते हिन्द' की उन्होंने 500 प्रतियाँ तैयार कराईं। मुरादाबाद में उनके एक हिन्दू सहयोगी मुंसिफ़ राय शंकर दास ने जब पुस्तिका को देखा तो वह बहुत विचलित हुए। उन्हें लगा इससे सैयद अहमद अंग्रेज़ों के भयावह कोपभाजन बन जाएँगे। इसके फलस्वरूप उनका भीषण अनिष्ट अवश्यम्भावी था। सदाशय राय शंकर दास ने सैयद अहमद को समझाने की लाख कोशिश की कि इस पुस्तिका से उनकी ज़िन्दगी ख़तरे में पड़ सकती थी पर सैयद अहमद ने कहा कि किताब की बातें अंग्रेज़ों के ध्यान में लाना, ख़ुद सरकार, मुल्क और मुसलमानों के व्यापक हित में था। राय शंकर दास को जब लगा कि सैयद अहमद अपनी बात पर अडिग थे तो वह ख़ामोश हो गए और रो पड़े। सैयद अहमद ने अपने संवेदनशील सदाशय

सहयोगी को आश्वस्त करते हुए कहा कि अगर शासक और शासित सबके हित की बात करने के लिए उन्हें सज़ा भी दी जाती है तो वह उसे ख़ुशी से मंज़ूर करने को तैयार थे। इसके बाद उन्होंने नमाज़ पढ़कर अल्लाह से दुआएँ माँगीं और 500 में से अधिकांश पुस्तिकाएँ इंग्लैंड के लिए रवाना कर दीं। एक प्रति हिन्दुस्तान की ब्रिटिश सरकार के पास भेज दी। बाक़ी प्रतियाँ सुरक्षित अपने पास रख लीं। हिन्दुस्तान में कहीं भी और किसी को भी उन्होंने कोई प्रति नहीं दी। गवर्नर जनरल लॉर्ड कैनिंग ने उसका उर्दू से अंग्रेज़ी में अनुवाद करा कर अपनी काउन्सिल के समक्ष उसे विचार-विमर्श के लिए रखा। उनके विदेश सचिव के अलावा काउंसिल ने उसे एक ईमानदार और मैत्रीपूर्ण विश्लेषण पाया। ब्रिटिश संसद ने भी उसके अंग्रेज़ी अनुवाद पर गम्भीर विचार-विमर्श किया। ऐसा ही निष्कर्ष लॉर्ड कैनिंग जैसा सदाशय का भी रहा।

शासन में हिन्दुस्तानियों की भागीदारी की उपेक्षा के प्रश्न पर लम्बे सोच-विचार के बाद सन् 1878 में सैयद को वॉयसराय की लॉजिस्लेटिव काउंसिल का सदस्य मनोनीत किया गया। उनके पहले बनारस और पटियाला के महाराजा तथा दक्षिण के सर दिनकार राव एक साथ काउंसिल के सदस्य मनोनीत किए जा चुके थे। इस पर सैयद अहमद ने बेहद ख़ुशी का इज़हार किया था। यह सम्मान पाने वाले वह पहले मुसलमान थे। इस पद पर वह सन् 1883 तक रहे। काउंसिल में उनके काम और भाषणों की सराहना वॉयसराय लॉर्ड लिटन और लॉर्ड रिपन दोनों ने की थी। मौलाना अल्ताफ़ हुसेन 'हाली' ने 'हयाते जावेद' में सैयद अहमद के भाषणों और उसकी तैयारी की प्रक्रिया का दिलचस्प विवरण दिया है। अपने भाषण वह (सैयद अहमद) पहले स्वयं उर्दू में लिखते थे। फिर इसका अनुवाद अंग्रेज़ी में किया जाता था। इसके बाद अनूदित अंग्रेज़ी भाषण को वह अपनी सुविधा के लिए उर्दू लिपि में लिख लेते थे और उसे सदन में पढ़ देते थे। उनके बड़े और अपेक्षाकृत अधिक महत्त्वपूर्ण भाषणों के अनुवाद काउंसिल के सचिव पढ़ा करते थे।

'असबाबे बग़ावते हिन्द' के बाद उन्होंने एक और किताब 'हिन्दुस्तान के वफ़ादार मुसलमान' (दि लॉयल मोहम्मडंस ऑफ़ इंडिया) सन् 1860 में लिखी। कुछ अपरिहार्य कारणों से यह किताब अधूरी ही छप सकी। फिर भी यह बग़ावत के दौरान मुसलमानों की अंग्रेज़ों के प्रति वफ़ादारी और उनकी तथा उनके परिवारजनों की जान-माल की हिफ़ाज़त में दिखाई गई दिलेरी का सच्चा पर दिलचस्प दस्तावेज है। इसमें यह भी दिखाने की कोशिश की गई थी कि जितने मुसलमानों ने बग़ावत में हिस्सा लिया था उससे कहीं अधिक तादाद में मुसलमान अंग्रेज़ सरकार के ख़ैरख़्वाह और वफ़ादार रहे। सैयद अहमद की इन दोनों किताबों के विश्लेषण और व्याख्या को इंग्लैंड और हिन्दुस्तान के सदाशय अंग्रेज़ों ने गम्भीरता से लिया था। उनकी बेबाक आलोचना आहत हिन्दुस्तानी मानस को समझने की एक स्वस्थ दृष्टि

विकसित करने में सहायक सिद्ध हुई थी। हिन्दुस्तानी प्रजा और सरकार के बीच एक कारगर 'सेफ्टी वाल्व' की ज़रूरत बड़ी शिद्दत से महसूस की जाने लगी थी।

पाकिस्तानी इतिहासविद् शेख़ मुहम्मद इकराम ने 'मॉडर्न मुस्लिम इंडिया ऐंड दि बर्थ ऑफ़ पाकिस्तान' (आधुनिक मुस्लिम हिन्दुस्तान और पाकिस्तान का जन्म) में कहा है कि यह 'असबाबे बग़ावते हिन्द' का ही प्रभाव था जिसके फलस्वरूप हिन्दुस्तान की अंग्रेज़ सरकार ख़ासकर वॉयसराय लॉर्ड डफ़रिन ने सर ए.ओ. ह्यूम (1829-1912) के सरकार और प्रजा के बीच 'सेफ्टी वाल्व' के रूप में हिन्दुस्तानियों की एक संस्था गठित करने के सुझाव का स्वागत किया था। इस प्रस्तावित संस्था को कुछ इस तरह विकसित करने का विचार था जो सरकार की स्वस्थ और रचनात्मक आलोचना का दायित्व वहन कर सके। सन् 1857 के विद्रोह के समय सर ह्यूम इटावा के ज़िलाधिकारी थे। उन्होंने विद्रोह की त्रासद घटनाओं को नंगी आँखों से देखा था और उनका संवेदनशील लोक वत्सल मन उनसे गहराई से विचलित हुआ था। उन्होंने स्वयं अपनी पहल पर शिक्षा, प्रशासनिक सुधार और कृषि क्षेत्र में दूरगामी प्रभाव वाले काम किए थे। नाबालिग अपराधियों के लिए उन्होंने एक अलग सुधार गृह और विद्यालय क़ायम किए थे। नि:शुल्क प्रारम्भिक शिक्षा की व्यवस्था कर उन्होंने इटावा ज़िले में सन् 1857 तक 181 विद्यालय स्थापित कर दिए थे। इनमें पाँच हज़ार से अधिक छात्र पढ़ रहे थे जिनमें अच्छी तादाद में लड़कियाँ भी थीं। इटावा से वह 'लोक मित्र' नामक एक हिन्दी अख़बार भी निकालते थे। सर ह्यूम ने पहले सन् 1884 में इंडियन नेशनल यूनियन की स्थापना की थी। इसके बाद इंग्लैंड के प्रगतिशील विचारों के प्रबुद्ध नेताओं से अपनी योजना पर विस्तारपूर्वक विचार-विमर्श के बाद उन्होंने इंडियन नेशनल कांग्रेस की स्थापना की पहल की।

सर ह्यूम के जीवनीकार और उनके प्रशंसक-सहयोगी सर विलियम वेडरबर्न (1838-1918) भी उन्हीं की तरह एक वरिष्ठ अंग्रेज़ आई.सी.एस. अधिकारी थे। उन्हीं के समान हिन्दुस्तान की प्रजा के हित-चिन्तक। वह कांग्रेस की स्थापना में सर ह्यूम के अग्रणी सहयोगी थे। कांग्रेस की स्थापना की योजना को वॉयसराय लॉर्ड डफ़रिन का आशीर्वाद प्राप्त था। इस पृष्ठभूमि में 28 दिसम्बर, सन् 1885 को इंडियन नेशनल कांग्रेस की स्थापना देश के विभिन्न हिस्सों से आए 72 प्रतिनिधियों द्वारा बम्बई के गोवालिया टैंक स्थित गोकुल दास तेजपाल संस्कृत कॉलेज के हॉल में की गई। इसके पहले अध्यक्ष कलकत्ता के एक बंगाली ईसाई व्योमेश चन्द्र बनर्जी थे। सर वेडरबर्न और कांग्रेस के वरिष्ठ नेता लाला लाजपत राय दोनों का विचार था कि कांग्रेस की स्थापना हिन्दुस्तान में ब्रिटिश शासन को विद्रोह और अराजकता से सुरक्षित रखने की लिए की गई थी। डॉ. आर.सी. मजूमदार का भी कमोबेश यही विचार रहा है।

इंडियन नेशनल कांग्रेस (भारतीय राष्ट्रीय कांग्रेस) के 72 संस्थापक सदस्यों में संवेदनशील और उदारचेता अंग्रेज़ों सहित देश के हर धर्म, क्षेत्र और नस्ल के प्रबुद्ध प्रतिनिधि थे। इनमें दो मुसलमान सज्जन भी थे। उनमें एक तो बम्बई के बदरुद्दीन तैयब जी (सन् 1844-1906) थे, जो कांग्रेस के तीसरे अध्यक्ष बने। कांग्रेस के संस्थापकों में 39 वकील, 14 पत्रकार और एक डॉक्टर थे। उसकी स्थापना में बंगाली और पारसी समाज की अग्रणी भूमिका थी। कांग्रेस का दूसरा अधिवेशन सन् 1886 में कलकत्ता में दादा भाई नौरोजी की अध्यक्षता में हुआ। इसमें 431 प्रतिनिधि शामिल थे जिनमें 33 मुसलमान थे। कांग्रेस के प्रतिनिधियों के स्वागत में वॉयसराय लॉर्ड डफ़रिन ने अपने हरे-भरे लॉन में शानदार पार्टी दी थी। हिन्दुओं के बाद देश के सबसे बड़े बहुसंख्यक समाज में मुसलमान थे। उनके अच्छी संख्या में जुड़ाव के बिना कांग्रेस का राष्ट्रीय चरित्र भली-भाँति रेखांकित नहीं हो सकता था। इस पृष्ठभूमि में सन् 1887 में कांग्रेस के मद्रास में आयोजित तीसरे अधिवेशन के अध्यक्ष जब बदरुद्दीन तैयब जी चुने गए तो उससे अधिक से अधिक मुसलमानों को जोड़ने की कोशिशें की गईं। इसकी एक महत्त्वपूर्ण कड़ी के रूप में सैयद अहमद के अलीगढ़ कॉलेज के अध्यापकों और विद्यार्थियों को भी निमंत्रित किया गया। इस पर वह बहुत उत्तेजित और नाराज़ हुए। 28 दिसम्बर, सन् 1887 की एक सार्वजनिक सभा में उन्होंने अपना आक्रोश प्रकट करते हुए कहा कि मुसलमान कांग्रेस को समर्थन देकर अपने लिए भारी मुसीबत ख़रीद लेंगे।

देश की महत्त्वपूर्ण हलचलों को जहाँ उनके 'अलीगढ़ इंस्टिट्यूट गज़ट' में लगातार जगह मिलती थी, वहाँ उनके आदेश पर कांग्रेस की सन् 1885 में स्थापना जैसी ऐतिहासिक घटना का ज़रा भी उल्लेख नहीं हुआ। कांग्रेस के नेताओं को उनकी यह उदासीनता खल रही थी। देश के मुस्लिम समाज पर उनके व्यापक प्रभाव का सभी को एहसास था। अत: सुरेन्द्रनाथ बनर्जी ने कांग्रेस के सन् 1886 के दूसरे अधिवेशन के पहले उन्हें लिखा कि "राष्ट्रीय प्रतिनिधियों की कोई भी सभा उनके बिना अधूरी रहेगी।" सर ह्यूम ने भी अपने व्यक्तित्व का सम्मोहन उन पर इस्तेमाल करने की कोशिश की। पर सैयद अहमद अडिग रहे। उलटे उन्होंने हिन्दुओं को भी कांग्रेस से दूर रहने की नसीहत देते हुए एक पुरज़ोर अपील जारी कर दी। सन् 1886 में ही उन्होंने मोहम्मडन एजुकेशनल कांग्रेस की स्थापना की, जिसमें सन् 1890 में कांग्रेस की जगह कॉन्फ्रेंस शब्द जोड़ दिया गया। उनकी इस संस्था को कलकत्ता के अमीर अली और अब्दुल लतीफ़ जैसे सम्मानित मुसलमानों का समर्थन तुरन्त प्राप्त हो गया था।

जनवरी सन् 1888 में लखनऊ में आयोजित मोहम्मडन एजुकेशनल कांग्रेस के अधिवेशन में उन्होंने इंडियन नेशनल कांग्रेस के नेतृत्व ख़ासकर बंगाली नेताओं की जमकर खिल्ली उड़ाई थी। उनका तर्क था कि कांग्रेस को समर्थन देने का मतलब

था अराजकता को प्रोत्साहन। उनका कहना था कि विभिन्न धर्मों और जातियों के देश में केवल अंग्रेज़ ही निष्पक्ष शासन में समर्थ थे। उन्होंने अंग्रेज़ों के साम्राज्य-निर्माण की राजनीतिक क्षमता और दूरदर्शिता की भूरि-भूरि प्रशंसा की। उन्होंने अधिवेशन में मौजूद मंत्रमुग्ध मुसलमानों को याद दिलाया कि उन्हीं की तरह अंग्रेज़ भी 'किताबिया' थे और इस्लाम और ईसाइयत में बहुत समानताएँ थीं। वह यहीं नहीं रुके। उन्होंने अप्रैल, 1888 के 'पायनियर' के एक अंक में एक लेख लिखकर कहा कि कांग्रेस का असली उद्देश्य मुसलमानों को हिन्दुओं का ग़ुलाम बनाकर रखना है। सर सैयद का यह भाषण लखनऊ में नवल किशोर प्रेस के संस्थापक मुंशी नवल किशोर (1836-1895) ने भी सुना था। वह स्वयं भी कांग्रेस के मुखर विरोधी थे। पर उस भाषण की संभावित साम्प्रदायिक व्याख्या की आशंका से वह उद्विग्न हो गए थे। उन्होंने सर सैयद को स्पष्ट स्वर में आगाह किया था कि उनके भाषण से हिन्दू-मुस्लिम वैमनस्य के संकेत जा सकते थे। अतः उन्हें कांग्रेस विरोध की अपनी भाषा संयत रखनी चाहिए। बहरहाल अंग्रेज़ सरकार सैयद अहमद की सेवाओं और उनके लखनऊ भाषण से निहायत ख़ुश थी। अतः जनवरी 1888 में ही उन्हें 'सर' की उपाधि से विभूषित कर दिया गया था।

कांग्रेस का संवेदनशील नेतृत्व सैयद अहमद के इस प्रबल विरोध से किंकर्तव्य-विमूढ़ था। चकित बदरुद्दीन तैयब जी ने सन् 1887 के कांग्रेस के मद्रास अधिवेशन के अपने अध्यक्षीय भाषण में कहा था कि "मैं यह कतई नहीं समझ पा रहा हूँ कि सबके भले के लिए मुसलमान दूसरे धर्म और जाति के अपने देशवासियों के साथ कंधे से कंधा मिलाकर क्यों काम नहीं कर सकते?" तैयब जी ने ध्यान दिलाया था कि मुसलमानों सहित सभी धर्म और जाति के लोग एक अर्से से परस्पर मिल-जुलकर बम्बई प्रेसिडेन्सी में समान हित के लिए काम करते रहे हैं। तैयब जी खोजा समाज के इस्ना अशरी सम्प्रदाय से जुड़े एक शालीन और सुशिक्षित शिया मुसलमान थे। वह बाम्बे हाईकोर्ट के पहले मुसलमान जस्टिस रहे। कांग्रेस के मद्रास अधिवेशन के समापन पर मद्रास प्रेसिडेन्सी के अंग्रेज़ गवर्नर ने अपने आवास के लॉन पर उसके प्रतिनिधियों को भव्य भोज दिया था।

सन् 1885 में सर ह्यूम के इंडियन नेशनल कांग्रेस की स्थापना की पहल को जब वॉयसराय लॉर्ड डफ़रिन और अन्य शीर्षस्थ अंग्रेज़ अधिकारियों ने अपने आशीर्वाद दिए थे तो उन्होंने सोचा था कि यह एक पालतू संगठन के रूप में काम करेगा। पर उसके संस्थापकों और आगे उससे जुड़ने वाले सदस्यों में जो तेजस्विता, बौद्धिक समृद्धि, दूरदर्शिता और देश के प्रति प्रतिबद्धता थी, उससे शीघ्र ही उसके एक पालतू संगठन के रूप में विकास की धारणा निर्मूल हो गई। पहले अधिवेशन में ही आई.सी.एस. की परीक्षा के लिए आयु सीमा बढ़ाने और विधायिका में हिन्दुस्तानियों के समुचित प्रतिनिधित्व की माँग से उसके भावी तेवर का पता चलना

स्वाभाविक था। सैयद अहमद ने कांग्रेस के नेताओं की अपील के जवाब में कहा था—यदि उक्त संगठन राजनीतिक गतिविधियों से अलग सिर्फ़ सामाजिक मुद्दों पर अपना ध्यान केन्द्रित करता है तो वह उसके साथ सहयोग के लिए तैयार थे। अपने समय में शिक्षा, धर्म और समाज-सुधार के क्षेत्र में सक्रिय राजनीति से परहेज़ करने वाले वह अकेले नहीं थे। संस्कृति और अध्यात्म के क्षेत्र में अपनी नव्य समझ के साथ 19वीं सदी के उत्तरार्ध में सक्रिय स्वामी विवेकानन्द (1863-1864) ने भी सख़्त हिदायत दे रखी थी कि उनके विचारों, लेखन और प्रवचन का राजनीतिक उपयोग कदापि न किया जाए।

सन् 1888 में कांग्रेस के चौथे अध्यक्ष जार्ज यूल नाम के एक प्रबुद्ध अंग्रेज़ सज्जन बने। वॉयसराय लॉर्ड डफ़रिन और प्रान्तों के कई गवर्नरों को कांग्रेस की स्थापना के चार साल के अन्दर ही यह स्पष्ट आभास हो गया था कि उनकी सद्भावना और प्रोत्साहन से बना यह संगठन उनके हाथ की कठपुतली बनकर नहीं रहने वाला था। उसके अधिवेशनों और बैठकों के प्रस्तावों को शिष्ट-शालीन और संयत भाषा के पीछे परिवर्तनगामी आँच की अनदेखी करना अब कठिन हो रहा था। अत: सरकार के कान खड़े होने लगे थे। 30 नवम्बर सन् 1888 को कलकत्ता में आयोजित एक राजक़ीय रात्रि भोज के अवसर पर दिए गए अपने भाषण में वॉयसराय लॉर्ड डफ़रिन ने कांग्रेस और उसके संस्थापक सर ह्यूम पर राजद्रोह तक के आरोप मढ़ दिए थे। नॉर्थ-वेस्ट प्रॉविन्स (उत्तर-पश्चिम प्रान्त—लगभग वर्तमान उत्तर प्रदेश) के लेफ़्टिनेंट गवर्नर सर ऑकलैंड कोल्विन ने उसी शाम यह ज़ोर देकर कहा था कि मुसलमानों की आशाएँ और आकांक्षाएँ कांग्रेस से बिलकुल अलग थीं। सर ह्यूम ने इस पर तीखी प्रतिक्रिया व्यक्त करते हुए डफ़रिन और कोल्विन के आरोपों को शर्मनाक बताते हुए दो टूक शब्दों में कहा कि इसके पीछे हिन्दुस्तान के विभिन्न समुदायों में मतभेद और वैमनस्य फैलाने का उद्देश्य था। लगभग यही आरोप सर सैयद ने 'अलीगढ़ इंस्टिट्यूट गज़ट' में 23 नवम्बर सन् 1886 के अपने लेख में लगाया था।

इसमें कोई शक नहीं कि कांग्रेस के संस्थापकों और उसके अनुयायियों में अधिकांश हिन्दू थे। पर दूसरे धर्म के अनुयायियों की संख्या उसमें नगण्य नहीं थी। सर सैयद के सन् 1898 में देहान्त के समय बड़ी संख्या में ग़ैर-हिन्दू उसके अध्यक्ष और उसकी कार्यकारिणी के सदस्य रह चुके थे। उसकी स्थापना के प्रारम्भिक छ: वर्षों में उसके अध्यक्ष क्रमश: व्योमेश चन्द्र बनर्जी, दादा भाई नौरोजी, बदरुद्दीन तैयब जी, जॉर्ज यूल, सर विलियम वेडेनवर्न और सर फ़िरोज शाह मेहता यानी बंगाली, ईसाई, पारसी, मुसलमान और अंग्रेज़ थे। उसके पहले हिन्दू अध्यक्ष सुरेन्द्र नाथ बनर्जी सन् 1891 में बने। दरअसल कांग्रेस से सर सैयद की परेशानी दूसरे कारणों से थी। उसे एक हिन्दुओं के वर्चस्व का संगठन कहना तो एक बहाना था।

सन् 1857 की बग़ावत में मुसलमानों ने बढ़-चढ़कर हिस्सा लिया था और जब उस पर अंग्रेज़ों ने काबू पा लिया था तो उनके आक्रोश की गाज सबसे ज़्यादा मुसलमान समुदाय पर ही गिरी थी। विद्रोह के दमन के दौरान उन्हीं के जान-माल की सर्वाधिक हानि हुई थी।

सर सैयद ने 'असबाबे बग़ावते हिन्द' और 'हिन्दुस्तान के वफ़ादार मुसलमान' (लॉयल मोहम्मडन ऑफ़ इंडिया) के ज़रिये तथा अपनी व्यक्तिगत ईमानदार कोशिशों से मुसलमानों पर लगे बग़ावत के दाग़ को धोने में काफ़ी हद तक कामयाबी पाई थी। उनकी 'असबाबे बग़ावते हिन्द' की व्याख्या और विश्लेषण में ऐसी कई चीज़ें थीं जो हिन्दुस्तानियों और ख़ासकर मुसलमानों के लिए उत्तेजक साबित हो सकती थीं। इसे ध्यान में रखकर उन्होंने उसकी पाँच सौ प्रतियों में से अधिकांश इंग्लैंड भेज दी थीं। सिर्फ़ एक प्रति हिन्दुस्तान की अंग्रेज़ सरकार को दी थी। शेष अपने पास सुरक्षित रख ली थीं। हिन्दुस्तान में उसकी एक भी प्रति किसी दूसरे को नहीं दी गई थी। उसके बारअक्स सन् 1885 के प्रारम्भ में कांग्रेस की स्थापना के पूर्व सन् 1884 में स्थापित कलकत्ता की एक संस्था 'ऑल बंगाल नेशनल लीग' द्वारा 'दि स्टार ऑफ़ ईस्ट' शीर्षक से छपा गुमनाम पैम्फलेट प्रकाश में आया। इसके अलावा दो काल्पनिक चरित्रों—मौलवी फ़रीदुद्दीन और रामबख़्श के संवाद के रूप में एक और पैम्फलेट तैयार किया गया। इन दोनों की एक और पैम्फलेट के साथ देश की बारह भाषाओं में अनूदित पचास हज़ार प्रतियाँ पूरे देश में बाँटी गईं। उनके उर्दू अनुवाद सर सैयद के हाथ लगे थे। इनमें सरकारी अन्याय और सरकारी प्रशासन की तीखी आलोचना थी। सर सैयद को लगा कि इनसे सीधी-सादी अनजान प्रजा भड़क सकती थी। वॉयसराय लॉर्ड डफ़रिन ने भी इन्हें देखा था। सरकार और प्रजा के बीच एक 'सेफ्टी वाल्व' के रूप में सर ह्यूम द्वारा प्रस्तावित कांग्रेस की स्थापना के लिए डफ़रिन की सहमति के पीछे सम्भवत: ये पैम्फलेट भी थे। 'हयाते जावेद' के अनुसार जब लॉर्ड डफ़रिन सेवामुक्त हो कलकत्ता से इंग्लैंड रवाना हो रहे थे तो बंगाली पत्रकारों को सम्बोधित करते हुए उन्होंने साफ़ कहा था कि ''इस तरह की बातों से भोली-भाली प्रजा को सरकार के ख़िलाफ़ गुमराह और उत्तेजित नहीं करना चाहिए।'' उन्होंने चेतावनी के स्वर में याद दिलाया था कि ''सिर्फ़ तीस साल पहले मुख्यत: ऐसे ही असंयत शब्दों के कारण देश में ख़ून की नदियाँ बह चुकी थीं।'' इस पृष्ठभूमि में सर सैयद की कांग्रेस से दूरी को समझना अपेक्षाकृत अधिक उपयोगी होगा।

पं. जवाहरलाल नेहरू के अनुसार सर सैयद कांग्रेस के ख़िलाफ़ इसलिए नहीं थे कि उस पर मुख्यत: हिन्दुओं का वर्चस्व था बल्कि उन्होंने उसका विरोध इसलिए आवश्यक माना था क्योंकि वह समझते थे कि राजनीतिक रूप से वह अत्यन्त आक्रामक संगठन था। पं. नेहरू से सहमत इतिहासविद् डब्ल्यू.सी. स्मिथ का विचार

है कि सर सैयद ने मुसलमानों को कांग्रेस से दूर रहने के लिए इसलिए कहा क्योंकि वह अनुभव करते थे कि उसमें राजसत्ता के विरुद्ध अवमानना का भाव बहुत अधिक था, न कि उस पर हिन्दुओं का अत्यधिक वर्चस्व। इस विचार की पुष्टि इससे भी होती है कि उनके आवाहन पर उत्तर के कई हिन्दू राजा और ताल्लुकेदार भी अंग्रेज़ सरकार के प्रति अपनी राजनिष्ठा प्रकट करते हुए कांग्रेस के विरोध में सक्रिय और मुखर हुए थे। इनमें महाराजा बनारस प्रमुख थे। सर सैयद ने सहमत हिन्दू सहयोगियों के साथ कांग्रेस के प्रतिरोध में 'यूनाइटेड इंडियन पैट्रियाटिक असोसिएशन' (संयुक्त हिन्दुस्तानी देशभक्त संघ) सन् 1888 में ही गठित कर दिया था। इसकी गतिविधियों को वह बढ़-चढ़कर 'अलीगढ़ इंस्टिट्यूट गज़ट' में लगातार प्रकाशित करते थे। इतिहासकारों का मानना है कि सर सैयद के कांग्रेस विरोध के पीछे अलीगढ़ के मुहम्मडन ऐंग्लो ओरियंटल कॉलेज के प्रिंसिपल थियोडोर बेक की सक्रिय भूमिका थी। बेक की ही पहल पर दिसम्बर सन् 1893 में 'मोहम्मडन डिफेंस असोसिएशन' (मुस्लिम रक्षा संघ) की स्थापना की गई। बेक स्वयं इसके सचिव रहे। ख़ुद अपने द्वारा स्थापित संस्थाओं और संगठनों में व्यस्तता के कारण इस नई संस्था को सर सैयद के किसी सक्रिय सहयोग के संकेत नहीं मिलते। फिर भी इसमें दो राय नहीं कि इसे सर सैयद का समर्थन प्राप्त था। इसके मूल में बम्बई के सन् 1892 में हुए भीषण हिन्दू-मुस्लिम दंगे थे। सर सैयद हिन्दुओं और मुसलमानों के बीच परस्पर सद्भाव के प्रबल समर्थक थे। वह इन दोनों समुदायों को हिन्दुस्तान रूपी सुन्दर दुल्हन की दो मनोरम आँखें मानते थे। यदि साम्प्रदायिक सद्भाव की उनकी प्रारम्भिक विचारधारा और राष्ट्रीयता की भावना में धीरे-धीरे विचलन आता गया तो इसके मूल में सक्रिय कारणों में बेक और उनके सहयोगियों की भूमिका को नज़रअन्दाज़ नहीं किया जा सकता। इसकी पुष्टि एक और प्रसंग से होती है। सन् 1889 में अलीगढ़ कॉलेज के प्रिंसिपल की हैसियत से बेक अपने नेतृत्व में वहाँ के मुसलमान छात्रों को बड़ी संख्या में साथ लेकर शुक्रवार की नमाज़ के वक़्त दिल्ली की जामा मस्जिद की सीढ़ियों पर पहुँच गए। वहाँ उन्होंने कांग्रेस के ख़िलाफ़ तीस हज़ार मुसलमानों के दस्तखत इकट्ठा किए जिसे एक कांग्रेस विरोधी पेटीशन के साथ इंग्लैंड की संसद को भेज दिया गया।

सर सैयद को विश्वास था कि जिस तरह मुसलमानों ने हिन्दुस्तान के बहुसंख्यक हिन्दुओं पर सात सौ साल राज किया था उसी तरह अंग्रेज़ एक लम्बे समय तक हिन्दुस्तान में राज करने के हकदार थे। अंग्रेज़ों की न्यायप्रियता और क़ानून की निगाह में छोटे-बड़े सभी को समान माने जाने की उनकी विशेषता को वह अनूठा मानते थे। उनके अनुसार यह अंग्रेज़ों के राज में ही पहली बार सम्भव हुआ था कि समाज का छोटे से छोटा आदमी भी अपने अधिकार के लिए सरकार से भी लड़ सकता था। अंग्रेज़ों की शासन और न्याय व्यवस्था के वह अनन्य प्रशंसक थे। उनकी

कामना थी कि अंग्रेज़ों का साम्राज्य हिन्दुस्तान में सदा के लिए बना रहे। यह उनकी कल्पना के बाहर था कि मुसलमान और हिन्दू साथ-साथ राजसत्ता में भागीदारी निभा सकते थे। अल्लाह न करे अगर अंग्रेज़ कभी हिन्दुस्तान से गए तो हिन्दू या मुसलमान में से जब तक कोई एक-दूसरे को धराशायी न कर दे तब तक मुल्क का शासन चला पाना नामुमकिन होगा। बहुसंख्यक हिन्दुओं के बीच यद्यपि मुसलमानों की स्थिति अल्पसंख्यकों की थी पर उनके अनुसार इससे डरने की कोई बात नहीं थी। ज़रूरत पड़ने पर वह उस स्थिति की कल्पना करते थे जब सरहदी सूबे के ख़ूँख्वार पठान भाई एक साथ टिड्डी दल की तरह टूट पड़ेंगे और वहाँ से बंगाल तक बहुसंख्या का दम्भ पाले हिन्दुओं के ख़ून की नदियाँ बहा देंगे। शाह वली उल्लाह ने मुसलमानों में असुरक्षा की जिस ग्रंथि का संकेत अपने समय में किया था, सर सैयद भी उससे ग्रस्त होते दिख रहे थे। इससे बचने का एकमात्र रास्ता उन्हें अंग्रेज़ों के उस बहुमूल्य विश्वास में दिखाई दे रहा था जो उनके अथक प्रयासों से मुसलमानों ने अपनी असंदिग्ध वफ़ादारी से अर्जित किया था। उस पर वह किसी हालत में आँच नहीं आने देना चाहते थे। इसके लिए वह किसी हद तक जाने को तैयार थे। उन्होंने यहाँ तक कह दिया था कि यह अल्लाह की मर्ज़ी है कि मुसलमान और ईसाई आपस में दोस्त बनकर रहें क्योंकि दोनों ही किताबिया थे। चूँकि अब अल्लाह ने अंग्रेज़ ईसाइयों को हम सब पर राज करने के लिए भेजा है तो हमें ऐसी राह अख़्तियार करनी है जिससे उनका राज हमेशा के लिए बरकरार रहे।

सर सैयद मुसलमानों को आजीवन राजनीति से दूर रहने की हिदायत देते रहे। अपने जीवन-काल में वह इसमें काफ़ी हद तक कामयाब रहे। मृत्यु के दस वर्ष पूर्व उनके द्वारा सन् 1888 में स्थापित मुहम्मडन एजुकेशनल कॉन्फ्रेंस की गतिविधियाँ शिक्षा तक ही सीमित रहीं। पर उसके वार्षिक अधिवेशनों में राजनीतिक रंग धीरे-धीरे उभरने लगे थे। इसका आभास स्वयं सर सैयद के कांग्रेस पर किए गए उन तीखे धारदार हमलों में साफ़-साफ़ मिलता है। इसकी चरम परिणति 30 दिसम्बर सन् 1906 को ढाका में हुई जब वहाँ के नवाब सलीमुल्लाह ख़ाँ के निमंत्रण पर आयोजित मुहम्मडन एजुकेशनल कॉन्फ्रेंस के वार्षिक अधिवेशन के दौरान देश के कोने-कोने से आए अट्ठावन प्रतिनिधियों ने 'ऑल इंडिया मुस्लिम लीग' की स्थापना की। इस संगठन ने अगले चार दशकों के दौरान भारतीय उपमहाद्वीप के राजनीतिक भूगोल और उसकी नियति को अत्यन्त गहराई से प्रभावित किया।

हिन्दुओं और मुसलमानों के बीच आपसी रिश्तों को लेकर सर सैयद की सोच में उतार-चढ़ाव का आभास उनके जीवन के अन्तिम समय तक मिलता रहा। इसके बरअक्स अकबर इलाहाबादी की हिन्दुओं और मुसलमानों के बीच रिश्तों से जुड़ी सोच में विचलन के संकेत दूर-दूर तक नहीं मिलते। 'गांधीनामा' समेत उनका पूरा काव्य इसका साक्षी है।

12

शिक्षा, ख़ासकर मुस्लिम-शिक्षा सर सैयद के चिन्तन और चिन्ता का मुख्य केन्द्रबिन्दु थी। वह जब ग़ाज़ीपुर में नियुक्त थे तभी सन् 1863 में उन्होंने एक विचारोत्तेजक पुस्तिका—'इल्तमास ब ख़िदमते साकिनाने हिन्द दर तरक़्क़िये तालिमे अहले हिन्द' (शिक्षा के ज़रिये हिन्दुस्तानियों के विकास हेतु हिन्दुस्तान के निवासियों की सेवा में एक आवेदन) प्रकाशित की। इसमें इस बात पर विशेष ज़ोर था कि हिन्दुस्तान में शिक्षा के व्यापक प्रसार और उसके उत्थान के लिए यहाँ के प्राचीन साहित्य और अंग्रेज़ी के ज्ञान-विज्ञान की महत्त्वपूर्ण पुस्तकों का अधिकाधिक अनुवाद सर्वसुलभ होना चाहिए। इस उद्देश्य की पूर्ति के लिए उन्होंने उसी वर्ष ग़ाज़ीपुर में 'साइंटिफिक सोसाइटी' (विज्ञान परिषद) की स्थापना की। ड्यूक ऑफ़ अर्गिल को इसका संरक्षक (पेट्रन) बनाया गया। कई हिन्दू और मुसलमान पूरे देश से इसके सदस्य चुने गए। सन् 1864 में सर सैयद के तबादले के साथ सोसाइटी का मुख्यालय उसके कर्मचारियों और पूरे साजो-सामान के साथ अलीगढ़ आ गया। सोसाइटी ने अपना काम पूरी प्रतिबद्धता और उत्साह से शुरू कर दिया। अप्रैल सन् 1867 में जब सैयद अहमद का तबादला बनारस हुआ तो उन्होंने सोसाइटी का कार्यभार और दायित्व अपने मित्र अलीगढ़ के डिप्टी कलेक्टर राजा जयकिशन दास को सौंप दिया। अनुवाद कार्य में लगे दिल्ली के तीन विद्वानों—मास्टर प्यारे लाल, मौलवी ज़काउल्लाह और पंडित धरम नरायन के नामों का उल्लेख मौलाना 'हाली' ने 'हयाते जावेद' में ख़ासतौर से किया है।

इसी बीच कलकत्ता विश्वविद्यालय के मॉडल पर उत्तरी हिन्दुस्तान (वर्तमान उत्तर प्रदेश) में स्थानीय भाषा के माध्यम से शिक्षा देने के लिए एक और विश्वविद्यालय की स्थापना की सरकारी योजना का पता चला। इस प्रस्तावित विश्वविद्यालय में स्थानीय भाषा—उर्दू को वरीयता देते हुए अंग्रेज़ी को दूसरी भाषा के रूप में पढ़ाये जाने के विकल्प पर विचार-विमर्श चल रहा था। यह विश्वविद्यालय दिल्ली या उत्तरी हिन्दुस्तान के किस शहर में स्थापित हो जब इस पर खींच-तान चल रही थी, उसी समय बहुसंख्यक हिन्दू समाज के एक महत्त्वपूर्ण और प्रभावशाली वर्ग से माँग उठी कि उसमें शिक्षा के माध्यम के रूप में उर्दू के साथ हिन्दी को भी स्थान मिलना चाहिए। अलीगढ़ साइंटिफिक सोसाइटी के तत्त्वावधान में चल रहे पाठ्य पुस्तकों के उर्दू अनुवाद में हिन्दी को भी हिस्सा देने की बातें उठने लगी थीं। इन माँगों को लेकर तर्क के साथ कई लेख और पत्र तत्कालीन पत्र-पत्रिकाओं में प्रकाशित हुए। आचार्य रामचन्द्र शुक्ल ने 'हिन्दी साहित्य का इतिहास' में हिन्दी के पक्ष में 'इंडियन डेली न्यूज' और 'अवध अख़बार' में छपे लेखों का ख़ास ज़िक्र किया है। उर्दू के साथ-साथ हिन्दी को भी शिक्षा माध्यम बनाने और उसमें भी

पाठ्य-पुस्तकें तैयार करने के सुझाव और माँग की मौलाना हाली ने 'हयाते जावेद' में एक दिलचस्प व्याख्या की है। उनके अनुसार इसका अर्थ था उर्दू मुसलमानों के लिए और हिन्दी हिन्दुओं के लिए। उत्तर भारत में भाषा के प्रश्न पर साम्प्रदायिक दृष्टिकोण का सम्भवत: यह पहला संकेत है। हिन्दी के ख़िलाफ़ एक तर्क यह भी दिया गया कि उसका गद्य अभी पर्याप्त विकसित नहीं था। दरअसल इस तर्क के समय यह वैज्ञानिक तथ्य नज़रअन्दाज़ कर दिया गया कि दोनों के क्रियापद, अव्यय, सर्वनाम और कारक चिह्न एक ही थे। इन समानताओं के साथ यदि एक सक्षम थी तो दूसरी अक्षम कैसे हो सकती थी? मुसलमान उर्दू और हिन्दू हिन्दी की बात को ख़ुद मौलाना हाली द्वारा ही दिया गया एक महत्त्वपूर्ण तथ्य निरस्त कर देता है। पाठ्य पुस्तकों के उर्दू अनुवाद में संलग्न जिन तीन प्रमुख विद्वानों का उल्लेख उन्होंने किया है उनमें दो मास्टर प्यारे लाल और पं. धर्मनरायन हिन्दू ही थे जबकि सिर्फ़ एक मौलवी ज़काउल्लाह ही मुसलमान थे। पर जो भी हो उर्दू और हिन्दी को साम्प्रदायिक चश्मे से देखने की यह शुरुआत थी। इसकी दुर्भाग्यपूर्ण परिणति 'हिन्दी-हिन्दू-हिन्दुस्तान' के भाषायी नारे में हुई।

हिन्दी और देवनागरी के पक्ष में पत्र-पत्रिकाओं में जो लेख उस दौर में लिखे जा रहे थे, उसमें इलाहाबाद और बनारस के बंगालियों का योगदान महत्त्वपूर्ण था। आधुनिक अंग्रेज़ी शिक्षा का जो त्वरित प्रचार-प्रसार सन् 1857 में कलकत्ता, बम्बई और मद्रास में विश्वविद्यालयों की स्थापना के फलस्वरूप हुआ, उसमें बंगाल अग्रणी था। कलकत्ता केन्द्रित बंगाल से उन्नीसवीं सदी के अन्तिम तीन दशकों में लगभग 2000 आधुनिक शिक्षा प्राप्त युवक प्रतिवर्ष निकल रहे थे। इनमें अच्छी-ख़ासी संख्या में स्नातक भी थे। इन सबके लिए धीरे-धीरे बंगाल में अवसर दिन-प्रतिदिन कम पड़ते जा रहे थे। अत: उन्होंने बड़ी संख्या में पश्चिम की ओर रुख़ किया। धार्मिक और सांस्कृतिक दृष्टि से समृद्ध विख्यात प्राचीन नगर बनारस और इलाहाबाद उनके आकर्षण के विशेष केन्द्र सिद्ध हुए। इन दोनों नगरों में धीरे-धीरे बंगाली समुदाय भारी तादाद में बसने लगा और उनके सांस्कृतिक सामाजिक जीवन को गहराई से प्रभावित करने लगा। बंगाल में सरकारी कामकाज की भाषा अंग्रेज़ी और विचार तथा रचनात्मकता की भाषा बांग्ला थी। यहाँ उनका साबका अरबी-फ़ारसी बोझिल उर्दू से पड़ा जो फ़ारसी लिपि में लिखी जा रही थी। न तो उस भाषा से और न ही उसकी लिपि से वह अपनी संस्कृतनिष्ठ बांग्ला का तालमेल बैठा पा रहे थे। वे बंगाल में देवनागरी में लिखी संस्कृत के व्यापक प्रचार-प्रसार के फलस्वरूप नागरी लिपि से भली-भाँति परिचित थे।

हिन्दी को देश की सम्पर्क भाषा के रूप में स्वीकार करने की बात बंगाल में ही सर्वप्रथम राजा राममोहन राय, आचार्य केशव चन्द्र सेन, बंकिम चन्द्र चट्टोपाध्याय और राजेन्द्र लाल मित्र ने की थी। आचार्य केशव चन्द्र सेन ने तो स्वामी दयानन्द

सरस्वती को अपने वेद विषयक प्रवचनों की भाषा संस्कृत की जगह हिन्दी ही रखने की सलाह दी थी। बंगालियों की अपेक्षा काफ़ी कम पर अच्छी संख्या में मराठी भाषी महाराष्ट्रवासी भी लगभग उन्हीं कारणों से बनारस और इलाहाबाद तथा उसके आस-पास के ज़िलों में बसने लगे थे। संस्कृत के तद्‌भव और तत्सम शब्दों से समृद्ध उनकी मातृभाषा मराठी की लिपि भी देवनागरी थी। अत: उर्दू भाषा और फ़ारसी लिपि के बरअक्स संस्कृत के तद्‌भव और तत्सम शब्दों से प्राणवायु ग्रहण करने वाली हिन्दी और देवनागरी लिपि उनके लिए भी अनुकूल थी। बनारस के एक महाराष्ट्रीय वेदज्ञाता सदाशिव राव ने अपने ख़र्च पर बंगाली युवकों को हिन्दी पढ़ाने की एक नि:शुल्क पाठशाला चला रखी थी। वह अंग्रेज़ी तथा अन्य भाषाओं की पत्र-पत्रिकाओं में सरकारी कामकाज की भाषा और लिपि के रूप में हिन्दी और देवनागरी को मान्यता देने के पक्ष में लिखने के लिए बंगाली और महाराष्ट्रीय सुधीजन को निरन्तर प्रेरित करते रहे। आचार्य रामचन्द्र शुक्ल और मौलाना अल्ताफ़ हुसेन 'हाली' ने पत्र-पत्रिकाओं में हिन्दी और नागरी लिपि के समर्थन में इन्हीं लेखों और पत्रों का सन्दर्भ दिया है। धीरे-धीरे भाषा का विवाद दुर्भाग्यवश साम्प्रदायिक रंग पकड़ने लगा।

जो भाषा की राजनीति कर रहे थे उनसे अलग हिन्दी और उर्दू विद्वानों का एक समझदार वर्ग भी था जो इस लम्बे चले विवाद में स्वस्थ वैज्ञानिक दृष्टि रखता था। इस सम्बन्ध में हिन्दी और उर्दू के दो प्रतिष्ठित विद्वान रचनाकारों के विचार उल्लेखनीय हैं। उर्दू के प्रसिद्ध समीक्षक, इतिहासकार और शब्दकोश निर्माता मौलाना डॉ. अब्दुल हक़ ने स्पष्ट स्वीकार किया है कि बिलाशुबहा उर्दू का जन्म हिन्दी से हुआ है। वहीं हिन्दी कहानी के पुरोधा, शोधी, मर्मज्ञ और भाषाविद् पं. चन्द्रधर शर्मा गुलेरी (1883-1922) ने घोषित किया था कि आधुनिक हिन्दी का जन्म उर्दू से हुआ है। मौलाना अब्दुल हक़ ने लिखा है—

''हिन्दी हमारी महबूब ज़बान उर्दू के लिए वमंज़िले ज़मीन (आधार भूमि) है। इसी ज़मीन पर फ़ारसी और अरबी के पौधे लगाए गए। इसी तख़्त पर ग़ैर जवानों ने गुलकारी की है। अगर यह ज़मीन निकाल दी जाए तो उर्दू ज़बान का नामोनिशान बाक़ी नहीं रहेगा। हिन्दी को हम अपनी ज़बान के लिए उम्मुलिस्सान (भाषा की जननी) और हमलाए अव्वल (मूल तत्त्व) कह सकते हैं। उसके बग़ैर हमारी ज़बान की कोई हस्ती नहीं है। जो लोग हिन्दी से मुहब्बत नहीं करते वह उर्दू ज़बान के हामी नहीं हैं। फ़ारसी, अरबी या किसी दूसरी ज़बान के हामी हों तो हों।''

पं. चन्द्रधर शर्मा गुलेरी ने अपनी अद्‌भुत शोधपरक पुस्तक 'पुरानी हिन्दी' में घोषित किया है—

''खड़ी बोली या पक्की बोली या रेख़्ता या वर्तमान हिन्दी के आरम्भ काल के गद्य और पद्य को देखकर यही जान पड़ता है कि उर्दू रचना में फ़ारसी-अरबी तत्सम

या तद्‌भव को निकाल कर संस्कृत या हिन्दी तत्सम या तद्‌भव रखने से हिन्दी बना ली गई है।''

दरअसल उर्दू के पूर्व रूप दक्खिनी या रेख़्ता से चुन-चुन कर हिन्दी और संस्कृत के तद्‌भव और तत्सम शब्दों को जो उनमें रच-बस गए थे, बहिष्कृत करने की होड़ सन् 1700 से शुरू हो गई थी। इसी साल उर्दू के आदि कवि वली दक्खिनी अपनी हिन्दी बहुल दक्खिनी में रचित दीवान के साथ दिल्ली आए थे। यहाँ उनकी भेंट प्रतिष्ठित सूफ़ी सन्त और शायर शाह सादुल्ला गुलशन देहलवी से हुई। वली की हिन्दी बहुल कविताएँ सुनकर उन्होंने फरमाया था, ''मज़ामीने फ़ारसी बेकार पड़े हैं। इन्हें तुम अपने रेख़्ते में क्यों नहीं इस्तेमाल करते? तुमसे कौन पूछगछ करेगा।'' वली दिल्ली में ग़ज़ल के मानदंड बन गए थे। उनके हिन्दी शब्दों का बहिष्कार करते ही अदीबों और शायरों में उनके नकल की होड़ शुरू हो गई। मौलाना डॉ. हक़ के अनुसार, ''फिर तो ऐसे अदीब और शायर आए जो मये शीराज के मतवाले थे। इसमें 'वली' और उनके हमअसर भी क़ाबिले इल्ज़ाम हैं।''

13

इस पृष्ठभूमि में सर सैयद की भाषा विषयक सोच को समझने का प्रयास उपयोगी होगा। उर्दू के साथ हिन्दी की सहभागिता की माँग के भी दो पक्ष थे। एक पक्ष का कहना था अरबी-फ़ारसी की शब्दावली से बोझिल उर्दू की जगह सरकारी काम-काज में ऐसी भाषा प्रयोग में लाई जाए जो आसानी से समझी जा सके। जहाँ तक लिपि की बात है उसे नागरी और फ़ारसी दोनों लिपियों में लिखने का विकल्प रहे। दूसरे पक्ष का आग्रह था भाषा भले ही उर्दू हो पर हिन्दी वालों की सुविधा के लिए उसे नागरी लिपि में भी लिखा जाए। सन् 1803 में ईस्ट इंडिया कम्पनी ने प्रत्येक ज़िले के कलेक्टर और जज को निदेश (डाइरेक्शन) दिया कि सरकारी काम-काज में दोनों लिपियों और भाषाओं का प्रयोग किया जाए। यह निदेश सन् 1836 तक लागू रहा। आचार्य रामचन्द्र शुक्ल ने इस तरह के एकाधिक निदेश तारीख के साथ 'हिन्दी साहित्य का इतिहास' में उद्धृत किए हैं। सन् 1837 से सरकारी काम-काज की भाषा नॉर्थ-वेस्ट प्रॉविन्स (उत्तर-पश्चिम प्रान्त—वर्तमान उत्तर प्रदेश) में सिर्फ़ उर्दू को ही बना दिया गया। इसके बावजूद सन् 1837 के बाद भी सीधी-सरल हिन्दी और नागरी लिपि में भी सरकारी कामकाज और न्यायिक आदेश होते रहे। पर धीरे-धीरे कम से कमतर होते जाने से उनकी संख्या नगण्य रह गई। पर उर्दू के स्थापित वर्चस्व के बावजूद अभी भी हिन्दी भाषा और देवनागरी लिपि में सरकारी काम-काज एकदम बन्द नहीं हो गया था। प्रान्त के पहाड़ी ज़िलों में जो अब नवगठित उत्तराखंड राज्य के अंग हैं उर्दू का विधिवत

भी पढ़े-लिखे लोगों की वजह से। ये बेशक निहायत तकलीफ़ की बात थी पर उन्हें पूरा यक़ीन था कि ऐसा ही होगा। जो लोग आगे रहेंगे वो इसे देखेंगे।

इसी बीच सर एन्थोनी मैक्डोनेल ने, जो कि उन्नीसवीं सदी के आठवें दशक के प्रारम्भ में बंगाल के गवर्नर थे, बिहार क्षेत्र के कुछ शहरों के आयोजनों में हिस्सा लिया। ज्ञातव्य है उस समय बिहार बंगाल प्रान्त का हिस्सा था। उन आयोजनों में अरबी-फ़ारसी बोझिल जिस उर्दू का प्रयोग उन्होंने सुना-देखा उससे उन्हें विश्वास हो गया कि यह आम आदमी की भाषा नहीं हो सकती। उस समय कैथी लिपि और उसमें लिखी जा रही भाषा को सरकारी कामकाज और अदालतों में प्रयोग के लिए मान्यता देने की माँग ज़ोरों पर थी। सर मैक्डोनेल ने पाया कि आम जनता में कैथी और उसमें लिखी जा रही भाषा उर्दू की अपेक्षा अधिक प्रचलित और व्यवहार में थी। अत: बिहार क्षेत्र की अदालतों और सरकारी दफ़्तरों में उसके इस्तेमाल के लिए उन्होंने विधिवत आदेश जारी कर दिए। पर उत्तर-पश्चिम प्रान्त (वर्तमान उत्तर प्रदेश) में स्थिति जस की तस थी। सन् 1877 में प्रान्त के गवर्नर सर विलियम म्योर ने एक सरकारी आदेश जारी कर दस रुपए प्रतिमाह से अधिक की सभी नौकरियों के लिए उर्दू की विशेष कुशलता अनिवार्य कर दी थी। इसके ख़िलाफ़ हिन्दी समर्थक कुछ कर नहीं सके। हाँ, हिन्दी पत्र-पत्रिकाओं ने इसके विरोध में सक्रियता अवश्य दिखाई। सरकारी आदेश के सामने असमर्थता के बावजूद उसके विरुद्ध हिन्दी वालों में असन्तोष अन्दर ही अन्दर सुलगता रहा। अन्तत: सन् 1896 में उक्त आदेश वापस लिया जा सका। पर इन उन्नीस सालों के दौरान दोनों भाषाओं और लिपियों के समर्थक समुदायों में कटुता निरन्तर बढ़ती गई। इसके फलस्वरूप उर्दू को ज़्यादा से ज़्यादा अरबी-फ़ारसी बहुल और हिन्दी को अधिक से अधिक संस्कृतनिष्ठ बनाने की होड़ लग गई।

सन् 1882 में हिन्दी-नागरी समर्थकों के मन में एक बार नई आस फिर जगी जब हिन्दुस्तान में शिक्षा के प्रचार-प्रसार पर पुनर्विचार के लिए सरकार ने सर विलियम हंटर की अध्यक्षता में एक आयोग का गठन किया । इसे हंटर कमीशन के नाम से जाना जाता है। इसका ज़िक्र मौलाना हाली ने 'हयाते जावेद' में भी किया है। इस आयोग के सामने जिन प्रमुख लोगों ने गवाहियाँ दीं उनमें सर सैयद अहमद ख़ाँ, राजा शिवप्रसाद और भारतेन्दु हरिश्चन्द्र के नाम विशेष उल्लेखनीय हैं। आयोग के सामने पूरे उत्तर-पश्चिम प्रान्त से हिन्दी-नागरी के पक्ष में दलीलों के साथ 76 याचिकाएँ दाख़िल की गईं जिनमें 58289 लोगों के हस्ताक्षर थे। उर्दू और फ़ारसी लिपि तथा हिन्दी और नागरी लिपि—दोनों पक्षधरों की दलीलें जानी-पहचानी थीं। यहाँ सर सैयद के बाद दी गई भारतेन्दु हरिश्चन्द्र की गवाही के एक महत्त्वपूर्ण अंश पर निगाह डालना दिलचस्प होगा। स्वयं को शिक्षा में सदैव गहरी अभिरुचि रखने वाला संस्कृत, हिन्दी और उर्दू का कवि बताते हुए उन्होंने आयोग के सामने कहा

था, ''मुझे यह जानकर बहुत दुःख हुआ कि माननीय सैयद अहमद ख़ान बहादुर सी.एस.आई. ने शिक्षा-आयोग के सामने कहा है कि उर्दू शरीफ़ों की ज़बान है और हिन्दी गँवारों की ज़बान। ये बयान न सिर्फ़ ग़लत है बल्कि हिन्दुओं के प्रति अन्यायपूर्ण भी।'' उन्होंने जोड़ा था कि ''एक अर्से से जानी-पहचानी दलील दी जाती रही है कि अगर उर्दू कचहरी और दफ़्तरों की जुबान नहीं रही तो मुसलमान आसानी से बड़ी तादाद में सरकारी नौकरियाँ हासिल नहीं कर पाएँगे जिन पर फ़िलहाल उनका एकाधिकार सा है।'' हिन्दी को सर सैयद द्वारा गँवारों की भाषा कहे जाने से आहत भारतेन्दु ने अपने बयान में आगे कहा था कि ''इसके पीछे एक गोपनीय उद्देश्य भी है जो उर्दू के उपासकों को उसके प्रति लगाव के लिए प्रेरित करता है। यह नाचने वाली लड़कियों और तवायफ़ों की ज़बान है। धनी हिन्दुओं की बिगड़ी औलादें और ढीले-ढाले चरित्र के दौलतमन्द नौजवान जब रंडियों, रखैलों और भड़ुओं के बीच होते हैं तो उर्दू बोलते हैं।'' संस्कृत, हिन्दी और उर्दू कवि की इस असंयत आक्रामक भाषा के पीछे हिन्दी-नागरी प्रेमियों का वह मर्माहत मन था जो सर सैयद तथा उनके जैसे कई उर्दू पैरोकारों के बयानों से गहराई से उद्वेलित था। आगे चलकर उर्दू और हिन्दी के आपसी विरोध और आलोचना-प्रत्यालोचना के तर्क-वितर्क इन्हीं घिसी-पिटी सरणियों पर चले। फ़र्क़ था तो यही कि उसकी भाषा उत्तरोत्तर तल्ख़ से तल्ख़तर और अधिक से अधिक पारदर्शी होती गई। इस विवाद के चलते दोनों भाषाओं में अनेक लेख, कविताएँ और प्रहसन उन्नीसवीं सदी के अन्तिम तीन दशकों में लिखे गए। इस पर अकबर की व्यंग्योक्ति दिलचस्प है—

वस्ल की शब मैंने उस बुत से लड़ाई थी जुबां।
ये असर उसका हुआ उर्दू से हिन्दी लड़ गई।

हंटर कमीशन के कार्य-काल के दौरान सर सैयद वॉयसराय की विधान-परिषद (लेजिस्लेटिव कौंसिल) के प्रभावशाली सदस्य थे। उन्होंने कमीशन को बताया कि उर्दू और फ़ारसी लिपि तथा हिन्दी और नागरी लिपि से जुड़े मसले उसके कार्यक्षेत्र में नहीं आते। इस समस्या के जटिल राजनीतिक पहलुओं से सरकार के उच्चाधिकारी अच्छी तरह परिचित थे। अतः इसे न छेड़ना ही श्रेयस्कर होगा। सर सैयद सरकार की नब्ज़ पूरी तरह से समझते थे। इस तथ्य से हंटर कमीशन अच्छी तरह वाक़िफ़ था। नतीजतन उसने भाषा और लिपि के सवाल पर कोई राय नहीं दी। कमीशन की रिपोर्ट से हिन्दी-नागरी समर्थकों को गहरी निराशा हाथ लगी। इसी बीच सन् 1885 में उत्तर-पश्चिमी प्रान्त के लेफ़्टिनेंट गवर्नर के रूप में सर एन्थोनी मैक्डोनेल ने इलाहाबाद में कार्यभार ग्रहण किया। बंगाल के लेफ़्टिनेंट गवर्नर के बतौर उन्होंने उर्दू और फ़ारसी लिपि के साथ बिहार क्षेत्र में कैथी लिपि और उसमें लिखी जा रही भाषा को मान्यता प्रदान कर दी थी। इलाहाबाद और बनारस के हिन्दी प्रेमी इस तथ्य से परिचित थे। अतः हिन्दी भाषा और नागरी लिपि की सरकारी

काम-काज तथा अदालत की भाषा के रूप में स्वीकृति के प्रयास एक बार फिर नए उत्साह से शुरू किए गए। इस बार इसका नेतृत्व इलाहाबाद हाईकोर्ट के प्रतिष्ठित तरुण वकील पं. मदन मोहन मालवीय के कुशल हाथों में था। अकबर मालवीय जी के प्रशंसकों में थे। इस सम्बन्ध में उनका यह शेर ध्यान योग्य है—

हज़ार दाढ़ी बढ़ाई शेख़ जी ने सन की सी।
बात आई कहाँ वह मालवी मदन की सी।

शेख़ जी से उनका संकेत सर सैयद की ओर था। मालवीय जी ने सन् 1897 के अन्त में हिन्दी-नागरी के पक्ष में जो याचिका तैयार की थी उसका शीर्षक था—'कोर्ट कैरेक्टर एंड प्राइमरी एजुकेशन इन नॉर्थ-वेस्ट प्रॉविन्स एंड अवध' (अदालत की लिपि और उत्तर-पश्चिम प्रांत तथा अवध में प्रारम्भिक शिक्षा)। भाषा और लिपि के विवाद पर हिन्दी-नागरी समर्थकों का सबसे महत्त्वपूर्ण सबल पक्ष यह था कि उन्हें हिन्दी के साथ-साथ उर्दू भाषा और फ़ारसी लिपि का अच्छा-ख़ासा ज्ञान था। वे उनके गुण-दोष और सीमाओं से भली-भाँति परिचित थे। अत: हिन्दी-नागरी के समर्थन के साथ-साथ वे उर्दू ख़ासकर उसकी लिपि की सीमा और अपर्याप्तता को वस्तुनिष्ठ और तर्कसंगत ढंग से रेखांकित कर सकते थे। स्वयं मालवीय जी उर्दू के अच्छे जानकार थे। भारतेन्दु ने तो हंटर कमीशन के सामने स्वयं को हिन्दी-संस्कृत के साथ उर्दू का भी कवि बताया ही था। इसके बरअक्स सर सैयद सहित उर्दू समर्थकों में शायद ही कोई ऐसा था जो अच्छी तरह हिन्दी भाषा और नागरी लिपि का जानकार था। हिन्दी के ख़िलाफ़ उनके पास बार-बार दुहराने के लिए दो ही बातें थीं—वह अदालती और दूसरे सरकारी कामकाज के लिए अविकसित गँवारों की भाषा है। ये भाषा के प्रति वैज्ञानिक दृष्टि सम्पन्न किसी भी तटस्थ व्यक्ति को मान्य नहीं हो सकता था। उर्दू को लेकर उसके पैरोकारी में एक अत्यन्त भावुक दृष्टि थी जिसका तर्कसंगत आधार ढूँढ़ पाना मुश्किल था। हिन्दी को लेकर उसके भावुक समर्थकों की भी कमी नहीं थी। इस पृष्ठभूमि में मालवीय जी की याचिका अद्वितीय थी। वह भाषायी भावुकता और तद्जन्य आक्रामकता से मुक्त, तथ्यपरक, ऐतिहासिक दस्तावेजों तथा आँकड़ों से समर्थित और वस्तुनिष्ठ थी। मालवीय जी ने हिन्दी-नागरी के सवाल को प्रान्त में अत्यन्त पिछड़े शिक्षा-प्रसार से जोड़ दिया था। उन्होंने याचिका में स्पष्ट किया था कि सरकार एक तरफ़ हिन्दी-नागरी के माध्यम से प्राथमिक और माध्यमिक शिक्षा को प्रोत्साहन देने के लिए पाठशालाओं को आर्थिक अनुदान आदि से सहायता देती थी, वहीं दूसरी ओर उनसे पढ़कर निकले नौजवानों के लिए अदालतों और सरकारी दफ़्तरों में रोज़गार के रास्ते बन्द कर रखे थे। यदि हिन्दी-नागरी को सरकारी और अदालती कामकाज के लिए मान्यता-योग्य नहीं समझा जाता तो उसके माध्यम से शिक्षा-व्यवस्था को बन्द कर देना चाहिए। यह जानते हुए कि शिक्षा-प्रसार के प्रति सदाशय सरकार के

लिए ऐसा करना सम्भव नहीं था, मालवीय जी ने शिक्षा के महत्त्व को दर्शाते हुए पश्चिम के कई विद्वानों और लेखकों के उद्धरणों से अपनी बात की पुष्टि की थी। उनके द्वारा उद्धृत विक्टर ह्यूगो का यह कथन विशेष उल्लेखनीय है—''जो एक स्कूल खोलता है, वो एक जेल बन्द कर देता है।''

शिक्षा के अर्थकरी न होने की स्थिति में उससे विमुख होने का जोखिम हमेशा बना रहता है। शिक्षा-विमुख व्यक्ति समाज के लिए अभिशाप सिद्ध हो सकता है। याचिका में अपनी बात इन तर्कों के आधार पर आगे बढ़ाते हुए मालवीय जी ने कहा था कि जब तक हिन्दी/नागरी के माध्यम से शिक्षितों को सरकारी दफ़्तरों और अदालतों के रोज़गार से जुड़ने के अवसर नहीं मिलते शिक्षा प्रसार का उद्देश्य सफल नहीं होगा। फ़ारसी लिपि और उसमें लिखी उर्दू की कमियों और सीमाओं को भी याचिका में रेखांकित किया गया था। 'जैसा लिखें वैसा पढ़ें' की कसौटी पर फ़ारसी लिपि के खरी न उतर पाने की वजह से उसकी लिखावट में शरारत की गुंजाइश हमेशा बरकरार थी। अरबी-फ़ारसी बोझिल थी और आडम्बरपूर्ण उर्दू अकसर बोधगम्य नहीं रह पाती थी। फ़ारसी लिपि में नुक़्तों के ज़रा सा ऊपर-नीचे होने से अर्थ के अनर्थ का डर प्रायः बना रहता है। लगता है नुक़्ते के हेर-फेर से ख़ुदा से जुदा होने की कहावत की शुरुआत उसी दौर में हुई थी। याचिका में ज़ोर देते हुए कहा गया था कि फ़ारसी लिपि में लिखी जा रही आडम्बरपूर्ण दुर्बोध उर्दू ने शासकों और शासितों के बीच एक गहरी खाई पैदा कर दी थी। इसके बरअक्स देवनागरी में लिखी हिन्दी सहज, सरल, जनोन्मुख और सुबोध थी। 'जैसा लिखें वैसा पढ़ें' की कसौटी पर खरी उतरने के कारण नागरी में लिखी हिन्दी में पारदर्शिता थी। उसमें शरारत की गुंजाइश न के बराबर थी। अतः शासितों और शासकों के बीच एक सबल सेतु साबित होने की उसमें अपार क्षमता और सम्भावना थी। इस सुविचारित याचिका के साथ 17 महत्त्वपूर्ण हिन्दी-नागरी समर्थकों का एक प्रतिनिधिमंडल मालवीय जी के नेतृत्व में सर मैक्डोनेल से मिला। इनमें अयोध्या, मांडा, आवागढ़ और काला कांकर के राजा क्रमशः प्रताप नारायण सिंह, राम प्रसाद सिंह, बलवंत सिंह और रामपाल सिंह के साथ डॉ. सुंदर लाल का नाम विशेष रूप से उल्लेखनीय है। यह ऐतिहासिक मुलाक़ात लेफ़्टिनेंट गवर्नर के इलाहाबाद स्थित राजकीय निवास पर दोपहर में बृहस्पतिवार के दिन 2 मार्च, सन् 1898 को हुई।

जिस समय हिन्दी-नागरी समर्थक नवस्फूर्त ऊर्जा और उत्साह के साथ एक बार फिर सक्रिय हो रहे थे वह दुर्भाग्यवश सर सैयद के जीवन की सांध्य बेला थी। वह कई मोर्चों पर मोहभंग के अवसादपूर्ण दौर से गुज़र रहे थे। लगभग चार दशकों के उनके घनिष्ठ सहयोगी मौलवी शमी उल्लाह से उनके रिश्ते बुरी तरह बिगड़ चुके थे। अपने बेटे सैयद महमूद से भी उनके सम्बन्ध मधुर नहीं रह गए थे। इसके फलस्वरूप उनके जीवन के अन्तिम दिन एक प्रशंसक दोस्त हाजी इस्माइल ख़ाँ के

घर पर बीते थे। उनके एक विश्वस्त हिन्दू कर्मचारी श्याम बिहारी लाल ने जालसाजी कर कॉलेज के खाते से एक बड़ी राशि ग़बन कर ली थी। इन सबसे ऊपर वृद्धावस्था के कारण उनकी सेहत तेज़ी से गिर रही थी। इस पृष्ठभूमि में हिन्दी-नागरी समर्थकों की सक्रियता से उन्हें उर्दू ज़ुबान और फ़ारसी लिपि के ख़िलाफ़ एक प्रबल षड्यंत्र की आहट महसूस होने लगी। इन विपरीत परिस्थितियों के बीच भी वह दैन्य और पलायन के भाव से ज़रा भी अभिभूत नहीं हुए। उनके लम्बे कर्ममय जीवन का अन्त 27 मार्च, 1898 को हुआ था। गम्भीर अस्वस्थता और अवसाद के बीच मृत्यु के लगभग दस दिन पूर्व उन्होंने उर्दू और फ़ारसी लिपि के समर्थन में एक अत्यन्त सशक्त भावपूर्ण लेख लिखा। 'अलीगढ़ गज़ट' में यह 19 मार्च को प्रकाशित हुआ। सर सैयद को पूरा यक़ीन था कि हिन्दी-नागरी समर्थकों का अभियान साम्प्रदायिकता प्रेरित था। यह सोच शायद बिल्कुल निराधार नहीं था। पर यह उतना ही सच उर्दू और फ़ारसी लिपि के पैरोकारों के बारे में भी था। ख़ुद सर सैयद ने अपने एक निजी पत्र में सन् 1869 में लिखा था, ''फ़ारसी रस्मुल ख़त में लिखी उर्दू मुसलमानों की निशानी है।'' यह एक सच्चाई थी जिसे सार्वजनिक रूप से स्वीकार करना पहले सर सैयद के लिए भी मुश्किल था। बहरहाल, 'हयाते जावेद' के अनुसार सर सैयद ने अपने उक्त लेख में साफ़ लिखा था कि चूँकि हिन्दी-नागरी अभियान के पीछे साम्प्रदायिक दुर्भावना थी, इसलिए अगर उनके (सर सैयद के) लिखने से उनके हिन्दू दोस्तों को चोट भी पहुँचती है तो उन्हें अब उसकी फ़िक्र नहीं थी।

हिन्दी-नागरी के पक्ष में नए हिन्दू अभियान के पीछे जो उत्साह था उसका सर्वाधिक महत्त्वपूर्ण कारण सर सैयद ने उत्तर-पश्चिम प्रान्त के ले. गवर्नर के पद पर सर मैक्डोनेल की नियुक्ति को ही बताया था। उन्होंने मैक्डोनेल द्वारा बिहार में कैथी लिपि और उसमें लिखी जा रही भाषा को सरकारी कामकाज और अदालतों में मान्यता दिए जाने का ज़िक्र भी अपने 'अलीगढ़ गज़ट' के लेख में किया था। इसके आगे उन्होंने हिन्दी भाषा और नागरी लिपि से उर्दू भाषा और फ़ारसी लिपि की श्रेष्ठता सिद्ध करने के लिए लम्बे-चौड़े तर्क और सबूत दिए थे। इन तर्कों और सबूतों के समर्थन में सर सैयद ने पेरिस विश्वविद्यालय में हिन्दी-उर्दू के अध्यापक गार्सा द तासी के लेखों और भाषणों के उद्धरण भी दिए थे। आचार्य रामचन्द्र शुक्ल ने 'हिन्दी साहित्य का इतिहास' में उर्दू-हिन्दी विवाद के सन्दर्भ में सर सैयद के तर्कों के साथ गार्सा द तासी के मत पर भी विचार किया है। आचार्य शुक्ल ने इस फ्रांसीसी अध्यापक के लेखों और भाषणों के उद्धरणों के आधार पर बताया है कि वह हिन्दी को बुतपरस्त हिन्दुओं की और उर्दू को (ईसाइयों की तरह) एकेश्वरवादी मुसलमानों की भाषा मानते थे। इस्लाम और ईसाई मत दोनों सामी मूल के थे और उनके अनुयायी एक-दूसरे के प्रवर्तकों, पैग़म्बरों और धर्मग्रन्थों का सम्मान करते थे। दोनों मतों में काफ़ी कुछ समान था। इन कारणों से गार्सा द तासी ने उर्दू भाषा

और फ़ारसी लिपि का स्वयं को पक्षधर और समर्थक बताया। साफ़ है उनके विचार का कोई तर्कसंगत भाषा वैज्ञानिक आधार नहीं था। पर जो भी हो, सर सैयद ने अपने मत की पुष्टि के लिए गार्सा द तासी के भाषणों और लेखों के उद्धरणों का सहारा लिया था।

19 मार्च, सन् 1898 को 'अलीगढ़ गज़ट' में छपा लेख सर सैयद के कर्मठ जीवन का अन्तिम लेख था। हिन्दुस्तान के इतिहास में उर्दू भाषा और फ़ारसी लिपि को मुसलमानों का अमिट सांस्कृतिक हस्ताक्षर मानना सर्वथा उचित होगा। सन् 1869 में जो बात उन्होंने निजी पत्र में कही थी, सन् 1898 में लगभग तीन दशक बाद अब उसे सरेआम कहने में उन्हें कोई संकोच नहीं था। हिन्दी-नागरी के पक्ष में हिन्दू अभियान को उन्होंने मुसलमानों की एक महत्त्वपूर्ण भाषायी-सांस्कृतिक पहचान मिटाने का षड्यंत्र मान लिया था। इसके लिए उन्होंने स्पेन में इस्लाम के उदय, प्रसार और उसके पूर्ण अवसान की प्रक्रिया का सन्दर्भ दिया था। तुर्की यूरोप का एकमात्र मुस्लिम देश रहा है। पर मध्यकाल में यूरोप के एक दूसरे देश स्पेन के निवासियों ने भी अपना मूल ईसाई धर्म छोड़ कर इस्लाम अंगीकार कर लिया था। इस्लामी साम्राज्य के दौर में वहाँ बड़ी ही आलीशान मस्जिदें बनाई गईं। कालांतर में स्पेन-वासी फिर अपने मूल ईसाई धर्म की ओर लौट आए। अब इस्लामी स्थापत्य कला के उत्कृष्ट नमूनेवाली ये भव्य मस्जिदें वीरान हो गईं। इसी को लक्ष्य कर डॉ. इक़बाल ने अपनी प्रसिद्ध नज़्म 'जवाबे शिकवा' में लिखा है—

मस्जिदें मर्सिया ख़्वां हैं कि नमाज़ी न रहे।
यानी वह साहबे औसाफ़े हिजाज़ी न रहे।

ईसाई धर्म में पुनर्दीक्षित स्पेनवासियों ने शीघ्र ही इस्लाम और उससे जुड़ी संस्कृति के अवशेष सुनियोजित ढंग से मिटाने शुरू कर दिए थे। उर्दू भाषा और फ़ारसी लिपि के ख़िलाफ़ हिन्दी-नागरी समर्थकों के अभियान ने सर सैयद के ज़ेहन में स्पेन में चली उस मुहिम की याद ताज़ा कर दी थी। पर उन्होंने स्पेन और हिन्दुस्तान की ऐतिहासिक परिस्थितियों का अन्तर स्पष्ट करते हुए आगाह किया था। जहाँ स्पेन के ईसाई स्वतंत्र और अपनी राजनीतिक नियति के नियन्ता स्वयं थे, वहीं हिन्दुस्तान के हिन्दू अपने दूसरे समुदायों के देशवासियों की ही तरह स्वयं भी ग़ुलामी के बंधन में बँधे हुए थे। अत: वह देश की किसी दूसरी तहज़ीब की शिनाख़्त मिटाने के लिए सक्षम नहीं थे। अपने लेख का उपसंहार करते हुए सर सैयद ने कहा था कि 'हममें अब यह मानने की हिम्मत होनी चाहिए कि जो तालीम हमारे हिन्दू नौजवानों को मुसलमानों से नफ़रत करना सिखा रही है वही एक दिन उनमें यह समझ पैदा कर सकेगी कि जब तक हिन्दू-मुसलमान दोनों साथ नहीं आते और एक-दूसरे की भावनाओं का आदर करना नहीं सीखते तब तक दोनों में से किसी को भी अंग्रेज़ों के राज के तहत इज़्ज़त की जगह नहीं मिलेगी। लेख की इबारत से साफ़ है कि भले

ही उसकी शुरुआत लेखक ने अपने भाषाई सांस्कृतिक पहचान पर हमले की आशंका से उपजी कड़ुवाहट से की हो पर उसका अन्त दोनों समुदायों के बीच परस्पर आदर और सहयोग भाव की कामना से हुआ है।

14

हिन्दी-नागरी और उर्दू-फ़ारसी लिपि दोनों के पक्षधरों के बीच उस दौर में दुर्भाग्यवश कोई संवाद-सेतु नहीं था। अत: उनके बीच भय और भ्रान्ति का वातावरण लगातार बना रहा। उर्दू और फ़ारसी लिपि के पैरोकारों के दिल में यह बात गहरी पैठी हुई थी कि हिन्दी और नागरी के पक्षधर उसे हटाकर अपनी भाषा और लिपि के लिए जगह की माँग कर रहे थे। दरअसल ऐसा बिलकुल नहीं था। मालवीय जी द्वारा तैयार की गई याचिका, जो हिन्दी-नागरी आन्दोलन का सबसे महत्त्वपूर्ण दस्तावेज़ है, में दूर-दूर तक इसके संकेत नहीं मिलते। याचिका के तर्कों और तथ्यों से स्पष्ट है कि उसके ज़रिये हिन्दी और नागरी लिपि के लिए सरकारी दफ़्तरों और अदालतों के काम-काज में उर्दू और फ़ारसी लिपि के साथ न्यायसंगत सहभागिता की माँग की जा रही थी। उक्त याचिका पर सर मैक्डोनेल के सुविचारित निर्णय के उपरान्त आदेश के प्रारूप तथा गवर्नर जनरल द्वारा उसके अनुमोदन की प्रक्रिया के दौरान उसमें हुए संशोधन से इसकी स्पष्ट पुष्टि होती है। उत्तर-पश्चिम प्रान्त के लेफ़्टिनेंट गवर्नर सर मैक्डोनल ने मालवीय जी की याचिका पर जो आदेश का प्रारूप तैयार किया था उसमें व्यवस्था यह कर दी गई थी कि ख़ालिस अंग्रेज़ों से जुड़े दफ़्तरों के अलावा बाक़ी सभी दफ़्तरों में आगे उसी की नियुक्ति की जाएगी जो नागरी और फ़ारसी दोनों लिपियों को प्रवाहपूर्वक लिखने-पढ़ने में सक्षम हो। गवर्नर जनरल ने अपने अनुमोदन के समय 'नागरी और फ़ारसी लिपियों' की जगह 'हिन्दी और उर्दू भाषाओं' कर दिया था। इससे साफ़ है कि सरकारी दफ़्तरों और अदालतों में बाबुओं की भर्ती के लिए दोनों भाषाओं का अच्छा ज्ञान अनिवार्य कर दिया गया था। उत्तर-पश्चिम प्रान्त के ले. गवर्नर कार्यालय द्वारा अन्तत: उक्त संशोधित आदेश आधिकारिक रूप से 26 जून, सन् 1900 को जारी कर दिया गया। उर्दू के साथ हिन्दी की सहभागिता लगभग आधी सदी पुरानी माँग पर इस तरह सन् 1900 के बीच सरकारी स्वीकृति की मुहर लग गई।

उक्त आदेश सर सैयद के देहावसान के दो साल दो माह बाद जारी हुआ था। अगर वह उनके जीवन-काल में जारी होता तो उनकी प्रतिक्रिया की कल्पना ही की जा सकती है। सम्भव है वह उर्दू और फ़ारसी लिपि के अब तक के एकाधिकार की समाप्ति से आहत और निराश हुए होते। दूसरी सम्भावना है कि हिन्दी और नागरी लिपि द्वारा अपनी प्रिय भाषा और लिपि के पूरी तरह विस्थापित न किए जाने से

प्रवेश कभी भी नहीं हो सका था। जब उत्तर-पश्चिम प्रान्त के सभी मैदानी ज़िलों में सरकारी काम-काज मुकम्मल तौर से फ़ारसी बहुल उर्दू भाषा और लिपि में चल रहा था, उस समय पहाड़ी ज़िलों का काम-काज हिन्दी भाषा और देवनागरी लिपि में पूरी तरह किया जा रहा था। इसलिए यह तर्क कि हिन्दी अभी इसके लिए सक्षम नहीं थी, निराधार सिद्ध होता है।

सन् 1857 के उथल-पुथल और ख़ून-ख़राबे के बाद जब हिन्दुस्तान का शासन ईस्ट इंडिया कम्पनी से लेकर महारानी विक्टोरिया ने अपने राजमुकुट के अधीनस्थ कर लिया तो सरकारी दफ़्तरों और कचहरियों में हिन्दुस्तानी अमले की ज़रूरत तेज़ी से बढ़ी। उसमें हिस्सेदारी के लिए वह वर्ग भी सजग होने लगा जो उर्दू भाषा और लिपि में निष्णात नहीं था। उर्दू एक नागर भाषा थी और उसकी पैठ मुख्यत: शहरों और ज़िला मुख्यालयों के विशिष्ट वर्ग तक सीमित थी। औपनिवेशिक सूर्य के नीचे अब हिन्दी भाषा और देवनागरी लिपि भी उर्दू के साथ सहभागिता के लिए प्रयत्नशील होने लगी। 'हयाते जावेद' में मौलाना हाली का मानना है कि सन् 1867 में हिन्दी के पक्ष में सक्रिय कुछ विशिष्ट हिन्दुओं के उर्दू-विरोध के पीछे मुख्य कारण अरबी-फ़ारसी के शब्दों से समृद्ध उर्दू का मुसलमानों के प्रशासनिक संरक्षण में विकसित होना था। उर्दू-हिन्दी के प्रश्न को साम्प्रदायिक रंग देने की यह शुरुआत थी। हिन्दी के पक्षधर के रूप में हाली ने इलाहाबाद के बाबू फतह नारायन सिंह और बाबू सारदा प्रसाद सांडिल्य के नामों का ख़ास ज़िक्र किया है। आगे अपने समय के प्रतिष्ठित तरुण-तेजस्वी कांग्रेस नेता और वकील पं. मदन मोहन मालवीय ने हिन्दी को उसका प्राप्य दिलाने में महत्त्वपूर्ण भूमिका अदा की। हिन्दी समर्थकों का नेतृत्व जैसे ही मालवीय जी ने सँभाला उसके पक्ष में चल रहे आन्दोलन में सर्वथा नया प्राण संचार हो गया। बहरहाल हिन्दी और देवनागरी की माँग से सर सैयद गहरे आहत थे। सन् 1867 में जब यह माँग पहले-पहल उठी, उस समय सर सैयद के पूर्व परिचित अलेक्जेंडर शेक्सपीयर बनारस के कमिश्नर थे। सर सैयद स्वयं वहाँ 'जज ऑफ़ स्मॉल कॉज़ेज़ कोर्ट' (लघुवाद न्यायालय के न्यायाधीश) के पद पर तैनात थे। शेक्सपीयर से एक मुलाक़ात के दौरान सर सैयद ने मुसलमानों की तालीम के बारे में बातचीत चलाई। 'हयाते जावेद' में हाली ने ख़ुद सर सैयद की ज़बानी यह दर्ज किया है कि उनकी बात सुनकर शेक्सपीयर ने चकित होकर उनसे कहा था कि पहली बार उनके (सर सैयद के) मुँह से वह सिर्फ़ मुसलमानों की तरक्की की बात सुन रहे थे। इसके पहले वह सभी हिन्दुस्तानियों की भलाई की बातें करते थे। हिन्दी की माँग से उनके मन में एक गहरी फाँक पैदा हो गई थी। उन्होंने कहा था कि उन्हें पूरा विश्वास हो गया था कि दोनों समुदाय (हिन्दू और मुसलमान) अब दिल से मिल-जुलकर आपसी भलाई के लिए कोशिश करने की हालत में नहीं रह गए थे। ये विरोध अभी भले ही बहुत गम्भीर न हो पर यह आगे बढ़ता जाएगा वह

उन्होंने राहत की साँस ली होती। पर यह निर्विवाद है कि उर्दू और फ़ारसी लिपि के प्रति उनका लगाव अद्‌भुत था। उसे वह हिन्दुस्तान की एकमेव भाषा मानते थे जो पूरे देश में व्याप्त थी। सन् 1869 में इंग्लैंड रवाना होने के लिए उन्होंने जबलपुर होते हुए बम्बई तक की यात्रा विभिन्न यातायात के साधनों से कई दिनों में पूरी की थी। उसके दौरान उन्हें उर्दू के व्यापक प्रचलन के प्रमाण लगभग सभी जगह मिले थे। उन्हीं के शब्दों में—

> ''बन्दा ने इलाहाबाद से बम्बई तक क्या गाँव में और क्या चौकियात में और क्या रेल में और क्या गौरमेंट के अहलकारों और हर महकमे के चपरासियों और हर जगह के कुलियों से उर्दू में गुफ़्तगू की। सब लोग हर जगह उर्दू बख़ूबी समझते थे और उर्दू में ही जवाब देते थे। बाज़-बाज़ लफ़्जों के मुकर्रर समझाने की और ज़्यादातर आसान तौर पर बयान करने की ज़रूरत पड़ती थी। कुछ शुबहा नहीं कि तमाम हिन्दुस्तान में उर्दू ज़बान इस तरह समझी और बोली जाती है।''

—मुसाफ़िराने लन्दन

सर सैयद जिस व्यापक भाषा को उर्दू बता रहे थे दरअसल उर्दू शब्द के प्रचलन के पूर्व उसे हिन्दी और हिन्दवी के नाम से जाना जाता था। अठारहवीं सदी के उत्तरार्ध और उन्नीसवीं सदी के पूर्वार्द्ध के दशकों में भारत की भाषाओं पर अद्‌भुत शोधपूर्ण काम करने वाले अंग्रेज़ विद्वानों—एच.टी. कोलब्रुक, जॉन बॉर्थविक गिलक्राइस्ट और जी.ए. ग्रियर्सन तथा आगे चल कर उसे और गति देने वाले भारतीय विद्वानों—डॉ. सुनीति कुमार चाटुर्ज्या, डॉ. शहीदुल्ला, चन्द्रधर शर्मा गुलेरी, डॉ. ताराचन्द और राहुल सांकृत्यायन के गवेषणापूर्ण कामों से इसकी पर्याप्त पुष्टि होती है। अरबी-फ़ारसी मिश्रित खड़ी बोली की कविता को रेख़्ता कहा जाता था। रेख़्ता के साथ उर्दू शब्द का प्रचलन यद्यपि सम्राट शाहजहाँ (1593-1666) के काल में ही हो चुका था पर उसका अधिकाधिक प्रयोग अरबी-फ़ारसी के शब्दों से समृद्ध खड़ी बोली गद्य के उत्तरोत्तर प्रचार-प्रसार के साथ लगातार बढ़ता गया। रेख़्ता शब्द धीरे-धीरे नेपथ्य में चला गया और उन्नीसवीं सदी में उर्दू शब्द गद्य-पद्य दोनों के लिए प्रयुक्त होने लगा।

सर सैयद की हिन्दुस्तान-व्यापी उर्दू तक की हिन्दी की इतिहास-यात्रा निहायत दिलचस्प है। मानक रूप धारण करने के पहले अनगढ़ हिन्दी में अनुवाद और रचना-प्रक्रिया आज से लगभग ग्यारह सौ साल पहले शुरू हो चुकी थी। पं. रामनरेश त्रिपाठी ने 'कविता कौमुदी' के चौथे भाग (उर्दू) की भूमिका में ऐतिहासिक तथ्यों से इसकी पुष्टि की है। त्रिपाठी जी के अनुसार हिन्दी का सम्भवत: पहला ज़िक्र एक अरब यात्री बुज़ुर्ग बिन शहरयार की पुस्तक 'अजायबुल हिन्द' में मिलता है। इस किताब के पृष्ठ दो और तीन पर बताया गया है कि अब्दुल्ला एराक़ी ने हिन्द के

(एक) राजा अलूरा के लिए सन् 270 हिजरी (सन् 870 ई. के आसपास) में 'क़ुरान शरीफ़' का तर्जुमा हिन्दी ज़बान में किया था। एक और इतिहास ग्रन्थ 'तवारीख़े फ़िरिश्ता' के प्रथम खंड के पृष्ठ 31 पर ज़िक्र है कि कलिंजर के राजा नन्दा ने हिज़री सन् 413 (ईस्वी सन् 1013 के लगभग) में सुलतान महमूद के पास उसकी प्रशंसा करते हुए हिन्दी में एक शेर लिखकर भेजा था। सर सैयद के जन्म के ग्यारह वर्ष पूर्व सन् 1806 ई. (सन् 1221 हिजरी) में उर्दू के आदि कवि वली दक्खिनी के जन्मस्थल औरंगाबाद (वर्तमान महाराष्ट्र) के एक विद्वान अज़ीज़ुल्लाह हमरंग औरंगाबादी ने 'क़ुरान शरीफ़' के अन्तिम अध्याय पर लिखी अपनी टीका 'तफ़्सीरे चिराग़े आबादी' की भाषा को हिन्दी ही बताया था जबकि उर्दू शब्द उस समय पूरी तरह प्रचलन में आ चुका था। अपनी टीका की भूमिका में उन्होंने लिखा था—

"अगर्चे बआज़ अज़ीज़ो ने ज़बान दक्खिनी हिन्दी आगेज में तफ़्सीर जुज़्बे आखिर की लिखी है लेकिन बसबब अल्फ़ाज़ दक्खिनी लुत्फ़ ज़बाने हिन्दी का पूरा नहीं पाया और दिल यारों का वास्ते मुताअला इससे रग़बत कम लाता।"

उत्तर-पश्चिम प्रान्त से बम्बई तक की यात्रा के दौरान जिस भाषा के सम्पर्क में सर सैयद आए थे वह जगह-जगह स्थानीय बोलियों को आत्मसात् करती खड़ी बोली थी। यह वही भाषा थी जिसका प्रयोग रेल और मोटर के आने के पहले श्रद्धालु तीर्थयात्री देश के उत्तर-दक्षिण-पूरब-पश्चिम—चारों दिशाओं में आदि शंकराचार्य (788-820 ई.) द्वारा स्थापित चतुर्धाम की तीर्थयात्राओं के दौरान करते थे। दक्षिण के तमिल-मलयालम, कन्नड़ और तेलुगू भाषी तीर्थयात्री सुदूर उत्तर में हिमालय की गोद में स्थापित बदरिकाश्रम की लम्बी यात्रा के दौरान किसी न किसी प्रकार से खड़ी बोली के सहारे ही काम चलाते थे। ऐसा ही दक्षिण, पूरब और पश्चिम दिशाओं में स्थापित धामों में आने-जाने वाले तीर्थयात्री भी किया करते थे। अतः जिस भाषा के प्रसार से सर सैयद अभिभूत थे दरअसल दिक् और काल में उसकी व्याप्ति किसी न किसी रूप में उससे कहीं अधिक थी जितना कि उन्होंने सोचा था। उर्दू शब्द के प्रचलन के बावजूद हिन्दी का प्रयोग उसके समानार्थक के रूप में मिर्ज़ा ग़ालिब तक बरकरार रहा। रेख़्ता के अलावा अपनी काव्य भाषा के लिए मीर भी हिन्दी शब्द का प्रयाग करते थे। उनका निम्नलिखित शेर ध्यान देने योग्य है—

क्या जानूं लोग कहते हैं किसको सरूरे क़ल्ब,
आया नहीं है लफ़्ज़ ये हिन्दी जबाँ के बीच।

'तज़्करे निकातुश्शोरा' में मीर ने शायद ही कहीं उर्दू शब्द का प्रयोग किया हो। मिर्ज़ा ग़ालिब ने अपने पत्रों में उर्दू और हिन्दी दोनों का प्रयोग एक दूसरे की जगह किया है। 19 अप्रैल, 1859 को मुंशी शिवनरायन 'आराम' को लिखे अपने ख़त के शुरू में ही वह लिखते हैं—

"साहब,

मैं हिन्दी ग़ज़लें भेजूँ कहाँ से ? उर्दू के दीवाने छापे के नाक़िस हैं। बहुत ग़ज़लें उसमें नहीं हैं।"

मुंशी जी को ही लिखे अप्रैल, 1860 के अपने एक और ख़त में अपने दीवान की भाषा के लिए वह हिन्दी, उर्दू और रेख़्ता तीनों शब्दों का इस्तेमाल करते हैं। अज़ीमुद्दीन अहमद नाम के मेरठ के एक किताबों के व्यापारी उनका दीवान छापना चाहते थे। इस आशय का एक पत्र भी इन्होंने मिर्ज़ा को लिखा था। उसकी व्यावसायिकता से मिर्ज़ा चिढ़ गए थे। ख़त में उन्होंने लिखा—

"मियाँ,

दीवान के मेरठ में छापे जाने की हक़ीक़त सुन लो, तब कुछ कलाम करो।...वल्लाह, विल्लाह अगर मैं जानता हूँ कि अज़ीमुद्दीन कौन है और क्या पेशा रखता है।...मालूम हुआ कि हिन्दी दीवान अपनी सौदागरी और फ़ायदा उठाने के वास्ते छापा चाहते हैं। खैर, चुप रहा। जब रामपुर से मेरठ आया, वहाँ मुंशी मुमताज अली मेरे दोस्ते क़दीम मुझसे मिले। उन्होंने कहा कि अपना उर्दू दीवान मुझको भेज दीजिएगा। अज़ीमुद्दीन एक किताब फ़रोश उसे छापा चाहता है। अब तुम सुनो—दीवाने रेख़्ता अतम और अकमल कहाँ था ?"

इसके अलावा भी यह जानकारी दिलचस्प होगी कि सन् 1868 में उनके जीवन-काल में ही उनके पत्रों का जो पहला संकलन छपा था उसका नामकरण उन्होंने स्वयं 'ऊदे हिन्दी' किया था। इसका अर्थ है हिन्दी की अगरु गंध। इसमें ग़लतियाँ थीं। अतः एक दूसरा सुधरा हुआ संकलन तैयार किया गया जो मिर्ज़ा के देहान्त के बाद छपा। इसका नाम रखा गया 'उर्दू ए मुअल्ला' (श्रेष्ठ उर्दू)। सन् 1869 में उदारचेता मिर्ज़ा ग़ालिब के देहावसान के बाद हिन्दी-उर्दू को एक ही कहने वालों की परम्परा का अन्त हो गया। इसके बाद फ़ारसी लिपि में उर्दू और नागरी में हिन्दी दो अलग-अलग भाषाएँ बनकर रह गई। दोनों के पैरोकारों के बीच कटुता की थोड़ी सी झलक मिल चुकी है।

कालान्तर में उर्दू पाकिस्तान की और हिन्दी भारत की राजभाषा बनी। जहाँ हिन्दी संविधान सभा में विस्तृत विचार-विमर्श के बाद राजभाषा के पद पर आसीन हुई, वहीं मात्र छः प्रतिशत मुहाजिरों की मातृभाषा उर्दू बिना किसी संवैधानिक प्रक्रिया से गुज़रे गवर्नर जनरल मुहम्मद अली जिन्ना की मात्र मौखिक घोषणा से पाकिस्तान की राजभाषा बन गई। नवनिर्मित पाकिस्तान के सबसे बड़े जनसमूह की भाषा बांग्ला थी। उर्दू के साथ बांग्ला की राजभाषा के रूप में सहभागिता की माँग को क़ायदे आज़म जिन्ना ने पूर्वी पाकिस्तान (अब बांग्लादेश) में भारत के विघटनकारी एजेंटों का षड्यंत्र निरूपित करते हुए ख़ारिज कर दिया था। भाषा से जुड़ी अपनी सांस्कृतिक अस्मिता के तिरस्कार से संवेदनशील बंगाली मानस गहरे आहत हुआ

था। इसके फलस्वरूप अस्तित्व में आने के चन्द महीनों के अन्दर पाकिस्तान के टूटने के बीज उसकी अपनी ही धरती में पड़ गए थे। फ़ारसी-अरबी से समृद्ध उर्दू को इस्लामी संस्कृति की वाहिका माना गया। उसके बरअक्स संस्कृत की परम्परा से रसाग्रहण करने वाली बांग्ला को अन्दर ही अन्दर कुफ्र से जोड़ कर देखा जाने लगा था। यहाँ तक कि उसकी लिपि बदल कर फ़ारसी लिपि करने पर भी विचार किया गया। अपनी समृद्ध भाषा और उससे अविभाज्य रूप से जुड़ी संस्कृति की लगातार उपेक्षा से आहत पूर्वी पाकिस्तान धीरे-धीरे दबंग पश्चिमी पाकिस्तान का सैनिक, राजनीतिक और सांस्कृतिक उपनिवेश बन कर रहने को तैयार नहीं था। फलस्वरूप असन्तोष का विस्फोट पश्चिमी पाकिस्तान के लम्बे चले रक्त-रंजित संघर्ष में हुआ। अन्ततः सन् 1971 में पूर्वी पाकिस्तान एक स्वतंत्र-सार्वभौम राष्ट्र बांग्लादेश के रूप में विश्व के मानचित्र पर उदित हुआ। उन्नीसवीं सदी के साठ के दशक के अन्तिम वर्षों में सर सैयद ने जो आशंका बनारस (वर्तमान वाराणसी) के कमिश्नर अलेक्ज़ेंडर शेक्सपीयर के सामने भाषा को लेकर व्यक्त की थी प्रकारान्तर से सौ साल बाद भारतीय महाद्वीप के एक अत्यन्त संवेदनशील हिस्से में सही साबित हुई। संस्कृति से गहराई से जुड़ी भाषा की इकहरी समझ के जोखिम इससे साफ़ उजागर हैं।

सर सैयद सभी वयस्कों को मताधिकार देने की विचारधारा के पक्षधर नहीं थे। उसके वह कटु आलोचक आजीवन बने रहे। दरअसल वह कुलीन तंत्र के प्रबल समर्थक थे। शिक्षा के क्षेत्र में जहाँ वह मुसलमान लड़कों के बीच आधुनिक पश्चिमी शिक्षा के व्यापक प्रसार के लिए पूरी लगन के साथ जीवन की अन्तिम साँस तक प्राणपण से सक्रिय रहे, वहीं लड़कियों की शिक्षा के प्रति उनकी उदासीनता खलने वाली लगती है। गवर्नर सर विलियम म्योर ने स्त्री शिक्षा का महत्त्व दर्शाते हुए एक बार उनसे कहा था कि उन्हें (सर सैयद को) अपनी लड़कियों की शिक्षा की ओर भी ध्यान देना चाहिए। इस पर सर सैयद ने तर्क दिया था कि जब तक पर्याप्त संख्या में मुसलमान पुरुषों को अच्छी आधुनिक शिक्षा नहीं मिल जाती, तब तक मुसलमान स्त्रियों के लिए समुचित सन्तोषजनक शिक्षा की व्यवस्था सम्भव नहीं थी। उन्होंने स्पष्ट कहा था कि फ़िलहाल उनके कॉलेज में लड़कियों के प्रवेश के सम्बन्ध में विचार की गुंजाइश नहीं थी।

हिन्दुस्तान में अखिल इस्लामवाद (पैन इस्लामिज़्म) का प्रवर्तक जमालुद्दीन अफ़ग़ानी को माना जाता है। अफ़ग़ानी सर सैयद के आलोचकों में से थे। तुर्की के ख़लीफ़ा को धरती पर अल्लाह का प्रतिनिधि मानकर देश, जाति, नस्ल और रंग से परे संसार के सभी मुसलमानों द्वारा उनमें (ख़लीफ़ा में) निष्ठा रखना अखिल इस्लामवाद का महत्त्वपूर्ण अंग था। सर सैयद किसी की लकीर पर चलनेवाले नहीं थे। तुर्की के साथ अंग्रेज़ों की अनबन का उन्हें पता था। उन्होंने साफ़ कहा कि

''ख़लीफ़ा की सत्ता के विस्तार में हिन्दुस्तानी मुसलमान नहीं आते। यहाँ के दूसरे धर्मों के अनुयायियओं की तरह मुसलमान भी अंग्रेज़ शासकों की ही प्रजा थे और उन्हीं की सार्वभौमिकता को सर्वोपरि मानते थे।'' इस विचार का खुलेआम इज़हार उस युग में बहुत बड़े साहस का परिचायक है।

सन् 1857 के ख़ून-ख़राबे से अत्यन्त आहत और दुखी उन्होंने सन् 1858 में एक बार देश छोड़ कर मिस्र में बसने का इरादा कर लिया था। पर जिस तरह से हताश-निराश मुस्लिम समाज उस समय उनका मुँह देख रहा था और उनसे राह दिखाने की आस लगाए था, उन्हें शीघ्र ही लगा कि देश छोड़ने का उनका निर्णय स्वार्थपरक और संकट की घड़ी में दायित्व से पलायन होगा। उन्होंने तुरन्त अपना मन बदल दिया। साथ ही अंग्रेज़ सरकार की ओर से दिए जाने वाले जागीरदारी के प्रस्ताव को भी उन्होंने ठुकरा दिया था।

15

शेख़ मुहम्मद इकराम, हफ़ीज़ मलिक, इश्तियाक हुसेन कुरेशी, ज़ेड. ए. सुलेरी, शरीफ़-अल-मुजाहिद और सी.एम. नईम जैसे पाकिस्तान के इतिहासकारों द्वारा सर सैयद को हिन्दुस्तान में धर्म के आधार पर दो राष्ट्रों के सिद्धान्त का प्रारम्भिक प्रतिपादक और उसके आधार पर भारतीय उपमहाद्वीप के विभाजन का पुरोधा साबित करने की कोशिशें लगातार की जाती रही हैं। उन्नीसवीं और बीसवीं सदी के सांस्कृतिक, सामाजिक और राजनीतिक आन्दोलनों और घटनाओं तथा उनसे जुड़े व्यक्तित्वों की भूमिका को तथ्य और सत्य की क़ीमत पर तोड़-मरोड़ कर जिस तरह की व्याख्या करने और समझ विकसित करने के प्रयास इन इतिहासकारों ने किए हैं उससे तटस्थ और स्वस्थ दृष्टि सम्पन्न कोई विवेकशील इतिहासविद् शायद ही सहमत हो सके। हिन्दी और नागरी लिपि के समर्थकों के अभियान के विरुद्ध फ़ारसी लिपि और उर्दू ज़बान के एकछत्र वर्चस्व को बनाए रखने एवं हिन्दुओं के तथाकथित प्रभाव के अन्तर्गत सक्रिय नवगठित इंडियन नेशनल कांग्रेस के प्रबल विरोध और उसके ख़तरों से मुसलमानों को आगाह करने वाले सर सैयद के लेखों और भाषणों से चतुराई से चुने गए कुछ अंशों के आधार पर उन्हें (सर सैयद को) दो राष्ट्र के सिद्धान्त का आरम्भिक उन्नायक बताना नितान्त भ्रामक है। उनके विपुल लेखन और भाषणों में ऐसे अनगिनत विचार और उदाहरण भरे पड़े हैं जो उन्हें एक रूढ़िमुक्त उदार धर्मचिन्तक, साहसी प्रयोगशील शिक्षा शास्त्री और समावेशी राष्ट्रीयता का प्रबल पक्षधर सिद्ध करते हैं। यह अकारण नहीं था कि नव-स्थापित इंडियन नेशनल कांग्रेस के सभी बड़े नेता उनके जुड़ाव के बिना देश के इतिहास के इस पहले राष्ट्रीय राजनीतिक मंच को अधूरा मानते थे। यह जानकारी दिलचस्प होगी कि

महात्मा गांधी ने दक्षिण अफ्रीका से लौटने पर बम्बई में गुर्जर सभा द्वारा 14 जनवरी, सन् 1915 को अपने सम्मान में आयोजित अभिनन्दन समारोह में अपने भाषण में हिन्दू-मुस्लिम एकता के समर्थन में सर सैयद को ही उद्धृत किया था। उनके राजनीतिक गुरु गोपाल कृष्ण गोखले और सर सैयद दो ही नाम हैं जिनसे हिन्दुस्तान में दिया गया गांधी का यह पहला भाषण दीप्त है।

कांग्रेस के अग्रणी संस्थापक सर ए.ओ. ह्यूम (1828-1912) और उसके वरिष्ठ राष्ट्रीय नेता दादा भाई नौरोजी (1825-1917), सुरेन्द्र नाथ बनर्जी (1848-1925), बदरुद्दीन तैयब जी (1844-1906) तथा लाला लाजपत राय (1865-1928) जैसे दिग्गजों ने उन्नीसवीं सदी में राष्ट्रीयता की भावना के विकास में सर सैयद के योगदान को अपने-अपने ढंग से रेखांकित किया है। 81 वर्षीय दादा भाई नौरोजी देश की राजनीति में पितामह तुल्य समादृत थे। उन्होंने सन् 1906 में कलकत्ता में आयोजित कांग्रेस के वार्षिक अधिवेशन के अध्यक्ष पद से दिए गए अपने भाषण में सर सैयद की राष्ट्रीय भावनाओं को आदरपूर्वक स्मरण किया था। वृद्धावस्था-जन्य दुर्बलता के कारण अपना अध्यक्षीय भाषण दादा भाई स्वयं नहीं पढ़ सके थे। अतः उसे गोपाल कृष्ण गोखले ने अपनी गुरु गम्भीर वाणी में पढ़ा था। दादा भाई के अनुसार, ''सर सैयद सिर से पैर तक राष्ट्रवादी थे।...कई तरीके से मैंने यह जानकारी हासिल की है कि उनके दिल में पूरे देश की भलाई की भावना व्याप्त थी। वह एक अत्यन्त विशाल हृदय और उदारचेता राष्ट्रभक्त थे। उनकी जीवनी जब मैंने कुछ समय पहले पढ़ी थी तो उनके प्रति मेरा हृदय गहरी प्रशंसा और सम्मान के भावों से भर गया था।'' दादा भाई ने अपने लिखित भाषण में सर सैयद का एक महत्त्वपूर्ण बयान उद्धृत किया था जिसमें उन्होंने (सर सैयद ने) कहा था कि ''राष्ट्र (क़ौम) शब्द की परिधि में मैं हिन्दू और मुसलमान दोनों को शामिल करता हूँ क्योंकि मैं मात्र यही अर्थ इसे दे सकता हूँ।'' भाषण में वयोवृद्ध दादा भाई ने सर सैयद के उस बयान को ख़ास तौर से याद किया था जिसमें उन्होंने (सर सैयद ने) हिन्दुओं और मुसलमानों को देश की दो ख़ूबसूरत आँखें बताते हुए कहा था कि ''हमारी मुक्ति सभी देशवासियों के निर्विघ्न एकजुट प्रयास से ही सम्भव है।'' दादा भाई के भाषण से स्पष्ट है कि उन्होंने सन् 1885 में लन्दन से प्रकाशित जी.एफ.आई. ग्राहम की सर सैयद की जीवनी—'दि लाइफ एंड वर्क्स ऑफ़ सैयद अहमद खान' (सर सैयद का जीवन और कृतित्व) पढ़ रखा था। ग्राहम दिल्ली में नियुक्त एक पुलिस अधिकारी थे और सर सैयद से उनके घनिष्ट अनौपचारिक सम्बन्ध थे। बहुत सम्भव है दादा भाई ने मौलाना अल्ताफ़ हुसेन 'हाली' द्वारा लिखी गई सर सैयद की जीवनी 'हयाते जावेद' भी पढ़ी हो। न केवल उर्दू में बल्कि समस्त भारतीय भाषाओं में जीवनी लेखन के क्षेत्र में मील के पत्थर के रूप में समादृत 'हयाते जावेद' सन् 1901 में प्रकाशित हुई थी।

कांग्रेस के अध्यक्ष रह चुके एक अन्य वरेण्य नेता सुरेन्द्र नाथ बनर्जी ने सर सैयद को स्मरण करते हुए सन् 1922 में कहा था कि ''हम उनकी महत्त्वपूर्ण हिमायत और महान व्यक्तित्व के प्रभाव तथा प्रभुत्व के लाभ से वंचित रह गए।'' कांग्रेस की स्थापना, उसके उद्देश्य एवं कार्यशैली से उनकी (सर सैयद की) असहमति और उसकी उनके द्वारा की गई आलोचना की ओर संकेत करते हुए उन्होंने (बनर्जी ने) कहा था कि ''जो बीत गया सो बीत गया। पर हमें सर सैयद की आदरणीय स्मृति के प्रति कृतज्ञता के उस ऋण को कभी भी नहीं भूलना चाहिए जो हिन्दुओं और मुसलमानों दोनों द्वारा एक साथ उन्हें देय है। जो बीज उन्होंने बोया था वो एक विशाल वृक्ष बन कर अब फल देने लगा है। आज अलीगढ़ कॉलेज को विश्वविद्यालय का दर्जा हासिल है जो संस्कृति और ज्ञान के उन्मेष का एक बड़ा केन्द्र है, जिसने आधुनिक चेतना का संचार कर इस्लाम को भारत में एक सहज-स्वाभाविक वृत्ति बना दिया है। वह आज देशभक्ति के उत्साह से चमक रहा है जो भावी हिन्दू-मुस्लिम एकता के लिए शुभ है।''

बाम्बे हाईकोर्ट के सेवानिवृत्त जस्टिस और सन् 1887 में कांग्रेस के मद्रास (वर्तमान चेन्नई) अधिवेशन के अध्यक्ष बदरुद्दीन तैयब जी का सर सैयद के साथ सन् 1888 में भारतीय राष्ट्र की अवधारणा को लेकर विस्तृत पत्र-व्यवहार हुआ था। 22 सितम्बर, सन् 1888 को तैयब जी ने अद्भुत भविष्य-दर्शिता के साथ सर सैयद को लिखा था, ''मैं आपसे इस निष्कर्ष पर पहुँचने के लिए ध्यानपूर्वक विचार का विनम्र आग्रह करूँगा कि एकजुटता से ही हम मजबूत खड़े रह सकेंगे और अलग-थलग हम बिखर जाएँगे। इसलिए हमें जिन मामलों का मज़हब से कोई सरोकार नहीं है उनमें दूसरी जातियों और धर्मों के अपने देशवासी भाइयों के साथ समान उद्देश्य के लिए साथ मिलकर आगे बढ़ना चाहिए।''

जिस समय सन् 1888 में सर सैयद और तैयब जी के बीच समावेशी राष्ट्रीयता को लेकर पत्राचार चल रहा था उसी समय पंजाब के 23 वर्षीय तरुण-तेजस्वी नेता लाला लाजपत राय लाहौर के एक प्रतिष्ठित उर्दू अख़बार में सर सैयद के कांग्रेस-विरोध और आलोचनाओं का तर्कसंगत जवाब उन्हें (सर सैयद को) सम्बोधित चार दिलचस्प खुले पत्रों के ज़रिये दे रहे थे। विधायिका में हिन्दुस्तानियों के प्रतिनिधित्व की माँग सहित कांग्रेस ने जिन राजनीतिक सुधारों के लिए अपने अधिवेशनों में प्रस्ताव पास किए थे, सर सैयद ने उसके ख़िलाफ़ अपनी सख़्त असहमति ज़ाहिर की थी। आगे पंजाब केसरी और कांग्रेस के गरम दल के प्रमुख स्तम्भ के रूप में समादृत लाजपत राय ने पत्रों के शुरुआत में ही लिखा था कि किस तरह उनके (लाला जी के) पिता और वह स्वयं एक लम्बे अर्से तक अलीगढ़ के सफ़ेद दाढ़ीधारी सैयद के विचारों, भाषणों और लेखों के अनन्य प्रशंसक रहे हैं। 'अलीगढ़ इंस्टिट्यूट गज़ट' तथा 'सोशल रिफार्मर' में छपे उनके विचारों तथा काउन्सिल में

दिए गए उनके भाषणों को किस तरह एक पवित्र अमानत के बतौर पिता-पुत्र दोनों ने सुरक्षित रखा था और किस तरह वे उन्हें (सर सैयद को) उन्नीसवीं सदी के एक मसीहा से कम नहीं मानते थे।

जॉन स्टुअर्ट मिल द्वारा 'लिबर्टी' में व्यक्त विचारों से सर सैयद की वैचारिक सहमति से लाला जी गहरे प्रभावित थे। इस पृष्ठभूमि में कांगेस की माँगों और राजनीतिक-प्रशासनिक सुधारों से जुड़े प्रस्तावों की सर सैयद द्वारा की गई तीखी आलोचना और उस पर चलाए जा रहे व्यंग्य बाणों से वह नितान्त चकित थे। सर सैयद को सीधे सम्बोधित इन पत्रों में उन्हीं की शैली में थोड़ा व्यंग्य के साथ तरुण लाजपत राय ने उन्हें सन् 1858 में लिखी उन्हीं की उल्लेखनीय पुस्तक 'असबाबे बग़ावते हिन्द' की याद दिलाई थी। ईस्ट इंडिया कम्पनी के शासन की ख़ामियों का, जो इस रक्त-रंजित विद्रोह के मूल कारण थे, जैसा विश्लेषण इस आँख खोल देने वाली पुस्तक में किया गया था वह बहुत बड़े साहस का परिचायक था। सर सैयद के अनुसार विद्रोह का सबसे महत्त्वपूर्ण कारण था शासक और शासितों के बीच संवादहीनता की गहरी खाई। इसे पाटने का एकमात्र रास्ता था विधायिका (लेजिस्लेटिव काउंसिल) में हिन्दुस्तानियों का समुचित प्रतिनिधित्व। एक क़दम और आगे बढ़कर सर सैयद ने हिन्दुस्तान में भी इंग्लैंड की तर्ज पर संसद (पार्लियामेंट) के गठन का भी सुझाव दिया था। सर सैयद का स्पष्ट मत था कि जन-भावनाओं की सीधी जानकारी और उसकी संवेदनशील समझ से ही विद्रोह जैसे जनरोष के विस्फोट से बचा जा सकता है।

'असबाबे बग़ावते हिन्द' में व्यक्त विचारों, उनके विश्लेषण और सुझावों का हवाला देते हुए लाला लाजपत राय ने सर सैयद से पूछा था कि अगर सन् 1858 में ये सद्भावना प्रेरित और न्यायसंगत थे तो तीस साल बाद इसी तरह के सुझाव और माँगें जो कहीं ज़्यादा तर्कसंगत ढंग से इंडियन नेशनल कांग्रेस के प्रबुद्ध नेतृत्व द्वारा पेश की जा रही थीं, कैसे उनके (सर सैयद के) तीखे मखौल और अतार्किक कटु आलोचना का कारण साबित हो रही हैं? उन्हीं माँगों को लक्ष्य कर किस आधार पर वह (सर सैयद) अब इंडियन नेशनल कांग्रेस के देशभक्त सदाशय नेताओं पर राजद्रोह का आरोप मढ़ रहे हैं? तरुण लाजपत राय ने सर सैयद को याद दिलाया था कि सन् 1858 की तुलना में सन् 1888 में देश में आधुनिक पश्चिमी शिक्षा प्राप्त और पश्चिम की आधुनिक संस्थाओं, जिसमें इंग्लैंड की संसदीय संस्था भी शामिल है, की बारीक समझ से लैस एक बड़ी जागरूक युवा पीढ़ी तैयार थी। अत: सन् 1858 की अपेक्षा सन् 1888 में देश ने विधायिका (लेजिस्लेटिव काउंसिल) में समुचित प्रतिनिधित्व की बेहतर पात्रता हासिल कर ली थी। मूलत: उर्दू में लिखित और प्रकाशित ये चारों पत्रनुमा लेख ख़ूब पढ़े गए। इनके अंग्रेज़ी अनुवाद कांग्रेस के सन् 1888 के वार्षिक अधिवेशन में वितरित

किए गए और काफ़ी सराहे गए। उसी वर्ष तरुण लाजपत राय की ख्याति राष्ट्रीय स्तर पर स्थापित हो गई थी।

महात्मा गांधी ने कम से कम चार बार सर सैयद को अपने सार्वजनिक भाषणों में स्मरण किया है। इन चारों के दस्तावेजी साक्ष्य 'गांधी-समग्र' (अंग्रेज़ी) में उपलब्ध हैं। गुर्जर सभा, बाम्बे में दिए गए उनके 14 जनवरी, सन् 1915 के भाषण पर एक विहंगम दृष्टि पहले ही डाली जा चुकी है। दूसरा भाषण 28 नवम्बर, सन् 1917 का है जिसे उन्होंने अलीगढ़ कॉलेज के विद्यार्थियों, अध्यापकों और कर्मचारियों के बीच दिया था। 'द लीडर' (अंग्रेज़ी अख़बार) के अनुसार इसमें दो हज़ार से अधिक की उपस्थिति थी। गांधी ने अपने भाषण में आरा (बिहार) में हुए हिन्दू-मुस्लिम दंगे के दौरान हिन्दुओं की ज़्यादती की तीव्र भर्त्सना की थी। तीसरा भाषण उन्होंने दिल्ली में ऑल इंडिया मुस्लिम लीग की काउन्सिल की बैठक के दौरान 22 फरवरी सन् 1931 को दिया था। उनके स्वागत में मौलवी मुहम्मद याक़ूब ने कहा था कि उनका (गांधी का) वहाँ आना दरअसल 21 करोड़ हिन्दू भाइयों का आना था। मौलवी याक़ूब का मन्तव्य था कि गांधी वहाँ 21 करोड़ हिन्दुओं के प्रतिनिधि के बतौर आए थे। अपने भाषण में गांधी ने अपनी दिलचस्प शैली में कहा था कि वह एक बनिया थे और उनके लालच की सीमा नहीं थी। यह हमेशा उनकी दिली इच्छा रही कि वह महज 21 करोड़ (हिन्दुओं) की ओर से ही नहीं बल्कि (मुसलमानों सहित) 30 करोड़ हिन्दुस्तानियों की ओर से बोल सकें। लॉर्ड इर्विन के साथ अपनी वार्ता और आसन्न 'गोलमेज सम्मेलन' का ज़िक्र करते हुए उन्होंने कहा था कि "उसके नतीजों के बारे में कुछ कह पाना फ़िलहाल मुश्किल था। पर एक बात तय है कि हिन्दू-मुस्लिम एकता का ध्येय सबसे ऊपर था और आगे भी रहेगा। अगर इसे हासिल करने में मुझे जान की बाजी भी लगानी पड़े तो इससे मेरे मन को सच्ची शान्ति ही मिलेगी।" भाषण में उन्होंने आगे जोड़ा था कि हिन्दू-मुस्लिम एकता कोई सौदेबाजी का सवाल नहीं था कि हम दो-चार कम-ज़्यादा सीटों के लिए लड़ते रहें। यह महज दाल-रोटी का प्रश्न नहीं था बल्कि प्रेम और आस्था का था। इस सन्दर्भ में कि उन्होंने सर सैयद को आदरपूर्वक स्मरण किया था।

गांधी द्वारा सर सैयद का चौथा और सम्भवत: अन्तिम सन्दर्भ 24 मार्च सन् 1947 को राजघाट (दिल्ली) पर आयोजित सायंकालीन प्रार्थना सभा के दौरान मिलता है। इसमें भारी संख्या में महिलाएँ भी उपस्थित थीं। इनमें काफ़ी अशिक्षित और अर्धशिक्षित थीं जो आपस में बातें कर रही थीं। सभा में उपस्थित पुरुष शान्त और एकाग्रचित्त थे। पर औरतों की बातचीत से जो शान्त थे वह भी प्रवचन सुन नहीं पा रहे थे। गांधी ने कहा था अपने इस तरह के व्यवहार के लिए वे स्वयं ही ज़िम्मेदार नहीं थीं। काम के बोझ से दबी वे गरीब और निरक्षर थीं। उन्हें अच्छी बातें सिखाने और शिक्षित करने की ज़िम्मेदारी पुरुष वर्ग की थी। स्वयं-सेविकाओं का पहला

कर्तव्य है कि वो ऐसी महिलाओं को सार्वजनिक सभा के नियम और सलीके ढंग से समझाएँ। देश विभाजन की बात तब लगभग पक्की हो गई थी। जगह-जगह हिन्दू-मुस्लिम दंगे हो रहे थे। साम्प्रदायिक मानसिकता के कुछ लोग गांधी पर आरोप मढ़ रहे थे कि वह (गांधी) केवल मुसलमानों के धन-जन की क्षति से ही दुखी होते थे। हिन्दुओं की यातनाएँ उन्हें विचलित नहीं करती थीं। इस पृष्ठभूमि में गांधी ने अपने प्रवचन में कहा था कि आज वह एक ऐसे गाँव से होकर आए जहाँ हिन्दुओं को क्षति पहुँची थी। इसका उन्हें दुःख था। पर इससे हिन्दुओं के अपने अपराध कम नहीं हो जाते। उन्होंने जोड़ा था कि उनकी निगाह में हिन्दुओं और मुसलमानों की यातनाएँ अलग-अलग नहीं थीं। सभी के दुःख से वह दुखी होते थे। इस प्रसंग में अलीगढ़ विश्वविद्यालय के संस्थापक सर सैयद अहमद ख़ान के शब्दों में उन्होंने कहा था कि "हिन्दू और मुसलमान भारत माता की दो आँखों की तरह थे। जैसे एक आँख की तकलीफ़ दूसरी में भी परेशानी पैदा कर देती है वैसे ही पूरा हिन्दुस्तान यंत्रणा से गुज़रता है जब हिन्दू या मुसलमान दोनों में से किसी को भी दुःख पहुँचता है।" सर सैयद ने अपने एक महत्त्वपूर्ण भाषण में हिन्दुओं और मुसलमानों की उपमा हिन्दुस्तान की दो ख़ूबसूरत आँखों से देते हुए कहा था कि उनमें से एक को भी नुकसान पहुँचने से उसका समूचा चेहरा बदसूरत हो जाएगा। गांधी के चारों भाषणों में सर सैयद के मानपूर्वक स्मरण के साथ उनकी इस उपमा का प्रभावशाली रचनात्मक प्रयोग हुआ है। हिन्दू-मुस्लिम एकता के लिए जान की बाजी लगाकर सतत प्रयत्नशील गांधी की स्मृति में सर सैयद सदैव स्पन्दित रहे।

पं. जवाहरलाल नेहरू (सन् 1889-1964) ने अपनी आत्मकथा में उन्नीसवीं सदी के दौरान हिन्दुस्तान में राजनीतिक चेतना, राष्ट्रीयता और साम्प्रदायिकता के उदय और विकास पर गहरी इतिहास दृष्टि से विचार किया है। इन तीनों के सम्बन्ध आधुनिक पश्चिमी शिक्षा के प्रसार के साथ काफ़ी गहरे थे। नेहरू के अनुसार आधुनिक शिक्षा में हिन्दू मुसलमानों से कम से कम आधी सदी आगे थे। आधुनिक शिक्षा में अपने इस पिछड़ेपन का ख़मियाज़ा मुसलमानों को बुरी तरह भुगतना पड़ा। सन् 1857 के विद्रोह में यद्यपि हिन्दू और मुसलमान दोनों शामिल थे पर इसमें हिन्दुओं की अपेक्षा मुसलमानों ने कहीं ज़्यादा बढ़-चढ़ कर हिस्सा लिया था। इसकी एक ख़ास वजह थी उनके मन में लगातार चुभती यह फांस कि अंग्रेज़ों ने ही हिन्दुस्तान की राजसत्ता उनसे छल-कपट से छीनी थी। विद्रोह के दौरान अंग्रेज़ों ने हिन्दुओं की अपेक्षा मुसलमानों को कहीं अधिक उग्र, आक्रामक और क्रूर पाया था। अतः उनके भीषण, क्रूरतापूर्ण दमन के सबसे अधिक शिकार मुसलमान ही हुए। इस कारण मुसलमान अंग्रेज़ों द्वारा स्थापित आधुनिक पश्चिमी शिक्षा की संस्थाओं से लम्बे अर्से तक विमुख रहे। उनका एक प्रभावशाली वर्ग समूची पश्चिमी शिक्षा को कुफ्र और हिन्दुस्तान में उसे ईसाई मिशनरियों की चतुर

साज़िश करार दे रहा था। इन विषम परिस्थितियों में मुसलमानों को आधुनिक पश्चिमी शिक्षा की ओर उन्मुख करना एक बड़ी चुनौती थी। इसे स्वीकार कर सर सैयद ने एक अपूर्व ऐतिहासिक दूरदृष्टि और अप्रतिम साहस का परिचय दिया था। नेहरू के अनुसार सर सैयद अच्छी तरह समझते थे कि आधुनिक पश्चिमी शिक्षा से जुड़े बिना उनका समुदाय अंग्रेज़ी की सद्‌भावना, सहानुभूति और विश्वास अर्जित नहीं कर सकेगा। वह अपने अनेक समकालीनों की तरह अंग्रेज़ों के अनन्य प्रशंसक थे। सन् 1869 में इंग्लैंड सहित पश्चिमी यूरोप की उनकी यात्रा और वहाँ उनके प्रवास ने अंग्रेज़ों की महानता में उनकी आस्था और दृढ़ कर दी थी। इंग्लैंड प्रवास के दौरान अपने एक पत्र में उन्होंने लिखा था कि ''मैं अंग्रेज़ों को हिन्दुस्तान में हिन्दुस्तानियों के प्रति किए जा रहे अशिष्ट व्यवहार और उन्हें जानवरों की तरह नफ़रत से देखने के लिए बख़्शने को तैयार नहीं हूँ। लगता है ऐसा वो ग़लतफ़हमी की वजह से करते हैं।'' इसके बाद सर सैयद लिखते हैं कि ''वह थोड़ा झिझक के साथ यह कबूल करते हैं कि हमारे बारे में अपनी इस सोच में वे (अंग्रेज़) बहुत ज़्यादा ग़लत नहीं थे। उनकी चापलूसी के बिना मैं यह सच्चाई से कह सकता हूँ कि हिन्दुस्तानी चाहे बड़े हों या छोटे, व्यापारी हों या छोटे-मोटे दुकानदार, पढ़े-लिखे हों या अनपढ़ सभी अग्रेजों के मुकाबले शिक्षा, व्यवहार और ईमानदारी में वैसे ही लगते हैं जैसा कि एक गंदा जानवर सुयोग्य और सुन्दर मनुष्य के सामने लग सकता है। अंग्रेज़ों के पास हमें जड़-पशु मानने के पर्याप्त तर्क हैं। सर्वशक्तिमान ने जितनी भी भौतिक और आध्यात्मिक श्रेष्ठताएँ दी हैं सभी योरोप, उसमें भी ख़ासकर इंग्लैंड को प्रदान कर रखी हैं।''

उपर्युक्त पंक्तियाँ सर सैयद के पत्र से उद्धृत करने के बाद पं. नेहरू ने टिप्पणी की है कि कोई और आदमी यूरोप और ब्रिटेन की इससे बेहतर प्रशंसा शायद ही कर सके। साफ़ है सर सैयद पश्चिम की सभ्यता से अत्यन्त अभिभूत थे। नेहरू के अनुसार सर सैयद ने इतनी सख़्त भाषा और तीखी तुलना का प्रयोग सम्भवत: अपने समाज को तेज़ी से झकझोर कर जड़ता की गहरी नींद से जगाने के लिए किया था। इसका दूसरा उद्‌देश्य था उन्हें आधुनिक पश्चिमी शिक्षा की दिशा में प्रेरित करने का। इस शिक्षा का अर्थ था सरकारी नौकरियाँ, सुरक्षा, प्रभाव और सम्मान। इस विचार से सर सैयद के आधुनिक पश्चिमी शिक्षा की ओर अपने समाज को उन्मुख करने के लिए अपनी सारी शक्ति लगा दी। मुसलमानों की निष्क्रियता और झिझक को दूर करने की उनके सामने विकट चुनौती थी। इसमें किसी प्रकार का विचलन और भ्रांति उन्हें नितांत असह्य थी। नेहरू अपनी मार्क्सवादी विश्लेषण दृष्टि के सहारे बताते हैं कि हिन्दू बुर्जुआ वर्ग से उद्‌भूत नई राष्ट्रीयता में सर सैयद को अपने अभीष्ट उद्‌देश्य से भटकाव का जोखिम नज़र आता था। इसलिए उन्होंने इसका तीव्र विरोध किया था। पश्चिमी शिक्षा में आधी सदी आगे हिन्दू अंग्रेज़ी सरकार की नुक्ताचीनी

का शग़ल अख़्तियार कर सकते थे। पर उनके समुदाय के लिए अंग्रेज़ों की सद्भावना और सहयोग बेहद मूल्यवान था। इसके बिना पिछड़ा मुसलमान समाज आधुनिक पश्चिमी शिक्षा के मार्ग पर आगे नहीं बढ़ सकता था।

नेहरू इसकी तस्दीक करते हैं कि मुसलमानों के लिए पश्चिमी शिक्षा पर ध्यान केन्द्रित करने का सर सैयद का निर्णय सर्वथा सही था। उनके इस दिशा में अथक प्रयास के कारण ही मुसलमानों के बीच आधुनिक पश्चिमी शिक्षा का व्यापक प्रचार-प्रसार हो सका। इसके फलस्वरूप विलम्ब से ही सही उनमें भी एक बुर्जुआ वर्ग का उदय सम्भव हुआ। सर सैयद के ये प्रयास देखने में तो काफ़ी 'मॉडरेट' थे पर उनके परिणाम पर्याप्त क्रान्तिपरक सिद्ध हुए। बुर्जुआ वर्ग के उदय और विकास के कारण मुसलमानों के एक महत्त्वपूर्ण हिस्से का मिज़ाज भी धीरे-धीरे बदलने लगा था। इस बदलाव के अभाव में नेहरू के अनुसार भारतीय राष्ट्रवाद की संरचना में मुसलमान वह महत्त्वपूर्ण ऐतिहासिक भूमिका अदा नहीं कर पाते जो वे अन्ततः कर सके। इसी वजह से मुसलमान हिन्दुओं के पिछलग्गू बन कर रह जाने से बच गए। पर मुस्लिम समाज पर लगातार वर्चस्व मुट्ठी-भर ज़मींदारों का ही बना रहा। इस्लाम में निश्चय ही ऊँच-नीच और छोटे-बड़े का भेद कभी नहीं रहा पर दुर्भाग्यवश मुसलमानों में यह भेद उतना ही व्याप्त रहा जितना कि हिन्दुओं में। सर सैयद स्वयं इससे मुक्त नहीं थे। दिसम्बर 1887 में लखनऊ की एक सभा में उन्होंने नवजात कांग्रेस की हिन्दुस्तानियों के लिए थोड़े से प्रजातांत्रिक अधिकारों की माँग की भी तीव्र भर्त्सना की थी। प्रजातंत्र का अर्थ था समानता जिसमें जन्म के आधार पर भेदभाव की गुंजाइश नहीं थीं। लखनऊ की सभा में उन्होंने साफ़ कहा था कि वह किसी छोटी जाति के उच्च शिक्षा प्राप्त सभ्य-सुयोग्य व्यक्ति को भी बराबरी का दर्जा देने के लिए कतई तैयार नहीं थे। कुलीनता उनकी सबसे महत्त्वपूर्ण शर्त थी। शिक्षा और योग्यता के बावजूद कुलीनता की कसौटी पर खरा न उतर सकने वाले व्यक्ति को सत्ता में देखना उनके लिए अकल्पनीय था। उन्हें लगता था कि ऐसे व्यक्ति को वॉयसराय विधायिका (लेजिस्लेचर) का सदस्य बनने की स्थिति में औपचारिक भोजों में अर्ल और ड्यूक के साथ शामिल होने के लिए कैसे निमंत्रित कर सकते थे।

सर सैयद के उपर्युक्त विचारों से नेहरू चकित अवश्य थे पर वह बताते हैं कि इस तरह की विचित्र सोच में सर सैयद अकेले नहीं थे। उस दौर के कई कांग्रेसी नेताओं के भाषणों में व्यक्त अनेक विचार आज पढ़ने पर उतने ही विचित्र लगेंगे। बुर्जुआ वर्ग के बढ़ते जनाधार के साथ-साथ कांग्रेस में धीरे-धीरे पहले उदार (लिबरल) और उसके बाद 'रैडिकल' (परिवर्तनगामी) विचारों का प्रसार होता गया। आधुनिक पश्चिमी शिक्षा के उत्तरोत्तर प्रसार के साथ मुस्लिम समाज में भी बुर्जुआ वर्ग का लगातार विस्तार अपरिहार्य था। इसके कारण मुसलमानों में भी एक

ऐसी पीढ़ी उभरने लगी जिसकी सोच में गुणात्मक बदलाव की अनदेखी सम्भव नहीं थी। सर सैयद के प्रति अपार श्रद्धा और उनकी सख़्त हिदायत के बावजूद इस पीढ़ी के कुछ स्वतंत्रचेता लोग कांग्रेस के अधिवेशनों में अपने प्रतिनिधि लगातार भेजते रहे। 16 मार्च, 1888 को मेरठ के मुसलमानों की एक सभा में सर सैयद ने ऐसे लोगों को सिरफिरा और अकुलीन करार देते हुए उनका मखौल उड़ाया था। हिन्दुस्तान के मुसलमानों में मध्यवर्ग—बुर्जुआ का उदय सर्वप्रथम बाम्बे प्रेसिडेंसी ख़ासकर बम्बई (वर्तमान मुम्बई) और उसके आस-पास के इलाकों में उन्नीसवीं सदी के पूर्वार्द्ध में होने लगा था। मुसलमानों में वहाँ के इस्माइली खोजा और बोरा समाज के लोग पारसी और हिन्दू उद्योगपतियों तथा व्यवसायियों के साथ कंधे से कंधा मिलाकर आगे बढ़ रहे थे। वकालत और चिकित्सा जैसे पेशों में भी उनका अच्छा-ख़ासा दख़ल था। बदरुद्दीन तैयब जी, रहमतुल्ला सयानी, अब्बास तैयब जी, उमर सुभानी, मुहम्मद अली जिन्ना, अतिया फ़ैजी और यूसुफ़ मेहरअली जैसे लोग इसी मुस्लिम बुर्जुआ वर्ग की उपज थे। इस क्षेत्र में उत्तर की तरह अंग्रेज़ सरकार परस्त मुसलमान ज़मींदारों और ताल्लुकेदारों का वर्चस्व नहीं था। बाम्बे प्रेसिडेन्सी से थोड़े दिनों बाद मुस्लिम समाज में बुर्जुआ वर्ग का उदय कलकत्ता प्रेसिडेन्सी में हुआ। बंगाल में इस नवोदित वर्ग में मौलवी मुज़ीबुर्रहमान (सम्पादक, मुसलमान), मौलवी मुहम्मद अकरम (सम्पादक, मोहम्मदी), मौलवी अब्दुल रज़्ज़ाक (सम्पादक, अल जामिया), मौलवी अब्दुल करीम (सन् 1863-1936) और अब्दुल कासिम फज़लुल हक़ (सन् 1873-1962) के नाम विशेष उल्लेखनीय हैं। मौलवी अब्दुल करीम द्वारा बंगाली मुसलमानों के शैक्षणिक विकास के क्षेत्र में योगदान की तुलना प्रो. मुहम्मद मुजीब ने सर सैयद की सेवाओं से की है। फज़लुल हक़ अविभाजित बंगाल और बाद में पूर्वी पाकिस्तान (अब बांग्लादेश) के प्रमुख राजनीतिक नेता रहे। ऋणग्रस्त बंगाली किसानों को राहत पहुँचाने के लिए उन्होंने विशेष प्रयास किए थे। मुसलमानों के इस नवोदित बुर्जुआ वर्ग में से अच्छी-ख़ासी तादाद में लोगों ने कांग्रेस से जुड़ कर आज़ादी की लड़ाई में हिस्सा लिया।

सर सैयद से कांग्रेस का संवाद लगातार बना रहा। उसके एक अग्रणी और सम्मानित नेता मौलाना अबुल कलाम आज़ाद (सन् 1888-1938) थे। उनका पूरा नाम अबुल कलाम ग़ुलाम मोहियुद्दीन था। वह सन् 1903 में मात्र पन्द्रह साल की आयु में ही सर सैयद के लेखन की ओर आकृष्ट हो गए थे। उन पर सर सैयद के आधुनिक शिक्षा सम्बन्धी विचारों का गहरा प्रभाव किशोरावस्था में ही पड़ना शुरू हो गया था। सर सैयद के राजनीतिक विचारों से वह पूरी तरह असहमत थे। पर वह उनके (सर सैयद के) समाज-सुधार और मुसलमानों में आधुनिक शिक्षा के व्यापक प्रसार-प्रचार के क्षेत्रों में अपूर्व योगदान के अनन्य प्रशंसक थे। सर सैयद के ही

लेखन से प्रेरित होकर पन्द्रह साल की उम्र में उन्होंने अंग्रेज़ी भाषा का ज्ञान प्राप्त करना शुरू किया था। अपनी पुस्तक 'हमारी आज़ादी' में वह बताते हैं—

"आधुनिक शिक्षा के बारे में सर सैयद के विचारों का मुझ पर बहुत प्रभाव पड़ा। मैंने महसूस किया था कि जब तक कोई व्यक्ति आधुनिक विज्ञान, दर्शन और साहित्य का अच्छा अध्ययन न कर ले वह सही मायनों में शिक्षित नहीं होता। मैंने तय किया कि मेरे लिए अंग्रेज़ी पढ़ना ज़रूरी है।"

साल भर में ही मौलाना ने 'बाइबिल' (इंजील) पढ़ना शुरू कर दिया था। साथ ही वह अंग्रेज़ी अख़बार और अंग्रेज़ी में लिखी इतिहास और दर्शन की पुस्तकें भी पढ़ने लगे थे। साफ़ है मौलाना आज़ाद में आधुनिकता-बोध जगाने में सर सैयद की अहम भूमिका रही।

सर सैयद से मौलाना आज़ाद के ज़रिये कांग्रेस के संवाद का एक महत्त्वपूर्ण दस्तावेज़ उनका (आज़ाद का) 20 फरवरी, 1949 को अलीगढ़ मुस्लिम विश्वविद्यालय में दिया गया दीक्षान्त भाषण है। उन्होंने दो टूक शब्दों में कहा था कि उन्नीसवीं सदी के अन्तिम 25 वर्षों के दौरान हिन्दुस्तानी मुसलमानों में व्याप्त राजनीतिक गतिरोध का सबसे बड़ा और एकमात्र कारण संस्था के संस्थापक सर सैयद का नेतृत्व था। इसके कारण उस काल में हिन्दुस्तानी मुसलमान समस्त राजनैतिक आन्दोलनों से न केवल अलग रहे बल्कि उनका एक बड़ा वर्ग स्वतंत्रता-संघर्ष का विरोध तक करने पर तत्पर था। आज़ाद ने बताया कि राजनीति में सर सैयद के ग़लत मार्गदर्शन से ऐसी कई बुराइयाँ पैदा हुईं जिनका हमें बड़ा ख़मियाज़ा भुगतना पड़ा। आज़ाद ने आगे जोड़ा था कि उन्होंने अपने राजनीतिक जीवन के प्रारम्भ में ही स्वीकार कर लिया था कि हिन्दुस्तान के मुसलमानों को स्वतंत्रता-आन्दोलन में भाग लेना चाहिए और इस उद्‌देश्य की पूर्ति के लिए उनका भारतीय राष्ट्रीय कांग्रेस में शामिल होना ज़रूरी था। इस पृष्ठभूमि में ही उन्होंने अपने तेजस्वी राष्ट्रीय पत्र 'अल-हिलाल' का प्रकाशन सन् 1912 में शुरू किया था। मुसलमानों को कांग्रेस के नेतृत्व में चल रहे राजनीतिक आन्दोलन में हिस्सा बढ़ाने की दिशा में प्रेरित करना ही इसका प्रमुख उद्‌देश्य था। इस कारण सर सैयद की राजनीतिक विचारधारा और अलीगढ़ के उसके अनुयायियों पर कटाक्ष अपरिहार्य हो गया था। नतीजतन कई लोग उन्हें (आज़ाद को) इस सीमित राजनीतिक असहमति के कारण सर सैयद और अलीगढ़ का दुश्मन करार देने लगे थे।

भाषण में आज़ाद ने स्पष्ट किया है कि सर सैयद के कांग्रेस विरोध के पीछे लेशमात्र भी साम्प्रदायिक सोच नहीं थी। उन्होंने अपने राजनीतिक प्रयासों में सदा हिन्दुओं को भी साथ रखा। आजीवन हिन्दू-मुस्लिम एकता के समर्थक उन्होंने हमेशा उन बातों का विरोध किया जो दोनों के बीच वैमनस्य के कारण सिद्ध हो सकती थीं। सर सैयद ने बारम्बार इस सुन्दर उपमा का उपयोग किया है कि हिन्दू

और मुसलमान मातृभूमि के मुख पर दो ख़ूबसूरत आँखों के समान हैं। उनकी हिन्दू शब्द की व्याख्या से हम उनके राष्ट्रीयता विषयक दृष्टिकोण को बहुत कुछ समझ सकते हैं। लाहौर के हिन्दुओं की एक सभा में सर सैयद ने कहा था कि उन्हें इसका दु:ख है कि हिन्दुओं ने हिन्दू शब्द की परिभाषा सिर्फ़ अपने तक सीमित कर ली है। सर सैयद के ही शब्दों में—

"मैं उन सबको हिन्दू मानता हूँ जो इस देश में रहते हैं चाहे वो किसी भी धर्म या नस्ल से जुड़े हों। इसलिए मुझे इस बात का फ़ख्र है कि मैं हिन्दू हूँ।"

आज़ाद ने बताया कि एक रूढ़िग्रस्त समाज में आधुनिक विचारों के प्रसार-प्रचार की राह में जितनी भी कठिनाइयाँ सम्भव थीं सर सैयद को उन सबका सामना करना पड़ा। प्रगति और आधुनिकता विरोधियों के हाथ में धर्म की दुहाई का अमोघ अस्त्र था। ये विरोधी आधुनिक पश्चिमी शिक्षा को धर्म विरुद्ध मानते थे। आज़ाद ने जोड़ा था कि विभिन्न देशों और समुदायों को वैचारिक संघर्ष के दौर से अलग-अलग कालों में गुज़रना पड़ा। यूरोप ने इस वैचारिक द्वन्द्व का सामना 17वीं और 18वीं सदी में किया था। पूरब के देशों को इससे 19वीं सदी में गुज़रना पड़ा। हिन्दुस्तान में हिन्दुओं के बीच यह द्वन्द्व शीघ्र प्रारम्भ हुआ और वह शीघ्र समाप्त भी हुआ। मुसलमानों में यह संघर्ष बाद में शुरू हुआ और काफ़ी लम्बी अवधि तक चला। अन्तत: उनमें भी परिवर्तनगामी शक्तियाँ विजयी हुईं। यह निर्विवाद है इस संघर्ष में केन्द्रीय भूमिका अलीगढ़ कॉलेज के संस्थापक सर सैयद की रही। उन्होंने इस कॉलेज के ज़रिये मुसलमानों की आधुनिक शिक्षा की आधारशिला रख इसे प्रगति का प्रतीक बना दिया। आज़ाद के अनुसार सर सैयद आधुनिक पश्चिमी शिक्षा की आत्मा को समझते थे जिसमें चरित्र-निर्माण के आदर्शों का अनुपालन अनिवार्य था। वह आधुनिक अंग्रेज़ी शिक्षा के साथ मुसलमानों की मज़हबी तालीम को भी ज़रूरी मानते थे। वह जानते थे कि इसके बिना आधुनिक पश्चिमी शिक्षा मुसलमानों में लोकप्रिय नहीं हो सकती थी। पुराने के पतन और नए के अभ्युदय के संक्रमण के बीच 19वीं शताब्दी में पूरब के अन्य देशों की तरह हिन्दुस्तान की प्राचीन धरती भी एक नए रूप में नया चोला धारण कर रही थी। हिन्दुस्तानी मुसलमानों में यह सर सैयद के साहसिक सुधारों से अलीगढ़ में ही सम्भव हुआ। अत: अलीगढ़ उन स्थानों में से है जहाँ से नए हिन्दुस्तान के निर्माण के लिए मार्गदर्शन मिला।

अपने विचारशील दीक्षान्त भाषण में मौलाना आज़ाद ने सर सैयद के नेतृत्व में अलीगढ़ के एक श्रेष्ठ बौद्धिक और सांस्कृतिक केन्द्र के रूप में विकास पर भी प्रकाश डाला था। उन्नीसवीं सदी के अनेक प्रखर मुस्लिम बुद्धिजीवी अलीगढ़ में सर सैयद के चारों ओर जमा हो गए थे। इंग्लैंड की अपनी ऐतिहासिक यात्रा से लौटकर सर सैयद ने 'तहज़ीबुल अख़लाक' नामक एक पत्रिका का प्रकाशन शुरू किया था। आज़ाद के अनुसार शायद ही किसी पत्रिका ने इस पीढ़ी को इतना

प्रभावित किया हो जितना इस पत्रिका ने। सर सैयद स्वयं और उनके चतुर्दिक एकत्रित बुद्धिजीवी इसके लेखकों में थे। वस्तुतः इसी पत्रिका ने उर्दू में आधुनिक साहित्य की बुनियाद रखी और भाषा को अमूर्त तथा सूक्ष्म विचारों की अभिव्यक्ति के लिए सक्षम बनाया। अलीगढ़ में ही मुस्लिम चिन्तन के अनुसंधान, व्याख्या और पुनर्रचना की विद्वान-मंडलियों का जन्म हुआ। आधुनिक युग के श्रेष्ठतम मुसलमान साहित्यकारों ने यहीं से ऊर्जा प्राप्त की। आधुनिक उर्दू कविता का जन्म यद्यपि लाहौर (अब एक पाकिस्तानी शहर) में हुआ था, किन्तु उसके विकास के लिए उचित वातावरण अलीगढ़ में ही मिला। आधुनिक शैली की कविताएँ सबसे पहले मोहम्मडन एजुकेशनल कॉन्फ्रेंस के सम्मेलनों के अवसरों पर पढ़ी जाने के लिए लिखी गईं। बाद में वे दूसरी जगहों में भी पढ़ी जाने लगीं। उर्दू वक्तृत्व कला के विकास का सर्वप्रथम मंच भी यही था। यहीं उर्दू के अनेक श्रेष्ठ वक्ताओं ने इस कला का प्रशिक्षण प्राप्त किया।

समाज-सुधार, धर्म, संस्कृति, शिक्षा और भाषा के क्षेत्रों में सर सैयद के अप्रतिम योगदान पर रोशनी डालता मौलाना आज़ाद का यह दीक्षान्त भाषण स्वतंत्रता प्राप्ति के ठीक डेढ़ साल बाद दिया गया था। भारत की संविधान सभा तब एक धर्मनिरपेक्ष जनतांत्रिक संविधान का प्रारूप तैयार करने में व्यस्त थी। आज़ाद सन् 1939 में मुस्लिम लीग से जुड़े अलीगढ़ के बुद्धिजीवियों[1] ख़ासकर प्रो. सैयद ज़फरुल हसन और प्रो. मुहम्मद अफ़ज़ल हुसेन क़ादरी के पाकिस्तान की रूपरेखा के निर्धारण और संरचना में सक्रिय योगदान से परिचित थे। विभाजन के दौरान अलीगढ़ मुस्लिम विश्वविद्यालय को पाकिस्तान स्थानांतरित करने का मुस्लिम लीग का दावा कांग्रेस ने ठुकरा दिया था। इसमें गांधी, नेहरू, आज़ाद की भूमिका विशेष उल्लेखनीय थी। इस पृष्ठभूमि में आज़ाद के उक्त दीक्षांत भाषण का महत्त्व और भी बढ़ जाता है। दरअसल उन्होंने नवोदित धर्मनिरपेक्ष राष्ट्र में अपनी मुस्लिम पहचान क़ायम रखते हुए इस विश्वविद्यालय की भावी भूमिका की मार्ग निर्देशिका तैयार कर दी थी। ऐसा वह सर सैयद के विभिन्न क्षेत्रों में महान योगदान की उदार व्याख्या से ही कर सके थे। ज्ञातव्य है कि दिसम्बर, सन् 1906 में ढाका में आयोजित मोहम्मडन एजुकेशनल कॉन्फ्रेंस के जिस अधिवेशन के दौरान मुस्लिम लीग की स्थापना हुई थी उसमें तरुण अठारह वर्षीय आज़ाद भी शामिल थे पर उन्होंने लीग की सदस्यता ग्रहण नहीं की थी। सर सैयद के देहावसान के पचास साल बाद भी उनसे कांग्रेस के शीर्षस्थ नेताओं का संवाद जारी रहा। उनके (सर सैयद के) साथ ऐसे रचनात्मक संवाद के संकेत लीग के बड़े नेताओं में नितान्त विरल हैं।

1. इस योजना से जुड़े अलीगढ़ मुस्लिम विश्वविद्यालय के कुछ अन्य प्राध्यापकों के नाम हैं— अमीरुद्दीन किदवई, उमरुद्दीन, ज़फ़र अहमद सिद्दीक़ी, मसूद मख़दूम, डॉ. ज़की हुसेन, डॉ. बुरहान अहमद फ़ारूक़ी, जमालुद्दीन अहमद और मुद्दसिर अली शम्सी।

सर सैयद की तुलना इतिहासविदों ने बंगाली हिन्दू समाज सुधारक और प्रखर धार्मिक चिन्तक राजा राममोहन राय (सन् 1774-1833) से की है। मौलाना आज़ाद के अनुसार, "राजा राममोहन राय ने जो कुछ बंगाल में किया था सर सैयद ने वही 40 साल बाद उत्तर भारत में और ख़ासकर मुसलमानों के लिए किया।" मौलाना आज़ाद के विचार में, "दोनों में महज़ इतना ही भेद था कि राजा राममोहन राय के सुधारों का क्षेत्र केवल धर्म था, जबकि सर सैयद अहमद ख़ान ने शिक्षा के क्षेत्र में भी सुधार किए। निश्चय ही दोनों ने बौद्धिक शिक्षा के क्षेत्रों में अपने व्यक्तित्व की छाप छोड़ी। धर्म, शिक्षा, सामाजिक जीवन, भाषा, साहित्य और पत्रकारिता उनके सुधारात्मक प्रयत्नों और रचनात्मक शक्ति के साक्षी हैं।"

ये तुलना थोड़ा और आगे जाती है। राजा राममोहन राय और सर सैयद दोनों उच्च कुलोद्भव थे। एक का जन्म ब्राह्मण परिवार में तो दूसरे का सैयद परिवार में हुआ था। दोनों ने अरबी और फ़ारसी की उच्चकोटि की शिक्षा प्राप्त की थी। मुग़ल सरकार की सेवाओं के लिए इन भाषाओं में कुशलता आवश्यक थी। राजा राममोहन राय को अंग्रेज़ी और संस्कृत का भी अच्छा ज्ञान था। वेदों और उपनिषदों के गम्भीर मंथन के बाद उन्होंने एकेश्वरवाद पर अरबी में एक अद्भुत पुस्तक 'तोहफ़वुल मुवाहहिदीन' की रचना की। इसका शीर्षक शाह वली उल्लाह की इस्लाम में एकेश्वरवाद पर अरबी में लिखी विख्यात पुस्तक से प्रेरित था। इसके बरअक्स सर सैयद का अंग्रेज़ी ज्ञान बहुत सीमित था। राजा राममोहन राय का काफ़ी लेखन अंग्रेज़ी में भी है।

मुग़ल साम्राज्य के पतन के बाद दोनों ने अंग्रेज़ शासकों की नई शासन और न्याय व्यवस्था में विश्वास व्यक्त किया और बदले में उनका विश्वास स्वयं भी अर्जित किया। दोनों ने ईसाई मिशनरियों द्वारा प्रचारित और पोषित ईसाई धर्म की व्याख्या को अस्वीकार कर 'बाइबिल' का स्वयं गहन अध्ययन किया। ईसाई धर्म के अपने स्वतंत्र अनुशीलन के आधार पर दोनों ने उसकी रूढ़िमुक्त उदार व्याख्याएँ कीं। दोनों ने अपने पूर्वजों से प्राप्त अपनी-अपनी धार्मिक आस्थाओं के मर्म को एक बार फिर खोजने की कोशिशें कीं। उन्होंने समय-समय पर उपजे अन्धविश्वासों, मध्यकाल के दौरान पनपी विकृतियों और उनसे जुड़ते गए भ्रामक प्रक्षेपों से अपने-अपने धर्मों को परिमार्जित करने की साहसिक चेष्टाएँ कीं। और इस तरह उनके पुराने अर्थों की उन्होंने वर्तमान के अनुरूप अपनी नव्य व्याख्याओं द्वारा उनमें नई जीवन्तता का संचार किया। यहाँ सर सैयद के सामने राजा राममोहन राय से बड़ी चुनौती थी। हिन्दू समाज भी उस समय कुछ कम रूढ़िग्रस्त नहीं था। पर उसमें आत्मालोचन और आत्म-निरीक्षण की अद्भुत क्षमता थी। इसके बरअक्स मुसलमानों पर मुल्ला तंत्र का शिकंजा बहुत सख़्त था। आत्मालोचन और आत्म-निरीक्षण की गुंजाइश वहाँ अत्यन्त क्षीण थी। अत: सर सैयद के सामने समकालीन मुस्लिम

समाज की चुनौती अप्रत्याशिप रूप से कहीं अधिक कठिन थी। इसका सामना करने के लिए जान की बाज़ी लगाकर अप्रतिम साहस-प्रदर्शन की ज़रूरत थी। सर सैयद ने यह जोखिम बख़ूबी उठाया। आधुनिक शिक्षा के मुसलमानों में प्रसार-प्रचार के अपराध के लिए उनके विरोधियों ने मक्का जाकर उनका सिर कलम करने का फ़तवा हासिल किया था। राजा राममोहन राय को भी पश्चिम की उदार आधुनिक शिक्षा पर ज़ोर देने और हिन्दू समाज में धार्मिक परम्परा के नाम पर पनपी विकृतियों के सुधार के अपने अथक प्रयासों पर अडिग रहने के फलस्वरूप शक्तिशाली रूढ़िवादी तत्त्वों से जान से मारने की धमकियाँ लगातार मिलती रहती थीं।

राजा राममोहन राय और सर सैयद दोनों ने अपने विचारों के प्रसार-प्रचार के लिए पत्रकारिता का सहारा लिया था। सर सैयद के द्वारा समय-समय पर प्रकाशित पत्रिकाओं की भाषा जहाँ सिर्फ उर्दू होती थी, वहीं राजा राममोहन राय की पत्रिकाओं में लेख एक से अधिक भाषाओं में होते थे। दोनों ने अंग्रेज़ों और उनकी शासन तथा न्याय व्यवस्था के प्रति एक स्वस्थ आलोचनात्मक दृष्टि सदैव बनाए रखी। दोनों ने पश्चिम की सीधी समझ विकसित करने के लिए इंग्लैंड की यात्राएँ की थीं। राजा राममोहन राय जहाँ अन्तिम मुग़ल सम्राट बहादुर शाह 'ज़फ़र' की याचिका के वाहक होकर वहाँ गए थे, वहीं सर सैयद लन्दन के कैम्ब्रिज विश्वविद्यालय में अपने बेटे को प्रवेश दिलाने के उद्देश्य से वहाँ पहुँचे थे। राजा राममोहन राय इंग्लैंड से स्वदेश नहीं लौट सके थे। सन् 1833 में उनका 59 वर्ष की आयु में वहीं देहावसान हो गया था। 52 वर्षीय सर सैयद पानी के जहाज से सन् 1869 में जब इंग्लैंड जा रहे थे तो समुद्री यात्रा के दौरान उनकी भेंट ब्रिस्टल की एक सहयात्री महिला मिस कार्पेंटर से हुई थी। आपसी बातचीत के दौरान मिस कार्पेंटर ने उन्हें बताया था कि राजा राममोहन राय का देहान्त किन परिस्थितियों में उनके (मिस कार्पेंटर के) पिता के आवास पर हुआ था। राजा राममोहन राय का देहावसान एक सुदूर पराये देश में जिन दुखद परिस्थितियों में हुआ था उसे जान कर सर सैयद देर तक उदास रहे। इसका ज़िक्र उन्होंने यात्रा के दौरान लिखे अपने एक पत्र में किया है जिसमें राजा का अत्यन्त आत्मीय सन्दर्भ है। 'हयाते जावेद' के अनुसार सन् 1831 में बहादुर शाह 'ज़फर' की पेंशन-बढ़ोतरी की याचिका के सिलसिले में इंग्लैंड रवाना होने के पहले राजा राममोहन राय को चौदह वर्षीय किशोर सैयद ने सत्ताहीन मुग़ल सम्राट के दरबार में कई बार देखा था।

जहाँ सर सैयद को अद्भुत कर्ममय जीवन के 81 वर्ष मिले थे वहीं राजा राममोहन राय को नियति ने मात्र 59 वर्ष का जीवन दिया था। अपने 22 वर्ष के अतिरिक्त जीवन काल का प्रत्येक क्षण सर सैयद ने पहले की तरह मुस्लिम समाज में आधुनिक पश्चिमी शिक्षा के व्यापक प्रचार-प्रसार के साथ-साथ उसे मध्यकालीन दकियानूसी खोल से उबारने में कई गुना और भी शक्ति से लगाया। जिन धार्मिक विचारों और

विश्वासों के बचाव तथा पुनर्जीवन के लिए दोनों ने निरन्तर साहसिक प्रयास किए उनके दिक्कालिक सन्दर्भ नितान्त भिन्न थे। पर आगे चलकर दोनों को अपने-अपने समाज में आधुनिक विश्व दृष्टि के विकास का पुरोधा और उन्नायक माना गया।

एक बार यह निश्चित कर लेने के बाद कि आधुनिक पश्चिमी शिक्षा में ही पिछड़े मुस्लिम समाज की प्रगति की कुंजी सन्निहित है सर सैयद उसकी ऐसी रूपरेखा निश्चित करने में लग गए जो उनके समकालीन सहधर्मियों को स्वीकार्य हो। अपने 17 महीने के इंग्लैंड प्रवास के दौरान उन्होंने वहाँ की उदार शिक्षा से जुड़ी संस्थाओं, ख़ासकर हैरी और कैम्ब्रिज की शिक्षा पद्धति का बारीकी से अध्ययन किया था। उन्हें पता था कि पश्चिम की शिक्षण संस्थाओं का विकास मूलत: वहाँ के चर्चों से हुआ था। धर्म निरपेक्ष विषयों—विज्ञान, साहित्य, कला और समाज शास्त्र की विभिन्न शाखाओं के साथ वहाँ ईसाई धर्मशास्त्र की शिक्षण व्यवस्था भी थी। उसी मॉडल पर हिन्दुस्तान में भी ईसाई मिशनरियाँ, कॉलेज और स्कूल स्थापित कर रही थीं। प्रेसिडेन्सी नगरों—कलकत्ता, बम्बई और मद्रास में सन् 1857 में स्थापित विश्वविद्यालयों में ज्ञान-विज्ञान, कला और साहित्य के धर्मनिरपेक्ष विषयों की उच्च शिक्षा की व्यवस्था थी। इस पृष्ठभूमि में सर सैयद ने जब अलीगढ़ में मोहम्मडन ऐंग्लो ओरियंटल कॉलेज की स्थापना की तो उनके सामने आवासीय शिक्षा का हैरी और कैम्ब्रिज का ही मॉडल था। उसमें पश्चिमी शिक्षा के साथ इस्लाम की सुन्नी और शिया दोनों शाखाओं की धार्मिक शिक्षाओं का प्रबन्ध था। उसमें मक्का शरीफ़ की ओर मुख कर पाँचों वक़्त की नमाज़ का भी प्रावधान था। मुसलमान छात्रों के साथ उसमें हिन्दू छात्रों को भी पढ़ने के लिए प्रोत्साहित किया गया। उनके धर्म-सम्मत भोजन की अभिरुचियों का भी सम्मान रखा गया। एक बात जो विशेष उल्लेखनीय है वह है सुन्नी और शिया दोनों शाखाओं की धार्मिक शिक्षा की एक ही संस्था के तत्त्वाधान में व्यवस्था। इसके पहले किसी ने इस दिशा में प्रयास का साहस नहीं दिखाया था।

आधुनिक पश्चिमी शिक्षा के साथ इस्लाम की धार्मिक शिक्षा के प्रावधान का सर सैयद का अलीगढ़ में प्रयोग अपने प्रभाव में अत्यन्त व्यापक और दूरगामी सिद्ध हुआ। पंजाब केसरी के रूप में समादृत लाला लाजपत राय ने जब डी.ए.वी. (दयानन्द ऐंग्लो वैदिक) स्कूल और कॉलेज की लाहौर में क्रमश: सन् 1886 और 1889 में स्थापना की तो उनके सामने सर सैयद के मोहम्मडन ऐंग्लो ओरियंटल कॉलेज का अलीगढ़ मॉडल ही था। लाला जी ने आधुनिक पश्चिमी शिक्षा के साथ स्वामी दयानन्द सरस्वती (1824-1883) द्वारा प्रचारित वैदिक धर्म का समाहार ही डी.ए.वी. विद्यालयों की शृंखला में प्रस्तुत किया। जुलाई 1898 में श्रीमती एनी बेसेंट (1847-1933) ने जब बनारस में सेन्ट्रल हिन्दू कॉलेज की स्थापना की तो थियोसाफ़ी के मूल आध्यात्मिक आधार ब्रह्मविद्या के साथ आधुनिक उदार पश्चिमी शिक्षा के उनके

समन्वय की पृष्ठभूमि में लाला लाजपत राय के डी.ए.वी. विद्यालय और सर सैयद के अलीगढ़ कॉलेज के प्रतिमान ही थे। पश्चिम की उदार आधुनिक शिक्षा के साथ पूरब के धार्मिक-सांस्कृतिक मूल्यों के सामंजस्य की परम्परा और आगे भी जारी रही। आधुनिक भारतीय साहित्य के शलाका पुरुष और गुरुदेव के रूप में समादृत रवीन्द्रनाथ ठाकुर (1861-1941) ने शान्ति निकेतन में आधुनिक शिक्षा के साथ भारतीय संस्कृति, कला और प्रकृति के समाहार का अद्‌भुत प्रयोग किया था।

सम्राट अकबर और उनके दरबार के नौ रत्नों में प्रतिष्ठित अब्दुल रहीम खानख़ाना तथा अबुल फ़ज़ल एवं सम्राट शाहजहाँ के बड़े पुत्र दार्शनिक दारा शिकोह के बाद सर सैयद आधुनिक काल के सम्भवतः पहले मुसलमान चिन्तक थे जिन्होंने इस्लाम के अलावा दूसरे धार्मिक विश्वासों को भी समझने की ईमानदार कोशिशें की थीं। ईसाई मत पर तो उन्होंने 'बाइबिल' को मूल हिब्र में पढ़कर एक मूल्यवान पुस्तक ही लिख दी थी। हिन्दू धर्म को भी उनके समझने के प्रयास के एकाधिक संकेत मिलते हैं। 29 अप्रैल, 1870 के एक पत्र में उन्होंने हिन्दू धर्म के आधार वेदों के एक रचनाकार के उस कथन की ओर ध्यान आकर्षित किया था जिसमें ईश्वर के एकत्व के गुण को चिह्नित करते हुए उसे 'ज्योति स्वरूप निर्विकार' निरूपित किया गया था। 'हयाते जावेद' में मौलाना हाली बताते हैं कि सर सैयद ने एक बार कहा था कि "यह विश्वास निराधार है कि ईश्वरीय प्रतिनिधि मुट्‌ठी-भर अरबी और यहूदियों को सुधारने के लिए सिर्फ़ अरब और फ़िलिस्तीन में ही अवतरित होते हैं और ईश्वर ने अमेरिका, अफ्रीका और एशिया को अज्ञान के अन्धकार का अभिशाप दे रखा है। हमें सभी ईश्वरीय प्रतिनिधियों का सम्मान करना चाहिए भले ही वो चीन, अमेरिका, मंगोलिया, अफ्रीका, हिन्दुस्तान या ईरान में पैदा हुए हों।"

हिन्दुस्तान में लगभग सात सौ साल तक मुसलमान शासकों का राज रहा। उनकी लम्बी सूची में विभिन्न धर्मों के प्रति अद्‌भुत रूप से सहिष्णु तथा उनके तत्त्व-ज्ञान का प्रशंसक, प्रजावत्सल मुग़ल सम्राट अकबर सर सैयद की निगाह में आदर्श शासक था। अबुल फ़ज़ल ने अकबर महान की शासन व्यवस्था पर इतिहास प्रसिद्ध ग्रन्थ 'आईने अकबरी' लिखा था। उस उदार दूरदर्शी शासक की शासन-व्यवस्था के पुनराकलन के लिए सर सैयद ने 'आईने अकबरी' का संशोधित परिवर्धित संस्करण मूल और उर्दू टीका के साथ तीन खंडों में सम्पादित किया था। दुर्भाग्य से उसका एक ही खंड प्रकाशित हो सका। बाक़ी दो खंड सन् 1857 के उथल-पुथल में लुप्त हो गए। धर्म के मामले में निहायत कट्‌टर और दूसरे धर्म-विश्वासों के प्रति नितान्त असहिष्णु औरंगज़ेब सहित अन्य मुस्लिम शासकों पर उदार अकबर को तरजीह देने की कोई राजनीतिक-कूटनीतिक विवशता सर सैयद के सामने कतई नहीं थी। पर अगर उन्होंने सभी के ऊपर उदारमना अकबर को वरीयता दी तो यह स्वयं उनके समावेशी उदार मानसिक बुनावट का ही परिचायक

था। हिन्दुस्तान जैसे धर्म-संस्कृति-बहुल देश में पारस्परिक सहिष्णुता उनकी दृष्टि में अत्यन्त मूल्यवान थी।

सन् 1860 में जब पूरे उत्तर-पश्चिम प्रान्त में अकाल पड़ा तो सैयद अहमद उस समय मुरादाबाद ज़िले में सब-जज थे। वहाँ के कलेक्टर जान स्ट्रैची ने ज़िले के अकाल-राहत का काम सैयद अहमद के ही सुपुर्द किया था। अकालग्रस्त इलाकों में ईसाई मिशनरियाँ अनाथ लोगों, ख़ासकर बच्चों के धर्म परिवर्तन के लिए सक्रिय थीं। दैवी संकट की इस घड़ी में मिशनरियों की इन गतिविधियों से सैयद अहमद अच्छी तरह परिचित थे अत: अत्यन्त सन्तप्त थे। इस पृष्ठभूमि में कलेक्टर स्ट्रैची ने जब उन्हें अकाल राहत की ज़िम्मेदारी सौंपने का अपना निर्णय बताया तो उन्होंने उसे स्वीकार करने के पहले एक महत्त्वपूर्ण शर्त रखी। उन्होंने कहा कि राहत कार्य के दौरान मिले अनाथ हिन्दुओं और मुसलमानों को उनके सहधर्मियों के ही संरक्षण में ही रखना होगा न कि ईसाई मिशनरियों के। स्ट्रैची द्वारा यह शर्त मंजूर किए जाने पर ही उन्होंने राहत कार्य की चुनौती भरी ज़िम्मेदारी स्वीकार की।

जब तक स्ट्रैची ज़िले के कलेक्टर रहे इस शर्त का पूरी ईमानदारी से निर्वाह हुआ। उनके तबादले के बाद पॉवर नाम के एक दूसरे अंग्रेज़ कलेक्टर आए। उनके आते ही मिशनरियों ने प्रशासन पर अपना प्रभाव इस्तेमाल करते हुए माँग करना शुरू कर दिया कि यतीम बच्चों को उनकी सुपुर्दगी में ही रखा जाए। नए कलेक्टर को इसमें कुछ भी आपत्तिजनक नहीं लगा। इससे उद्विग्न और आहत सैयद अहमद ने ज़िला जज अलेक्ज़ेंडर शेक्सपीयर से कहा कि पूर्व कलेक्टर द्वारा मंज़ूर शर्त नए कलेक्टर पर भी लागू होती है। इससे अपनी सहमति जताते हुए शेक्सपीयर ने कहा कि जहाँ तक उनके (सैयद अहमद के) संरक्षण में रह रहे बच्चों का सवाल है उन्हें वह (शेक्सपीयर) कभी भी मिशनरियों के हाथ में जाने नहीं देंगे। पर दूसरों की सुपुर्दगी में रह रहे बच्चों के बारे में वह कोई आश्वासन देने की स्थिति में नहीं थे। इस पर स्वाभिमानदीप्त सैयद अहमद ने दृढ़तापूर्वक कहा था कि उच्च कोटि के सैयद मुसलमान की बात तो बहुत दूर वह एक निम्न जाति के हिन्दू चमार तक को मिशनरियों के हाथ कभी भी पड़ने नहीं देंगे। उनके लिए देश का स्वाभिमान सर्वोपरि था जिसमें धर्म और जाति-भेद के लिए कोई जगह नहीं थी।

अंग्रेज़ों की न्यायिक सेवा के दौरान सर सैयद के दो अत्यन्त विश्वस्त मित्र राय शंकर दास मुंसिफ़ और राजा जयकिशन दास डिप्टी कलेक्टर हिन्दू ही थे। अपने इंग्लैंड प्रवास के दौरान सर सैयद ने अधिकांश पत्र राजा जयकिशन दास को ही लिखे थे। दूसरे धर्मों और समुदायों की धार्मिक-सामाजिक गतिविधियों की भी वह जानकारी रखते थे। स्वामी दयानन्द सरस्वती द्वारा वेदों की शिक्षा के आधार पर एकेश्वरवाद के प्रसार के लिए आर्य समाज की स्थापना और उनके मूर्ति पूजा विरोध से वह अच्छी तरह परिचित थे। अपने धर्ममत के प्रचार के लिए उत्तर भारत के

विभिन्न शहरों में प्रवचन देते हुए जब स्वामी जी अलीगढ़ पहुँचे थे तो सर सैयद ने अपने आवास पर उन्हें भोजन के लिए आमंत्रित किया था। इस पर स्वामी ने विनम्रतापूर्वक कहा था—

"आपके घर खाना खाने में मुझे कोई आपत्ति नहीं है परन्तु खाऊँगा नहीं। स्वार्थी लोगों ने जनता को गुमराह करने के लिए अफ़वाह फैला रखी है कि मैं मुसलमानों और ईसाइयों का दूत हूँ। हिन्दू धर्म को भ्रष्ट करना चाहता हूँ। आपके घर खा लिया तो उनको मनचाहा प्रमाण मिल जाएगा।"

सर सैयद ने स्वामी जी द्वारा उनके घर पर खाना न खाने की बात का बुरा नहीं माना। वह स्वयं ऐसी स्थिति से गुज़र चुके थे। उदारमना सर सैयद ने जब ईसाई धर्मानुरागी अंग्रेज़ों के साथ खाना खाना शुरू किया तो कठमुल्ला समाज ने उनकी तीव्र भर्त्सना की थी। उन्हें काफ़िर तक घोषित करने की कोशिशें की गई थीं। सर सैयद को पता था कि खान-पान में हिन्दू समाज कितना अनुदार और रूढ़िग्रस्त था। साथ ही वह यह भी जानते थे कि स्वामी जी सभी प्रकार की रूढ़ियों और संकीर्णताओं से मुक्त थे। उन्हें जानकारी थी सन् 1877 के पूर्वार्द्ध में स्वामी जी लाहौर प्रवास के दौरान वहाँ के एक प्रतिष्ठित मुसलमान सज्जन ख़ान बहादुर डॉ. रहीम के साथ उन्हीं की कोठी में रुके थे और उसी आवास पर आर्य समाज की लाहौर शाखा की स्थापना हुई थी। स्वामी दयानन्द सरस्वती से जुड़ा यह प्रसंग सर सैयद के व्यक्तित्व के और उदार पक्ष पर प्रकाश डालता है।

गाय के साथ जुड़ी हिन्दुओं की भावना का सर सैयद पूरा सम्मान करते थे। उनके एक जीवनीकार शान मुहम्मद ने सर सैयद की जीवनी में मृत्यु के कुछ माह पूर्व सन् 1897 के उनके एक कथन का उल्लेख किया है जिसमें उन्होंने कहा था कि "अगर मुसलमानों द्वारा गो-हत्या का आग्रह छोड़ने से बेहतर हिन्दू-मुस्लिम सहयोग सम्भव है तो उसे छोड़ देना हज़ार गुना बेहतर होगा बनिस्बत उससे चिपके रहने के।" उन्होंने स्वयं अपने कॉलेज के परिसर में गोहत्या पर रोक लगा दी थी। दार्शनिक डॉ. भगवान दास का मानना था कि "सर सैयद का उद्देश्य केवल अंग्रेज़ शासकों और मुसलमानों के बीच ही ज़्यादा से ज़्यादा अच्छे रिश्ते कायम करने का नहीं था बल्कि उनकी उत्कट इच्छा मुसलमानों और इस देश तथा हिन्दुओं के साथ भी अधिक से अधिक सद्भावनापूर्ण सम्बन्ध बनाए रखने की थी।" क्षणिक आवेग के दौरान कभी-कभी कही उनकी बातों को यदि नज़रअन्दाज़ कर दें तो वह हिन्दू-मुस्लिम एकता और सद्भाव के प्रश्न पर कभी भी समझौते को तैयार नहीं थे। इस बात का महत्त्व इस कारण और बढ़ जाता है कि उनके कॉलेज का प्रिंसिपल थिओडॉर बेक लगातार उनके कानों में हिन्दुओं के विरुद्ध विष घोलने से बाज़ नहीं आता था। बेक की बातें वह सुन तो लेते थे पर उसे विश्वास और आचरण योग्य कदापि नहीं पाते थे।

धर्म और संस्कृति-बहुल एक देश में सामाजिक समरसता की दृष्टि से उन्होंने इस्लाम की रूढ़िमुक्त नव्य समझ विकसित करने की ईमानदार कोशिशें की थीं। इसके लिए आधुनिक पश्चिमी शिक्षा के साथ इस्लाम की उदार समझ का समाहार वह अत्यन्त आवश्यक मानते थे। अगर अठारहवीं सदी के भारतीय उपमहाद्वीप के मुस्लिम समाज में मध्यकालीनता और आधुनिकता के बीच सेतु शाह वली उल्लाह थे तो उन्नीसवीं सदी में यह सेतु सर सैयद सिद्ध होते हैं। पं. जवाहरलाल नेहरू ने सही कहा है कि उनके बिना हिन्दुस्तानी आधुनिकता की समझ निहायत अधूरी रहती। उन्नीसवीं सदी के हिन्दू समाज में जो कुछ महर्षि देवेन्द्र नाथ ठाकुर (1817-1903), ईश्वर चन्द्र विद्यासागर (1820-1891), दयानन्द सरस्वती, केशव चन्द्र सेन (1863-1902), स्वामी विवेकानन्द (1863-1902) और बंकिम चन्द्र चट्टोपाध्याय (1838-1894) जैसे दिग्गजों के प्रयासों से विभिन्न क्षेत्रों में सम्भव हो सका उन सबका पूरा दायित्व नियति ने मुस्लिम समाज के लिए अकेले सर सैयद के मज़बूत कंधों पर डाल दिया था। और उसे सर सैयद ने आश्चर्यजनक कौशल के साथ निभाया।

उर्दू के पिता माने गए डॉ. अब्दुल हक़ के अनुसार, ''फ़रहाद को शीरीं से और नल को दमयन्ती से शायद ही उतना प्यार रहा होगा जितना सर सैयद को अपनी क़ौम से था। सोते-जागते, उठते-बैठते मात्र उसी की चिन्ता में डूबे वह एक ऐसे रहस्यमय संसार में पहुँच गए थे जहाँ क़ौम के साथ उनका पूरा तादात्म्य स्थापित हो गया था।'' इसके बावजूद ऐसा नहीं था कि उनका अपने देश हिन्दुस्तान से सरोकार कुछ कम था। पर हाँ, उन्हें ध्वस्त मनोबल अपनी क़ौम से निस्बतन अधिक प्यार था। यह अनायास नहीं है कि वह भारतीय उपमहाद्वीप की जातीय स्मृति में गहरे रचे-बसे हैं।

अलीगढ़ में अपनी समाधि-शिला पर उकेरी कविवर इक़बाल की वाणी में सर सैयद देश और समाज को अपना शाश्वत सन्देश देते प्रतीत होते हैं—

मुद्दआ[1] तेरा अगर दुनिया में है तालीमें दीं[2],
तर्क़े दुनिया[3] क़ौम को अपनी न सिखलाना कहीं।
वा[4] न करना फ़िक़्रबंदी[5] के लिए अपनी ज़ुबाँ,
छुप के है बैठा हुआ हंगामये महशर[6] यहाँ।

वस्ल[7] के अस्बाब[8] पैदा हों तेरी तहरीर[9] से,
देख कोई दिल न दुख जाए तेरी तक़रीर[10] से।
महफ़िले नौ[11] में पुरानी दास्तानों को न छेड़,
रंग पर जो अब न आए उन फ़सानों[12] को न छेड़।

1. उद्देश्य, तात्पर्य, 2. धर्म की शिक्षा, 3. संसार का त्याग, 4. खुला, 5. साम्प्रदायिकता, 6. प्रलय का कोलाहल, 7. मेल-मिलाप, 8. कारण, साधन, 9. लेखन, 10. भाषण, प्रवचन, 11. नई सभा, 12. कहानियाँ।

मुस्लिम नवजागरण के समावेशी पुरोधा
मौलाना हाली

कवि, समीक्षक, जीवनीकार और समाज सुधारक ख़्वाजा अल्ताफ़ हुसेन—उपनाम 'हाली' (सन् 1837-1914) वह सेतु हैं जिनसे होकर उन्नीसवीं सदी के मुस्लिम नवजागरण की चेतना और भी परिष्कृत होकर बीसवीं सदी में दाख़िल हुई। वह उर्दू के पहले ऐसे साहित्य पुरुष हैं जिसने कविता और समीक्षा को एक सर्वथा युगान्तरकारी आयाम दिए। उनकी वंशावली अफ़ग़ानिस्तान स्थित हिरात के बादशाह मिरक अली से जुड़ती थी। मिरक अली के एक बेटे ख़्वाजा मलिक अली सन् 1876 में अपना भाग्य आज़माने हिन्दुस्तान आ गए थे। अली परिवार अपने को इस्लाम के पवित्र प्रवर्तक मुहम्मद साहब के सहाबा (मित्रमंडल) के वरिष्ठ सदस्य अबू अय्यूब अंसारी का वंशज मानता था।

जिस समय ख़्वाजा मलिक अली हिन्दुस्तान पहुँचे थे यहाँ ग़ुलाम वंश के अन्तिम शासक ग़यासुद्दीन बलबन (सन् 1266-1287) का राज था। मलिक अली उनसे दिल्ली में मिले और हिरात के शहज़ादे के रूप में अपना परिचय दिया। बलबन ने उनके (मलिक अली के) व्यक्तित्व और गुणों से प्रभावित हो उन्हें पानीपत और उसके आसपास के इलाके की जागीरों से नवाज़ा था। पानीपत अब हरियाणा प्रदेश में है। ग़ुलाम वंश के पतन के साथ मलिक अली का महत्त्व भी धीरे-धीरे कम होता गया। अन्तत: उनकी हैसियत एक साधारण जागीरदार की ही रह गई। उनके बाद उनके वंशजों की स्थिति में लगातार गिरावट आती चली गई। उनकी पन्द्रहवीं पीढ़ी में ख़्वाजा ईज़ाद बख़्श (सन् 1805-1845) के जन्म के समय ख़ानदान की स्थिति बद से बदतर हो गई थी। परिवार के भरण-पोषण के लिए वह हिसार ज़िले के परमिट दफ़्तर में छोटी सी नौकरी करने लगे थे।

ईज़ाद बख़्श की चार सन्तानें थीं—दो बेटे और दो बेटियाँ। बेटों के नाम थे इमदाद हुसेन और अल्ताफ़ हुसेन। बेटियों के नाम थे अम्तुल हुसेन और वजी-हुन्निसा। अल्ताफ़ हुसेन भाई-बहनों से बहुत छोटे थे। ईज़ाद बख़्श की पत्नी मानसिक रूप से विक्षिप्त थीं। उन्हें अकसर पागलपन के दौरे पड़ते थे। अत:

बच्चे माँ के स्नेह से लगभग वंचित रहे। सन् 1845 में जब चालीस साल की अल्पायु में ईज़ाद बख़्श का देहान्त हुआ तो नौ वर्षीय बालक अल्ताफ़ हुसेन को बड़े भाई इमदाद हुसेन ने अपने संरक्षण में ले लिया था।

इमदाद हुसेन ने अपने से काफ़ी छोटे अनुज अल्ताफ़ हुसेन को माँ-बाप दोनों का स्नेह दिया। बालक अल्ताफ़ हुसेन को औपचारिक स्कूली शिक्षा का सुयोग नहीं मिला। अरबी, फ़ारसी और इस्लाम धर्म की शिक्षा उन्हें घर पर ही प्राप्त हुई। बालक अल्ताफ़ हुसेन ने 'क़ुरान शरीफ़' नौ साल की उम्र में कंठस्थ कर लिया था। व्यक्तिगत शिक्षा के अभाव के बावजूद किशोर अल्ताफ़ हुसेन का स्वाध्याय चलता रहा। सत्रह साल की आयु में उनकी शादी उनके मामा मीर बाक़िर अली की बेटी इस्लामुन्निसा से कर दी गई। मामा का परिवार आर्थिक दृष्टि से सम्पन्न था। अत: नव विवाहित अल्ताफ़ हुसेन को पत्नी का बोझ नहीं उठाना पड़ा। नियति ने जो युगान्तरकारी भावी भूमिका उर्दू साहित्य के क्षेत्र में उनके लिए निर्धारित कर रखी थी उसके प्रस्फुटन और विकास के लिए निश्चय ही पानीपत एक छोटी जगह थी। 'क़ुरान शरीफ़' और हदीस के ज्ञान के अलावा पानीपत के कस्बाई माहौल में ऐसा कुछ नहीं था जो उनकी बौद्धिक प्यास शान्त कर सकता। कुछ कर गुज़रने के लिए बेचैन सत्रह साल की आयु पूरी करते-करते किशोर अल्ताफ़ हुसेन ने एक दिन चुपके से पानीपत का अपना घर सन् 1854 में छोड़ दिया था। अपने कस्बे से लगभग अस्सी किलोमीटर दूर दिल्ली उनका गंतव्य था।

दिल्ली राजनीतिक दृष्टि से उस समय एक पतनोन्मुख शहर था। मीर के शब्दों में, ''कभी सारे आलम में इन्तखाब इस दिल्ली को फ़लक ने लूटकर वीरान कर दिया था।'' मुग़ल वंश के अन्तिम शासक बहादुर शाह 'ज़फ़र' की सत्ता लाल किले के आस-पास सिमट कर रह गई थी। फिर भी अरबी, फ़ारसी, तुर्की और उर्दू साहित्य के अनेक विद्वान और रचनाकार यहाँ अपनी पूरी ऊर्जा के साथ सक्रिय थे। यहाँ अभी भी अनेक सूफ़ी सन्त, हकीम और इस्लाम धर्म के ज्ञानी मौजूद थे जिनका पूरे देश में सम्मान था। किशोर अल्ताफ़ हुसेन ने इसी राजनीतिक रूप से पतनशील पर रचनात्मकता से स्पंदित दिल्ली में क़दम रखा था। वह दिल्ली कैसे पहुँचे, पानीपत और दिल्ली के बीच यात्रा के दौरान ख़र्च के लिए पैसे के अभाव में उन पर क्या गुज़री और दिल्ली में उन्होंने शुरू के अभावग्रस्त दिन कहाँ और किस तरह बिताये इसका कहीं कोई रिकार्ड नहीं मिलता। उनके काफ़ी बाद के एक छोटे से लेख से इतना ज़रूर पता चलता है कि जामा मस्जिद के पास हुसेन बख़्श के मदरसे में उन्होंने दाख़िला ले लिया था। मदरसे के ख़ास मुदर्रिस मौलवी नवाज़िश अली नाम के एक आलिम थे। मदरसे के ज़रिये धीरे-धीरे उनके परिचय और सम्पर्क का दायरा अब बढ़ने लगा था।

महत्त्वाकांक्षी किशोर अल्ताफ़ हुसेन की मुलाक़ातें अब अकसर दिल्ली के महत्त्वपूर्ण विद्वानों और चिन्तकों से होने लगी थीं। उनमें प्रमुख थे मौलवी फैज़ुल हसन, मौलवी अमीर अहमद और शम्सुल उलमा (विद्वद् मार्तंड) मियाँ मज़ीर हुसेन। इनके सान्निध्य से अल्ताफ़ हुसेन का अरबी, फ़ारसी और इस्लाम धर्म का ज्ञान और गहरा तथा व्यापक हो सका था। उन्हें दिल्ली में अभी साल भर ही हुआ था कि उनका पता पानीपत में उनके परिवार को चल गया। फलस्वरूप लोग समझा-बुझाकर उन्हें घर ले गए। दिल्ली के साहित्यिक वातावरण के सम्पर्क से उनकी रचनात्मक संवेदना का यहाँ के प्रवास के दौरान जागृत होना स्वाभाविक था।

उन्नीसवीं सदी के मध्य के दौरान दिल्ली के साहित्य-गगन में शेख़ मुहम्मद इब्राहिम 'ज़ौक' (1789-1854), मिर्ज़ा असदुल्ला ख़ाँ 'ग़ालिब' (1797-1869) और मोमिन ख़ाँ 'मोमिन' (1800-1851) जैसे सितारे अपनी अपूर्व आभा से दमक रहे थे। लाल किले और दिल्ली के दूसरे विभिन्न इलाकों में मुशायरों के नियमित आयोजन उस दौर में आम बात थी। ऐसे ही लाल किले के एक मुशायरे में तरुण अल्ताफ़ हुसेन ने ग़ालिब को अपनी फ़ारसी और उर्दू की ग़ज़लें पढ़ते सुना था। वह मंत्रमुग्ध हो गए थे। अपने सीमित दिल्ली प्रवास का समय उन्होंने यहाँ के साहित्यिक समाज से सम्पर्क विकसित करने में लगाया। ग़ालिब से उनका मिलना-जुलना अकसर होता था। फलस्वरूप उनसे (ग़ालिब से) उनका (अल्ताफ़ हुसेन का) अच्छा परिचय विकसित हो गया था। उस युग की उर्दू कविता की प्रचलित परम्परा के अनुसार तरुण रचनाशील अल्ताफ़ हुसेन ने प्रारम्भ में अपना उपनाम 'ख़स्ता' रख लिया था।

अपने पहले दिल्ली प्रवास के बाद जब वह पानीपत लौटे तो उन्हें हिसार के कलेक्टर के दफ़्तर में एक क्लर्क की नौकरी मिल गई थी। पर सन् 1857 के उथल-पुथल के दौरान वह घर पानीपत लौट आए थे। सन् 1861 के बीच वह फिर दिल्ली आ गए। तब तक वातावरण अपेक्षाकृत शान्त हो चला था। दूसरे दिल्ली प्रवास के दौरान तरुण अल्ताफ़ हुसेन की मुलाक़ात नवाब मुस्तफ़ा ख़ान 'शेफ़्ता' (1806-1869) से हुई। शेफ़्ता फ़ारसी और उर्दू में शेर कहते थे। जहाँ उर्दू शायरी वह 'शेफ़्ता' उपनाम से करते थे, वहीं अपनी फ़ारसी शायरी के लिए उन्होंने 'हसरती' उपनाम चुना था। वह फ़ारसी में ग़ालिब से और उर्दू में मोमिन से इस्लाह लेते थे। उनके पिता मुर्तज़ा ख़ाँ बहादुर दिल्ली के गवर्नर लॉर्ड लेक के विशेष कृपापात्र थे। उन्हें गुड़गाँव ज़िले के दो गाँव जागीर में मिले थे। इससे तीन लाख रुपए की सालाना आमदनी थी। इसके अलावा बुलन्दशहर ज़िले के जहाँगीराबाद की जायदाद भी उन्होंने ख़रीद ली थी। शेफ़्ता अपने वालिद के अकेले वारिस थे। उनकी गिनती दिल्ली के अपने समय के समृद्ध रईसों में होती थी। उदार चेता शेफ़्ता बड़े गुणग्राही और नई रचनात्मक प्रतिभाओं के आत्मीय संरक्षक के रूप में

विख्यात थे। यह अल्ताफ़ हुसेन का सौभाग्य था कि वह अपने जीवन के पहले निर्णायक मोड़ पर उनके सम्पर्क में आए। पहली मुलाक़ात के दौरान ही उनसे प्रभावित शेफ़्ता ने उन्हें अपने बेटे का अध्यापक रख लिया। इसके फलस्वरूप उनकी शेफ़्ता से लगभग रोज़ मुलाक़ात होने लगी। इन मुलाक़ातों के दौरान साहित्यिक चर्चा स्वाभाविक थी। इन्हीं चर्चाओं से उनके काव्य-मन की संरचना हुई। अल्ताफ़ हुसेन ने स्वयं बताया है कि शेफ़्ता की वजह से ही उनकी क्लासिकी कविता में अभिरुचि परिष्कृत हुई। कविता में अतिशयोक्तियों के प्रति अपने विकर्षण तथा सरल भाषा और सहज अभिव्यक्ति के लिए अपने आकर्षण का श्रेय भी उन्होंने शेफ़्ता को ही दिया है। शेफ़्ता के ज़रिये ही दरअसल वह ग़ालिब के सम्पर्क में आए थे। ग़ालिब और शेफ़्ता दोनों सन् 1857 की उथल-पुथल तथा रक्त-रंजित घटनाओं के साक्षी थे। अपनी अंग्रेज़-भक्ति के मौक़े-मौक़े पर इज़हार के कारण ग़ालिब विद्रोह के दौरान दमन चक्र से बच गए थे। सन् 1857 की अपनी फ़ारसी में लिखी डायरी 'दस्तम्बू' में उन्होंने विद्रोहियों द्वारा आबालवृद्ध अंग्रेज़ों की निर्मम हत्या का मार्मिक वर्णन किया है—

"अफ़सोस होता है उन न्यायप्रिय, बुद्धिमान, सज्जन और नामी अंग्रेज़ अफ़सरों की हत्या पर! दुख होता है उन रूपवती, कोमल, चन्द्रमुखी और चाँदी जैसे बदन वाली अंग्रेज़ महिलाओं की मृत्यु पर! उदास हो जाता है मन उन अंग्रेज़ बालकों के असामयिक अन्त पर जो अभी संसार को भली-भाँति देख तक न पाए थे। वे स्वयं फूलों की भाँति थे और फूलों को देख कर हँस पड़ते थे।"

ग़ालिब के बरअक्स शेफ़्ता इतने भाग्यशाली साबित नहीं हो पाए। उन्हें शुबहे में अंग्रेज़ दमनकारियों ने जेल में डाल दिया था। विद्रोह की आग शान्त होने पर उन्हें निर्दोष पाकर कुछ समय बाद रिहा कर दिया गया था। शेफ़्ता के मन में इसे लेकर किसी तरह की कटुता नहीं थी। उन्होंने देखा था कि कितने ही सर्वथा निर्दोष लोगों को फाँसी तक दे दी गई थी। अपने तरुणाई के दौरान अल्ताफ़ हुसेन इसी धीर-गम्भीर और परिष्कृत काव्य रुचि के शेफ़्ता के प्रभाव में आए थे। शेफ़्ता के माध्यम से विकसित उनका ग़ालिब से सम्पर्क अत्यन्त मूल्यवान साबित हुआ। वह ग़ालिब के एक शीर्षस्थ रचनाकार के रूप में महत्त्व से भली-भाँति परिचित थे। ग़ालिब एक विरल रचनाकार थे जिन्हें अपने जीवन काल में ही क्लासिक का दर्ज़ा हासिल हो गया था। अल्ताफ़ हुसेन अपनी रचनाएँ इस दौरान उस युग की प्रथा के अनुसार इस्लाह (सुधार) के लिए ग़ालिब को देने लगे थे। वह स्वयं भी ग़ालिब की फ़ारसी और उर्दू की कविताओं की कठिन शब्दावली पर सवाल उठाने लगे थे। वह कवि के रचनाकर्म, आचार-व्यवहार और लोगों से उनके सम्पर्क-सम्बन्ध का बड़ी बारीकी से अध्ययन करने लगे थे। 'यादगारे ग़ालिब' और ग़ालिब की मृत्यु पर लिखा गया उनका मर्सिया इसका प्रमाण है।

शेफ़्ता और ग़ालिब दोनों का देहान्त सन् 1869 में हो गया था। इन दोनों से सम्पर्क के अन्तिम दौर में अल्ताफ़ हुसेन ने अपना पहला उपनाम (तख़ल्लुस) 'ख़स्ता' छोड़कर नया उपनाम हाली रख लिया था। ख़स्ता से हाली उपनाम तक की यात्रा की व्याख्या एक प्रतीकात्मक अर्थ में भी की जा सकती है। ख़स्ता फ़ारसी शब्द है। इसका अर्थ है—क्षत-विक्षत, घायल, बदहाल, थका हुआ। हाली अरबी शब्द है जिसके कई अर्थों में एक अर्थ है वर्तमान काल। इस तरह हाली का तात्पर्य है वर्तमान कालीन और आधुनिक। हाली अपनी ख़स्ताहाल क़ौम के अवसाद से उबरकर वर्तमान काल की चुनौतियाँ स्वीकार करने के साहस से अब दीप्त थे। दरअसल उर्दू में साहित्य की विभिन्न विधाओं में वह आधुनिकता के उन्नायक थे। अपनी एक के बाद एक नायाब कृतियों से उन्होंने अपना नया हाली उपनाम सार्थक कर दिया था। उनका उपनाम परिवर्तन कोई नई बात नहीं थी। उनके प्रिय कवि ग़ालिब का भी पहला उपनाम 'असद' था।

सन् 1869 के पूर्वार्द्ध में ग़ालिब और शेफ़्ता के देहान्त के बाद जब हाली के सामने एक बार फिर आजीविका की समस्या खड़ी हो गई थी, उन्हें पंजाब सरकार के लाहौर स्थित सरकारी बुक डिपो में नौकरी मिल गई थी। इस बुक डिपो में अंग्रेज़ी की वैज्ञानिक, दार्शनिक, सामाजिक और साहित्यिक पुस्तकों का उर्दू में अनुवाद का काम चल रहा था। हाली की नियुक्ति इसमें सहायक अनुवादक के पद पर की गई थी। यहाँ उनका काम था अनुवादों की ग़लतियों को सुधारना और उनकी भाषा को उर्दू की प्रकृति के अनुसार तराशना और उसे प्रवाहमय बनाना। वह अरबी, फ़ारसी और उर्दू के रचना-संसार से तो परिचित थे पर अच्छी तरह अंग्रेज़ी न जानने के कारण पश्चिम के विविध विषयों के समृद्ध ज्ञान भंडार से सर्वथा अनभिज्ञ थे। इस दृष्टि से लाहौर के सरकारी बुक डिपो की नौकरी उनके लिए वरदान साबित हुई। अंग्रेज़ी से उर्दू में अनूदित पुस्तकों के सम्पर्क से उनके दिव्य चक्षु खुल गए थे। हाली ने स्वयं बताया है कि कैसे इस सम्पर्क से उनका मानसिक क्षितिज लगातार व्यापकतर होता चला गया और उसी अनुपात में पूरब के साहित्य ख़ासकर फ़ारसी साहित्य के प्रति उनका सम्मान-भाव उत्तरोत्तर कम होता चला गया। अलीगढ़ साइंटिफिक इंस्टिट्यूट और अलीगढ़ कॉलेज के ही 'तहज़ीबुल अख़लाक़' के तत्त्वाधान में चल रहे अंग्रेज़ी से उर्दू अनुवादों के बारे में भी हाली ने लगभग ऐसे ही विचार व्यक्त किए हैं। इन अनुवादों के फलस्वरूप एक नई ताज़ा बयार के स्फूर्तिदायक झोंके से उर्दू गद्य और कविता का कोना-कोना स्पंदित हो उठा। हाली को अंग्रेज़ी का अच्छा ज्ञान नहीं था। अत: उनके अंग्रेज़ी से उर्दू में अनुवाद का सवाल ही नहीं उठता था। पर अनूदित कृतियों के विचारों से उन्होंने उर्दू समीक्षा के औजार बड़े कौशल से गढ़े। 'मुकद्दमाये शेरो शायरी' इसका प्रमाण है। हाली की कविताओं का पहला संकलन सन् 1893 में एक विस्तृत भूमिका के

साथ छपा। इस भूमिका को उन्होंने शीर्षक दिया था—'मुकद्दमाये शेरो शायरी'। इसमें उर्दू साहित्य में आधुनिक चेतना का संचार करने के उद्देश्य से उन्होंने अपने विचारों के समर्थन में पश्चिम के साहित्यिक चिन्तकों और समीक्षकों के विचारों को गहरी अन्तर्दृष्टि के साथ उपयोग करते हुए उद्धृत किया था। यह एक अनूठा प्रयास था। दरअसल उन्होंने इस भूमिका के ज़रिये उर्दू समीक्षा की आधारशिला रख दी थी। उर्दू कविता के मूल्यांकन की यह पहली वैज्ञानिक कसौटी थी। उन्होंने पाया था कि उर्दू कविता ख़ासकर ग़ज़लें फ़ारसी की नकलें थीं। वो घिसी-पिटी सरणि पर चल रही थीं। उन्होंने उर्दू शायरी में ताज़ा विषयों और नव्यता की वकालत की।

जिस समय हाली लाहौर पहुँचे थे, वहाँ पहले से ही उर्दू और फ़ारसी के एक महत्त्वपूर्ण विद्वान कवि और लेखक मुहम्मद हुसेन आज़ाद (1830-1910) विद्यमान थे। वह सन् 1864 में स्थापित 'अंजुमने पंजाब' से जुड़े थे तथा गवर्नमेन्ट कॉलेज लाहौर के प्रभावशाली अंग्रेज़ प्रिन्सिपल डॉ. जी.डब्ल्यू. लींटर के विश्वासपात्र थे। डॉ. लींटर ने आज़ाद को अंजुमन का सचिव और उसकी मासिक पत्रिका 'सरकारी अख़बार' का सम्पादक नियुक्त कर दिया था। आगे चलकर डॉ. लींटर की संस्तुति पर पंजाब के शिक्षा विभाग के निदेशक कर्नल डब्ल्यू.आर.एम. हॉलरॉयड ने उन्हें गवर्नमेंट कॉलेज लाहौर में अरबी का प्रोफ़ेसर बना दिया था। आज़ाद पंजाब सरकार की पत्रिका 'अतालिक़े पंजाब' (कुछ ही अंकों के बाद बन्द) और 'हुमा-ए-पंजाब' साप्ताहिक के सम्पादन से भी जुड़े थे। मार्च 1871 में हाली को 'हुमा-ए-पंजाब' का सम्पादक बना दिया गया था। इस बीच पंजाब के लेफ़्टिनेंट गवर्नर सर डोनाल्ड मैकलिओड ने सूबे के शिक्षा निदेशक को सुझाव दिया कि माध्यमिक और उच्चतर विद्यालयों के पाठ्यक्रम में उर्दू कविता के चुने हुए अंश भी शामिल होने चाहिए। उन्होंने कविता के शैक्षणिक महत्त्व को रेखांकित करते हुए कहा था कि इस दिशा में महत्त्वपूर्ण क़दम यह होगा कि ऐसी कविता लिखी और चुनी जाए जो वर्ग और धर्मगत आग्रह से मुक्त हो। जो धीरे-धीरे उस समय प्रचलित कविता की जगह ले सके।

कर्नल हॉल रॉयड ने सर डोनाल्ड के इस सुझाव पर तुरन्त अमल करने के लिए आज़ाद का सहयोग प्राप्त किया। सुझाव पर विचार-विमर्श के लिए 'अंजुमने पंजाब' के तत्त्वाधान में 9 मई, 1874 को एक सभा बुलाई गई। इसमें आज़ाद ने अपने लिखित भाषण के ज़रिये वर्तमान उर्दू कविता की कमियों, दोषों और सीमाओं पर खुले मन से प्रकाश डाला। कर्नल हॉल रॉयड ने समकालीन उर्दू कविता की पतनशील प्रवृत्तियों की चर्चा करते हुए उसके प्रेमियों और प्रशंसकों का उसमें गुणात्मक सुधार लाने और उसकी विषयवस्तु में विस्तार और नव्यता लाने का आवाहन किया। अभी तक परम्परागत मुशायरों में ज़्यादातर तरही (समस्यापूर्ति पर

आश्रित) ग़ज़लें पढ़ने का प्रचलन था। वे घिसे-पिटे रूपकों, उपमाओं और आशिक-माशूक से जुड़े प्रसंगों से पटी रहती थीं। कर्नल हॉल रॉयड ने सुझाव दिया अब शायर एक दिए गए ख़ास विषय पर कविता लिखें जो पुरानी कविता की रूढ़ियों से मुक्त हो। अन्त में उन्होंने अगले माह प्रस्तावित मुशायरे में बरसात के मौसम पर कविता लिखने का सुझाव दिया।

हाली भी इस सभा में उपस्थित थे। उन्होंने आज़ाद और हॉल रॉयड के कविता सम्बन्धी विचारों का हृदय से समर्थन किया। हाली का लाहौर प्रवास दिसम्बर सन् 1874 तक रहा। नवम्बर और जून के बीच आयोजित चार नए चाल के मुशायरों में 'हाली' ने चार नज़्में क्रमशः 'बरखा रुत', 'निशाते उम्मीद' (आशा का आनन्द), 'हुब्बे वतन' (देश-भक्ति) और 'मुनाज़रे रहमो इन्साफ़' (करुणा और न्याय का संवाद) पढ़ीं। ये सभी नज़्में मसनबी शैली में लिखी गई थीं। ये नज़्में उर्दू कविता के इतिहास में मील का पत्थर साबित हुईं। इन्हीं नज़्मों को ध्यान में रखकर मौलाना अबुल कलाम आज़ाद ने कहा था कि उर्दू की नई शायरी का जन्म लाहौर में हुआ। ठीक उसी तरह जैसे उर्दू के नए गद्य का जन्म अलीगढ़ में माना जाता है। हाली जनवरी 1875 में फिर दिल्ली लौट आए थे।

दिल्ली में उन्हें ऐंग्लो अरेबिक स्कूल में साठ रुपये प्रतिमाह पर अध्यापक की नौकरी मिल गई थी। यहीं पर उनकी भेंट शिक्षाविद् और समाज सुधारक सर सैयद अहमद ख़ाँ से हुई। सर सैयद उस समय तक अलीगढ़ में मोहम्मडन ऐंग्लो ओरियंटल कॉलेज की स्थापना कर चुके थे। दोनों वैचारिक रूप से एक-दूसरे के अच्छे प्रशंसक बन गए थे। आगे चलकर 'हाली' ने सर सैयद की विस्तृत जीवनी 'हयाते जावेद' (अमर जीवन) के नाम से लिखी। सर सैयद की ही प्रेरणा से हाली ने उर्दू की मशहूर लम्बी कविता 'मद्दो जज़्रे इस्लाम' (इस्लाम का अभ्युदय और पतन) की रचना की। इसकी शोहरत आगे 'मुसद्दस-ए-हाली' के लोकप्रिय नाम से हुई। इसका पहला प्रकाशन जून 1879 के प्रारम्भ में हुआ। सन् 1886 में उसके तीसरे संस्करण में कुछ सुधार के साथ हाली ने उसमें 162 नए पद जोड़े। 'मुसद्दस-ए-हाली' के तब से नए संस्करण लगातार छपते आ रहे हैं। 'दीवाने ग़ालिब' के बाद 'मुसद्दस-ए-हाली' सम्भवतः उर्दू की सबसे लोकप्रिय रचना है।

सन् 1882 में हाली ने ग्यारहवीं सदी के फ़ारसी लेखक नासिक ख़ुसरो अलवी का प्रसिद्ध यात्रा-वृत्तांत सम्पादित कर विस्तृत भूमिका के साथ प्रकाशित कराया। नासिर ख़ुसरो ने सात साल तक पश्चिमी एशिया की यात्रा के उपरान्त अपने अनुभव तथा संस्मरण अत्यन्त जीवन्त शैली में लिखे थे। यह फ़ारसी का पहला यात्रा-वृत्तान्त था। हाली ने 1886 में फ़ारसी के प्रसिद्ध कवि-चिन्तक मुस्लीहुद्दीन शीराज़ी (1210-1291) की विस्तृत जीवनी लिखी। मुस्लीहुद्दीन शीराज़ी को अधिकांशतः सादी शीराज़ी के लोकप्रिय नाम से जाना जाता है। 'गुलिस्तां' और

'बोस्ती' उनकी विश्व प्रसिद्ध कृतियाँ हैं। हाली द्वारा लिखित जीवनियों की त्रयी में 'हयाते सादी' पहली रचना है। सादी के बारे में लोगों का ज्ञान अब तक बहुत सीमित था। मध्यकाल के फ़ारसी साहित्य की इस अनूठी विभूति की जीवनी हाली के अथक शोध का फल था। फ़ारसी में भी सादी की कोई ऐसी जीवनी नहीं थी। 'हयाते सादी' की श्रेष्ठता के समाचार शीघ्र ही ईरान तक पहुँच गए। जल्द ही उसका फ़ारसी अनुवाद तेहरान में छपा और लोगों ने उसे हाथोंहाथ लिया। त्रयी की दूसरी कृति 'यादगारे ग़ालिब' सन् 1897 में छपी। यह ग़ालिब की जीवनी और उनके काव्य की समीक्षा भी है। इसके बाद त्रयी की तीसरी रचना सर सैयद अहमद ख़ाँ की जीवनी—'हयाते जावेद' हाली ने सन् 1901 में प्रकाशित की। ये तीनों जीवनियाँ उर्दू साहित्य के जीवनियों के इतिहास में मील के पत्थर की हैसियत रखती हैं।

हिन्दुस्तान की रियासतों के राजाओं, नवाबों तथा ओहदेदारों के बच्चों की शिक्षा के लिए जब लाहौर में एटचिसन चीफ़ कॉलेज की स्थापना हुई तो उसके होस्टल के वार्डेन के बतौर हाली को एक बार फिर याद किया गया। कॉलेज के संस्थापकों और पदाधिकारियों में अधिकांश अंग्रेज़ थे। उक्त पद के लिए सबकी सहमति से यह साफ़ संकेत मिलता है कि उनकी निगाह में हाली की प्रतिष्ठा कितनी ऊँची थी। कॉलेज के निमंत्रण पर जनवरी 1887 में हाली लाहौर पहुँचे। वहाँ की जलवायु उनके स्वास्थ्य के अनुकूल नहीं थी। फलस्वरूप छः महीने कॉलेज के वार्डेन के पद पर काम करने के बाद जून 1887 में वह ऐंग्लो अरेबिक स्कूल में अपने पहले काम पर लौट आए। इसके पहले भी हाली ने जब लाहौर छोड़ा था तो भी मुख्य कारण वहाँ की प्रतिकूल जलवायु ही थी।

सन् 1887 के अन्त में जब हैदराबाद के निज़ाम के प्रधानमंत्री नवाब सर अस्मां जाह शिमला से लौटते हुए सर सैयद के निमंत्रण पर अलीगढ़ आए तो उनकी मुलाक़ात वहाँ हाली से हुई। उन्होंने हाली की रचनाएँ पढ़ रखी थीं और उनके प्रशंसक बन गए थे। वह हाली की विद्वत्ता, साहित्य के बारे में उनकी नई सोच और उनके सरल-सहज व्यक्तित्व से गहरे प्रभावित हुए थे। उन्होंने सर सैयद की उपस्थिति में कहा कि हाली जैसे विद्वान साहित्यकार की योग्यता और रचनात्मकता के पूरे उपयोग के लिए उन्हें जीवनयापन की चिन्ताओं से मुक्त रखना बहुत ज़रूरी था। इस विचार से उन्होंने जो साठ रुपए मासिक का वेतन हाली को बतौर अरबी अध्यापक मिल रहा था उतनी राशि की मासिक वृत्ति अपनी रियासत की ओर से उन्हें आजीवन देते रहने का प्रस्ताव रखा। सर सैयद ने इसकी सूचना हाली को दी। आत्मतुष्ट हाली ने इसे निर्विकार भाव से स्वीकार कर लिया। सन् 1888 के प्रारम्भ से यह वृत्ति उन्हें मिलने लगी। हाली अगस्त 1889 में मदरसे की नौकरी छोड़कर दिल्ली से अपने घर पानीपत लौट आए। सन् 1891 में जब वह एक प्रतिनिधि मंडल

में सर सैयद के नेतृत्व में हैदराबाद गए तो निज़ाम ने उनकी मासिक वृत्ति बढ़ाकर सौ रुपए कर दी थी। यह राशि उन्हें आजीवन मिलती रही।

सन् 1892 के प्रारम्भ में हाली ने सर सैयद की जीवनी की रूपरेखा तैयार करना शुरू किया। इसके लिए आवश्यक सामग्री और सूचनाएँ प्राप्त करने के लिए वह सर सैयद के व्यक्तिगत सम्पर्क में भी रहे। पर यह सम्पर्क बहुत कारगर सिद्ध नहीं हुआ। अत: काम बहुत धीमी गति से आगे बढ़ा। सन् 1894 में हाली अलीगढ़ जाकर कुछ महीने सर सैयद के साथ ही रहे और उनके जीवन तथा कर्म के सम्बन्ध में अधिक से अधिक जानकारियाँ एकत्रित कीं। उधर रावलपिंडी में उर्दू की साप्ताहिक पत्रिका 'चौदहवीं सदी' के सम्पादक सिराजुद्दीन भी सर सैयद की एक जीवनी तैयार कर रहे थे, जिसे उन्होंने दत्तली के नवाब और सर सैयद के दोस्त हाजी इस्माइल ख़ाँ के पास प्रकाशन के आग्रह के साथ भेजा था। पर उसका छपना सम्भव नहीं हो सका। हाजी साहब को जब हाली की योजना का पता चला तो उन्होंने सिराजुद्दीन द्वारा लिखित उक्त जीवनी की पांडुलिपि भी हाली के पास भेज दी। हाली ने इस सम्बन्ध में सिराजुद्दीन का ऋण स्वीकार किया। हाली द्वारा लिखित सर सैयद की जीवनी उनके (सर सैयद के) जीवन काल में छप नहीं सकी थी। सर सैयद का देहान्त 27 मार्च सन् 1898 को जीवनी छपने के काफ़ी पहले हो गया था। अन्तत: 'हयाते जावेद' नाम से यह जीवनी सन् 1901 में छपी। भारतीय भाषाओं की जीवनियों के इतिहास में 'हयाते जावेद' (अमर जीवन) एक मील का पत्थर है।

22 अगस्त, सन् 1900 को उनकी पत्नी इस्लामुन्निसा का देहान्त हो गया। जनवरी 1901 में महारानी विक्टोरिया के देहावसान के अवसर पर पानीपत में आयोजित एक शोकसभा में हाली ने उनकी स्मृति में एक हाई स्कूल स्थापित करने का प्रस्ताव रखा। इस उद्देश्य के लिए मात्र तीन हज़ार रुपए का ही चन्दा इकट्ठा हो पाया। यह राशि स्कूल शुरू करने के लिए नितान्त अपर्याप्त थी। अत: स्कूल की जगह एक पुस्तकालय शुरू करने का निर्णय हाली के ही सुझाव पर लिया गया। हाली और उनके मित्रों ने अपनी पुस्तकों के व्यक्तिगत संग्रह इस पुस्तकालय को दान कर दिए थे। सन् 1901 में प्रारम्भ यह पुस्तकालय सन् 1947 तक चला। दुर्भाग्यवश विभाजन के दौरान साम्प्रदायिक उन्माद में यह मूल्यवान धरोहर नष्ट हो गई। यही नियति हाली की स्मृति में उनके छोटे पुत्र ख़्वाजा सज्जाद हुसेन द्वारा स्थापित हाई स्कूल की भी साबित हुई।

सन् 1904 में अंग्रेज़ सरकार ने हाली की साहित्यिक सेवाओं के लिए उन्हें 'शम्सुल उल्मा' के सम्मान से विभूषित किया। अरबी, फ़ारसी और उर्दू भाषाओं के साहित्य के क्षेत्र में विशिष्ट अवदान के लिए यह ब्रिटिश शासन काल का सर्वोच्च सम्मान था। सन् 1905 के दिसम्बर माह में वह हैदराबाद के तत्कालीन

निज़ाम मीर महबूब अली ख़ाँ के राज्यारोहण की चालीसवीं वर्षगाँठ के उपलक्ष्य में आयोजित भव्य समारोह में भाग लेने हैदराबाद गए। वहाँ वह छः महीने रहे। हैदराबाद में उनके सम्मान में आयोजित एक सभा में उन्हें भावभीना अभिनन्दन-पत्र दिया गया। उसमें साहित्य और शिक्षा के क्षेत्र में उनकी सेवाओं की भूरि-भूरि प्रशंसा की गई थी। वहाँ से जब वह लौटे तो उनके प्रशंसकों की संख्या वहाँ कई गुना बढ़ गई थी। दिसम्बर 1907 में ऑल इंडिया मुहम्मडन एजुकेशनल कॉन्फ्रेंस का वार्षिक अधिवेशन कराची में आयोजित किया गया। इसके अध्यक्ष हाली बनाए गए। अपने अध्यक्षीय विचारोत्तेजक भाषण में उन्होंने विश्वविद्यालयों की परम्परागत शिक्षा को अपर्याप्त बताते हुए उसके साथ व्यावसायिक शिक्षा की ज़रूरत पर ज़ोर दिया। उन्होंने इंग्लैंड की कम्पनियों के माल के बोझ से हिन्दुस्तानी कारीगरों की निरन्तर बढ़ती दुर्दशा का मार्मिक ज़िक्र किया। उस समय बंग-भंग के विरोध में देश में व्यापक आन्दोलन चल रहा था। स्वदेशी अपनाने का आवाहन उस आन्दोलन का एक महत्त्वपूर्ण हिस्सा था। हाली ने अपने भाषण में हिन्दुस्तानी कारीगरों को उनकी शोचनीय स्थिति से उबारने के लिए सभी से स्वदेशी सामानों को ही उपयोग में लाने के लिए ज़ोरदार अपील की। उन्होंने मुसलमानों का सक्रिय राजनीति में अधिक से अधिक हिस्सा लेने का भी आवाहन किया। यहाँ सर सैयद से हाली के विचार अलग थे। सर सैयद मुसलमानों के राजनीति में भाग लेने के सख़्त ख़िलाफ़ थे।

हाली की सेहत कभी भी बहुत अच्छी नहीं रही। वह दमा और बवासीर के पुराने मरीज़ थे। वह अकसर इंफ्लुएन्ज़ा के शिकार भी हो जाते थे। वृद्धावस्था में उनकी दोनों आँखों में मोतियाबिन्द हो गया था जिसका ऑपरेशन सन् 1911 में पटियाला और लखनऊ में बारी-बारी से हुआ। जीवन के अन्तिम दिनों में उन्हें लकवा मार गया था जिसका अत्यन्त दुःखद असर उनकी ज़बान पर हुआ। उनकी वाणी सदा के लिए चली गई। किसी की बात का जवाब देने की जब वह कोशिश करते तो वाणी साथ नहीं देती थी। अपने असफल प्रयास पर वह विवश मुस्करा कर रह जाते थे। 31 दिसम्बर, 1914 को दो बजे रात में उन्होंने अन्तिम साँस ली। मृत्यु के समय उनकी आयु 77 वर्ष थी। यह एक अद्‌भुत रचनात्मकता से दीप्त कर्ममय जीवन का अन्त था।

हाली उर्दू के ऐसे विरले रचनाकार हैं जिनके सोच और ज्ञान का दायरा उल्लेखनीय रूप से व्यापक है। उनका विविध विषयों पर लेखन अत्यन्त विपुल है। उन्होंने जियोलॉजी (भूगर्भ विज्ञान), जीवनी, आलोचना, धर्म, सामाजिक विषय और साहित्य की अनेक विधाओं पर अपनी लेखनी चलाई। उनकी कृतियों की सूची अत्यन्त लम्बी है। अतः उनकी कुछ चुनी हुई कृतियों पर ही यहाँ विचार समीचीन है। सर्वप्रथम उनकी सर्वाधिक महत्त्वपूर्ण रचना 'मद्दो जज़्रे इस्लाम'

(इस्लाम का चढ़ाव और उतार) का ज़िक्र आवश्यक है। इस युगान्तरकारी कृति को 'मुसद्दसे हाली' के लोकप्रिय नाम से बेहतर जाना जाता है। मुस्लिम जागरण में इसके महत्त्व का अनुमान सर सैयद के एक दिलचस्प कथन से लगाया जा सकता है। उन्होंने कहा था कि "अल्लाह ने अगर पूछा कि ज़िन्दगी में तुमने क्या हासिल किया तो जवाब में मैं कहूँगा कि मैं हाली से 'मुसद्दस' लिखवा लाया हूँ।" इस कथन से साफ़ संकेत मिलता है कि सर सैयद इस रचना का निमित्त स्वयं को मानते थे। सर सैयद से सम्पर्क के बाद हाली अलीगढ़ के शिक्षा और समाज सुधार आन्दोलन से तन-मन-धन से आजीवन जुड़े रहे। यह कहना अतिशयोक्ति नहीं होगी कि 'मुसद्दसे हाली' अलीगढ़ आन्दोलन की ही देन है। यह भारतीय उपमहाद्वीप के मुसलमानों के सामाजिक-सांस्कृतिक नवजागरण का 'आईनाखाना' है। मौलवी अब्दुल हक़ के शब्दों में, "'मुसद्दस' हमारी क़ौमी ज़िन्दगी का भरा-पूरा अलबम है।" स्वयं हाली भी 'मुसद्दस' का प्रेरणा स्रोत सर सैयद को ही मानते थे। इसके पहले संस्करण की भूमिका में बिना सर सैयद का नाम लिए वह लिखते हैं—

"अचानक देखा कि एक ख़ुदा का बन्दा एक दुर्गम मार्ग पर बढ़ा चला जा रहा है। बहुत से लोग जो उसके साथ चले थे थक कर पीछे रह गए हैं। बहुत से अभी उसके साथ गिरते-पड़ते चले जाते हैं। उसके होंठों पर पपड़ियाँ जमी हैं, पैरों पर छाले पड़े हैं, दम चढ़ रहा है, चेहरे पर हवाइयाँ उड़ रही हैं लेकिन वह दुस्साहसी आदमी, जो उन सबका रहनुमा है, उसी तरह ताज़ादम है। न उसे रास्ते की थकान है न साथियों के छूट जाने की चिन्ता है, न मंज़िल की दूरी को लेकर निराशा है। उसकी चितवनों में ग़ज़ब का जादू भरा है। जिसकी भी तरफ़ आँख उठाकर देखता है वह आँखें बन्द कर उसके साथ हो लेता है। उसकी एक निगाह इधर भी पड़ी और अपना काम कर गई।"

इसमें कोई सन्देह नहीं है कि वह ख़ुदा का बन्दा सर सैयद ही थे। 'मुसद्दस' की संरचना और उसके स्थापत्य के बारे में उसी भूमिका में आगे हाली बताते हैं—

"इस 'मुसद्दस' के आरम्भ में पाँच-सात बन्द तम्हीद (भूमिका) लिख कर अव्वल अरब की उस हालत का ख़ाका खींचा है जो इस्लाम के उदय के पहले थी और जिसका नाम इस्लाम की ज़बान में 'जाहिलियत' रखा गया था। फिर इस्लाम के तारे का उगना, नबी उम्मी की तालीम से रेगिस्तान का अचानक हरा-भरा हो जाना और दुनिया से विदा लेते वक़्त अपनी कृपा के बादलों को उम्मत की खेती के लिए छोड़ जाना और मुसलमानों का भौतिक और आध्यात्मिक प्रगति में सारे संसार से आगे बढ़ जाना दिखाया गया है। इसके बाद उनके पतन का हाल लिखा है और क़ौम के लिए अपने बेहुनर हाथों से एक आईनाखाना बनाया है जिसमें आकर वह अपनी छवि देख सकते हैं कि हम कौन थे और क्या हो गए?"

'मुसद्दसे हाली' से प्रेरित 'भारत भारती' में भी राष्ट्र कवि मैथिलीशरण गुप्त ने भी यही प्रश्न उठाया है—

हम कौन थे क्या हो गए हैं और क्या होंगे अभी।
आओ विचारें बैठ कर हम ये समस्याएँ सभी।

'मुसद्दसे हाली' और 'भारत-भारती' मिल कर पतन अभ्युदय के रथचक्र से स्पंदित इतिहास-पथ की मर्म कथा कहते हैं।

'मुसद्दस' अरबी का शब्द है जिसका अर्थ है छः पहलू वाला। यह नज़्म की एक क़िस्म है जिसमें चार मिस्रे एक क़ाफ़िये (अंत्यानुप्रास) में और दो मिस्रे अलग दो क़ाफियों में होते हैं। ये छः मिस्रों का एक बन्द कहलाता है। ऐसे बहुत से बन्दों के समूह को ही दरअसल मुसद्दस कहते हैं। मुसद्दस में प्रायः किसी उपदेश या घटना विशेष का वर्णन होता है। अगर इसमें कर्बला की शहादत का वर्णन होता है तो यह 'मर्सिया' कहलाता है। जिसमें प्रेम के त्याग का वर्णन होता है वह 'वासोख्त' कहलाता है। नायिका के नख-शिख वर्णन किए जाने पर यह 'सरापा' कहा जाता है।

'मुसद्दसे हाली' यद्यपि पूरा मुसद्दस छंद में है पर इसकी शुरुआत निम्नलिखित रूबाई (चतुष्पदी) से होती है—

पस्ती का हद से गुज़रना देखे
इस्लाम का गिर कर न उभरना देखे
माने न कभी कि मद है हर जज़्र के बाद
दरिया का हमारे जो उतरना देखे।

अरब में इस्लाम का उदय और पतन हिन्दुस्तान में इस्लाम की नियति से गहराई से जुड़ा था। इस्लाम मूलतः एक अत्यन्त सहज-सरल धर्म था—दार्शनिक जटिलताओं से सर्वथा मुक्त। अशिक्षित और अनपढ़ लोगों के लिए भी पूर्णतः बोधगम्य। हिन्दुस्तान में आगे चलकर उसमें एक तरह की दार्शनिक दुरूहता का संचार हुआ और धीरे-धीरे दरगाहों, मज़ारों और ख़ानक़ाहों के प्रति भी मुसलमानों के श्रद्धा निवेदन का प्रचलन बढ़ता गया। इसके फलस्वरूप उसके एकेश्वरवादी स्वरूप में विकार आना स्वाभाविक था। इस्लाम के मूल रूप के गौरव-ह्रास से हाली मर्माहत थे। इसे लेकर उनकी अन्तर्वेदना निम्न पंक्तियों में पूरी तरह मुखर है—

वो दीने हजाज़ी का बेबाक बेड़ा
निशां जिसका इक़्सा-ए आलम में पहुँचा
मज़ाहम हुआ कोई ख़तरा न जिसका
न अम्माँ में ठिठका न कुल्जुम में झिजका

किये पे सिपर जिसने सातों समुन्दर
वो डूबा दहाने में गंगा के आकर।

दीने हजाज़ी का बेबाक बेड़ा हज़ारों चुनौतियों से जूझता और उन पर फ़तह हासिल करता अन्ततः गंगा के दहाने में डूब गया। हाली के अनुसार इस्लाम का सरल-सहज स्वरूप हिन्दुस्तान में पूरी तरह आहत होने से बच नहीं पाया। दरअसल हाली ने हिन्दुस्तान में लगभग सात सौ साल के मुस्लिम शासन का अन्त अपनी आँखों के सामने होते देखा था। महान मुग़ल साम्राज्य की अन्तिम टिमटिमाती लौ के सदा के लिए बुझ जाने के वे विवश साक्षी थे। इस्लाम के पूर्व गौरव को पुनर्जीवित करने की मनोकामना से वह विकल थे। साथ ही वह यह भी अच्छी तरह समझते थे कि यह अब सम्भव नहीं था। दोनों के बीच का तनाव 'मुसद्दस' में साफ़ झलकता है। सर सैयद ने ठीक ही इसे क़ौम की मन:स्थिति का आईना कहा है। वर्तमान को लेकर 'मुसद्दस' में यद्यपि अवसाद का स्वर काफ़ी प्रबल है पर भविष्य के लिए उसमें आशा का स्वर नज़रअन्दाज़ करना दुष्कर है। आशा की किरन अंग्रेज़ी राज की न्यायप्रियता के उनके एहसास से फूटती है। अंग्रेज़ों के राज में उन्होंने अनुभव किया था कि राजा और प्रजा दोनों बराबर थे। सबके लिए तरक्की का रास्ता समान रूप से खुला था। धार्मिक आज़ादी सभी को उपलब्ध थी। मुसलमानों को जी भर कर अज़ान देने की सुविधा थी। रेल और डाक-तार के प्रसार से महीनों के सफ़र पलों में कटने लगे थे और मुल्कों की ख़बरें दम भर में पहुँचने लगी थीं। इस तरह की सुविधाओं की लम्बी फ़ेहरिस्त 'मुसद्दस' में मिलती है—

हुकूमत ने आज़ादियाँ तुमको दी हैं
तरक्की की राहें सरासर खुली हैं
सदाएँ ये हर सिम्त से आ रही हैं
कि राजा से परजा तलक सब सुखी हैं

तसल्लुत है मुल्कों में अम्नो अमाँ का
नहीं बन्द रस्ता किसी कारवाँ का।

× × ×

नमाज़ें पढ़ो बेख़तर माबिदों में
अज़ानें धड़ल्ले से दो मस्जिदों में।

× × ×

महीनों के कटते हैं रस्ते पलों में
घरों से सवा चैन है मज़िलों में

× × ×

पहुँचती हैं मुल्कों से दमदम की ख़बरें
चली आ रहीं शादी-ओ-ग़म की ख़बरें
अयाँ हैं हरेक बर्रे आज़म की ख़बरें
खुली हैं ज़माने में आलम की ख़बरें

नहीं वाक़्या कोई पिन्हा कहीं का
है आईना अहवाल-रू-ये ज़मी का।

उर्दू कविता की पतनशील प्रवृत्तियों के हाली असहाय साक्षी नहीं थे। इसमें कोई शक नहीं कि मीर ने अठारहवीं सदी में ग़ज़ल को जो बुलन्दी दी थी उसका परचम उन्नीसवीं सदी में झुकने नहीं पाया। सौदा, ग़ालिब, जौक़ और मोमिन के हाथों ग़ज़ल ने नई ऊँचाइयाँ हासिल कीं। ग़ालिब ने उसे अभूतपूर्व दार्शनिक गहराई दी। पर उन्नीसवीं सदी की दिल्ली और लखनऊ में अनेक ऐसे शायर थे जो महत्त्वाकांक्षी तो थे किन्तु प्रतिभाशून्य थे। फ़ारसी ग़ज़ल के घिसे-पिटे रूपकों, उपमाओं और उत्प्रेक्षाओं के कल्पनाशून्य प्रयोग से उनकी शायरी पटी थी। हाली ने इस तरह की अनैतिक, यौन विसंगतियों की ओर उन्मुख तथा प्रतिभाशून्य शायरों की मुसद्दस में जम कर ख़बर ली है—

वो शेर और क़सायद का नापाक दफ़्तर
उफ़नूत में संडास से जो है बदतर
ज़मीं जिससे है ज़लज़ले में बराबर
मलक जिससे शर्माते हैं आसमाँ पर

हुआ इल्मों दीं जिससे ताराज सारा
वो है हफ़ नज़र इल्मे इंशा हमारा।

नीचे के छंद में चोट और गहरी हो गई है—

बुरा शेर कहने की गर कुछ सज़ा है
अवस झूठ बकना अगर नारवा है
तो वो महकमा जिसका क़ाजी ख़ुदा है,
मुकर्रर जहाँ नेको बद की जज़ा है

गुनहगार वाँ छूट जाएँगे सारे
जहन्नुम को भर देंगे शायर हमारे।

शायर अरबी का शब्द है जिसके कवि अर्थ के साथ एक नैतिक उपदेष्टा का अर्थ भी जुड़ा हुआ है। अरब में कविता की एक नैतिक-सामाजिक भूमिका रही है। जिस युग में हाली रचनात्मक रूप से सक्रिय थे वह उन्नीसवीं सदी के उत्तरार्ध का अन्तिम चरण था। यह इंग्लैंड में महारानी विक्टोरिया का गौरवशाली शासन काल था। अंग्रेजी साहित्य में इसे विक्टोरियन युग के नाम से जाना जाता है। कला और साहित्य में इस काल के अन्तर्गत नैतिक और सामाजिक मूल्यों का वर्चस्व था। यह जॉन रस्किन, थॉमस कार्लाइल और मैथ्यू आर्नाल्ड जैसे साहित्य-कला चिन्तकों और रचनाकारों की सक्रियता का युग था। हाली के 'मुकद्दमा शेरो शायरी' से पता चलता है कि लाहौर में अंग्रेज़ी पुस्तकों के उर्दू अनुवाद सुधारते हुए वह विक्टोरिया-

युगीन चिन्तकों-रचनाकारों के विचारों के सम्पर्क में आए थे और उनका उपयोग साहित्य सम्बन्धी अपनी अवधारणाओं की पुष्टि के लिए किया था। उनके अनुसार शायरी का उद्देश्य मनोरंजन और महफ़िल सजाना नहीं था। उसका असली ध्येय था पतन के गर्त से उबरने के लिए समाज में एक नैतिक बेचैनी पैदा करना। अपने इस उद्देश्य की प्राप्ति में हाली 'मुसद्दस' में अद्भुत रूप से कामयाब हैं।

उन्नीसवीं सदी पश्चिमी उपनिवेशवाद के पूरब में विस्तार और वर्चस्व की सदी रही है। पूरब के देश अपनी धार्मिक-सांस्कृतिक अस्मिताओं की सजग चेतना के साथ पश्चिमी उपनिवेशवाद की आक्रामकता से टकराए थे। वो पश्चिम की शिक्षा, उद्योग, विज्ञान, चिकित्सा और अन्य भौतिक ज्ञान के क्षेत्र में समृद्धि और प्रगति से अभिभूत भी हुए थे। यह प्रवृत्ति 'मुसद्द्स' में भी साफ़ दिखाई पड़ती है। पर हाली यह भूलते नहीं हैं पश्चिमी प्रगति अरबों की इन क्षेत्रों में उपलब्धियों की कितनी ऋणी है। गहरे आत्मविश्वास से दीप्त ये पंक्तियाँ दृष्टव्य हैं—

नवासंजियाँ उनसे सीखी हैं सबने
जबाँ खोल दी सबकी नत्क़े अरब ने।

× × ×

उन्हीं के हैं मश्रिक में सब नाम लेवा
उन्हीं से हुआ पार मग़रिब का खेवा।

× × ×

हुआ गो कि पामाल बस्ताँ अरब का
मगर इक जहाँ है ग़ज़ल ख़्वाँ अरब का
हरा कर गया सबको बाराँ अरब का
सपे दो सियह पर है अहसाँ अरब का

× × ×

वो क़ौमें जो हैं आज सरताज सब की
कनौड़ी रहेंगी हमेशा अरब की।

उन्नीसवीं सदी के यूरोप ने विभिन्न क्षेत्रों में अपनी उपलब्धियों की गौरव गाथाएँ लिखनी शुरू कर दी थीं। पर उन उपलब्धियों के पीछे अरबों के मूल्यवान ऐतिहासिक योगदान का कहीं ज़िक्र तक नहीं था। यह प्रवृत्ति सिर्फ़ यहीं तक सीमित नहीं थी। पूरब की किसी संस्कृति का कोई भी प्रत्यक्ष-परोक्ष ऋण उन्नीसवीं सदी का यूरोप अपने सभ्यता विमर्श में स्वीकार करने को तैयार नहीं था। हाली ने 'मुसद्दस' में इस पर पश्चिम के देशों की अच्छी ख़बर ली है। वह यूरोपीय सभ्यता के विकास में अरब योगदान के महत्त्वपूर्ण उदाहरणों की एक के बाद एक झड़ी लगा देते हैं। पर एक दिलचस्प तथ्य का उल्लेख यहाँ ज़रूरी लगता है। प्राचीन हिन्दुस्तान और अरब के बीच सभ्यता के क्षेत्र में जो सार्थक विनिमय हुआ था हाली 'मुसद्दस'

में उसकी रंचमात्र झलक तक नहीं देते। सम्भवत: 'मुसद्दस' में यह उनका उद्देश्य भी नहीं था। 'मुसद्दस' में दरअसल उनका उद्देश्य था मुग़ल शासन के पतन और 1857 के उथल-पुथल के दौरान मिली पराजय से पस्तहिम्मत हिन्दुस्तान के मुसलमानों को उनकी दुरवस्था का एहसास दिलाते हुए उन्हें उससे उबरने की राह दिखाना। इसके लिए उन्होंने दो बातों पर ज़ोर दिया—पहली, अपनी मदद ख़ुद करना और एक-दूसरे के सहयोग-सहायता से आगे बढ़ना। दूसरी, इस्लाम के प्रवर्तक पवित्र पैग़म्बर द्वारा दिखाए मार्ग का सच्चाई से अनुगमन करना। उद्यम और परस्पर सहयोग के लिए उन्होंने चींटे का दिलचस्प पर सटीक उदाहरण दिया है—

ज़खीरा है जब चींवटा कोई पाता
तो भागा जमाअत में अपनी जाता
उन्हें साथ ले-ले के है याँ से जाता
फ़तूह अपनी एक-एक को है दिखाता।

सदा उनके हैं इस तरह काम चलते
कमाई से इक-इक के लाखों हैं पलते।

क़ौम को आत्मनिर्भरता का सन्देश 'मुसद्दस' में जगह-जगह बिखरा है। इस सन्दर्भ में निम्न पंक्तियाँ दृष्टव्य हैं—

अड़े वक़्त तुम दाएँ-बाएँ न झाँको
सदा अपनी गाड़ी को गर आप हाँको।

× × ×

बस अब अपनी गर्दन पे रक्खो जुआ तुम
करो हाजतें आप अपनी रवा तुम।

अंग्रेज़ हुकूमत ने तालीम के दरवाज़े सभी छोटे-बड़े, हर जाति और धर्म के लोगों के लिए अपने राज में समान रूप से खोल दिए थे। इसकी भूमि-भूरि प्रशंसा करते हुए हाली कहते हैं—

गया अब दिलतंगियों का ज़माना
कि अपनों का हिस्सा था पढ़ना-पढ़ाना
बरहमन का पहने अगर शूद्र बाना
तो उस पर नहीं अब कोई ताजियाना

हुये बरतरफ़ सब नशेबो-फ़राज़ अब
सफ़ेदो सियाह में नहीं इत्मियाज़ अब।

× × ×

बस अब वक़्त का हुक्मे नातिफ़ यही है
कि जो कुछ है दुनिया में तालीम ही है।

तालीम से हाली का मन्तव्य दीनी तालीम से कदापि नहीं था। सर सैयद की ही तरह वह भी उदार पश्चिमी शिक्षा के पक्षधर थे जो निश्चय ही सर्वथा धर्म निरपेक्ष थी। ये पंक्तियाँ इस बात का साफ़ सबूत हैं—

नतायज़ जो मग़रिबी इल्मो फ़न के
वो हैं हिन्द में जल्वा गर सौ बरस से
तअस्सुब ने लेकिन ये डाले हैं परदे
कि हम हक़ का जल्वा नहीं देख सकते।

हाली ने 'मुसद्दस' में वर्तमान को अतीत में और अतीत को वर्तमान में प्रतिबिम्बित करने की अद्भुत क्षमता प्रदर्शित की है। इस्लाम के उदय के पूर्व अरब में जिस प्रकार की अराजकता सामाजिक-धार्मिक जीवन में व्याप्त थी और वहाँ अज्ञान तथा अशिक्षा का भयावह अन्धकार जिस तरह फैला था उसकी बड़ी विचलनकारी तसवीर हाली ने 'मुसद्दस' में खींची है। उसके बरअक्स अठारहवीं-उन्नीसवीं सदी के हिन्दुस्तानी मुसलमानों की पतनशील प्रवृत्तियों का जैसा निरूपण उन्होंने पूरे विस्तार के साथ 'मुसद्दस' के पन्नों में किया है वह भी आँखें खोल देने वाला है। इस्लाम पूर्व का अरब 'जाहिलिया' कहा जाता था—एक ऐसा भूखंड जहाँ किसी तरह के ज्ञान का प्रकाश अकल्पनीय था। छोटी-छोटी बेसिर-पैर और बेमतलब की अहमकाना बातों पर लोग मरने-मारने पर आमादा रहते थे। 'मुसद्दस' के ही अल्फ़ाज़ में—

न झगड़ा कोई मुल्को दौलत का था वो
करिश्मा एक उनकी जहालत का था वो।

नवजात बच्चियों की हत्या की प्रथा इस्लाम पूर्व अरब में आम थी—

जो होती थी पैदा किसी घर में दुख़्तर
तो ख़ौफ़े शमातत से बेरहम मादर
फिरे देखती जब भी शौहर के तेवर
कहीं ज़िंदा गाड़ आती थी उसको जाकर।

ज्ञातव्य है कि नवजात कन्याओं की हत्या की क्रूर प्रथा उन्नीसवीं सदी के अन्त तक हिन्दुस्तान में भी ख़ासकर पंजाब में भयावह रूप से व्याप्त थी। अंग्रेज़ों ने इसे सख़्ती से समाप्त किया। हाली ने इसका ख़ास ज़िक्र महारानी विक्टोरिया की प्रशस्ति में किया है। इस तरह अतीत को वर्तमान में और वर्तमान को अतीत में झलकाने का जो कमाल हाली ने 'मुसद्दस' में कर दिखाया वह उर्दू कविता में पहले सम्भव नहीं हो सका था।

'मुसद्दस' में इस्लाम के पवित्र पैग़म्बर की एक अत्यन्त उदार छवि उभरती है जिसमें उदात्त, नैतिक, धार्मिक, सामाजिक और आर्थिक मूल्यों का समाहार है। हाली शिद्दत से अनुभव करते थे कि इस्लाम के ये मूल्य सभी परिस्थितियों में

प्रासंगिक थे। इस्लाम उनके अनुसार अतीत जीवी धर्म न होकर एक आधुनिक धर्म था जिसकी समय के साथ बदलती परिस्थितियों के अनुरूप पुनर्व्याख्या अपेक्षित थी। जो अवगुण और दोष समाज में विचलन पैदा करें वे सदैव निन्दनीय और त्याज्य हैं। कामुकता, विलासिता, जुआ, नशाखोरी, फिजूलखर्ची, निर्दयता, विवेकहीन आक्रामकता, व्यर्थ का अहंकार, निष्प्रयोजन कलह तथा मनोरंजन के प्रति असन्तुलित नज़रिया ऐसे दुर्गुण हैं जो हाली के अनुसार इस्लाम पूर्व अरब और अठारहवीं-उन्नीसवीं सदी के पतनशील हिन्दुस्तानी मुस्लिम समाज में कमोबेश एक से व्याप्त थे। जिस तरह इस्लाम के उदय से अरब में इन बढ़ती कुरीतियों और दुष्प्रवृत्तियों पर विराम लगना सम्भव हो पाया, उसी प्रकार उन्नीसवीं सदी में पतनोन्मुख हिन्दुस्तानी मुस्लिम समाज में इन पर नियंत्रण यूरोपीय शिक्षा और सभ्यता के सम्पर्क और विवेकसंगत समझ से मुमकिन था—

'हाली' अब आओ पैरवीये मग़रिबी करें।
बस इब्तिदाये 'मुशहफ़ी' ओ 'मीर' कर चुके॥

सन 1869 में शेफ़्ता और ग़ालिब का देहान्त हो गया था। इसके बाद वह पूरी तरह सर सैयद के होकर रह गए। उन्होंने अपनी रचनात्मकता के पूर्ववर्ती दौर में प्रभावों का ज़िक्र करते हुए लिखा है—

'हाली' सुख़न में 'शेफ़्ता' से मुस्तफ़ीद हूँ।
'ग़ालिब' का मौतक़िद हूँ मुक़ल्लद हूँ 'मीर' का।

हाली सर सैयद के अलीगढ़ आन्दोलन के सबसे पुख़्ता स्तम्भ थे। सर सैयद के शैक्षणिक, सामाजिक और सांस्कृतिक आदर्शों और विचारों में उनकी आस्था और निष्ठा अडिग थी। अनायास ही उन्हें अलीगढ़ स्कूल का कवि-लेखक नहीं कहा गया है। उनकी नज़्मों में जो उपदेश की प्रवृत्ति है उसे लेकर उन्हें तीखी आलोचना और व्यंग्य के बाण झेलने पड़े। उर्दू के सुप्रसिद्ध समीक्षक मजनूँ गोरखपुरी के अनुसार, मुश्किल से कोई इस ख़याल से मुवानसत पैदा कर सकता है कि हाली 'कौमी भाट' या 'वाइजे शायर' के अलावा कुछ और भी थे। यह भी ज़माने का कितना बड़ा ज़ुल्म है कि हाली जैसा शायर सर सैयद का 'ताबअमुहमिल' या ज़्यादा से ज़्यादा ज़मीमा होकर रह जाए और सज्जाद हुसेन मरहूम के तम्सखरे का निशाना बनें—

सैयद की सरगुज़िश्त को 'हाली' से पूछिए।
ग़ाजी मियाँ का हाल डफाली से पूछिए॥

पाकिस्तान के प्रतिष्ठित उर्दू समीक्षक डॉ. वज़ीर आग़ा ने 'उर्दू शायरी का मिज़ाज' में कहा है कि हाली ने 'मुसद्दस' समेत अपनी तमाम नज़्मों में अपने सिर पर एक भारी पगड़ी रख ली है और पाठकों को उपदेश और सीख से झकझोरने लगते हैं। वह चट्टान पर खड़े उस व्यक्ति की तरह हैं जिसके चारों ओर लहरें उठ रही हों

और जो ख़ुद उन्हें ऊँचाई से देख रहा हो। ये लहरें उनके व्यक्तित्व को छूती ज़रूर हैं पर सतही तौर पर। उनकी नमी अन्तर को गीला नहीं कर पाती। पर इसमें दो राय नहीं कि उन लहरों से उनका सामाजिक और सामुदायिक पक्ष गहराई से उत्तेजित होता है। हाली का हाथ सदा राष्ट्र की नब्ज़ पर रहता है। वह रोग का निदान करते हैं और फिर दवाएँ सुझाते हैं। तर्क और न्याय उनकी नज़्म के विशेष गुण हैं। हाली मूलतः सुधार आन्दोलन और मुस्लिम नवजागरण के सन्देशवाहक हैं।

उन्नीसवीं सदी के अन्तिम दशकों के दौरान भारत की समावेशी राष्ट्रीयता की अवधारणा विकसित हो रही थी। यह वह युग था जिसमें हाली रचनात्मक रूप से पूरी तरह सक्रिय थे। 'मुसद्दस' और उनके धार्मिक विषयों पर किए गए लेखन से एक भ्रम की गुंजाइश बनी रहती है कि उनका क़ौमियत का विचार धर्म (इस्लाम) केन्द्रित था। निश्चय ही इसे मात्र भ्रम ही मानना उचित होगा। दरअसल हाली के विपुल लेखन में इसके प्रचुर साक्ष्य हैं कि वह एक समावेशी राष्ट्रीयता के प्रबल पक्षधर थे। 'हुब्बे वतन' शीर्षक की उनकी नज़्म तथा उनकी अन्य कई रचनाओं में इसके अनेक प्रमाण मुखर हैं। 'हुब्बे वतन' में हिन्दू-मुस्लिम एकता का स्वर काफ़ी प्रबल है। इस प्रसंग में उनकी निम्नलिखित काव्य-पंक्तियाँ ध्यान देने योग्य हैं—

तुम अगर चाहते हो मुल्क की ख़ैर।
न किसी हमवतन को समझो ग़ैर॥
हों मुसलमान इसमें या हिन्दू।
बौद्ध मज़हब हों या कि हों ब्रह्मू॥
सब को मीठी निगाह से देखो।
समझो आँखों की पुतलियाँ सबको॥

× × ×

बैठे बेफ़िक्र क्या हो हमवतनो!
उठो अहले वतन के दोस्त बनो।
मर्द हो तो किसी के काम आओ।
वर्ना खाओ पीओ चले जाओ॥

हाली की रचनाओं के अनुवाद कई भाषाओं में हुए। 'मुसद्दस' के अनुवाद गुजराती, सिन्धी, पंजाबी, अंग्रेज़ी और पश्तों में बहुत पहले हो चुके हैं। 'मुनाजाते बेवा' (विधवा की ईश्वर से प्रार्थना) सन् 1844 में प्रकाशित उनकी एक अत्यन्त महत्त्वपूर्ण काव्य रचना है। उन्नीसवीं सदी के अन्त तक हिन्दुस्तान में हिन्दू-मुस्लिम दोनों समदुायों में बाल-विवाह का प्रचलन व्यापक स्तर पर था। विधवा-विवाह समाज में सामान्यतः स्वीकृत नहीं था। बालक पति के असमय देहान्त हो जाने की स्थिति में बालिका वधू को आजीवन वैधव्य की दारुण यातना झेलनी पड़ती थी। समाज

में बाल विधवाओं के नारकीय जीवन से हाली का संवेदनशील हृदय करुणा से उद्वेलित हो उठता था। उसी का परिणाम है यह करुण विगलित काव्य रचना 'मुनाजाते बेवा'। 'मुनाजात' अरबी का शब्द है जिसका अर्थ है ईश्वर (ख़ुदा) का स्तुतिगान—एक ऐसी स्तुति जिसमें स्तुतिकर्ता करुणामय से अपने लिए भी कृपादृष्टि की माँग करता है। बेवा फ़ारसी का शब्द है जिसका अर्थ है विधवा। पति की मृत्यु के बाद बाल-विधवा असहाय होकर परिवार पर बोझ बनकर रह जाती थी। ऐसी करुण स्थिति में ईश्वर ही उसके एकमात्र शरण्य बचते थे। 'मुनाजाते बेवा' निश्चय ही करुणा का एक अपूर्व अश्रुसिक्त काव्य है। इसकी लोकप्रियता का अनुमान इसी से चलता है कि प्रकाशन के कुछ समय बाद ही इसके अनुवाद दस भाषाओं में हो गए थे। सम्भवत: यह उर्दू की पहली रचना थी जिसका अनुवाद संस्कृत में भी हुआ था। यह जानकारी दिलचस्प होगी कि महात्मा गांधी ने भी इसे मूल उर्दू में पढ़ा था और उससे गहराई से प्रभावित हुए थे। उसकी सहज-सरल भाषा को वह आदर्श हिन्दुस्तानी मानते थे।

'चुप की दाद' उनकी स्त्रियों की समकालीन स्थिति पर प्रकाश डालती एक और उल्लेखनीय कविता है। घर में क़ैद वे दिन-रात खटती सबकी सेवा करती और बच्चे पालती अपना सब कुछ खपा देती हैं। इसके प्रतिदान में उन्हें पेट की रोटी और तन ढकने के लिए कपड़े के अलावा कुछ नहीं मिलता। वे अल्पतम मानवीय अधिकारों तक से वंचित रहती हैं। यह कविता सन् 1906 में अलीगढ़ से निकलने वाली मासिक पत्रिका 'ख़ातून' में छपी थी। सीधी-सादी शैली में लिखी गई यह कविता हाली ने भोपाल की बेगम सुलतानजहाँ को समर्पित की थी। वह स्त्रियों की शिक्षा और उनकी प्रगति के प्रयासों में गहरी दिलचस्पी लेती थीं।

हाली उन्नीसवीं सदी के मुस्लिम बुद्धिजीवियों में सर्वप्रथम थे जिसने स्त्रियों की शिक्षा का महत्त्व भली-भाँति समझा था। वह जानते थे कि स्त्रियाँ समाज का आधा हिस्सा थीं और जब तक उनकी प्रगति का उपाय नहीं किया जाता तब तक समाज का कल्याण असम्भव था। इसके लिए उन्हें शिक्षा देना अत्यन्त आवश्यक था। स्त्री-शिक्षा के लिए उन्होंने अपना अभियान सन् 1874 में प्रकाशित अपनी पुस्तक 'मजलिसुन्निसा' (स्त्रियों की सभा) से प्रारम्भ किया। इसकी प्रेरणा उन्हें डिप्टी नज़ीर अहमद (1830-1912) की दो पुस्तकों—'मिरातुल अरूस' (वधू-दर्पण) और 'बिनतुन ना'श' से मिली थी, जो क्रमश: सन् 1869 और 1873 में छपी थीं। 'मजलिसुन्निसा' को हाली ने बाब (अध्याय) की जगह मजलिस (बैठक) में बाँटा है। पहले हिस्से में स्त्रियों की शिक्षा और उसके सामाजिक-राष्ट्रीय महत्त्व पर प्रकाश डाला गया है। दूसरे में दैनिक जीवन में बच्चों के लिए उपयोगी नैतिक शिक्षा का पाठ है। तीसरे में अन्धविश्वास और व्यर्थ के खर्चीले रस्मो-रिवाज पर चर्चा है। हाली अच्छी तरह समझते थे कि बच्चा नैतिकता का पहला पाठ माँ से ही सीखता है। माँ की गोद उसकी पहली पाठशाला है। 'मजलिसुन्निसा' उपन्यास के शिल्प में

है। उसकी नायिका का नाम ज़ुबैदा ख़ातून है। उसे पवित्र क़ुरान, अरबी, फ़ारसी, उर्दू के साथ उसके पिता गणित, इतिहास और भूगोल जैसे आधुनिक विषयों की भी शिक्षा देते हैं। लगभग डेढ़ सौ साल पहले पश्चिमी शिक्षा के समर्थक हाली द्वारा अपनी नायिका को आधुनिक विषयों की शिक्षा देने की बात लिखना बहुत बड़े साहस और दूरदर्शिता का परिचायक है। वह भी एक ऐसे दकियानूस मुस्लिम समाज में जहाँ आधुनिक पश्चिमी शिक्षा की वकालत करने की वजह से सर सैयद को अपना सिर कलम किए जाने का फ़तवा तक झेलना पड़ा था। वह एक ऐसा दौर था जिसमें भूगोल और गणित जैसे आधुनिक ब्रिटिश विषयों का पढ़ना मुसलमान लड़कों तक के लिए भी वर्जित सा था।

हाली को अपनी भाषा सम्बन्धी उदारता के लिए भी याद किया जाना चाहिए। उर्दू के आदि कवि (बाबा-ए-रेख़्ता) वली दक्खिनी (सन् 1668-सन् 1744) जब सन् 1700 में दिल्ली आए तो यहाँ उनकी भेंट सूफ़ी सन्त, विद्वान और कवि शाह सादुल्लाह देहलवी से हुई। वली की हिन्दी बहुल दक्खिनी की कविताएँ सुनकर शाह साहब ने फ़रमाया, "मज़ामीने फ़ारसी बेकार पड़े हैं। इन्हें तुम अपने रेख़्ते में क्यों इस्तेमाल नहीं करते? तुमसे कौन पूछगछ करेगा?" वली ने उनके सुझाव को पूरी संजीदगी से लिया। वह तुरन्त हिन्दी बहुल दक्खिनी की जगह अपनी कविताओं में फ़ारसी शब्दावली का प्रयोग अत्यन्त रचनात्मक कुशलता से करने लगे। इस शुद्धि अभियान को उनके तुरन्त बाद के कवियों आबरू (1683-1750), आरज़ू (1689-1756), हातिम (1699-1791), मज़मून (...-1745), जानजाना (1698-1781) और नाजी (अज्ञात) आदि ने पूरे जोश से आगे बढ़ाया। परिणामस्वरूप अब तक धड़ल्ले से प्रयोग में आ रहे हिन्दी और संस्कृत के तत्सम और तद्भव शब्दों तथा फ़ारसी परम्परा से स्वतंत्र स्थानीय और देशज रूपकों, उपमाओं, उत्प्रेक्षाओं, मुहावरों तथा मिथकीय सन्दर्भों से उर्दू शायरी को मुक्त और शुद्ध करने का एक पुरज़ोर अभियान शुरू कर दिया गया। डॉ. रामबाबू सक्सेना ने 'तारीखे-अदबे उर्दू' में रेख़्ते में चलाए गए इस शुद्धि अभियान के बारे में विस्तारपूर्वक चर्चा करते हुए साफ़ लिखा है कि इस दौर में रेख़्ते से संस्कृत और दक्खिनी के शब्दों के निष्कासन का जो आन्दोलन शुरू हुआ वह मीर और सौदा के समय तक जारी रहा और शेख़ नासिख़ (सन् 1771-1838) के काल में इसका चरमोत्कर्ष हुआ। नासिख़ लखनऊ के निवासी थे जहाँ उर्दू को संस्कृत और हिन्दी शब्दों से मुक्त रखने के प्रयास उनके नेतृत्व में निर्बाध चले। उन्हें और उनके अनुयायियों को इसमें इत्तफ़ाक़ से पूरी सफलता मिली। इसका परिणाम हुआ कि उर्दू निस्तेज होकर जन साधारण से बिलकुल कट गई। कठिन फ़ारसी बोझिल भाषा हाली को कतई स्वीकार नहीं थी। वह अपनी बात अधिक से अधिक लोगों तक पहुँचाने के लिए सरल-सहज भाषा के पक्षधर थे। और इस तरह की भाषा के चुनाव के कारण ही

वह इतने लोकप्रिय हो सके। लखनऊ के उर्दू-जगत को अपनी भाषा के आदर्श की हाली द्वारा अस्वीकृति बिलकुल रास नहीं आई। सम्भवत: अनेक कारणों में से यह भी एक महत्त्वपूर्ण कारण था जिसके फलस्वरूप हाली का सर्वाधिक विरोध लखनऊ में ही हुआ। हाली यह अच्छी तरह जानते थे कि वह सही रास्ते पर थे। इसलिए किसी भी प्रकार के विरोध और उपहास से विचलित नहीं हुए।

कविता, गद्य, समीक्षा, जीवनी, आधुनिक शिक्षा तथा समाज-सुधार के क्षेत्रों में हाली का अवदान अत्यन्त मूल्यवान और दूरगामी महत्त्व का है। सर सैयद के बाद मुस्लिम नवजागरण की ऐतिहासिक मशाल उन्हीं के सुयोग्य हाथों में रही। जिस तरह श्रीकृष्ण ने मोहाविष्ट अर्जुन को अपने उपदेश से कर्म के प्रति जागृत किया लगभग उसी प्रकार हाली ने उन्नीसवीं सदी के अन्तिम दशकों में भारतीय उपमहाद्वीप के तंद्राग्रस्त मुस्लिम समाज में अपनी 'मुसद्दस' जैसी कृतियों से एक नए जीवन का संचार किया।

मुस्लिम नारी जागरण के पुरोधा
मौलवी मुमताज़ अली

(सन् 1860—1935)

सर सैयद, 'हाली' और शिवली से उम्र में क्रमश: 43, 23 और 3 साल छोटे मौलवी सैयद मुमताज़ अली ख़ान के नाम और काम से बहुत कम लोग परिचित हैं। पर उन्नीसवीं सदी के अन्तिम और बीसवीं सदी के प्रारम्भिक दशकों में हिन्दुस्तान की मुस्लिम स्त्रियों की समानता, शिक्षा और प्रतिष्ठा के लिए उन्होंने जो निर्भीक और साहसिक अभियान चलाया वह निश्चय ही अनूठा है। उनका जन्म तत्कालीन पंजाब की राजधानी लाहौर के एक परम्परागत मुस्लिम परिवार में सन् 1860 में हुआ था। उनकी शिक्षा प्रसिद्ध इस्लामी शिक्षण संस्थान दारुल उलूम देवबन्द (ज़िला सहारनपुर, उ.प्र.) में हुई। मुस्लिम समाज में आधुनिकता के पुरोधा सर सैयद, 'हाली' और शिवली सभी की शिक्षा परम्परागत इस्लामी ढंग से ही हुई थी। इसके बावजूद तीनों ने भारतीय उपमहाद्वीप के मुस्लिम मानस में प्रगतिशील आधुनिक विचारों के जो बीज बोये वो बेमिसाल हैं।

मौलवी सैयद मुमताज़ अली सर सैयद के समाज-सुधार और मुसलमानों में आधुनिक शिक्षा के प्रसार-प्रचार के अभियान के प्रबल समर्थक थे। 'क़ुरान शरीफ़' की स्त्रियों से सम्बन्धित आयतों की निहित स्वार्थ मुल्ला वर्ग जो स्त्री-विरोधी व्याख्या कर रहा था उससे वह बहुत चिन्तित और सन्तप्त थे। वह स्वयं भी मौलवी थे तथा अरबी-फ़ारसी भाषाओं का अच्छा ज्ञान रखते थे। उन्होंने 'क़ुरान शरीफ़' और हदीस के गहन अध्ययन के दौरान पाया कि बहुसंख्यक मुल्ला समाज की नारी-विरोधी व्याख्याएँ भ्रामक और निहित स्वार्थ प्रेरित थीं। उनके विचारों पर पश्चिम की विचारधारा का रंचमात्र भी प्रभाव नहीं था। वह अपने स्त्री-पुरुष समानता के निष्कर्ष पर परम्परागत इस्लामी स्रोतों के सूक्ष्म अनुशीलन के उपरान्त पहुँचे थे।

सन् 1897 में मौलवी मुमताज़ अली ने 'हक़ूक़ुन्निस्वां' (स्त्रियों के अधिकार) नाम से एक साहसिक पुस्तक की पांडुलिपि तैयार की थी। इसे उन्होंने जब सर सैयद को दिखाया तो उसमें व्यक्त विचारों से पूरी सहमति के बावजूद वह (सर सैयद)

गहरी चिन्ता में डूब गए थे। उन्होंने ख़ुद अपना उदाहरण देते हुए मौलवी को बताया था कि उन्हें मुसलमानों में पश्चिमी शिक्षा के प्रसार-प्रचार के अपने प्रयास के कारण दकियानूस मुल्ला समाज का कितना सख़्त विरोध झेलना पड़ा था। यहाँ तक कि उनका सिर कलम करने के लिए फ़तवा तक जारी कर दिया गया था। चूँकि मौलवी के विचार स्त्रियों की शिक्षा और समानता को लेकर और भी अग्रगामी थे अत: रूढ़िवादी मुल्ला वर्ग के उसके विरुद्ध उग्र प्रतिरोध और भयावह आक्रोश की कल्पना की जा सकती है। इस सलाह के साथ सर सैयद ने मौलवी मुमताज़ अली को 'हक़ूक़ुन्निस्वां' को प्रकाशित न करने का सुझाव दिया था। पर मुमताज़ अली अपने विचार पर अडिग रहे। उन्होंने 'हक़ूक़ुन्निस्वां' सन् 1898 में प्रकाशित किया। इसी वर्ष सर सैयद का देहावसान हुआ था। दरअसल उन्नीसवीं सदी, ख़ासकर इसका उत्तरार्ध धर्मग्रन्थों की परम्परागत व्याख्या को प्रश्नांकित करने और उसे साहसिक चुनौती देने का काल था। मुसलमानों के बीच इसका श्रेय सर सैयद को जाता है। हिन्दुओं में यह काम ज्योति बा फुले (सन् 1827-1890), सावित्री बाई फुले (सन् 1831-1897) और ताराबाई शिन्दे (1850-1910) ने किया। ज्योति बा फुले के अनुसार चूँकि परम्परागत हिन्दू धर्म ब्राह्मणों की संरचना थी इसलिए उसने निम्न वर्ग की जातियों का निर्दयता से दमन किया। ताराबाई शिंदे के अनुसार क्योंकि यह पुरुषों की संरचना थी इसके तहत स्त्रियों को निर्ममता से दबाया गया। इनके बरअक्स मौलवी मुमताज़ अली ने पवित्र 'क़ुरान' की मर्दवादी व्याख्या को 'मर्दों की झूठी फ़ज़ीलत' (पुरुषों की मिथ्या प्रतिष्ठा) करार दिया था।

'हक़ूक़ुन्निस्वां' को विचारक असग़र अली इंजीनियर ने मुस्लिम महिलाओं के अधिकारों का चार्टर कहा है। एक लम्बे अर्से से यह ऐतिहासिक पुस्तक अप्राप्य थी। खोज के दौरान असग़र अली इंजीनियर को इसकी एक प्रति अमेरिका के एक पुस्तकालय के अभिलेखागार में प्राप्त हुई। उन्होंने उसे मूल उर्दू में अंग्रेज़ी अनुवाद के साथ प्रकाशित किया। पाकिस्तान में इस पुस्तक के महत्त्वपूर्ण चार प्रारम्भिक अध्याय के अंग्रेज़ी अनुवाद लाहौर की प्रबुद्ध महिलाओं के एक संगठन 'शिरकतगाह' ने प्रकाशित किये। मुमताज़ अली अपने सामने की चुनौतियों से भली-भाँति परिचित थे। उन्होंने पुस्तक की भूमिका में लिखा था कि "अगर उनकी विनम्र कोशिश पूरे देश में एक भी अकेली बूढ़ी औरत के अधिकारों की रक्षा में कामयाब साबित हुई तो वह उसे स्वयं का सफल प्रयास मानेंगे।" पुस्तक में उन्होंने अपने विचारों के प्रसार-प्रचार के लिए एक पत्रिका 'तहज़ीबेनिस्वां' के नाम से निकालने के निर्णय की घोषणा की थी। उन्होंने बताया था कि 1 जून, 1898 से प्रकाशित होने वाली उक्त पत्रिका की सम्पादक उनके परिवार की ही कोई शिक्षित लड़की होगी। उसमें किसी पुरुष के लेख नहीं छपेंगे। उसमें परिवार की लड़कियों से ही लेखादि लिखवाए जाएँगे। उनकी गुणवत्ता की परवाह किए बग़ैर। अन्त में दृढ़ निश्चयी मौलवी ने जोड़ा था कि वह अपने निर्णय

पर अडिग थे चाहे इसके लिए लोग उनका कितना ही मज़ाक क्यों न उड़ाएँ। अगर कोई उनके साथ नहीं था तो कम से कम अल्लाह तो उनके साथ था।

'हक़ूक़ुन्निस्वां' का पहला अध्याय अत्यन्त महत्त्वपूर्ण है। उसका शीर्षक है— 'पुरुष श्रेष्ठता का झूठ' (मिथ ऑफ़ मेल सुप्रीमैसी)। दरअसल इस पहले अध्याय में ही पूरी पुस्तक के बीज-विचार सन्निहित हैं। स्त्रियों को पुरुषों से नीचा और कमतर साबित करने के लिए निहित स्वार्थ मुल्ला समाज के विचारों का मौलवी मुमताज़ अली ने 'क़ुरान शरीफ़' की सम्बन्धित और प्रासंगिक आयतों की सही व्याख्या के आधार पर अत्यन्त तर्कसंगत जवाब दिया है। औरतों पर मर्दों की श्रेष्ठता साबित करने के लिए यह तर्क दिया जाता रहा है कि यदि दोनों का दर्जा अल्लाह की निगाह में बराबर था तो उसने स्त्रियों में किसी को अपना पैग़म्बर क्यों नहीं बनाया? मुमताज़ अली ने इसका उत्तर देते हुए कहा कि मुसलमानों का विश्वास रहा है कि पैग़म्बर मुहम्मद साहब के पहले अल्लाह ने दुनिया में 1,24,000 अपने प्रतिनिधि पैग़म्बर के बतौर भेजे थे। इस्लाम द्वारा मान्य धर्मग्रन्थों में 10 से 15 पैग़म्बरों के नाम ही मिलते हैं। इनके नामों की संख्या अधिक से अधिक 30 तक पहुँचती है। इसका मतलब है हमें 1,23,970 (1,24,000-30) के नामों और उनके बारे में कोई जानकारी नहीं है। सिर्फ़ 30 नामों की जानकारी के आधार पर यह निष्कर्ष निकालना कि सभी पैग़म्बर मात्र पुरुष थे और उनमें स्त्रियाँ नहीं थीं तर्कसंगत और न्यायोचित नहीं होगा।

स्त्रियों को पुरुषों के बराबर साबित करने के लिए मौलवी मुमताज़ अली ने ईराक़ की मध्यकालीन महिला सूफ़ी सन्त रबिया बासरी के नाम का उदाहरण देते हुए पूछा कि अध्यात्म के क्षेत्र में क्या कोई उनका समकालीन पुरुष उनकी बराबरी कर सकता था? वह हिन्दुस्तान के इतिहास से रज़िया बेगम और नूरजहाँ बेगम तथा अपने समकालीन अंग्रेज़ी राज की महारानी विक्टोरिया के नामों का उल्लेख करते हुए पूछते हैं कि क्या उनकी राज चलाने की योग्यता और राजनीतिक समझ किसी बड़े से बड़े पुरुष शासक से कम थी? मर्दों को शारीरिक शक्ति के आधार पर उनके सार्वभौम सत्ता के एकाधिकार के दावे की मौलवी कठोर भर्त्सना करते हैं। उनका मानना है कि बिला शक मज़बूत कद-काठी और शारीरिक बल में पुरुष स्त्रियों की तुलना में कहीं अधिक बढ़कर साबित होते हैं। पर यह स्त्रियों पर उनकी श्रेष्ठता का आधार नहीं माना जा सकता। शारीरिक शक्ति के कारण उनसे कठिन श्रम की अपेक्षा है। पत्थर तोड़ना, भारी बोझ ढोना, पेड़ काटना और लकड़ियाँ चीरना कुछ ऐसे काम हैं जिन्हें करना उनके लिए लाज़िमी है। शारीरिक शक्ति ही यदि श्रेष्ठता का आधार है तो क्या गधों और खच्चरों को आदमी से महज इस वजह से बड़ा मान लिया जाए क्योंकि वे आदमी से कई गुना अधिक बोझ ढोने में सक्षम हैं। मौलवी के अनुसार कठिन शारीरिक श्रम मर्दों को अकसर कठोर और क्रूर बना देता है।

इसकी वजह से उन्हें दूसरों का गला तक काटने में ज़रा भी संकोच नहीं होता। ऐसी हृदयहीनता स्त्रियों में सम्भव नहीं है। अतः शारीरिक बल पुरुषों को स्त्रियों पर वर्चस्व का अधिकार नहीं दे सकता।

स्त्रियों पर पुरुषों की श्रेष्ठता सिद्ध करने के लिए मर्दवादियों द्वारा अकसर कहा जाता है कि 'क़ुरान' के अनुसार दो स्त्रियों का साक्ष्य एक पुरुष के साक्ष्य के बराबर है। इसी तरह सम्पत्ति के उत्तराधिकार में स्त्रियों का हिस्सा पुरुषों से आधा माना गया है। मौलवी मुमताज़ अली ने इन दोनों विषयों पर अपने तर्कसंगत विचार दिए हैं। उन्होंने बताया है कि पवित्र 'क़ुरान' की जिस आयत में दो औरतों के साक्ष्य का सन्दर्भ है वह वित्तीय लेन-देन ख़ासकर उधार के इक़रारनामे से सम्बन्धित है। यह एक सच्चाई है कि समुचित शिक्षा के अभाव, बच्चों के लालन-पालन और घर के काम-काज की व्यस्तता के कारण स्त्रियों की जानकारी का संसार अत्यन्त सीमित होता है। इसलिए अगर वित्तीय मामले में एक औरत से तफ़्सील को लेकर कुछ भूल होती है तो दूसरी औरत की गवाही कारगर साबित हो सकेगी। इस प्रसंग में पवित्र 'क़ुरान' में साफ़ कहा गया है कि ऐसे मामलों में दो औरतें उपस्थित होनी चाहिए, जिससे अगर एक से भूल होती है तो दूसरी उसे याद दिलाने में मददगार साबित हो सके। मौलवी ने स्पष्ट कहा, 'निकाह, तलाक़ और हदूदो क़िसास (अपराध और दंड) के मसले में जहाँ तक दो गवाहों की बात है अल्लाह ने स्त्रियों और पुरुषों में कोई अन्तर नहीं किया है। दो स्त्रियों के साक्ष्य के प्रावधान के पीछे एक महत्त्वपूर्ण व्यावहारिक कारण भी है। मासिक धर्म (रजस्वला) और गर्भावस्था की स्थिति में यदि गवाह के रूप में एक औरत की उपस्थिति कठिन या असम्भव सिद्ध होती है तो उस समय दूसरी स्त्री के साक्ष्य पर भरोसा किया जा सकता है।'

इस प्रसंग में मौलवी ने पवित्र पैग़म्बर के जीवन की एक घटना का उल्लेख 'सही बुखारी' (पैग़म्बर के वचनों के सबसे विश्वसनीय संग्रह) के आधार पर किया है। इसके अनुसार अक़्वा बिन हरीस नामक एक व्यक्ति ने एक लड़की के साथ निकाह किया था। इसकी सूचना मिलने पर एक प्रौढ़ा महिला ने दावा किया था कि यह शादी ज़ायज नहीं थी क्योंकि उसने वर-वधू दोनों को बचपन में अपनी छाती का दूध पिलाया था। अक़्वा ने स्वयं अपनी ओर से और वधू पक्ष से बात कर उसकी ओर से भी महिला के दावे की सच्चाई मानने से इनकार कर दिया था। अक़्वा का कहना था कि महिला ने पहले कभी इस बात का ज़िक्र नहीं किया था। घटनाक्रम में अक़्वा निर्णय के लिए मुहम्मद साहब के पास पहुँचे। मुहम्मद साहब ने पूरी वस्तुस्थिति पर विचार कर उक्त महिला के अकेले साक्ष्य को पर्याप्त मानते हुए निकाह को पूरी तरह निरस्त करने का निर्णय दिया था।

जहाँ तक उत्तराधिकार में मिलने वाली सम्पत्ति में महिलाओं की पुरुषों से आधे हिस्से के प्रावधान की बात है, मौलवी ने कहा है कि इससे किसी भी तरह स्त्रियों

के ऊपर पुरुषों की श्रेष्ठता की बात सिद्ध नहीं होती। यह सर्वमान्य तथ्य है कि परिवार की स्त्रियों समेत समूचे परिवार के भरण-पोषण का दायित्व पुरुष का ही होता है। स्त्रियाँ अपने पिता और पति दोनों की सम्पत्ति में हिस्से की अधिकारी होती हैं। इस्लाम उन्हें मेहर और तलाक़ की स्थिति में गुज़ारे का हक़ भी देता है। पुरुष जहाँ अपना हिस्सा पूरे परिवार पर ख़र्च करता है, वहीं स्त्री पर ऐसा कोई दायित्व नहीं होता। अत: सम्पत्ति में पुरुषों से स्त्रियों के आधे हिस्से के इस्लाम में प्रावधान का एक अत्यन्त व्यावहारिक और न्यायोचित तर्कसंगत आधार है। इसका उपयोग स्त्रियों पर पुरुषों के वर्चस्व की स्थापना के लिए करना किसी भी तरह विवेकसंगत नहीं माना जा सकता।

मौलवी मुमताज़ अली ने पुरुष वर्चस्ववादियों के अल्लाह द्वारा पहले सृष्टि के आदि पुरुष आदम के पैदा किए जाने के आधार पर उनके श्रेष्ठता के दावे पर भी विचार किया है। उन्होंने बताया है कि अल्लाह ने आदम की रचना पहले और हौवा की रचना बाद में की यह ईसाई और यहूदी धर्मों की मान्यता है। पवित्र 'क़ुरान' में इसका कोई उल्लेख नहीं है कि पहले आदम पैदा हुए या हौवा। उन्होंने आगे जोड़ा कि यदि मान भी लिया जाए कि पहले आदम ही पैदा किए गए तो इसके साथ यह भी मानना होगा कि हौवा को पहले पैदा कर अल्लाह उन्हें (हौवा को) एक पल के लिए भी सृष्टि में अकेली नहीं रखना चाहते थे। औरत को एक क्षण के लिए भी बिना साथी के न छोड़ने की अल्लाह की मंशा यह स्पष्ट संकेत देती है कि उन्हें उसकी विशेष चिन्ता थी।

इस आधार पर भी स्त्रियों के ऊपर पुरुषों की श्रेष्ठता के दावे की पुष्टि की जाती है कि मुस्लिम पुरुषों को इस्लाम चार शादियों तक की अनुमति देता है जबकि मुस्लिम स्त्रियों को मात्र एक ही शादी की अनुमति है। मौलवी मुमताज़ अली इस दावे पर पवित्र 'क़ुरान' की सम्बन्धित आयत के प्रकाश में हदीस की सहायता से गम्भीर विचार करते हैं और उसे उक्त आयत की ग़लत व्याख्या और समझ पर आधारित पाकर पूर्णत: अस्वीकार्य घोषित करते हैं। उक्त आयत में कहा गया है कि "तुम अपनी पसन्द से दो या तीन या चार औरतों से शादी कर सकते हो।" मौलवी यह मानते हैं कि चूँकि इस आयत का आशय स्पष्ट नहीं है, इसे सही परिप्रेक्ष्य में समझने के लिए दूसरी प्रासंगिक आयतों का सहारा लेना अपेक्षित है। इसकी मात्र शाब्दिक व्याख्या भ्रामक सिद्ध होगी। थोड़ा ध्यानपूर्वक विचार करने पर स्पष्ट होगा कि आयत के अनुसार मुस्लिम पुरुषों को चार शादियों तक की अनुमति तो है पर एक समय पर एक से अधिक पत्नी रखना वस्तुत: वर्जित है। जो इसका उल्लंघन करते हैं वे व्यभिचार के अपराधी साबित होंगे।

अपनी व्याख्या की पुष्टि के लिए मौलवी मुमताज़ अली हदीस का सहारा लेते हैं। 'सहीह बुखारी' में पैग़म्बर मुहम्मद साहब के जीवन की एक घटना वर्णित है।

पैग़म्बर की बेटी हज़रत फ़ातिमा की शादी हज़रत अली से हुई थी। इसके बावजूद वह (हज़रत अली) अबू जहल की बेटी से दूसरी शादी करना चाह रहे थे। इसके लिए अबू जहल और उनके रिश्तेदारों ने पैग़म्बर साहब की अनुमति के लिए प्रार्थना की। प्रार्थना सुनकर वह बहुत नाराज़ हुए। प्रवचन-मंच से पैग़म्बर ने कहा कि ''ये लोग मुझसे एक पिता की हैसियत से मेरी बेटी से शादी के बावजूद अली की दूसरी शादी की इजाज़त चाहते हैं। ये मैं हरगिज़ नहीं होने दूँगा। अगर अली दरअसल ऐसा करना ही चाहते हैं तो उन्हें पहले मेरी बेटी (हज़रत फ़ातिमा) को तलाक़ देना होगा। तभी वह दूसरी शादी कर सकेंगे।'' पैग़म्बर ने आगे जोड़ा था कि ''फ़ातिमा उनके दिल के बहुत क़रीब थी। जो भी उनके (हज़रत फ़ातिमा के) साथ ग़लत करेगा वह मेरे साथ भी ग़लत करेगा। जो उसे आघात पहुँचाएगा वह मुझे भी आघात पहुँचाएगा।'

विचाराधीन 'क़ुरान शरीफ़' की उक्त आयत की मौलवी द्वारा की गई व्याख्या को ऊपर उद्धृत हदीस से समर्थन मिलता है। अन्तत: निष्कर्ष यह निकलता है कि इस्लाम मुस्लिम पुरुषों को अधिकतम चार पत्नियों की और एक समय में एक ही पत्नी की अनुमति देता है। वर्तमान पत्नी को तलाक़ देकर ही दूसरी से निकाह सम्भव है। दूसरी स्त्री से निकाह के पहले विद्यमान पत्नी और उसके रिश्तेदारों की अनुमति को आवश्यक माना गया है। मौलवी के अनुसार इस्लाम के अन्तर्गत शादी (निकाह) को एक अनुबन्ध (समझौता, कांट्रेक्ट) माना गया है। औरत को निकाह के समय ये शर्त रखने का अधिकार है कि उसका होनेवाला पति दूसरी शादी का अनुबन्ध नहीं कर सकेगा। औरत को दिए गए इस शर्त के अधिकार से यह स्पष्ट है दूसरी शादी के लिए विद्यमान पत्नी की अनुमति अनिवार्य है।

विशेष स्थिति में एक पति को एक से अधिक पत्नी की अनुमति दी जा सकती है। लेकिन इसके लिए सख़्त शर्त ये है कि पति को सभी पत्नियों के साथ समान न्याय करने में सक्षम होना चाहिए। यदि पति को लगता है कि ऐसा कर पाना उसके लिए कठिन है तो उसे स्वयं को एक ही पत्नी तक सीमित रखना चाहिए। उलेमा वर्ग का मानना है कि पत्नी के रोज़मर्रा के ख़र्च, उसके भरण-पोषण और आवास के प्रबन्ध, उसके साथ समय बिताना तथा दाम्पत्य जीवन के कर्तव्यों का निर्वाह कुछ ऐसे महत्त्वपूर्ण कार्य हैं जो समान न्यायपूर्ण व्यवहार के अपरिहार्य अंग के रूप में स्वीकार किए जा सकते हैं। मौलवी इससे आगे बढ़कर कहते हैं कि सच्चा प्रेम और साहचर्य वैवाहिक सम्बन्ध के अत्यन्त महत्त्वपूर्ण पक्ष हैं जो न्यायोचित व्यवहार के लिए परम आवश्यक हैं। एक से अधिक पत्नियों से विवाह की स्थिति में इन शर्तों का अनुपालन वस्तुत: असम्भव है। अपने विचार की पुष्टि में मौलवी पवित्र 'क़ुरान' की एक और आयत उद्धृत करते हैं जिसके अनुसार अल्लाह का स्पष्ट कथन है कि ''तुम चाहे जितनी कोशिश कर लो, तुम अपनी सभी पत्नियों से समान न्याय नहीं कर सकते।''

मुस्लिम मर्दवादियों का कहना है कि इस्लाम मुसलमान पुरुषों को अपनी पत्नी को तलाक़ का अधिकार देता है जबकि मुसलमान स्त्रियों को इस तरह का कोई अधिकार नहीं है। मौलवी मुमताज़ अली इसका सख़्त प्रतिवाद करते हैं। उनके अनुसार इस्लाम ने जहाँ मुसलमान पुरुषों को तलाक़ का अधिकार दिया है वहीं उसके समानान्तर उसने मुसलमान औरतों को 'खुला' का हक़ प्रदान कर रखा है। इस्लामी क़ानून के तहत निकाह दूसरे किसी सिविल समझौते (कांट्रेक्ट, अनुबन्ध) की ही तरह एक समझौता अथवा अनुबन्ध है। जब अनुबन्ध पत्र पर दोनों पक्षों के हस्ताक्षर हो जाते हैं तो उसकी शर्तों के पालन करवाने के लिए कोई भी पक्ष क़दम उठा सकता है। मौलवी का स्पष्ट विचार है कि तलाक़ एक ऐसी कड़वी दवा है जिसका उपयोग उसी मर्ज़ में करना चाहिए जिसका कोई और इलाज सम्भव न हो। पैग़म्बर मुहम्मद साहब की मुसलमानों को औरतों की हिफ़ाजत करने की साफ़ हिदायत है। उनके अनुसार अल्लाह की निगाह में तलाक़ सबसे निकृष्ट कृत्य है। मौलवी का कहना है कि यह कैसी विडम्बना है कि वह कृत्य जो अल्लाह की निगाह में निकृष्टतम है उसे औरतों पर मर्दों की श्रेष्ठता और वर्चस्व का आधार बताया जाता है। इस सम्भावना से इनकार नहीं किया जा सकता कि कई मर्द जिनकी अपनी वर्तमान पत्नियों में रुचि न बची हो उन्हें (पत्नियों को) यातना देने की नीयत से तलाक़ देने में हीला-हवाली करें। मौलवी के अनुसार ऐसी स्थिति से निपटने के लिए औरतों को इस्लाम ने खुला का अधिकार दे रखा है। औरतें कई कारणों से खुला का सहारा लेकर बोझ बन गए अनचाहे सम्बन्धों से मुक्त हो सकती हैं।

मौलवी मुमताज़ अली अपनी बातों की आगे और पुष्टि के लिए 'अख़बारे सहीहा' में वर्णित मुहम्मद साहब के जीवन से जुड़ी एक घटना का उल्लेख करते हैं। मुहम्मद साहब के जीवन काल में मदीना में हाफ़्ज़ा बिन्ते सहल नाम की एक अत्यन्त रूपवती स्त्री रहती थी। उसका पति बहुत कुरूप था। जहाँ हाफ़्ज़ा अपने पति से निहायत घृणा करती थी वहीं उसका पति उससे बहुत प्यार करता था। दोनों के बीच रोज़ कलह होती रहती थी। एक दिन हाफ़्ज़ा मुहम्मद साहब के पास गई। उनसे उसने कहा कि उसे डर है कि अपने पति के साथ कटु सम्बन्धों के लिए कहीं ख़ुदा उसे ज़िम्मेदार न माने। अत: उसने पैग़म्बर से उसे उसके पति से अलग करा देने का आग्रह किया। पैग़म्बर ने हाफ़्ज़ा को समझाने की बहुत कोशिशें कीं। पर अन्तत: जब उन्हें लगा कि दोनों में सामंजस्य असम्भव था, उन्होंने पति को हाफ़्ज़ा को तलाक़ देने की सलाह दी। पति ने पैग़म्बर से कहा कि उसने अपनी पत्नी को मूल्यवान ज़मीन उपहार में दी थी। अब चूँकि उसके बिना किसी दोष के वह (हाफ़्ज़ा) उससे तलाक़ चाह रही थी, उसके लिए लाज़मी है कि वह उस ज़मीन को वापस कर दे। हाफ़्ज़ा ने न केवल उपहार में प्राप्त ज़मीन वापस कर दी बल्कि यह भी कहा कि यदि वह (पति) उसे मुक्त करने को तैयार है तो वह उसके हिस्से की जायदाद में

से भी जो चाहे ले सकता है। अन्ततः मुहम्मद साहब ने दोनों के बीच तलाक़ करा दिया। अनचाहे वैवाहिक सम्बन्ध से मुक्ति का इस्लामी क़ानून के तहत यह महत्त्वपूर्ण उदाहरण है।

मौलवी खुला का आगे और विवरण देते हैं। उनके अनुसार यदि पत्नी को पति से दुर्व्यवहार की आशंका हो तो दोनों को समस्या का हल परस्पर सामंजस्य से ढूँढ़ने का प्रयास करना चाहिए। अगर ये प्रयास सफल नहीं होते तो दोनों पक्षों द्वारा अपने एक-एक प्रतिनिधि नियुक्त कर उनके माध्यम से निकले समस्या का समाधान स्वीकार करना चाहिए। अगर इसके बाद भी समस्या का हल नहीं होता तो उन्हें सहमति से अलग हो जाना चाहिए। मौलवी पवित्र 'क़ुरान' का उद्धरण देते हुए अपनी बात का उपसंहार करते हैं, "अल्लाह दोनों पर समान रूप से दयालु रहेगा।" तलाक़ और खुला से सम्बन्धित आयतों पर जितना भी विचार किया जाए उससे स्पष्ट निष्कर्ष निकलता है इस्लामी क़ानून स्त्री और पुरुष दोनों के प्रति बराबरी के साथ उदार है तथा दोनों के साथ समान न्याय की हिदायत देता है।

बहिश्त में पुरुषों के लिए हूरों की उपलब्धता और स्त्रियों के लिए 'ज़ौज' शब्द के प्रयोग के आधार पर भी मुस्लिम मर्दवादियों द्वारा स्त्री पर पुरुष श्रेष्ठता के दावे किए जाते हैं। मौलवी मुमताज़ अली इनसे सम्बन्धित 'क़ुरान शरीफ़' की आयतों के आधार पर इस भ्रम का निराकरण करते हैं। वह बताते हैं कि हूर शब्द का अरबी में अर्थ गौरवर्ण और बड़ी काली आँखों वाली सुन्दर स्त्री होता है। उसका मन्तव्य किसी अलग प्रकार की अलौकिक संरचना से नहीं है। 'क़ुरान' स्पष्ट बताती है कि क़यामत के दिन अल्लाह द्वारा सभी मनुष्य युवा रूप में पुनर्जीवित कर दिए जाएँगे। आगे फिर और कहीं पुरुषों का अलग से ज़िक्र नहीं आता। वहीं स्त्रियों के बारे में कहा गया है कि उन्हें अल्लाह द्वारा अत्यन्त सुन्दर, कुँवारी और विवाह योग्य युवतियों के रूप में पुनर्जीवित किया जाएगा और वे दुनिया में पवित्र जीवन बिताने वाले मुसलमान पुरुषों को अल्लाह द्वारा सहभागी के रूप में बहिश्त में उपलब्ध कराई जाएँगी। 'क़ुरान' के 'सूरा हद्द' के अनुसार बहिश्त में शाश्वत जीवन प्राप्त स्त्रियों और पुरुषों को उनके सभी सम्बन्धियों से मिलने की सुविधा रहेगी। इस तरह पुरुष भी स्त्रियों को वहाँ जीवन-सहभागी के रूप में उपलब्ध होंगे। मौलवी के अनुसार इस तरह पुरुषों को बहिश्त में उनके लिए हूरों की उपलब्धता के आधार स्त्रियों से श्रेष्ठतर साबित करने का प्रयास भ्रामक है।

स्त्रियों के लिए पुरुषों के ज़ौज शब्द के प्रयोग के तर्कसंगत आधार पर पुरुष श्रेष्ठता के दावे की भी मौलवी तर्कसंगत पड़ताल करते हैं। वह बताते हैं कि ज़ौज शब्द का अर्थ स्त्री या पत्नी समझना भ्रामक है। अरबी भाषा में ज़ौज शब्द का अर्थ होता है साथी, भागीदार, पार्टनर। अतः जिस तरह एक स्त्री या पत्नी एक पुरुष या एक पति की ज़ौज है उसी तरह एक पुरुष या एक पति भी एक स्त्री या पत्नी का

ज़ौज हो सकता है। हक़ूक़ ज़ौजेन (साथियों के अधिकार) दरअसल लिंगों की समानता की ओर संकेत करता है। इस प्रकार सम्बन्धित आयत का अर्थ है जो लोग पवित्र आचरण के साथ पृथ्वी पर जीवन बिताते हैं बहिश्त में उन्हें सदाचारी साथी उपलब्ध होंगे। इसका तात्पर्य है कि पवित्र सदाचारी पुरुषों को पवित्र सदाचारी स्त्रियाँ और पवित्र सदाचारी स्त्रियों को पवित्र सदाचारी पुरुष प्राप्त होंगे। इस आधार पर मौलवी का कहना है, "ज़ौज शब्द की ग़लत समझ के फलस्वरूप पुरुषों को स्त्रियों से श्रेष्ठतर मानना न्यायोचित नहीं है।"

मौलवी लड़कियों की बौद्धिक क्षमता लड़कों से कहीं अधिक मानते हैं। इसके लिए वह रोज़मर्रा के जीवन से अत्यन्त व्यावहारिक प्रमाण देते हैं। अधिकांश मुस्लिम लड़कियों को मदरसे जाकर तालीम हासिल करने का सुयोग नहीं मिल पाता। फिर भी अपने परिवार के सदस्यों को देखकर वे धीरे-धीरे लिखना-पढ़ना सीख लेती हैं। और कुछ ही समय में वे अपने को इतना शिक्षित कर लेती हैं कि अपने छोटे भाई-बहनों को पढ़ाने लगती हैं। इस तरह की प्रवृत्ति लड़कों में मिलना कठिन है। जिन माँ-बाप और बड़े भाई-बहनों ने लगभग समवयस्क लड़के-लड़कियों को पढ़ाया है उनका अनुभव रहा है कि लड़कियों की सीखने की क्षमता लड़कों से कहीं अधिक रही है। लड़के लड़कियों की तुलना में अकसर मन्द पाए गए।

अल्लाह ने औरतों को मौलवी के अनुसार विनम्रता, लज्जाशीलता, शालीनता और करुणा जैसे अनेक ऐसे गुण दिए हैं जो उन्हें पुरुषों की तुलना में विशिष्ट सिद्ध करते हैं। मौलवी बताते हैं कि यह सही है कि अल्लाह का कोई रूप, रंग और आकार नहीं है। पर जितनी भी धार्मिक-आध्यात्मिक परम्पराएँ हैं सभी मानती हैं कि सौन्दर्य उसकी (ईश्वर की) अनेक विशेषताओं में से एक महत्त्वपूर्ण विशेषता है। इसमें सन्देह नहीं कि अपनी इस नैसर्गिक विशेषता का बहुलांश ईश्वर ने स्त्री जाति को ही दिया है। हर नस्ल और देश में ईश्वर ने पुरुषों की अपेक्षा स्त्री को कई गुना सुन्दर रचा है। इससे स्पष्ट है कि अल्लाह स्त्रियों के प्रति पुरुषों की तुलना में अधिक कृपालु है। स्त्री सौन्दर्य में एक चुम्बकीय शक्ति होती है जो अपनी ओर न केवल आकर्षित करती है बल्कि उसके सामने बड़े-बड़े सन्त-महात्मा और सिंह हृदय शूरवीर नतमस्तक होते हैं।

मौलवी स्त्रियों के आत्म-बलिदान, समर्पण तथा निष्ठा जैसे गुणों के लिए हिन्दू स्त्रियों की भूरि-भूरि प्रशंसा करते हैं। यद्यपि वह सती प्रथा को निन्दनीय मानते हैं पर जिस तरह हिन्दू स्त्रियाँ पति की चिता पर अपना प्राणोत्सर्ग कर देती हैं उसे वह अद्वितीय बताते हैं। वह पूछते हैं पति के प्रेम में आत्मोत्सर्ग का क्या ऐसा उदाहरण दुनिया के किसी देश और जाति में मिल सकता है? अपनी पत्नी की मृत्यु पर क्या कोई पति उसके प्रेम में प्राणोत्सर्ग का साहस कभी दिखा सकता है? सुन्दरता, बौद्धिकता, त्याग और आत्मबलिदान जैसे अनेक गुणों के कारण मौलवी मुमताज़

अली स्त्रियों को पुरुषों से श्रेष्ठतर मानते हैं। अन्त में वह कविता की भाषा में कहते हैं कि इससे कौन इनकार कर सकता है कि सौन्दर्य जो इतना सम्मोहनकारी है नैसर्गिक ज्योति का एक कण है। उस सूर्य की एक चिनगारी जिससे सारा संसार दीप्त है। तब स्त्रियाँ गर्व से क्यों नहीं घोषित कर सकतीं—

गर्चे ख़ुर्दीम निस्बते सत बुज़ुर्ग
ज़र्रा आफ़ताब तां बानीम।

(आपके लिए श्रीमन् धूलि का एक कण ही हो सकता है, पर सूरज तो वहीं है जहाँ से मेरा आगमन हुआ है।)

स्वतंत्रता के लिए विकल आत्मा

मौलाना मुहम्मद अली जौहर

(10 दिसम्बर, 1878—4 जनवरी, 1931)

कवि, पत्रकार, वक्ता, राजनेता तथा स्वतंत्रता सेनानी मौलाना मुहम्मद अली जौहर का जन्म 10 दिसम्बर, 1878 को वर्तमान उत्तर प्रदेश के रामपुर रियासत के रामपुर शहर में हुआ था। उनके पिता का नाम अब्दुल अली था। वे रामपुर के नवाब यूसुफ़ अली ख़ाँ के प्रमुख दरबारी थे। अब्दुल अली के पिता इलाही बख़्श भी नवाब रामपुर के महत्त्वपूर्ण दरबारी रहे। मुहम्मद अली की माँ का नाम आबदी बानो बेगम था। आज़ादी की लड़ाई के दौरान उन्हें सम्मानपूर्वक बी अम्मन कहकर सम्बोधित किया जाता था। महात्मा गांधी ने हिन्दी नवजीवन के कई अंकों में उन्हें श्रद्धापूर्वक स्मरण किया है। उनकी मृत्यु के समय डॉ. मुख़्तार अहमद अंसारी के साथ सरोजनी नायडू और गांधी जी स्वयं उनके पास मौजूद थे। असहयोग और ख़िलाफ़त आन्दोलन के दौरान उन्होंने विदेशी और मिल के कपड़ों का परित्याग कर दिया था। उसके बाद उन्होंने केवल खादी ही पहनी। मौलाना मुहम्मद अली ने भी गांधी जी को बताया था कि उनकी माँ ने उनसे कभी कहा था कि उनके जनाज़े पर खादी के अलावा और कुछ नहीं होना चाहिए। वह आजीवन हिन्दू-मुस्लिम एकता की प्रबल पक्षधर रहीं। वह स्वराज अपने जीवनकाल में ही देखने के लिए आतुर थीं। वह ख़ुदा ताला से दुआ करती रहती थीं कि तो ख़ुदा हिन्दुओं और मुसलमानों को ऐसी अक्ल बख़्शे जिससे वे दोनों आपसी एकता की क़ीमत को समझें और रहम करके स्वराज देखने के लिए मुझे ज़िन्दा रहने दे। ऐसी धर्मनिष्ठ और उदारमना माँ का गहरा प्रभाव अली बन्धुओं (मुहम्मद अली-शौकत अली) पर पड़ना स्वाभाविक था।

मुहम्मद अली के पिता अब्दुल अली का देहान्त 30 वर्ष की आयु में ही हो गया था। उस समय आबदी बेगम की आयु मात्र 27 वर्ष थी। मुहम्मद अली उस समय 2 वर्ष के और शौकत अली 8 वर्ष के थे। अब्दुल अली अपने पीछे 30,000 रुपए का क़र्ज़ छोड़ गए थे। विधवा आबदी बेगम ने अपने बच्चों का पालन-

पोषण बड़ी कुशलता से अपने सीमित साधनों से किया था। वह स्वयं अशिक्षित थीं पर आधुनिक शिक्षा का महत्त्व भली-भाँति समझती थीं। इसीलिए उन्होंने अपने बच्चों को पास के शहर बरेली के अंग्रेज़ी स्कूल में पढ़ने के लिए भेजा। अली बन्धुओं के चाचा ने इसका सख़्त विरोध किया। उनका कहना था कि वह बच्चों को काफ़िर बनाने वाली तालीम का ख़र्च बर्दाश्त नहीं कर सकते। पर आबदी बेगम हार मानने वाली महिला नहीं थीं। उन्होंने एक हिन्दू पड़ोसी की नौकरानी के ज़रिये अपने ज़ेवर बेच कर उससे मिली राशि से बच्चों की शिक्षा जारी रखी।

प्रारम्भिक शिक्षा बरेली में पूरी कर बालक मुहम्मद अली अपने से लगभग छः साल बड़े भाई शौकत अली के साथ आगे की शिक्षा के लिए अलीगढ़ आ गए। अलीगढ़ में जहाँ मुहम्मद अली की रुचि पढ़ने और अधिक से अधिक ज्ञान अर्जन में थी वहीं बड़े भाई की रुचि खेल में ख़ासकर क्रिकेट में थी। मुहम्मद अली को लगातार कोई न कोई छात्रवृत्ति मिलती रहती थी जिसे शौकत हथिया लिया करते थे। उसे वह अपने कपड़ों और क्रिकेट के शौक पर ख़र्च करते थे। उन दिनों विश्वविद्यालय के लेक्चर हॉल में अल्लामा शिबली नोमानी के 'क़ुरान शरीफ़' पर प्रवचन चला करते थे। इसमें छोटी उम्र के कारण बालक मुहम्मद अली को सुनने की अनुमति नहीं प्राप्त थी। पर वह दरवाज़े के बाहर अल्लामा के लेक्चर सुन लिया करते थे। शिबली को जब इसका पता चला तो उन्होंने जिज्ञासु बालक को बुला लिया और उससे कुछ सवाल पूछे। उसके सन्तोषजनक उत्तर पाकर अल्लामा ने बालक मुहम्मद अली को अपना प्रवचन सुनने की छूट दे दी।

तरुण मुहम्मद अली अपनी पढ़ाई को अकसर गम्भीरतापूर्वक नहीं लेते थे। इससे परिवारजन चिन्तित रहा करते थे। पर उनमें प्रतिभा थी। विषय को वह जल्दी ही समझ कर आत्मसात् कर लेते थे। इसलिए जब इलाहाबाद विश्वविद्यालय से उन्होंने शीर्षस्थ स्थान प्राप्त कर प्रथम श्रेणी में बी.ए. की डिग्री प्राप्त की तो किसी को आश्चर्य नहीं हुआ। तब तक शौकत अली उत्तर प्रदेश की सिविल सेवा में दाख़िल हो चुके थे। वह अपने छोटे भाई की आगे की शिक्षा लन्दन में पूरी करने का ख़र्च वहन करने के लिए स्वयं तैयार हो गए थे। इंग्लैंड पहुँचकर वह ऑक्सफोर्ड में भर्ती हो गए। वहाँ वह स्टाइल से रहते, वाद-विवाद प्रतियोगिताओं में भाग लेते और किसी को भी जल्दी ही मित्र बना लेते। वह आई.सी.एस. की परीक्षा में दुर्भाग्यवश कामयाब नहीं हो पाए। अन्ततः वह हिन्दुस्तान लौट आए। यहाँ शादी कर वह फिर ऑक्सफोर्ड लौट गए। यहाँ से उन्होंने एम.ए. की डिग्री हासिल की और स्वदेश वापस आ गए। यहाँ वह अलीगढ़ कॉलेज में पढ़ाना चाहते थे पर अंग्रेज़ प्रिंसिपल को उनके बाग़ी तेवर का अन्दाज़ लग गया था। अतः उसने मना कर दिया था। नवाब रामपुर ने इसके बाद उन्हें चीफ़ एजुकेशन ऑफिसर नियुक्त कर दिया

था। पर दरबार की साज़िशों से तंग आकर उन्होंने इस्तीफ़ा दे दिया था। यह पता चलते ही उनके ऑक्सफोर्ड के साथी बड़ौदा के प्रिन्स फतेह सिंह ने अपने राज्य की सिविल सर्विस में उन्हें नियुक्त कर दिया। बड़ौदा के महाराज सयाजी राव गायकवाड़ एक दूरदर्शी और उदार चेता व्यक्ति थे। उन्होंने अपने राज्य में तरुण तेजस्वी मुहम्मद अली को कहीं भी आने-जाने, लिखने और बोलने की आज़ादी दे रखी थी। मुहम्मद अली ने अपने परिश्रम और प्रयास से राज्य के राजस्व में काफ़ी अभिवृद्धि कर दी थी।

बड़ौदा राज्य के अपने कार्यकाल में संवेदनशील मुहम्मद अली को एक सिविल सर्वेंट की गुमनामी रास नहीं आई। अपनी नौकरी के कार्यकाल में वह कई अंग्रेज़ों के सम्पर्क में आए। उन्होंने अनुभव किया कि सभी अंग्रेज़ बुरे नहीं थे। उनमें अनेक उदारचेता थे। उन्होंने सन् 1907 में लिखा था कि "शायद ही किसी हिन्दुस्तानी देशभक्त ने हिन्दुस्तान की उतनी सेवा की हो जितनी बर्क, ब्राइट, मैकाले और बेंटिक ने की। लेकिन सभी फ़रिश्ते नहीं हो सकते। श्वेत आदमी का दोष हिन्दुस्तान में यह नहीं है कि वह मैकिया वेलियन है। दरअसल उसका असली दोष है उसकी संवेदनहीनता।" उन्होंने एक जगह यह भी लिखा कि "इस्लाम में आस्था और हिन्दुस्तान के प्रति देशभक्ति के बीच उन्हें टकराव का कोई कारण नहीं दिखता। नियति ने हमें एक बड़ी ज़िम्मेदारी सौंपी है—वह है यहाँ के विभिन्न धर्मों के बीच सामन्जस्य स्थापित करना और धर्मों के बीच एक नई संश्लिष्ट दृष्टि विकसित करना एवं विभिन्न धर्मों का एक संघ खड़ा करना।" कुछ हिन्दी प्रेमियों द्वारा हिन्दी से अरबी, फ़ारसी और तुर्की के शब्दों के बहिष्कार की प्रवृत्ति से वह आहत थे। उनको लगता था कि अपनी भाषा में इन भाषाओं के रचे-बसे शब्दों से परहेज करना एक स्वस्थ दृष्टि का परिचायक नहीं है।

मौलाना मुहम्मद अली की राजनीतिक पारी दरअसल सन् 1906 में शुरू हुई जब उन्होंने ढाका में मुस्लिम लीग की स्थापना में भाग लिया। लेकिन वह शीघ्र ही समझ गए कि लीग की स्थापना के पीछे अंग्रेज़ों की प्रेरणा थी। वे उसे मुसलमानों में कांग्रेस के बढ़ते प्रभाव को रोकने के लिए इस्तेमाल करना चाहते थे। अतः जब तक उसे देश की मुख्यधारा से न जोड़ा जाए तब तक उसका एक धारदार राजनीतिक संगठन के रूप में कारगर उपयोग सम्भव नहीं है। उनका उद्देश्य तभी पूरा हो सकता था जब उनके विचार सामान्य जन तक पहुँचें। इसके लिए उन्होंने अंग्रेज़ी और उर्दू में क्रमशः दो पत्रिकाएँ 'कॉमरेड' और 'हमदर्द' नाम से शुरू कीं। सन् 1905 में जब बंगाल का विभाजन हुआ तो हिन्दुओं ने इसका जी-जान से विरोध किया। कुछ हिन्दू नवयुवकों ने 'बंग-भंग' के विरुद्ध अपना आक्रोश बम से व्यक्त किया। मुसलमान नेताओं ने जब सरकार द्वारा 1911 में बंगाल का विभाजन निरस्त कर दिया तो इसे आतंकवाद के सामने सरकार का

समर्पण कहकर इसकी घोर निन्दा की। हालाँकि मौलाना ने स्वयं भी इसे पसन्द नहीं किया था पर उन्होंने आहत मुसलमानों से फ़िलहाल इसे मान लेने के लिए कहा। उन्होंने पृथक मुस्लिम निर्वाचन और नौकरियों में मुस्लिम आरक्षण के सम्बन्ध में साफ़ कहा कि धीरे-धीरे इसे भी समाप्त कर देना होगा। सन् 1909 और 1911 के मुस्लिम लीग के अधिवेशनों में उन्होंने दक्षिण अफ्रीका में जातीय और रंगभेद की नीतियों के विरुद्ध महात्मा गांधी के नेतृत्व में चल रहे सत्याग्रह के प्रति समर्थन व्यक्त किया। यह मौलाना मुहम्मद अली ही थे जिन्होंने लीग के एक और प्रमुख नेता सैयद वजीर अली के साथ लन्दन में सन् 1910 में जिन्ना से लीग की सदस्यता ग्रहण करने का प्रस्ताव किया। जिन्ना ने सदस्यता ग्रहण करने का प्रस्ताव स्वीकार करते समय स्पष्ट कर दिया था कि वह लीग की सदस्यता इस शर्त के साथ स्वीकार कर रहे हैं कि वह लीग के प्रति अपनी निष्ठा को किसी भी हालत में बृहत्तर राष्ट्रीय उद्देश्यों और हितों के प्रति अपने समर्पण के मार्ग में बाधक सिद्ध नहीं होने देंगे।

सन् 1907 में लीग के इलाहाबाद अधिवेशन में मौलाना मुहम्मद अली ने अपने भाषण में लीग और कांग्रेस की तुलना एक सड़क के दोनों तरफ़ उगे दो वृक्षों से की थी जिसके तने भले ही अलग हों पर दोनों एक ही धरती से रस ग्रहण करते हैं।

जब ब्रिटिश और तुर्क साम्राज्य के बीच युद्ध छिड़ गया तो हिन्दुस्तान के मुसलमानों की सहानुभूति तुर्क साम्राज्य के अपने सहधर्मियों—मुसलमानों के साथ थी। यह स्वाभाविक ही था। हालाँकि प्रबुद्ध मुसलमान के समझाने पर देश के मुसलमानों ने अपना सन्तुलन बनाए रखने की पूरी कोशिश की। ब्रिटिश सरकार ने हिन्दुस्तान के मुसलमान नेताओं से आग्रह किया कि वे तुर्की को समझाएँ कि उसका हित युद्ध में तटस्थ रहने में है। मौलाना मुहम्मद अली को अब भी कई विपरीत परिस्थितियों एवं घटनाओं के बावजूद तुर्की की तटस्थता में विश्वास था। मौलाना ने विश्वास दिलाया कि हिन्दुस्तान के मुसलमानों का समर्थन जर्मनी के विरुद्ध ब्रिटेन के युद्ध में ब्रिटेन को ही प्राप्त होगा। तुर्की की युद्ध में हार से मुसलमानों का ख़लीफ़ा के प्रति समर्थन और बढ़ गया। मुसलमान इस सम्भावना से आशंकित थे कि कहीं उनके धार्मिक और पवित्र तीर्थस्थल मक्का और मदीना काफ़िर अंग्रेज़ ईसाइयों के नियंत्रण में न चले जाएँ। मक्का और मदीना को विधर्मियों के नियंत्रण से बचाने के लिए अली बन्धुओं ने युद्ध में तुर्की की सहायता के लिए एक केन्द्र बनाने के लिए चन्दा एकत्रित करने का अभियान शुरू किया। सरकार ने इसे राजद्रोह मान कर इस अभियान पर रोक लगा दी। मई 1915 में अली बन्धुओं को मध्य भारत के छिन्दवाड़ा शहर में नज़रबन्द कर दिया गया। सन् 1917 में जेल में रहते हुए मौलाना मुहम्मद अली मुस्लिम लीग के अध्यक्ष चुन लिए गए। सन् 1919 में लीग और कांग्रेस के

अधिवेशन एक साथ अमृतसर में हुए। इसमें दोनों दलों ने जेल से छूटने पर उनका अभिनन्दन अश्रुपूरित नेत्रों से किया।

18 मार्च, 1919 को हिन्दुस्तानियों के ज़बर्दस्त विरोध के बावजूद अंग्रेज़ सरकार ने कुख्यात रौलट बिल पास कर दिया। गांधी ने इसके विरुद्ध सत्याग्रह प्रारम्भ कर दिया। गांधी का राजनीतिक करिश्मा अब परवान चढ़ रहा था। उनके सत्याग्रह का देशव्यापी असर पड़ा। यह गांधी के निरन्तर बढ़ते करिश्मे का ही परिणाम था कि ख़िलाफ़त आन्दोलन का नेतृत्व मुस्लिम नेताओं ने उन्हें सौंप दिया। यह इस्लाम के इतिहास की एक अद्भुत और अद्वितीय घटना है जब अन्याय और अत्याचार के विरुद्ध किसी मुस्लिम ज़ेहाद का नेतृत्व किसी ग़ैर-मुसलमान ने किया हो। दरअसल मुस्लिमों और हिन्दुओं दोनों के गांधी अब एकछत्र नेता थे। यह विश्व के इतिहास में पहला और अन्तिम अहिंसक ज़ेहाद था। गांधी जी से मौलाना की पहली मुलाक़ात सन् 1920 के पूर्वार्द्ध में उनकी (मौलाना की) चार साल की नज़रबन्दी के कुछ ही पहले हुई थी। दोनों मिलते ही एक-दूसरे पर शैदा हो गए थे। यह प्रथम दृष्टि में में ही परस्पर प्यार का मामला था।

सन् 1920-21 के ख़िलाफ़त और असहयोग आन्दोलन के दौरान हिन्दू-मुस्लिम एकता के अद्भुत दृश्य देखने को मिले। जगह-जगह 'हिन्दू-मुसलमान की जय' के सुखद नारे सुनाई देना आम बात थी। कट्टर ब्राह्मणों तक ने मुसलमानों को अपने घरों पर भोजन के लिए निमंत्रित किया और स्वयं भी उनके यहाँ खाने पर गए। स्वामी श्रद्धानन्द को मुसलमानों ने दिल्ली की प्रसिद्ध जामा मस्जिद में सम्बोधित करने के लिए निमंत्रित किया। महात्मा गांधी को बम्बई में कई मस्जिदों में भाषण के लिए बुलाया गया। असहयोग के साथ गांधी जी के नेतृत्व में चले ख़िलाफ़त आन्दोलन की अभूतपूर्व सफलता से देश के मुसलमान अभिभूत थे। फलस्वरूप बहुत से मुसलमानों ने गो-हत्या बन्द कर गोमांस खाना छोड़ दिया। पहली बार बिना गाय की क़ुर्बानी और गोमांस के बिना ईद मनाई गई। सन् 1921 के अन्त में महात्मा गांधी के प्रभाव से अभिभूत मौलाना मुहम्मद अली ने कहा था कि वह पैग़म्बर साहब के बाद गांधी जी के आदेशों का अनुपालन ही अपना परम कर्तव्य समझते थे।

गांधी जी और अली बन्धुओं सहित अन्य बड़े नेताओं के लाख प्रयासों के बावजूद देश में साम्प्रदायिक दंगे रुकने का नाम नहीं ले रहे थे। ऐसा ही एक भयानक दंगा कोहाट में हुआ। इसमें बड़ी संख्या में हिन्दू मारे गए। गांधी ने इस दौरान आत्म-शुद्धि के लिए अनशन का निर्णय लिया। इसी अनशन की प्रक्रिया के दौरान गांधी जी ने कहा था कि हिन्दू अकसर कायरों के जैसा व्यवहार करता है जबकि मुसलमान स्वभाव से एक बुली (दबंग, आक्रामक) होता है। जब तक समाज में कायर रहेंगे तब तक बुली का अस्तित्व बना रहेगा। गांधी ने अपना अनशन मौलाना मुहम्मद

अली के बम्बई स्थित आवास पर किया था। उस दौरान अली बन्धुओं का पूरा परिवार शाकाहारी हो गया था। एक कसाई से एक गाय ख़रीदी गई उसे पिंजरा पोल में रखने के लिए दान कर दिया गया। इस संकेत से अभिभूत गांधी ने कहा—यह हिन्दू-मुस्लिम एकता की आधारशिला सिद्ध होगा। इसी बीच गांधी ने चौरी-चौरा कांड की हत्याओं के फलस्वरूप असहयोग आन्दोलन स्थगित कर दिया। सारे ही हिन्दुओं और मुसलमानों को एक सफल आन्दोलन को बीच में स्थगित करना अच्छा नहीं लगा। यहाँ तक कि मोतीलाल नेहरू और जवाहरलाल नेहरू ने भी इसकी भर्त्सना की।

इसी बीच शारदा एक्ट सम्बन्धित विवाद सामने आया। इस एक्ट के अनुसार सोलह से कम आयु की लड़की और अठारह साल से कम आयु के लड़के का विवाह ग़ैर-क़ानूनी था। इसके प्रावधान हिन्दुओं और मुसलमानों दोनों पर लागू होते थे। मौलाना मुहम्मद अली का विचार था कि इसे मुसलमान लड़के-लड़कियों पर लागू नहीं होना चाहिए। मौलाना के इस विचार को अनेक मुस्लिम बुद्धिजीवियों ने ट्रैजिक और अदूरदर्शितापूर्ण बताया। पृथक मुस्लिम निर्वाचन क्षेत्र की उनकी वकालत को देश के सिख और हिन्दू नेताओं के प्रबल विरोध का सामना करना पड़ा। इससे आहत मौलाना ने साफ़-साफ़ कहा कि लगभग सारे कांग्रेसजन मुस्लिम विरोधी थे। पं. मोतीलाल नेहरू, गांधी जी और पं. जवाहरलाल नेहरू को उन्होंने अपवाद माना। पर गांधीजी से भी उन्हें शिकायत थी। उनका कहना था कि गांधी जी दोनों विचारों के अनुयायियों के बीच समझौता कराने का प्रयास करने के बजाय तटस्थ थे।

ख़िलाफ़त और असहयोग आन्दोलन की समाप्ति के साथ हिन्दू-मुस्लिम एकता के तार भी टूट गए। देश में साम्प्रदायिक शक्तियाँ फिर सक्रिय हो गईं। हिन्दू-मुस्लिम एक-दूसरे के ख़ून के प्यासे हो गए। भयानक दंगे होने लगे। मुस्तफ़ा कमाल पाशा द्वारा ख़लीफ़ा की पतनशील संस्था की समाप्ति के फलस्वरूप हिन्दुस्तान के ख़िलाफ़ आन्दोलन की हवा निकल गई। मुहम्मद अली स्वयं को भ्रान्त और किंकर्तव्यविमूढ़ पा रहे थे।

मौलाना मुहम्मद अली की सेवाओं और उनकी ख्याति को ध्यान में रखते हुए कांग्रेस ने वर्ष 1923-24 के लिए उन्हें अपना अध्यक्ष चुना। पं. जवाहरलाल नेहरू को उस काल-खंड के लिए कांग्रेस का सचिव नियुक्त किया गया। उस वर्ष का कांग्रेस का वार्षिक अधिवेशन दक्षिण भारत के महत्त्वपूर्ण नगर काकीनाडा में आयोजित किया गया। अपने अध्यक्षीय भाषण में मौलाना ने एक उदार राजनेता की तरह कहा—

''हमें दलित समाज के साथ मित्रवत व्यवहार करना चाहिए। ऐसा करते समय हमें अतीत में उनकी आहत भावनाओं को ध्यान में रखना होगा जिससे किसी पक्ष की भावनाएँ और आगे आहत न हों।''

ये उदात्त भावनाएँ दरअसल क्षणभंगुर ही सिद्ध हुईं। ख़िलाफ़त की संस्था को मुस्तफ़ा कमाल पाशा द्वारा समाप्त किए जाने के बाद ख़िलाफ़त आन्दोलन का औचित्य भी समाप्त हो गया। इस आन्दोलन के पीछे संख्या बल के लिए अब मुसलमानों को हिन्दुओं की ज़रूरत ही नहीं रही। ऐसी ही स्थिति महात्मा गांधी के प्रति मुसलमानों के दृष्टिकोण में भी थी। मुहम्मद अली की कांग्रेस की अध्यक्षता की अवधि दिसम्बर 1924 तक समाप्त हो गई। धीरे-धीरे वे अनुभव करने लगे कि कांग्रेस में हिन्दू साम्प्रदायिकता का प्रभाव बढ़ता जा रहा था। उन्हें लगा कि गांधीजी के हस्तक्षेप से इसका निराकरण सम्भव था। गांधी जी अनुभव कर रहे थे कि उनका कोई प्रभाव दोनों सम्प्रदायों पर अब नहीं रहा। उन्होंने इसे लिखा भी। इसी बीच कोहाट में भीषण साम्प्रदायिक दंगा हो गया। गांधी जी और मौलाना शौकत अली की एक संयुक्त टीम कोहाट के लिए रवाना हुई। दोनों अपनी जाँच पर अलग-अलग निष्कर्ष पर पहुँचे। गांधीजी ने शौकत अली की और अपनी रिपोर्ट एक साथ 'यंग इंडिया' में प्रकाशित कर दी।

सन् 1924 के प्रारम्भ में गांधी जी को गम्भीर बीमारी के फलस्वरूप सज़ा की समाप्ति के चार साल पहले ही रिहा कर दिया गया। मुहम्मद अली और गांधी जी के बीच पं. मदन मोहन मालवीय को लेकर मतभेद भी उभरे। इसका पता मौलाना मुहम्मद अली द्वारा पं. जवाहरलाल नेहरू को लिखे गए तत्कालीन एक पत्र के निम्नलिखित उद्धरण से भी मिलता है—

''आपके पिता इस सम्बन्ध में मेरे विचारों से काफ़ी हद तक सहमत हैं कि मालवीय जी गांधी जी के विचारों को पराजित करने में लगे हुए हैं। वे जानते हैं कि चूँकि वे देश के हिन्दुओं और मुसलमानों दोनों के नेता एक साथ नहीं बन सकते तो कम से कम हिन्दुओं के नेता तो बने रहें। हिन्दू-मुस्लिम एकता कभी भी उनका आदर्श नहीं रही। पर मुसलमानों में भी अपने मालवीय थे जो हिन्दू-मुस्लिम एकता के घोर विरोधी थे।''

लन्दन प्रवास के दौरान उन्होंने लिखा—

''मैं अपने को दो समान वृत्तों से जुड़ा अनुभव करता हूँ। एक हिन्दुस्तान है दूसरा मुस्लिम जगत। हम हिन्दुस्तान के मुसलमान इन दोनों वृत्तों से जुड़ा अनुभव करते हैं। हम हिन्दुस्तान के तीन करोड़ मुसलमान दोनों में से किसी को भी छोड़ नहीं सकते।''

3 जनवरी, 1931 को उन्हें लकवा मार गया। उनकी वाणी और चेतना दोनों चली गई। दूसरे दिन सुबह मात्र 52 वर्ष की आयु में उनका देहान्त हो गया। मौलाना ज़फर अली ख़ाँ और इक़बाल ने उन पर मर्सिये लिखे। वॉयसराय ने भी उनके आवास पर पहुँचकर उन्हें श्रद्धांजलि दी। उनके सम्बन्धियों, प्रशंसकों और मित्रों की सलाह पर उन्हें येरुशलम में दफ़न किया गया।

मौलाना मुहम्मद अली प्रकृति से भावुक और अतिवादी थे। जहाँ एक ओर उन्होंने स्वयं को पैग़म्बर साहब के बाद महात्मा गांधी के सिद्धान्तों का ही अनुयायी बताया, वहीं दूसरी ओर उन्होंने कहा कि एक मुसलमान होने के नाते वह एक फ़ासिक़ (व्यभिचारी) और फ़ाज़िर (दुश्चरित्र) मुसलमान को भी गांधी से बेहतर मानते हैं। इन सबके बावजूद इसमें कोई दो राय नहीं कि वह पूर्णतः साम्प्रदायिक दुर्भावना से मुक्त एक आदर्श देशभक्त थे। यह अनायास ही नहीं है कि अकबर ने 'गांधीनामा' में गांधी जी के बाद सर्वाधिक ज़िक्र उनका ही किया है।

समावेशी राष्ट्रीयता के पहले मुस्लिम पुरोधा
अल्लामा शिबली नोमानी

उन्नीसवीं सदी में हिन्दुस्तान के मुसलमानों के बीच नवजागरण में योगदान देने वाले सर सैयद, हाली और शिबली की त्रयी में शिबली सबसे छोटे थे। जहाँ पर सैयद और हाली का जीवन काल क्रमश: 81 और 77 वर्षों का था, वहीं शिबली को नियति से जीवन के 57 वर्ष ढाई महीने मात्र मिले थे। पर अपने इन दोनों वरिष्ठ समकालीनों की तुलना में उनका लेखन अत्यन्त विपुल और आश्चर्यजनक रूप से वैविध्यपूर्ण है। बहुमुखी प्रतिभा के धनी शिबली, अरबी, फ़ारसी, तुर्की, हिन्दी और उर्दू भाषाओं का गहरा ज्ञान रखते थे। कवि, अनुवादक, जीवनीकार, आलोचक शिबली के पास एक अत्यन्त उदार धार्मिक समझ और अद्‌भुत व्यापक और समावेशी राष्ट्रीय दृष्टि थी।

अल्लामा शिबली नोमानी के नाम से विख्यात उनका जन्म वर्तमान उत्तर प्रदेश के ज़िला आज़मगढ़ के अन्तर्गत स्थित एक गाँव बिन्दवल में 1 जून, सन् 1857 को हुआ था। उनके पिता का नाम शेख़ हबीबुल्लाह और माँ का नाम मौकीमा ख़ातून था। शिबली के पूर्वज हिन्दू राजपूत थे। शर्की शासकों के शासनकाल में ही उनके एक पूर्वज शिवराज सिंह नामक राजपूत ने इस्लाम धर्म स्वीकार कर लिया था। शिबली उन्हीं के वंशज थे। शेख़ हबीबुल्लाह शिक्षित और साहित्यिक अभिरुचि के व्यक्ति थे। फ़ारसी शायरी में उन्हें गहरी रुचि थी। ज़मींदारी और नील का व्यापार परिवार की आय के मुख्य साधन थे। परिवार में कुछ सदस्य वकालत के पेशे से भी जुड़े थे। परिवार समृद्ध था। शिबली माँ-बाप की पहली सन्तान थे। उनके माता-पिता दोनों धार्मिक वृत्ति के थे।

शिबली का जन्म सन् 1857 की हिन्दुस्तान की पहली आज़ादी की लड़ाई के दौरान हुआ था। यह जानकारी दिलचस्प होगी कि जिस दिन उनका जन्म हुआ था उसी दिन स्वतंत्रता सेनानियों ने आज़मगढ़ को अंग्रेज़ों के शासन से आज़ाद करा कर जेल के क़ैदियों को मुक्त कर दिया था। उन्होंने ज़िले के कोषागार (ट्रेजरी) पर कब्ज़ा कर वहाँ शासन अपने हाथ में ले लिया था। दरअसल यह उथल-पुथल भरे एक घटनाबहुल कर्ममय जीवन की लाक्षणिक शुरुआत थी। शिबली एक स्वतंत्रचेता,

निर्भीक विचारक थे। साम्प्रदायिक संकीर्णता उन्हें छू तक नहीं गई थी। पहले स्वतंत्रता संग्राम के उगते सूर्य का प्रथम प्रकाश उनके बाल-मुख पर पड़ा था। इसी ने उनके चिन्तन की दिशा तय कर दी थी।

उनकी उर्दू, अरबी, फ़ारसी और 'क़ुरान शरीफ़' की प्रारम्भिक शिक्षा घर पर ही हुई। कुछ वर्ष उन्होंने जौनपुर और गाज़ीपुर के मदरसों में भी पढ़ाई की। सन् 1873 में उनके माता-पिता ने अपने मित्रों के सहयोग से आज़मगढ़ में एक मदरसे की स्थापना की। उस समय के प्रतिष्ठित विद्वान मौलाना फारुक चिरैया कोटी को उस मदरसे का प्रधान अध्यापक नियुक्त किया गया। शिबली ने आगे की अपनी शिक्षा मौलाना चिरैया कोटी के सान्निध्य में ही पूरी की। इस्लामी साहित्य ज्ञान के साथ ही मौलाना की अभिरुचि फ़ारसी और उर्दू शायरी और शास्त्रीय संगीत में भी थी। वह स्वयं अच्छा गाते भी थे। उनके सम्पर्क के फलस्वरूप किशोर शिबली में भी शायरी और संगीत के सुरुचिपूर्ण संस्कार विकसित हुए। शिबली शुरू से ही अध्ययनशील प्रकृति के थे। अपना ख़ाली समय वह अकसर पड़ोस की क़िताबों की दुकान पर बिताते थे। विद्याव्यसनी और अपार जिज्ञासु तरुण शिबली के लिए धीरे-धीरे अब आज़मगढ़ के बौद्धिक संसाधन कम सिद्ध होने लगे थे। पिता चाहते थे कि वह उनकी तरह वकालत के पेशे से जुड़ें लेकिन इसमें उनकी रुचि बिलकुल नहीं थी। जल्द ही कुछ समय ऊहापोह की स्थिति से गुज़रने के बाद वह उस समय के प्रसिद्ध इस्लामी शास्त्री मौलाना इरशाद हुसेन का सान्निध्य प्राप्त करने के लिए रामपुर पहुँचे। वहाँ साल-भर उनसे (मौ. इरशाद हुसेन से) धार्मिक शिक्षा अर्जित करने के बाद आगे की शिक्षा के लिए वह लाहौर गए। वहाँ के ओरियंटल कॉलेज के प्रसिद्ध प्रोफेसर मौलाना फ़ैजुल हसन सहारनपुरी की शिष्यता प्राप्त कर उनसे अध्ययन करना उनका विशेष उद्देश्य था।

मौलाना फ़ैजुल हसन उस समय हिन्दुस्तान के अरबी के शीर्षस्थ विद्वान माने जाते थे। मौलाना के पास शिबली को पढ़ा सकने का समय नहीं था। पर शिबली की उत्कट जिज्ञासा से प्रभावित मौलाना ने उन्हें अपने घर से कॉलेज की यात्रा के दौरान मिलने वाले समय में पढ़ाने की युक्ति निकाल ली। यह क्रम एक अरसे तक चलता रहा। गर्मी की छुट्टियों में शिबली मौलाना के साथ सहारनपुर आ गए। इस दौरान शिबली ने उनके सान्निध्य का भरपूर लाभ उठाया।

सन् 1876 में जब शिबली आज़मगढ़ लौटे तो एक बार फिर उनके पिता को उनके जीवनयापन के साधन की चिन्ता हुई। उनके पिता को लगता था कि उनके बेटे की अब तक की अर्जित विद्या अर्थकारी नहीं थी। अत: पिता के कहने पर उन्होंने वकालत की परीक्षा पास की। पर पेशे के सच को झूठ और झूठ को सच साबित करने तथा इसी तरह के दूसरे हथकंडों से उनका मन बहुत जल्द उचट गया। उसके बाद कुछ दिन उन्होंने नक़ल नवीस और क़ुर्क़ अमीन की नौकरी भी की। इस दौरान

उन्होंने परिवार के नील के व्यवसाय में भी हाथ बँटाया। सन् 1876 से 1882 तक का उनका जो समय घर पर बीता वह यद्यपि किसी ख़ास उपलब्धि के लिए उल्लेखनीय नहीं है पर इसका उपयोग उन्होंने लगातार अपनी बौद्धिक समृद्धि के लिए किया। उन्हें अपने ज्ञान और प्रतिभा पर अदम्य विश्वास था। जब कई बार छोटी-मोटी नौकरियों के लिए भी उन्हें चुना नहीं गया तो भी वह पस्त हिम्मत नहीं हुए।

सन् 1882 का अन्त होते-होते उन्हें पता चला कि सर सैयद द्वारा स्थापित मोहम्मडन ऐंग्लो ओरियंटल कॉलेज, अलीगढ़ में अरबी के एक असिस्टेंट प्रोफ़ेसर का पद ख़ाली है। उन्होंने इसके लिए एक आवेदन-पत्र तैयार कर उस पर मौलाना फ़ैजुल हसन सहारनपुरी की संस्तुति कराई। मौलाना ने सर सैयद को भी पढ़ाया था। उस समय आज़मगढ़ ज़िले के मोहम्मदाबाद गोहना कस्बे के निवासी ख़ान बहादुर मोहम्मद करीम अलीगढ़ में डिप्टी कलेक्टर थे। वह शिबली के पिता के परिचित थे और कॉलेज की प्रबन्ध-समिति के सदस्य भी थे। शिबली अपने आवेदन के साथ उनके पास पहुँचे। मोहम्मद करीम साहब शिबली को लेकर कॉलेज के सेक्रेटरी मौलवी समीउल्लाह के पास गए। परिचय के दौरान समीउल्लाह साहब तरुण शिबली से गहरे प्रभावित हुए। वह उन्हें लेकर सर सैयद की सेवा में प्रस्तुत हुए। थोड़ी देर बातचीत के बाद सर सैयद के निर्देश पर मौलवी समीउल्लाह ने शिबली के नाम नियुक्ति-पत्र जारी कर दिया। यही शिबली की सृजनात्मक जीवन-यात्रा का प्रस्थान बिन्दु था।

शिबली का अलीगढ़ प्रवास लगभग सोलह वर्षों का था। इसका उपयोग उन्होंने अपने आपको बौद्धिक रूप से समृद्ध करने में किया। धर्म, संस्कृति, इतिहास और राजनीति के विविध पक्षों और उनकी बारीकियों को उन्होंने यहीं पर समझा। पाश्चात्य दर्शन और साहित्य का गहन अध्ययन उन्होंने यहीं पर किया। उनका सृजनात्मक लेखन यहीं परवान चढ़ा। अपने एक भाषण में उन्होंने मोहम्मडन ऐंग्लो ओरियंटल कॉलेज, अलीगढ़ की अपनी उपलब्धियों के योगदान का उल्लेख करते हुए कहा था, ''मैंने जो कुछ सीखा है, और जो भी तरक्की की है वह इसी कॉलेज की बदौलत की है। मैं जिस तरह इस कॉलेज का एक प्रोफ़ेसर हूँ उसी तरह इसका एक तालिब इल्म भी हूँ।''

दरअसल शिबली इस कॉलेज में ही शिबली बने। कॉलेज में कैम्ब्रिज विश्वविद्यालय से पढ़े कई अंग्रेज़ विद्वान प्राध्यापक थे। इनमें थियोडोर बेक, हैराल्ड कॉक्स, वाल्टर रैले, थिओडोर मॉरिसन और टी.डब्ल्यू. ऑर्नाल्ड प्रमुख थे। शिबली ने टी.डब्ल्यू. ऑर्नाल्ड को अपनी प्रकृति के सर्वथा अनुसार पाया। शीघ्र ही दोनों में गहरे मैत्री सम्बन्ध विकसित हो गए। शिबली ने ऑर्नाल्ड के सम्पर्क से बहुत कुछ सीखा। उनके अध्ययन में गहराई और व्यापकता, ऑर्नाल्ड के साथ विचार-विमर्श के फलस्वरूप ही आई। आधुनिक युग की समझ विकसित करने के लिए उन्होंने पश्चिम के लेखकों और विचारकों का विशद अनुशीलन किया। ऑर्नाल्ड के साथ सम्पर्क और

पश्चिमी साहित्य के अध्ययन के कारण ही वह इस निष्कर्ष पर पहुँचे थे कि—यह महज तलवार (या तोप) ही नहीं थी जिससे यूरोप ने दुनिया पर विजय प्राप्त की थी। उनका तात्पर्य था यूरोप के साहित्य में नए युग की चुनौतियों को स्वीकार करने की अपूर्व क्षमता थी जब कि दुनिया के अधिकांश देश मध्यकालीनता से जकड़े हुए थे।

शिबली ने ऑर्नाल्ड को यूरोप के प्रशंसनीय चरित्र का एक जीता-जागता उत्कृष्ट उदाहरण पाया था। अलीगढ़ में ऑर्नाल्ड ने 'प्रीचिंग्स ऑफ़ इस्लाम' (इस्लाम के उपदेश) नाम से एक पुस्तक लिखी। सम्भवत: किसी पश्चिमी विद्वान द्वारा इस्लाम पर लिखी गई यह पहली पुस्तक थी। पुस्तक में ऑर्नाल्ड का कथन था कि इस्लाम का प्रसार विश्व में मुख्यत: शान्तिपूर्ण ढंग से ही हुआ। सन् 1855 में ऑर्नाल्ड अलीगढ़ से लाहौर आ गए थे। उन्नीस वर्षीय इक़बाल जब गवर्नमेंट कॉलेज, लाहौर में पढ़ने आए तो वहाँ ऑर्नाल्ड पहले से ही मौजूद थे। अरबी, अंग्रेज़ी साहित्य तथा दर्शन शास्त्र की पढ़ाई युवक इक़बाल ने ऑर्नाल्ड के मार्गदर्शन में ही पूरी की थी। ऑर्नाल्ड की आत्मीयता और इस्लाम की उनकी गहरी समझ से इक़बाल अभिभूत थे। ऑर्नाल्ड ने ही इक़बाल को उच्च शिक्षा हेतु यूरोप जाने की प्रेरणा दी थी। अन्तत: सन् 1904 में जब ऑर्नाल्ड ने लन्दन रवाना होने के लिए लाहौर छोड़ा तो इक़बाल ने 'नालये फ़िराक़' (वियोग का आर्तनाद) शीर्षक से उस अवसर पर एक बड़ी मार्मिक नज़्म लिखी। उसकी कुछ पंक्तियाँ दृष्टव्य हैं—

जा बसा मग़रिब[1] में आख़िर ऐ मकां तेरा मकीं[2]
आह, मश्रिक[3] की पसन्द आई न उसको सरजमीं।
आ गया आज इस सदाक़त[4] का मेरे दिल को यकीं
जुल्मते शब[5] से ज़ियाये रोज़े फ़ुर्क़त[6] कम नहीं।

शिबली, इक़बाल और उनके जैसे अनेक शिष्यों तथा सहयोगियों की स्मृति में ऑर्नाल्ड एक लम्बे अरसे तक रचे-बसे रहे। जनवरी-फरवरी सन् 1982 में शिबली मलेरिया के आक्रमण से उबर रहे थे। स्वास्थ्य लाभ के लिए अप्रैल में उनकी योजना कश्मीर जाने की थी। इसी बीच उन्हें पता चला कि ऑर्नाल्ड अप्रैल में ही लन्दन जा रहे थे। एक अर्से से शिबली की इच्छा रोम, सीरिया, मिस्र, फ़िलिस्तीन और तुर्की की यात्रा करने की थी। शिबली ने ऑर्नाल्ड से अपनी इस इच्छा का ज़िक्र कई बार किया था। अन्तत: प्रो. ऑर्नाल्ड के साथ वह 20 अप्रैल, 1892 को अपनी सुनियोजित अभीष्ट यात्रा के लिए निकल पड़े। लगभग साढ़े छ: माह के अपने इस यात्रा-प्रवास के दौरान शिबली ने कुस्तुन्तुनिया, बेरूत, येरुशलम और काहिरा में विशेष समय बिताया। कुस्तुन्तुनिया, काहिरा और बेरूत के पुस्तकालयों में ज्ञान का अपूर्व समृद्ध भंडार पाया। उनके दिमाग़ में एक अर्से से कई पुस्तकों की योजनाएँ रूपाकार ग्रहण कर रही थीं। उनके लिए उन्होंने उक्त पुस्तकालयों से मूल्यवान सामग्री एकत्रित की।

1. पश्चिमी, 2. निवासी, 3. पूरब, 4. सत्यता, 5. रात का अंधकार, 6. विरह के दिवस का प्रकाश।

इसके अतिरिक्त उन्होंने कई ग्रन्थों की दुर्लभ पाण्डुलिपियों का अवलोकन भी किया। यात्रा के दौरान वह कई जानकार और संवेदनशील लोगों के सम्पर्क में आए। उन्होंने इस बीच जो कुछ देखा, सुना और पढ़ा उनके फलस्वरूप उनके मन में अंग्रेज़ों के प्रति वितृष्णा और नफ़रत का भाव जिस अनुपात में बढ़ा लगभग उसी अनुपात में तुर्की के प्रति उनके सम्मान-भाव में अभिवृद्धि भी हुई। सन् 1892 के नवम्बर के उत्तरार्द्ध में शिबली बौद्धिक और आध्यात्मिक रूप से भली-भाँति समृद्ध होकर हिन्दुस्तान लौटे। साथ ही वह अपनी कई विचाराधीन पुस्तकों के लिए सामग्री भी ले आए। अब शिबली को अनुभव होने लगा कि मुसलमान विद्यार्थियों के लिए एक ऐसा पाठ्यक्रम अपेक्षित है जिसमें नए और पुराने दोनों का समन्वय हो।

सन् 1893 के उत्तरार्ध में कुछ उदार मुस्लिम धर्म-वेत्ताओं द्वारा कानपुर में नदवतुल उल्मा नामक एक संस्था की स्थापना की गई। पुरानी इस्लामी शिक्षा व्यवस्था में सुधार और विभिन्न इस्लामी सम्प्रदायों के मतभेदों को सुलझा कर उनमें एकता की भावना पैदा करना इस संस्था के प्रमुख उद्देश्य थे। शिबली को लगा कि नदवतुल उल्मा के और उनके उद्देश्य समान थे। उसके मंच का उपयोग कर अपने विचारों को अमली जामा पहनाने के लिए वे कृतसंकल्प थे। शिबली की विद्वत्ता और लेखन की ख़्याति से हिन्दुस्तान का प्रबुद्ध मुस्लिम समाज इस समय तक भलीभाँति परिचित हो चला था। जब उन्होंने इस नवगठित संस्था की सदस्यता की इच्छा व्यक्त की तो उसके संस्थापकों ने उनका उन्मुक्त भाव से स्वागत किया। संस्था की सदस्यता ग्रहण करने के बाद शिबली न केवल उसकी गतिविधियों में बढ़-चढ़कर हिस्सा लेने लगे, बल्कि उससे जुड़ी जिम्मेदारियों का अधिक से अधिक निर्वाह भी करने लगे। नदवतुल उल्मा के कामों में जैसे-जैसे व्यस्त होते गए वैसे-वैसे सर सैयद और उनके अलीगढ़ आन्दोलन से वह दूर होते गए।

नदवतुल उल्मा का एक वर्ग इस बीच यह मानने लगा था कि शिबली संस्था के हर छोटे-बड़े काम ख़ुद ही करना चाहते थे और किसी दूसरे को उभरने का मौका नहीं देना चाहते थे। वह जानते थे कि इस आरोपों में कतई सच्चाई नहीं थी। अपने विरुद्ध बनते इस वातावरण से उद्विग्न संवेदनशील शिबली ने अपने विश्वस्त स्नेह-भाजक मौलाना अबुल कलाम आज़ाद को लिखा था, ''मैं आजकल बड़ी परेशानी में हूँ। मेरे ख़िलाफ़ रिपोर्टें तैयार हो रही हैं। लेख लिखे जा रहे हैं। अपराध सूची तैयार हो गई है। इन सब कामों के चीफ़ एडीटर शाह साहब हैं। उन्होंने यहाँ स्थायी डेरा डाला हुआ है। ये तमाम काग़ज़ात सदस्यों के पास भेजे जाएँगे और मुझे विधिवत् निकालने का आन्दोलन छेड़ा जाएगा।''

पर शिबली की प्रतिभा, विद्वत्ता और सौम्य-शालीन व्यक्तित्व के सामने नदबा के उनके विरोधी बौने साबित हुए। नदवतुल उल्मा पर उनका वर्चस्व दृढ़तर होता गया। संस्था ने भी उनकी बौद्धिक क्षमता और रचनात्मक ऊर्जा का अधिक से

अधिक उपयोग करने में अपना गौरव और सौभाग्य समझा। अब शिबली का मन अलीगढ़ से उचट चला था। उनकी इच्छा थी कि यदि हैदराबाद राज्य से उन्हें कोई वृत्ति मिल जाए तो वह अलीगढ़ की नौकरी छोड़ दें। इस उद्देश्य से वह अगस्त 1896 में हैदराबाद पहुँचे। वहाँ के प्रधानमंत्री और कुछ वरिष्ठ अधिकारी उनके काम और नाम से परिचित थे। उनके सौजन्य से शिबली को 100 रुपये प्रति मास की वृत्ति स्वीकृत हो गई। उसके साथ शर्त थी कि उनकी भावी रचनाएँ हैदराबाद के संस्कृति विभाग की योजना 'सिलसिला-ये-आसफ़िया' के अन्तर्गत प्रकाशित होंगी। अब वह जीविका की चिन्ता से मुक्त थे। अन्ततः सन् 1898 के आखिर में उन्होंने अलीगढ़ कॉलेज से इस्तीफ़ा दे दिया था। इसके बाद वह कई माह बीमार रहे। नवम्बर सन् 1900 में उनके पिता का देहान्त हो गया। इस कारण पारिवारिक ज़िम्मेदारियाँ काफ़ी बढ़ गईं। उन्हें लगा कि सौ रुपये प्रतिमाह की वृत्ति में बढ़े हुए पारिवारिक दायित्व का निर्वाह कठिन था। अतः अब उन्हें नियमित नौकरी की ज़रूरत शिद्दत से महसूस होने लगी। फलस्वरूप सन् 1901 के प्रारम्भ में वह हैदराबाद पहुँचे। उस समय हैदराबाद में एक दुर्भाग्यपूर्ण स्थिति पैदा हो गई थी। हैदराबाद के निज़ाम मीर महमूद अली ख़ाँ और उनके प्रधानमंत्री (वज़ीरे आज़म) नवाब वक़ार उल उमरा के बीच गहरा मतभेद पैदा हो गया था। यह मतभेद अनबन और मनमुटाव की स्थिति तक पहुँच गया था। इसके फलस्वरूप जो वज़ीरे आज़म के कृपापात्र थे वो निज़ाम के कोप के शिकार हुए। नतीजतन सामान्य स्थिति के लिए शिबली को कई माह प्रतीक्षा करनी पड़ी। अन्ततः चार सौ रुपए प्रतिमाह पर 22 मई सन् 1901 को उनकी नियुक्ति रियासत के संस्कृति-विभाग के अन्तर्गत साहित्य-कला निदेशक (निज़ामत सर रिश्ता-ये-उलूमो फ़नून) के पद पर हो गई। इस पद पर वह फरवरी सन् 1905 तक जुड़े रहे। हैदराबाद प्रवास के दौरान शिबली ने 'अलग़ज़ाली', 'इल्मेक़लाम', और 'मवाज़नाये अनीसोदबीर' जैसी अनेक कृतियों की रचना की।

मार्च 1905 में शिबली लखनऊ आ गए। यहाँ वह सन् 1913 के अन्त तक दारुल उलूम नदवतुल उलमा के शिक्षा सचिव के पद पर रहे। संस्था की उन्नति और सुधार के लिए उन्होंने कई महत्त्वपूर्ण क़दम उठाए। पुराने पाठ्यक्रम का आधुनिकीकरण किया। ऐच्छिक भाषा के रूप में हिन्दी और संस्कृत की शिक्षा की व्यवस्था की। यह शिबली की दूरदृष्टि का ही परिणाम था कि पहली बार किसी इस्लामी शिक्षण-संस्था में हिन्दी और संस्कृत की शिक्षा का प्रबन्ध किया गया। आधुनिक अरबी में लेखन और भाषण कौशल का अधिक से अधिक छात्रों को प्रशिक्षण देने की उन्होंने कारगर योजना तैयार की। शिबली शोध और सम्पादन का महत्त्व भली-भाँति समझते थे। इस दृष्टि से जहाँ एक ओर उन्होंने नदवा के पुस्तकालय को नए-नए उच्चकोटि के ग्रन्थों से समृद्ध किया, वहीं दूसरी ओर प्रतिभावान छात्रों को शोध और सम्पादन के क्षेत्र में प्रशिक्षित कर उनका एक महत्त्वपूर्ण समर्पित वर्ग तैयार

किया। यह वर्ग आगे चलकर संस्था के लिए अत्यन्त मूल्यवान साबित हुआ। उन्होंने एक उच्च कोटि की शोध-पत्रिका 'अल-नदवा' का प्रकाशन भी प्रारम्भ किया। उनके अथक प्रयासों के फलस्वरूप सरकार ने संस्था के स्थायी भवन के लिए भारी राशि अनुदान-स्वरूप स्वीकृत की। भवन निर्माण के लिए एक भव्य शिलान्यास समारोह आयोजित किया गया। जब तक शिबली संस्था के सचिव पद पर रहे उसकी चहुँमुखी प्रगति के लिए पूरे समर्पण भाव से कार्यरत रहे। पर उनके कामों और उनकी लोकप्रियता से संस्था का एक प्रभावशाली वर्ग उनसे ईर्ष्या करने लगा था। उसने उनके विरुद्ध दुष्प्रचार शुरू कर दिया था। अब उनके लिए इन विपरीत परिस्थितियों में काम करना कठिन हो गया था। अन्तत: उन्होंने सन् 1913 की जुलाई में संस्था के सचिव पद से इस्तीफ़ा दे दिया।

मई 1907 में उनके साथ घटी एक अत्यन्त दुखद घटना का उल्लेख आवश्यक है। वह आज़मगढ़ अपने घर रुककर अपनी विख्यात पुस्तक 'शेरुल अजम' लिख रहे थे। एक दिन किसी काम से थोड़ी देर के लिए घर के अन्दर गए। बहू अन्दर बन्दूक साफ़ कर रही थी। दुर्भाग्य से बन्दूक चल गई। गोली शिबली के पैर में लगी। फलस्वरूप एक पैर को पिंडली से काटना पड़ा। यह एक भीषण दुर्घटना थी। पर शिबली ने इसे अपने ऊपर विनोद का एक साधन बना लिया था। इसका एक उदाहरण ध्यान देने लायक है। अकबर इलाहाबादी ने उन्हें एक बार खाने पर निमंत्रित किया। इस पर मौलना ने अपनी कृतज्ञता के साथ विवशता व्यक्त करते हुए लिखा—

आज दावत में न आने का मुझे भी है मलाल,
लेकिन असबाब कुछ ऐसे हैं कि मजबूर हूँ मैं
लेकिन अब वो नहीं कि पड़ा फिरता था,
अब तो अल्लाह के अफ़ज़ाल से तैमूर हूँ मैं।

शिबली ने साहित्य की हर विधा को अपने अवदान से समृद्ध किया। इनमें हज़रत मुहम्मद साहब की जीवनी 'सीरतुन्नबी' विशेष रूप से उल्लेखनीय है। दुर्भाग्य से यह कृति वह पूरी नहीं कर पाए। 15 अगस्त, सन् 1914 को उनके छोटे भाई मुहम्मद इसहाक, जो इलाहाबाद हाईकोर्ट में वकील थे, का देहान्त हो गया। यह शोक उनके लिए बहुत भारी साबित हुआ। 'सीरतुन्नबी' सहित अपनी अधूरी साहित्यिक योजनाओं को पूरा करने के उद्देश्य से अब वो लखनऊ से आज़मगढ़ आ गए। आज़मगढ़ में 'दारुल मुसन्नफ़ीन' नामक एक संस्था की स्थापना की योजना पर भी उन्होंने काम शुरू कर दिया था। पर उनका स्वास्थ्य साथ नहीं दे रहा था। लगभग साढ़े सत्तावन साल की आयु में 18 नवम्बर, 1914 को उनके अद्‌भुत रचनाशील कर्ममय जीवन का अन्त हो गया। उनके निधन पर मौलाना अबुल कलाम आज़ाद ने 'अल हिलाल' में लिखा—"निहायत रंजो-अफ़सोस के साथ शम्सुल उल्मा मौलाना शिबली के निधन की ख़बर दर्ज की जाती है। इस शोक को व्यक्त करने

के लिए सिर्फ़ यह दुःख की घड़ी काफ़ी नहीं है, बल्कि 'अल हिलाल' का एक समूचा अंक भी इसके लिए काफ़ी नहीं होगा। इस वक़्त रोना यह है कि हम दिल खोलकर इस महान शहीद का शोक भी नहीं मना सकते। इसलिए हम अपने भीतर उमड़ते हुए ज्वार को किसी दूसरे अवसर के लिए स्थगित करते हैं। दुखी जनों के शोक के लिए कोई समय निश्चित नहीं होता।''

शिबली के देहान्त के बाद भी मौलाना आज़ाद की रुचि 'दारुल मुसन्नफ़ीन' में निरन्तर बनी रही। उसे वह एक व्यापक उद्देश्य वाली संस्था बनाना चाहते थे जो कि दारुल उलूम नदवतुल उल्मा से भी बेहतर हो। शिबली के निधन के तीन दिन बाद 21 नवम्बर, 1914 को उनके प्रिय शिष्य मौलाना हमीदुद्दीन फर्राही और सैयद सुलेमान नदवी ने 'दारुल मुसन्नफ़ीन' के अधूरे काम को पूरा करने का सफल प्रयास किया। नवनिर्मित इस संस्था के पहले अध्यक्ष के रूप में मौलवी हमीदुद्दीन फर्राही ही चुने गए। सचिव और प्रबन्धक के रूप में मौलाना सुलेमान नदवी और मौलाना मसूद अली नदवी का चयन किया गया। इनके अथम परिश्रम के फलस्वरूप आज 'दारुल मुसन्नफ़ीन' भारतीय महाद्वीप में इस्लामी शोध और अध्ययन की एक उत्कृष्ट संस्था के रूप में समादृत है।

शिबली का लेखन इतना विपुल और वैविध्यपूर्ण है कि उस पर एक विहंगम दृष्टि भी इस छोटे से आलेख में सम्भव नहीं है। दरअसल एक पुस्तक भी इसके लिए अपर्याप्त सिद्ध होगी। यहाँ यह अभीष्ट भी नहीं है। शिबली सर सैयद के बाद भारतीय उपमहाद्वीप के दूसरे मुसलमान चिन्तक हैं जिन्होंने आधुनिकता की आहट को पहचानने में ज़रा भी देर नहीं की। समावेशी राष्ट्रीयता के विकास में उनके योगदान पर विचार अभी निश्चय ही होना बाक़ी है।

शिबली एक स्वतंत्र-चेता विचारक थे। जहाँ वह एक ओर सर सैयद के आधुनिक शिक्षा सम्बन्धी विचारों से सहमत थे, वहीं वह उनके राजनीतिक विचारों से पूरी तरह असहमत। उन्होंने लखनऊ से प्रकाशित 'अल असर' (नया युग) नामक पत्रिका के सम्पादक शाकिर मेरठी को स्वयं अपने एक पत्र दिनांकित 23 सितंबर, 1912 में लिखा था—''मैं अपने विचारों में हमेशा स्वतंत्र रहा। मैंने सर सैयद के साथ 16 सालों तक काम किया। पर राजनीतिक मामलों में उनसे असहमत रहा और शुरू से भारतीय राष्ट्रीय कांग्रेस का समर्थक था। इस मसले पर मेरी बहस उनके साथ कई बार हुई।''

सर सैयद जहाँ धर्म और शिक्षा के क्षेत्र में उदार थे वहाँ राजनीतिक क्षेत्र में रूढ़िवादी। कांग्रेस की स्थापना के समय से ही सर सैयद उसके उद्देश्यों से असहमत और उसके कटु आलोचक रहे। इसके बरअक्स शिबली यद्यपि कभी भी कांग्रेस के औपचारिक सदस्य नहीं बने, पर उसके अधिवेशनों और बैठकों में जो विचार-विमर्श चलते थे उन पर वह मनन-चिन्तन करते रहते थे। उसके सदस्यों में समाज के लगभग

सभी वर्गों और धार्मिक समुदायों के लोग थे। शिबली देख रहे थे उसके माध्यम से एक समावेशी भारतीय राष्ट्रीयता के उदय की सम्भावना आँखें मल रही थी। उन्होंने 'नेशनल' शब्द का प्रयोग दरअसल सन् 1885 में इंडियन नेशनल कांग्रेस (भारतीय राष्ट्रीय कांग्रेस) की स्थापना के पूर्व ही शुरू कर दिया था। आज़मगढ़ में 20 जून सन् 1883 को स्थापित अपने स्कूल का नाम उन्होंने 'नेशनल स्कूल' रखा था। इसकी स्थापना मुसलमानों में आधुनिक शिक्षा के प्रचार-प्रसार के उद्देश्य से की गई थी। जिस तरह की उनकी सोच थी उसे व्यापक स्तर पर तत्कालीन भारतीय मुस्लिम समाज के सामने रखने के लिए एक मंच की ज़रूरत वह शिद्दत से अनुभव कर रहे थे। संयोग से उन्हें एक सहृदय और उदार सज्जन लखनऊ में मिल गए। उनका नाम था सैयद मीर जाना। शिबली की प्रेरणा से उन्होंने सन् 1912 में मौलवी वहीदुद्दीन सलीम (1867-1928) के सुयोग्य सम्पादन में 'मुस्लिम गज़ट' नाम से एक पत्र का प्रकाशन प्रारम्भ किया। इसमें शिबली नियमित रूप से कभी अपने नाम से और कभी छद्म नाम से लिखने लगे। शीघ्र ही यह पत्र उनके विचारों का मुखपत्र बन गया।

समावेशी राष्ट्रीयता सम्बन्धी उनके विंचारों की दृष्टि से 'मुस्लिम गज़ट' के पहले अंक में, जो फरवरी 1912 में प्रकाशित हुआ था, छपा लेख—'मुसलमानों की पॉलिटिकल करवट' अत्यन्त महत्त्वपूर्ण है। यह लेख लगातार तीन खंडों में प्रकाशित हुआ। सैयद सुलेमान नदवी के अनुसार इस लेख ने मुस्लिम राजनीति का रुख़ शिमला से क़िबला की ओर मोड़ दिया। ज्ञातव्य है कि मुस्लिम लीग की स्थापना शिमला में एक मुस्लिम डेलिगेशन के वॉयसराय से मिलने के बाद 6 सितम्बर, 1906 को ढाका में हुई थी। सन् 1905 में ही बंगाल का दो हिस्सों में विभाजन हुआ था। यह भारत के आधुनिक इतिहास में दूरगामी महत्त्व की ऐतिहासिक घटना थी। देशव्यापी प्रबल विरोध के फलस्वरूप इस विभाजन को सन् 1911 में निरस्त कर दिया गया था। इसी के सन्दर्भ से लेख की शुरुआत होती है। इसके बाद शिबली अंग्रेज़ी दैनिक 'द पायोनियर' में प्रकाशित एक मुस्लिम स्तम्भकार के एक लेख से निम्न पंक्तियाँ उद्धृत करते हैं—"चूँकि अब नज़र आता है कि तुर्की ईरान के कमज़ोर होने की वजह से हमारा फ़ारेन रुतबा कायम नहीं रहेगा, इसलिए हमको हिन्दुओं से मिल जाना चाहिए।"

इस पर शिबली कहते हैं कि "हिन्दुओं से मुसलमानों का मिलना अच्छी बात है। यह हमेशा अच्छी बात थी और हमेशा अच्छी रहेगी, लेकिन नामानिग़ार ने जदीद ज़रूरत बयान की है, वह इस्लाम का नंग है। क्या हमको हमसाये के दामन में इसलिए पनाह लेनी चाहिए कि अब कोई सहारा नहीं रहा? क्या अगर तुर्की और ईरान पुरज़ोर होते तो हमारे हमसाया के मुकाबले में हमारी मदद करते? क्या शिमला डेपुटेशन की फ़ख़्ख़ारी पर अंग्रेज़ों को यक़ीन आ गया था कि हमारा पॉलिटिकल वजन अपने हमसायों से ज़्यादा है?"

अलीगढ़ 'मुस्लिम गज़ट' में छपे नवाब वक़ारुल मुल्क के लेख—'हिन्दुस्तान के मुसलमानों की आइन्दाहालत' का विश्लेषण गहरी इतिहास दृष्टि से करते हुए वो लिखते हैं कि उसे वह एक दिलेर मुसलमान की अन्तरात्मा की आवाज़ मान लेते अगर उसमें यह न कहा गया होता कि हम नेशनल कांग्रेस में शामिल हो जाएँगे तो हमारी हस्ती इस तरह बरबाद हो जाएगी जिस तरह मामूली दरिया समुद्र में मिल जाते हैं। इस पर अल्लामा का जवाब था कि अगर पारसी समाज अपनी महज कुछ लाख जनसंख्या के साथ 19 करोड़ हिन्दुओं तथा 5 करोड़ मुसलमानों के बीच अपना स्वतंत्र अस्तित्व लगातार बनाए रख सकता है, तो 5 करोड़ मुसलमानों को अपनी हस्ती मिट जाने का अंदेशा नहीं करना चाहिए। उन्हीं ने इसके लिए दादाभाई नौरोजी (1815-1917) के ब्रिटिश संसद के पहले हिन्दुस्तानी सदस्य चुने जाने तथा गोपाल कृष्ण गोखले (1866-1915) द्वारा अकेले दम पर 'रिफार्म स्कीम की अज़ीमुश्शान तहरीक़ की बुनियाद डालने' का ज़िक्र किया है। उन्नीसवीं सदी के उत्तरार्ध में भारतीय मुस्लिम मानस पर सर सैयद का प्रभाव जग ज़ाहिर है। उनके जीवनकाल में ही इंडियन नेशनल कांग्रेस की स्थापना हो गई थी जिसके पीछे प्रेरणा और सहयोग अंग्रेज़ों का भी था। स्थापना के कुछ वर्षों बाद ही उसके राजनीतिक तेवर बदलने लग गए थे। सर सैयद ने सन् 1857 की बग़ावत में मुसलमानों द्वारा बढ़-चढ़कर की गई भागीदारी का दौर गहरी इतिहास दृष्टि से देखा था। फलस्वरूप उन्हें जिस भीषण दमन का शिकार बनना पड़ा था उसके भी वह प्रत्यक्षदर्शी थे। बड़ी मुश्किल से उन्होंने अंग्रेज़ों के मन में हिन्दुस्तानी मुसलमानों के प्रति सद्भाव पैदा करने में सफलता पाई थी। कांग्रेस के बदलते तेवर से अंग्रेज़ हुक्मरान भी परिचित, चकित और चिन्तित थे। सर सैयद यह कदापि नहीं चाहते थे कि भारतीय मुसलमान कांग्रेस से जुड़कर अंग्रेज़ों के कोपभाजन बनें। उन्होंने इसी कारण न तो उससे ख़ुद कोई रिश्ता रखा और ना ही अपने समर्थकों को उससे जुड़ने की राय दी। उदार पश्चिमी शिक्षा का भारतीय मुसलमानों में प्रसार ही दरअसल उनके जीवन का उद्देश्य रहा। सियासत से मुसलमान जितने दूर रहें उतना ही उनके हित में होगा, यह बात उस समय के उत्तर भारत के मुसलमानों के दिलों में घर कर गई थी। देश और समाज की समस्याओं के प्रति कांग्रेस की चिन्ता लोग भलीभाँति समझने लगे थे। इसके बरअक्स सर सैयद की मुसलमानों को हिदायत थी कि वो इस नवोदित संगठन से परहेज करें।

सर सैयद की हिदायत के बावजूद एक अच्छी-ख़ासी संख्या में मुसलमान कांग्रेस से जुड़ रहे थे। उसके वार्षिक अधिवेशनों में न केवल दूसरी जगहों के बल्कि अलीगढ़ तक के प्रबुद्ध और संवेदनशील मुसलमान खुलकर शामिल होने लगे थे। शिबली अपने इस आलेख में व्यंग्य के साथ कहते हैं कि जब कभी मुसलमानों में पॉलिटिक्स का ज़िक्र आता है तो ये देखकर हैरत होती है कि अच्छे से अच्छा तालीमयाफ़्ता मुसलमान भी ग्रामोफोन की तरह इन लफ़्जों को दुहराता

है : 'अभी बख़्त नहीं आया है।' 'अभी हमको पॉलिटिक्स के क़ाबिल बनना चाहिए।' 'अभी सिर्फ़ तालीम की ज़रूरत है।' 'हमारी तादाद कम है, इसलिए नया 'उसूले सल्तनत' हमारे मुवाफ़िक नहीं है।' शिबली ने अपने इस लम्बे लेख में 'सियासी' (राजनीतिक) की जगह अंग्रेज़ी का 'पॉलिटिकल' शब्द ही प्रयोग किया है। उन्नीसवीं सदी के अन्तिम दो दशकों में कांग्रेस की स्थापना के साथ देश का राजनीतिक माहौल गर्माने लगा था। राजनीति में हिस्सेदारी की बात छिड़ते ही मुसलमान तालीम का राग अलापने लगते थे। वे बताते हैं कि ऐसा लगता है कि उनके कानों में 'कलीमतुल शहादा' (इस्लाम में आस्था की घोषणा) की तरह राजनीति के विरुद्ध यह बात बुरी तरह भर दी गई है कि उसमें मुसलमानों की भागीदारी का समय अभी नहीं आया है। इसकी वजह से मुसलमान इतिहास की मुख्यधारा से कट कर गहरी नींद सो गया है। उनका कहना था कि उनके जागने और राजनीतिक हिस्सेदारी का समय अब आ गया है।

शिबली देश के हिन्दुओं के जाग्रत विवेक और दूरदृष्टि के अनन्य प्रशंसक थे। वे मुसलमानों को हिन्दुओं से सीखने की सलाह देते हैं। वे हिन्दुओं के आत्मत्याग और आत्म-बलिदान की विशेषताओं के सटीक उदाहरण देते हैं। इनके आधार पर भावुक शिबली समझाते हैं कि क़ौमो मिल्लत की ख़िदमत कैसे की जाए? वे बताते हैं कि किस तरह एक स्कूल में तीन सौ हिन्दू बच्चे बावजूद दौलतमन्दी के कठोर जीवन का वरण कर तालीम पा रहे हैं। वे ज़मीन पर सोते हैं और साधारण कम्बल ओढ़ते हैं। उन्होंने अपनी ज़िन्दगी क़ौम के हाथों फरोख़्त कर दी है। पूना के 'सरवेंट ऑफ़ इंडिया' सोसाइटी में 29 हिन्दू नौजवान पॉलिटिक्स की तालीम पा रहे हैं, जिसके पूरा होने पर वो ताज़िन्दगी 30 रुपए माहवार पर हिन्दुस्तान की ख़िदमत करेंगे। पूने के फर्गुसन कॉलेज के 19 हिन्दू प्रोफेसरों ने महज 75 रुपए प्रतिमाह लेने का आश्वासन दिया है। शहरों के आर्य कॉलेजों और हिन्दू कॉलेजों में कई हिन्दू प्रोफेसर हैं जो बिना किसी मुआवजे के काम करते हैं। ये इबरत-अंगेज़ आवाज़ें, ये पुरजोश नमूने, ये हैरतअंगेज वाक़ियात हमारे दिलों में ज़रा भी जुम्बिश पैदा नहीं करते। इनके बरअक्स मुसलमान ग्रेजुएट कौम के काम में अपनी क़ीमत ज़रा भी कम नहीं कर सकते। हमारे आइडियल बी.ए. की डिग्री और उसके बाद सरकारी नौकरी में हैं। वह पूछते हैं कि यह आइडियल कोई भी बड़ा वलवला दिल में पैदा कर सकता है? क्या इस नज़रिए से कौम में किसी क़िस्म के जज़्बात पैदा हो सकते हैं? क्या इस जौक़ में फ़र्शे ख़ाक फूलों की सेज बन सकती है?

लेख की दूसरी किस्त 'मुस्लिम ग़ज़ट' के 4 मार्च, 1992 के अंक में प्रकाशित हुई।

1912 में मुस्लिम लीग की स्थापना का छठा साल था। शिबली पिछले पाँच वर्षों से उसकी गतिविधियों से परिचित और चिन्तित थे। पूत के पाँव पलने में ही दिखाई पड़ने लगे थे। बंग-भंग को निरस्त किया जा चुका था। इस पृष्ठभूमि में लेख

की यह दूसरी किस्त विचारणीय है। इसमें उन्होंने हिन्दुस्तान की भावी राजनीति और सार्वजनिक जीवन में मुसलमानों की भागीदारी की दशा-दिशा पर निर्भीकता से तर्क़संगत विचार किया है। शिबली हिन्दुस्तान के मुसलमानों की पस्तहौसलगी और बुज़दिली की वजह उनकी पॉलिटिक्स और पब्लिक लाइफ़ से उदासीनता को मानते हैं। आगे वह बताते हैं कि किस तरह अंग्रेज़ों ने हमारी पॉलिटिकल लुग़त में जायज़ आज़ादी का नाम बग़ावत रख दिया। इनका इशारा सर सैयद की ऐतिहासिक पुस्तक 'असबाबे बग़ावते हिन्द' की तरफ़ था। वह कर्मठ और विज्ञ पारसी-हिन्दू नेताओं और मुसलमान भद्रलोक के बीच अन्तर को स्पष्ट करते हुए बताते हैं कि हिन्दू और पारसी जब कांग्रेस और कौंसिल में जाते हैं तो पूरी तैयारी से लैस होकर जाते हैं। वहाँ निडर होकर सरकार की नुक़्ताचीनी करते हैं, सवाल पूछते हैं और उसके कामों से असहमति ज़ाहिर करते हैं। इसके बावजूद वे कौंसिल के मेम्बर बने रहते हैं। इसके बरअक्स मुसलमान मुस्लिम एजुकेशनल कॉन्फ्रेंस तक में जाने से घबराते हैं। कहते हैं कि सर सैयद से फ़तवा जारी करवा दीजिए। मुस्लिम लीग की मेम्बरी के लिए वह कलेक्टर साहब बहादुर की इजाज़त की शर्त रखते हैं।

हम जब इस इख़्तिलाफ़ हालत का सबब पूछते हैं तो हमारे लीडर यह नाजुक फ़रक़ हमको समझाते हैं कि हिन्दू मच्छर हैं, इसलिए गवर्नमेंट को उनकी परवाह नहीं है। लेकिन मुसलमान शेरे नयस्तां हैं। उनकी हमाहम से जंगल दहल जाता है। ख़ैर, यह फ़रेबकारी ख़त्म हो चली है। ग़फ़लत का दौर गुज़र चुका, कौम में एक नया एहसास पैदा हो चला है। अब सिर्फ़ यह मुतमईन करना रह गया है कि हमारी नई ज़िन्दगी का तरीकाये अमल क्या होगा?

शिबली ने कांग्रेस और मुस्लिम लीग की नीयत और नीति पर इस लेख में बड़ी गहराई से विचार किया है। इसके लिए उन्होंने सन् 1883-1910 के बीच हुए कांग्रेस और लीग के अधिवेशनों में पारित प्रस्तावों का सूक्ष्म विश्लेषण और विवेचन किया है। फलस्वरूप मिले तथ्यों के आधार पर उन्होंने अपनी दो टूक राय बनाई थी। उनका निष्कर्ष था कि अपने जन्मकाल से ही कांग्रेस ने हिन्दुस्तानियों के राजनीतिक अधिकारों और आन्तरिक स्वायत्तता के लिए अभियान शुरू कर दिया था। इसके बरअक्स लीग के उद्देश्य अत्यन्त सीमित थे। शिबली ने लीग की पॉलिटिक्स की मूल समझ को चुनौती दी। लीग उस समय मुट्ठीभर शिक्षित मुसलमानों और ज़मींदारों की पार्टी थी। मुस्लिम लीग के अनुसार पॉलिटिक्स में भाग लेने का मतलब था राजद्रोह, जिसका परिणाम मुसलमान भुगत चुके थे। शिबली इस लेख में शासन की पद्धतियों का विवेचन करते हुए बताते हैं कि हुकूमत का सबसे क़दीम तरीका रहा है राजतंत्र, जिसमें बादशाह का हुक्म ही क़ानून था। दूसरा है ख़ानदान शाही, जो एक कुल के शासन में विश्वास करता है। तीसरा है प्रजातंत्र, जिसमें प्रजा ख़ुद अपने द्वारा चुने गए नुमाइंदों के ज़रिए शासन करती है। इसमें प्रजा शासित और

शासक दोनों ख़ुद ही होती है। इसे वह सर्वश्रेष्ठ शासन प्रणाली मानते थे। कांग्रेस और लीग का अन्तर स्पष्ट करते हुए उन्होंने बताया था, लीग का उद्देश्य था उन अधिकारों में हिस्सेदारी का दावा पेश करना जो हिन्दुओं ने तीस साल के कठिन संघर्ष के बाद हासिल किए थे।

शिबली अंग्रेज़ गवर्नमेंट की शासन-पद्धति पर भी विचार करते हैं। वह बताते हैं कि ब्रिटेन में पार्लियामेंटरी डेमोक्रेसी (संसदीय प्रजातंत्र) है। उसमें रियाया का इन्तज़ामे हुकूमत में हर क़िस्म का दख़ल है। इज़हारे राय और नुक़्ताचीनी का पूरा हक़ है। रियाया ख़ुद क़ानून बनाती है और उस पर अमल करती है। वहाँ की अहम् सियासी पार्टियाँ—लिबरल और कन्जर्वेटिव दोनों इस क़ानून को मानती हैं। लेकिन हिन्दुस्तान आकर इस मसले का रुख़ बदल जाता है। यह वही नुक़्ता है जहाँ से हिन्दुस्तानियों की पॉलिटिक्स का रवत शुरू होता है। अब सवाल यह है कि क्या एक उम्दा वसूले हुकूमत, एक पुरफख्रे जम्हूरियत, एक बेनज़ीरे क़ानूने इन्साफ़ सिर्फ़ इस वजह से कालिब बदलकर अपनी तमाम खुसूसियतें खो देता है कि मुल्क और रंगत बदल गई है। शासन और प्रशासन के इतिहास के दीप्त नामों का ज़िक्र करते हुए वह कहते हैं कि क्या इस मुल्क ने अक़बर महान, टोडरमल, अबुल फ़ज़ल, अज्दुल मुल्क और सालार जंग पैदा नहीं किए? समकालीन हिन्दुस्तान के कुछ महत्त्वपूर्ण नामों—सैयद महमूद बदरुद्दीन तैयब जी, मौलवी अमीर अली, दादा भाई नौरोजी और गोपाल कृष्ण गोखले का ज़िक्र करते हुए वह कहते हैं कि क्या इन लोगों ने अपनी ज़िम्मेदारियों का निर्वाह योग्यतापूर्वक नहीं किया?

शिबली के पास एक वृहत्तर समावेशी राष्ट्रीय दृष्टि थी। मुस्लिम लीग की साम्प्रदायिक और विभाजनकारी नीतियों के वह निर्भीक और कटु आलोचक थे। उन्होंने गद्य में ही नहीं कविता में भी अपने विचार रखे। उनके व्यंग्य बाण इतने पैने और चुटीले होते थे कि सुनने वाले तिलमिला उठते थे। मुस्लिम लीग के उत्तर प्रदेश के एक प्रमुख नेता होते थे, राजा सर मोहम्मद अली मोहम्मद ख़ान (1877-1931)। उन्होंने शिबली की मुस्लिम लीग की आलोचना से विचलित होकर कहा था कि वे उन्हें बरबाद कर देंगे। शिबली ने तुर्की-बतुर्की इस धमकी का जवाब देते हुए कहा था कि वह एक विशाल वृक्ष नहीं थे जिसे तेज़ आँधी उखाड़कर धराशायी कर देती है बल्कि वह घास की तरह थे जिस पर से तेज़ से तेज़ आँधी बिना कोई हानि पहुँचाए गुज़र जाती है। मुस्लिम लीग की आलोचना में लिखी कविता की ये पंक्तियाँ दृष्टव्य हैं—

हरचंद लीग का नफ़्से वापसी है अब,
इस हस्तिये दोरोजा पे जिसको ग़ुरूर था।
वह दिन गए कि बुतकदे कहते थे हरम,
वह दिन गए कि ख़ाक दावाये नूर था।

अल्लामा मुस्लिम लीग की भर्त्सना करते नहीं थकते। वह कहते हैं कि पहले तो मुसलमान पॉलिटिक्स के नाम से बिदकते हैं और कहते हैं कि हमें अभी तालीम की ज़रूरत है। पॉलिटिक्स बाद में। ज़्यादा से ज़्यादा वो मुस्लिम लीग का नाम आगे कर देते हैं। पर शिबली लीग की हक़ीक़त को जानते थे। लीग अकसर स्वशासी संस्थाओं में मुसलमानों के लिए आरक्षण की माँग करती थी। वह उनसे पूछते हैं कि जहाँ उन्हें आरक्षण प्राप्त है वहाँ ही लीग ने कौन सा तीर मार लिया? केन्द्र और सूबों में वॉयसराय तथा गवर्नरों की काउन्सिलें बनी हुई हैं। उनमें मुसलमानों को पूरा प्रतिनिधित्व मिला हुआ है। उनके मुसलमान सदस्यों ने किस क़िस्म के सवालात किए कौन सी इसलाही तजवीज़ें पेश कीं? अगर बहस के दौरान कभी इन्होंने उसमें शिरकत भी की तो क्या वह बाज़ारी क़िस्म की थी या माहिरे फ़न की। इसके बरअक्स हिन्दू मेम्बर तमाम रिकार्डों का मुताअला करता है। आदाद वहम बाहम कौंसिल की बैठकों में जाता है और नतीजाखेज सवाल करता है, जो आम आदमियों के दायरे में मालूमात से बालातर होता है। इसके मुकाबले हमारा पॉलिटिकिल कायम मुकाम कौंसिल में निहायत ज़ोर-शोर से इल्ज़ाम देने के लहजे में सवाल करता है कि गवर्नमेंट को क्या मालूम है कि फलाँ मुख्तारखाने में वकीलों के बैठने के लिए कुर्सियों और मोढ़ों का इन्तज़ाम है कि नहीं।

शिबली ने एकाधिक बार भावुकता भरे अन्दाज़ में कहा है कि पॉलिटिक्स दुनिया का सबसे बड़ा जज़्बा है। वह मज़हब के बराबर ताक़त रखता है। वह इनसान के तमाम जज़्बात को ज़िन्दा रखता है। इसमें तमाम कुव्वतें मुशतअल हो जाती थीं। यह इनसान में हर तरह के ईसार और ख़ुद फ़रामोशी पैदा करता है। क्या हमारी पॉलिटिक्स ने ये औसाफ़ एक शख़्स में भी पैदा किए हैं? क्या पॉलिटिक्स के दायरे में आने वाला एक ज़र्रा भी इस बात को महसूस करता है कि वह किस क़िस्म के नुकसान के लिए तैयार है? क्या हमारे पॉलिटिक्स के तमाशबीन में एक शख़्स भी ऐसा तैयार हुआ जो सर्वेंट ऑफ़ इंडिया सोसाइटी की तरह अपनी तमाम ज़िन्दगी बावजूद ग्रेजुएट होने के तीस रुपए माहवार पर नज़र कर दे?...दरख़्त फल से जाना जाता है। अगर हमारी पॉलिटिक्स दरअसल (सही) पॉलिटिक्स होती तो जद्दोजेहद और ईसार व ख़ुद फ़रामोशी के जज़्बात ख़ुद-ब-ख़ुद पैदा हो जाते। आगे इस आलेख में शिबली उदाहरण देकर बताते हैं कि इमताद और दराज़ी ज़माने का कोई दख़ल नहीं है। तरीकये अमल अगर ठीक हो तो पहले दिन से नतायज के आसार नज़र आने लगते हैं। तालीम में आज जहाँ हम हैं, साठ सत्तर बरस पहले हिन्दू भी वहीं थे। लेकिन हिन्दुओं ने उस ज़माने में राजा राममोहन राय और केशव चन्द्र सेन पैदा कर दिए और आज हम सौ बरस बाद भी इस क़िस्म की मिसालों की तवक़्क़ो नहीं कर सकते। बम्बई के मुसलमानों में कुछ ख़ास तालीम नहीं, ताहम वहाँ बदरुद्दीन तैयब जी पैदा होता है जो कांग्रेस का प्रेसिडेंट हो सकता है।

मुसलमानों की अंग्रेज़परस्ती और उनकी रईसी, दौलत और ख़िताब की बिना पर उनकी मुस्लिम लीग के सदर पद पर नियुक्ति बिना अन्य योग्यता के जैसे महत्त्वपूर्ण तथ्यों को रेखांकित करते हुए उन्होंने पूछा कि "क्या कांग्रेस के सदर के पद पर नियुक्ति के लिए ये मुमकिन है?"

आगे उनका कहना था कि "मुस्लिम लीग के सदर के पद के लिए ऐसे नाम की तलाश की जाती है जिसने पॉलिटिक्स का नाम तक तमाम उम्र नहीं सुना हो।" वह मुस्लिम लीग के ऐसे सदरों को जानते थे जिन्हें अंग्रेज़ी, फ़ारसी, अरबी और उर्दू किसी भी ज़बान का ज्ञान नहीं था। और एन इज़लास के वक़्त जब कोई इनकी तरफ़ से लिखित प्रेसिडेंटल स्पीच पढ़ रहा होता तो वह बेचारा हैरान होता था कि वह कौन बोली बोल रहा था।

उनका यह कहना भी था कि मुस्लिम लीग की शाखाओं का भी वही हाल है। जब इलाकाई शाखें कायम की जाती हैं तो किसी दौलतमन्द के सिर पर ये पगड़ी रख दी जाती है। नतीजा यह होता है कि पॉलिटिक्स का एक निहायत बुरा नमूना बाज़ीचा-ए-इत्फाल तैयार होता है।

शिबली की सोच का दायरा बहुत व्यापक था। उसमें राजनीति के अलावा किसानों की समस्याओं के सरोकार भी शामिल थे। वह चाहते थे कि किसानों की समस्याओं को मुस्लिम लीग अपने उद्देश्यों में सम्मिलित करे। बंगाल की तरह उन्होंने खेती की ज़मीन के इस्तमरारी बन्दोबस्त की तजवीज़ पेश की। उन्होंने हर तीस साल पर होने वाले बन्दोबस्त की ख़ामियाँ गिनाईं, जिससे किसान दहल जाता है। इस्तमरारी बन्दोबस्त को हिन्दुस्तान के किसानों के लिए रहमत क़रार देते हुए उन्होंने उसकी वकालत की कि अगर ऐसा हो पाया तो यह लीग की माँग के अनुसार चन्द मुसलमानों को मौजूदा तादाद से ज़्यादा नौकरियाँ मिलने से कहीं बेहतर होगा। इन्तज़ामी कामों में गोखले की इस तजवीज़ का शिबली ने समर्थन किया कि ज़िले के कलेक्टर के मातहत एक छह मेम्बरों की कौन्सिल क़ायम हो। इसके मशविरे से ज़िले का इन्तज़ाम अमल में लाया जाए। ज़ाहिर है अपनी तकलीफ़ का एहसास जितना हमें हो सकता है उतना दूसरों को नहीं हो सकता। बदक़िस्मती से ये बिल पास नहीं हो सका। उन्हें लगा कि मुस्लिम लीग को इसे अपने कार्यक्रम में शामिल कर लेना चाहिए और मॉडरेट हिन्दुओं के साथ उसकी मंजूरी के लिए संघर्ष करना चाहिए। अल्लामा ने मौलवी अमीर अली की इस तजवीज़ का स्वागत किया कि हिन्दुओं-मुसलमानों के जो मुश्तरका मसले हैं उनके हल के लिए एक मुश्तरका स्टेज कायम हो। वॉयसराय के सामने समस्याओं के हल के लिए जाने वाले प्रतिनिधिमंडल में हिन्दू और मुसलमान बराबर की तादाद में शामिल हों।

शिबली की यह चिन्ता अन्त तक बनी रही कि मुस्लिम लीग को बड़े ज़मींदारों और इलाकेदारों के चंगुल से कैसे मुक्त कराया जाए, जिससे उसके सदाशय सदस्य

आज़ादी और सच्चाई से अपने विचारों को अभिव्यक्त कर सकें। इसके लिए उनका सुझाव था कि कुछ लोग ऐसे तैयार किए जाएँ जो मुसलमानों में पॉलिटिक्स की सही समझ पैदा कर सकें। इसके लिए आसान-ज़ुबान में पैम्फलेट भी तैयार कर बाँटे जाएँ। पर इसके बरअक्स उन्होंने इस पर अफ़सोस ज़ाहिर किया कि आज क़ौम का लीडर बनने का यह एक आसान नुस्ख़ा है कि फ़रीक़ाना जज़्बात को उत्तेजित कर दिया जाए।

हिन्दुओं की सहनशीलता की प्रशंसा करते हुए उन्होंने कहा कि हिन्दुओं ने कभी किसी देश, धर्म और संस्कृति पर हमला नहीं किया। ज़ाहिर है कि हिन्दू कभी ईरान और अरब पर चढ़कर नहीं गए। इसके बजाय उनके मुल्क पर हमने हमला किया। हमने उनके क़ाबा की तरह माने गए सोमनाथ के भव्य मन्दिर को बरबाद कर दिया। हमने बनारस और मथुरा के शिवाले वीरान कर दिए। हिन्दुओं की ख़ानदानी रिवायतें इन जख़्मों को हमेशा हरा रखती हैं। लेकिन जब बादशाह अकबर ने एक दफ़ा मुहब्बत की निगाह उठाकर इनकी ओर देख लिया तो जख़्म ख़ुर्दा दिल मोहब्बत के चोर थे। बहादुर राजपूतों और मुजाहिरों ने न सिर्फ़ जान-माल बल्कि अपने नंग व नामोस तक हवाला कर दिया यानी बेटियाँ तक दे दीं।

यह अकबर का ज़बर और राजपूतों का ख़ुशामदाना काम न था। ज़बर और ख़ुशामद दिल की रगों में घर कर सकते थे। जहाँगीर का बेटा जब बाग़ी हुआ तो इसकी माँ ने, जो जयपुर की रानी थी, खुसरो को बहुत समझाया। लेकिन जब वह ख़लफ़ न माना, तो यह ग़ैरतमन्द राजपूतानी यह न देख सकी कि उसकी कोख उसके अपने ही लड़के की बग़ावत से दागदार हो। उसने अफ़ीम खा ली और मर गई। जहाँगीर पर इस वफ़ादारी का जो असर हुआ ख़ुद उसके अल्फ़ाज में सुनना चाहिए—''इसके मरने से मुझ पर ऐसे दिन गुज़रे कि ज़िन्दगी से मुझे कोई हज़ नहीं मिलता था। चार दिन रात जिसमें बत्तीस पहर होते हैं, खाने-पीने की कोई चीज़ मैं इस्तेमाल नहीं कर सका।''

ये सच्चे जज़्बात, ये हैरतअंगेज़ मुहब्बत, ये जिगरगुदाज़ असर, ख़ुशामद से नहीं पैदा होते।

अकबर के दरबार के सुतूने आज़म बैरम ख़ाँ, खाने आज़म कोकताश और बहादुर ख़ाँ सूबेदार थे। इनमें किसी का दामन बग़ावत के दाग़ से पाक है? लेकिन ये बदनामी किसी हिन्दू राजा ने नहीं उठाई। मानसिंह को किब्ले आज़म यानी महाराणा उदयपुर के मुक़ाबले पर भेजा था। महाराणा का प्रताप यह था कि जब तक वह अपने पाँव के अंगूठे से राजाओं की पेशानी पर तिलक नहीं लगाता था तब तक उन्हें राजा नहीं माना जाता था। अकबर के कहने पर मानसिंह उसके ख़िलाफ़ बेउज़्र जंग में गया और महाराणा पर फ़तह हासिल की।

अकबर से लेकर आलमगीर तक किसी दरबारी हिन्दू ने अपने बादशाह के

ख़िलाफ़ कभी बग़ावत नहीं की। हाँ, आलमीगर के ख़िलाफ़ हिन्दू बेशुबहा तलवार लेकर आगे बढ़े। पर इसलिए नहीं कि वह मुसलमान था, बल्कि इसलिए कि वह शाहजहाँ की मर्ज़ी के ख़िलाफ़ दारा शिकोह का बाग़ी था। इस वक़्त आलमगीर और दारा शिकोह दोनों हरीफ़ मुक़ाबिल थे। हिन्दुओं ने आलमगीर के मुकाबले दारा शिकोह का साथ दिया, क्योंकि वह शाहजहाँ का वली अहद था। ऐन मारिका आरा कार ज़ार में जब राजा रूप सिंह (महाराजा उदयपुर का नवासा) फौजियों को चीरता हुआ आलमगीर के करीब पहुँच गया तो ललकार कर बोला, "अरे तू, दारा का मुक़ाबला करने चला है?" इस फ़िक़रे का लहज़ा बताता है कि वह हिन्दूपन के जोश में नहीं बल्कि दारा की मुहब्बत से निकला था।

शाहजहाँ के बाद वाज़ एतराफ़ में हिन्दुओं ने बग़ावत की लेकिन यह एक ग़लतफ़हमी पर बनी थी। कोई राजा या महाराजा इसमें शरीक नहीं था और वह बहुत जल्द काफ़ूर हो गई। आलमगीर दक्कन चला गया था और पच्चीस बरस तक पाया-ए-तख़्त ख़ाली रहा। इस से बढ़कर राजपूत राजाओं के लिए उम्दा मौक़ा न मिलता। वे दिल्ली पर हमलावर होकर कम से कम राजपूताना में अमले बग़ावत बुलन्द करते। लेकिन जयपुर और जोधपुर में जो राजपूतों की ताक़त के मरक़ज थे उनकी नकसीर तक नहीं फूटी। शिवाजी ने अलबत्ता बग़ावत की। सिख भी बाग़ी हुए। लेकिन ये नौख़ेज मुल्की दावेदार थे। इनका बग़ावत से ताल्लुक नहीं था। बल्कि खुदसरी और नई सल्तनत की उभरने वाली क़ुव्वत थी। दुनिया के जिन लोगों ने अपने दस्तो-बाजू से सल्तनतें क़ायम की हैं, कौन उनको बाग़ी कह सकता है? वरना तैमूर और सिकन्दर से बढ़ कर बाग़ी कौन हो सकता है।

अल्लामा के पास एक गहरी समावेशी इतिहास दृष्टि थी। वह अनेक क्षेत्रों से ऐसे उदाहरण चुन-चुन कर लाकर रखते हैं जिनसे हिन्दू-मुस्लिम एकता की नींव शक्तिशाली बने। वह बताते हैं कि एक बार उन्हें पटियाला की ईदगाह में ईद की नमाज़ पढ़ने का मौक़ा मिला। ईदगाह की इमारत के बहुत अच्छे रख-रखाव को देख कर उन्होंने पूछा कि क्या इसके लिए महाराजा से माक़ूल इमदाद मिलती थी? उन्हें बताया गया कि न सिर्फ़ ईदगाह के लिए बल्कि रियासत में बनने वाली हर नई मस्जिद की तामीर के वक़्त राज्य के ख़ज़ाने से कम से कम छ: सौ रुपए दिए जाते हैं। ध्यान देने लायक़ महाराज सिख हैं जो मुसलमानों का सबसे हरीफ़ फिरका समझा जाता है।

उन्नीसवीं सदी के उत्तरार्द्ध में सरकारी काम-काज की भाषा के रूप में उर्दू के साथ हिन्दी को भी मान्यता देने की माँग शुरू हो गई थी। इसके फलस्वरूप मुसलमानों का एक बड़ा वर्ग यह कहने लगा था कि हिन्दू उनकी क़ौमी जुबान मिटाने पर आमादा थे। अल्लामा भाषा को धर्म से जोड़ने की पक्षधर नहीं थे। वह जानते थे कि कोई भाषा किसी की बपौती नहीं होती। उर्दू जितनी मुसलमानों की

है उतनी ही हिन्दुओं की भी। वह पूछते हैं कि आखिर हिन्दू उर्दू को क्योंकर मिटाना चाहेंगे? क्या हिन्दू उर्दू को उसमें उम्दा से उम्दातर मैगज़ीन और रिसाले, मसलन 'अदीब' और 'ज़माना' निकाल कर उसे मिटा रहे हैं? क्या उर्दू मुसन्नफीन की क़दर अफ़जाई करके बहुत से इंशा परवाज़ों में मुसलमान इंशा परवाज़ हिन्दुओं के दोश वदोश चल रहे हैं? 'ज़माना' के अवराक उलटते हुए बारहा मैंने हिन्दू मज़मून निगारों को रश्क की निगाहों से देखा है। क्या इस तरीके़ से कि पॉलिटिकल मालूमात के लिहाज से उर्दू का बेहतरीन परचा 'हिन्दुस्तानी' है जिसे एक हिन्दू एडिट करता है?

इसके मुक़ाबिले में मुसलमानों ने उर्दूपरस्ती का क्या सबूत दिया है? मुमालिक मुत्तहदा में उनका कौन सा इल्मी परचा है? इनकी अंजुमने उर्दू किस मर्ज़ की दवा है? उर्दू मुसन्नफीन की किस तरह क़दर अफ़जाई की जा रही है?

(दरअसल) हिन्दुओं का सबसे बड़ा जुर्म नेशनल कांग्रेस कायम करना था, जिसमें दोनों गिरोहों की हद फ़ासिल कायम कर दी है। लेकिन सवाल यह है कि अगर मुसलमान अपाहिज बन बैठे रहे और अगर वे भी ख़ौफ़ खाते रहे, अगर उनको वॉयसराय की काउंसिल में बैठने की बजाय लौंडों के साथ मक़तब में बैठना ज़्यादा पसन्द था, अगर इसमें किसी क़िस्म का अज़्म, हौसला, हुकूमत तलबी न थी तो क्या हिन्दुओं का यह फ़रज़ था कि वे भी अपाहिज और बेदस्तोपा बन जाते? इन तमाम ख़यालात से अगरचे फ़रजी रहबरों का गिरोह मुख़ालिफ़ है, लेकिन मुख़ालिफ़ का अब नफ़्से वापसी है। क़ौम तीस बरस तक अहमक बन चुकी है, अब इसके हाल पर रहम खाना चाहिए और क़ौम को समझने देना चाहिए कि यह पॉलिटिक्स का स्वाँग दरअसल पॉलिटिक्स नहीं है।

लेख के पाँचवें भाग में अल्लामा ने अपने लेखों के मुसलमान बुद्धिजीवियों और मुस्लिम लीग के समर्थकों पर पड़े प्रभाव का ज़िक्र किया है। उन्होंने प्रसन्नता व्यक्त की है कि उनके विचारों से अक्सर बुजुर्गों ने सहमति प्रकट की है। क़ौम के बाज़ निहायत मुमताज़ लीडरों ने यक़ीन दिलाया है कि लीग के आने वाले सालाना इज़लास में उसका निज़ाम क़रीबन बदल दिया जाएगा और लीग इसी क़ालिब में जाएगी। अल्लामा ने जोड़ा कि अगर ये सही है तो हमको लीग की मुख़ालफ़त की कोई वजा नहीं होगी और हम सबसे पहले इसके आगे गर्दन झुका देंगे।

शिबली के मुताबिक यह बिलकुल सच है कि उनके मज़मून का बज़ाहिर मीज़ाने अदल एक पल्ला बिलकुल झुका दिया है। हमने हिन्दुओं की वफ़ादारी और नेकनीयत की क़दरदानी की लेकिन पढ़ने वालों पर साथ ही यह असर पड़ता है कि मुसलमान क़ाबिले इल्ज़ाम थे। मुसलमानों की बुतशिकनी का हमने ऐसे अल्फ़ाज़ों में ज़िक्र किया जिससे ज़ाहिर होता है कि हम मुसलमानों को मुज़रिम समझते हैं। मज़मून से मज़मुई तौर पर यह असर पड़ता है कि हिन्दुओं ने मुसलमानों के साथ

जो वफ़ादारी की यह उनका एहसान था, लेकिन मुसलमानों की फ़ैयाज़ी की क़ीमत चुका कर। लेकिन वाक़िया ये है कि दोनों ख़याल हैं। इस ग़लती की असल वजह एक और ग़लती थी। यानी हमने यह फ़रज़ कर लिया कि 'मुस्लिम गज़ट' के तमाम नाज़िरीन हमारे इन मज़ामीन को पढ़ चुके हैं जो आलमगीर और जहाँगीर और मुसलमानों की बेतअस्सुबी के मुतल्लिक शाया हो चुके हैं।

अल्लामा जोड़ते हैं कि मुसलमानों ने जिस क़दर बुतशिकनिया की वह मज़हबी तअरसुब से न थी, बल्कि इसकी वजह यह थी कि उस ज़माने में मज़हब और पॉलिटिक्स मख़लूत थे। यानी हरीफ़ की मुल्की ताक़त का मिटाना बग़ैर इसके मुमकिन नहीं हो सकता था कि इसकी मज़हबी ताक़त को मग़लूब कर दिया जाए। आज ऐसे रोशन ज़माने में भी अंग्रेज़ वॉयसराय को महंदी सौदाना की क़ब्र इसी गरज से उखाड़ कर बरबाद कर देनी पड़ी। हिन्दुओं ने इसी ज़रूरत से अपने ज़माना-ए-अख़्तियार में सैकड़ों मस्ज़िदें बरबाद कीं। इसी बिना पर मुसलमानों ने हमले के वक़्त बुतख़ाने गिराये। लेकिन अमनो-अमान और तसल्लुत के बाद कोई बुतख़ाना नहीं गिराया गया। जो बुतख़ाने गिराए गए उनके पॉलिटिकल असबाब थे। शिबली ने अपने लेख की सीमा बताते हुए पाठकों को सुझाव दिया कि वह तफ़सील के लिए कम से कम मज़ामीन आलमगीर मतबूआ कानपुर को एक दफ़ा मुलाहिज़ा फ़रमा लें। हिन्दुओं ने जो कुछ मुसलमानों के साथ किया, वह उनका एहसान न था, बल्कि हमारे एहसानात और फ़ैयाजियों की क़ीमत थी। और यह कहना मुश्किल है कि यह क़ीमत असल माल के बराबर थी या नहीं?

अल्लामा आगे हिन्दुओं की वफ़ादारी का संक्षिप्त इतिहास बताते हुए कहते हैं कि इसकी शुरुआत बादशाह अकबर से होती है। इसलिए इसे तफ़्सील से सुनना चाहिए कि इस वाक़िये की शुरुआत क्योंकर हुई और किस तरह से इसने दुनिया में वुसअत हासिल की।

अल्लामा बताते हैं कि हुमायूँ के ज़माने में अम्बेर, जयपुर से चन्द मील पर वाक़े एक छोटी सी रियासत थी। यहाँ का राजा पृथ्वीराज कछवाहा था। हुमायूँ के मर जाने के बाद जा बजा जो बग़ावत बरपा हो गई इनमें हाजी चाँद ख़ाँ ने, जो शेर ख़ाँ का ग़ुलाम था, नरनौल का मुहासरा किया। इस मुहासरे में पृथ्वीराज का बेटा भारमल शरीक था। नरनौल पर मजनूँ ख़ाँ काबिज़ था जो हमायुँनी उमरा में एक था। राजा भारमल ने मजनूँ ख़ाँ से दोस्ताना नामा और पैग़ाम करके नरनौल को ले लिया और मजनूँ ख़ाँ को इज़्ज़त व आबरू के साथ रुख़सत कर दिया। जब अकबर ने कारोबार सम्भाला तो मजनूँ ख़ाँ ने राजा भारमल के औसाफ़ अकबर से बयान किए। अकबर लियाकत और क़ाबिलियत का आम कद्रदां था। फौरन तलबी का फ़रमान गया और तख़्तनशीनी के पहले ही साल राजा मज़कूर ने मुलाज़िमत शाही हासिल कर ली। एक मौके पर जब अकबर मस्त हाथी पर सवार होकर निकला तो हाथी जिस ओर

रुख़ करता था लोग हट जाते थे। इत्तफ़ाक से हाथी राजा भारमल की तरफ़ झुका। राजा मय अपने राजपूतों के अपनी जगह जमा रहा। अकबर दिलेराना अदाओं का शैदा था। बे-इख़्तियार राजा की तरफ़ देखकर बोला, ''तुझको निहाल कर दूँगा।''

सन् 1596 के एक जुलूस में राजा के भतीजे राजा शुजा ने शिरक़त की थी, इसलिए अजमेर के सूबेदार ने इसको शिकस्त देकर चाहा कि अम्बेर पर कब्ज़ा कर ले। राजा भारमल ने पहाड़ों में जाकर पनाह ली। इसी साल अकबर अजमेर की ज़ियारत को गया और जब उसको यह हाल मालूम हुआ तो राजा भारमल को बुला भेजा। राजा ने सांगनेर में आकर बरयाबी हासिल की और पहले ही दरबार में अकबर ने उनको इनामात और क़द्रदानियों से इस कदर ज़ेरवार कर दिया कि राजा ने ख़ुद कराबत की दरख़्वास्त की। अकबर ने मंजूर किया। साम्भर में शादी की रस्में हुईं और राजा की लड़की हरमशाही में दाख़िल हुई। राजपूतों और तैमूर ख़ून की अमीज़श का यह पहला दिन था। राजा भारमल के बाद उसका बेटा भगवन्त दास उसका जाँनशीन हुआ। अकबर ने इसकी बेटी से शाहज़ादा सलीम (जहाँगीर) का उक़्द किया।

अकबर ने दुल्हन की जो इज़्ज़त अफ़ज़ाई की दुनिया की तवारीख़ इसकी कोई मिसाल पेश नहीं कर सकती। हम अपने नाज़रीन को इजाज़त देते हैं कि वह अपनी निगाह को वुसअत दें और देखें कि तायर वहम भी इस हद तक पहुँच सकते हैं? क्या दुल्हन पर ज़र व जवाहर निसार किए गए? क्या तमाम रास्ते में मख़मल के कम ख्वाम के पा अन्दाज़ डाले गए? क्या दो करोड़ का मेहर बँधा? हाँ ये सब हुआ, लेकिन यह कोई चीज़ न थी। अकबर उस समय दुनिया का सबसे बड़ा बादशाह था और शाहज़ादा जो आगे चलकर जहाँगीर हुआ, शाहज़ादगी में भी वह शहंशाहों के बराबर था। दोनों दुल्हन के महाफा को कहार बनकर अपने कंधे पर लाए। क्या हिन्दुओं में किसी राजा-महाराजा ने अपनी बहू को यह इज़्ज़त दी है? क्या ख़ुद अकबर ने शहज़ादियाने तैमूर के लिए यह नंग गवारा किया?

अकबर व जहाँगीर व शाहजहाँ वग़ैरह के एहसानात सिर्फ़ सोशल एहसानात न थे। पॉलिटिकल एहसानात इससे ज़्यादा थे। सच तो यह है कि किसी क़ौम ने अपनी मफ़्तूह क़ौम में यह इज़्ज़त, यह हुकूक, यह दर्ज़ा कभी नहीं दिया। आज कलक्टरी कमिश्नरी के ओहदे के लिए मुँतहाये ख़याल है, लेकिन तैमूरियों ने वज़ारत-ए-आज़म और सिपहसालार तक के ओहदे हिन्दुओं को दिए।

ऐतिहासिक, धार्मिक और सामाजिक लेखन को पहली बार शिबली द्वारा ही पठनीय साहित्यिक भाषा मिली। उनके पहले इन विषयों पर जो थोड़ा-बहुत लेखन था उसकी भाषा काफ़ी हद तक नीरस, अपठनीय और उबाऊ होती थी। शिबली ने उर्दू में बौद्धिक विमर्श की भाषा की दशा और दिशा निर्धारित की। उनके द्वारा लीग की आलोचना का उसकी नीतियों पर दूरगामी प्रभाव पड़ा। उनकी आलोचना के

फलस्वरूप ही मुस्लिम लीग देश की राजनीतिक मुख्य धारा की ओर उन्मुख हुई। वह सर्वप्रथम मुस्लिम बुद्धिजीवी थे जिसने मुस्लिम लीग की प्रारम्भिक अलगाववादी नीतियों का विरोध किया। वह आजीवन हिन्दू-मुस्लिम एकता और पारस्परिक सद्भाव के प्रबल समर्थक बने रहे। वह एक ओर मुसलमानों में राजनीतिक चेतना जाग्रत करने में सफल रहे और दूसरी ओर उन्होंने मुसलमानों की बेहतर सेवा के लिए मुस्लिम लीग को प्रवृत्त किया।

शिबली का स्वभाव शुरू से ही साहसी, निडर, प्रजातांत्रिक और उपनिवेश-विरोधी रहा। यही विचार और मूल्य उन्होंने अपने लेखन द्वारा मुसलमानों के मन में बैठाने की लगातार कोशिशें कीं। सामान्य मुस्लिम जनता के अलावा उनके लेखन ने अनेक मुसलमान बुद्धिजीवियों और विद्वानों को भी गहराई से प्रभावित किया। भारत के स्वतंत्रता संग्राम में अग्रणी भूमिका निभाने वाले मौलाना शौक़त अली और मौलाना जफ़र ख़ाँ को शिबली के लेखन और भाषण से गहरी प्रेरणा मिली। दरअसल अपनी राष्ट्रवादी और साम्प्रदायिकता विरोधी सोच की मशाल उन्होंने अपने युवतर बौद्धिक उत्तराधिकारियों—मौलाना मुहम्मद अली, मौलाना शौक़त अली, मौलाना जफ़र अली ख़ाँ और मौलाना अबुल कलाम आज़ाद जैसे तरुणों के सुयोग्य हाथों में पकड़ा दी, जिन्होंने देश की आज़ादी की लड़ाई में महत्त्वपूर्ण सक्रिय भूमिका का निर्वाह किया।

शिबली का देहान्त नवम्बर सन् 1914 में हो गया था। गांधी जी स्थायी रूप से भारत में रहने के लिए जनवरी सन् 1915 में आए थे। शिबली के लेखन में गोपाल कृष्ण गोखले का सम्मानपूर्ण ज़िक्र तो सर्वाधिक बार मिलता है पर उनके गांधी जी से परिचय के संकेत कहीं नहीं मिलते। पर शिबली जैसा प्रबुद्ध बुद्धिजीवी गांधी जी के दक्षिण अफ्रीका के कारनामों से सर्वथा अपरिचित रहा हो यह सम्भव प्रतीत नहीं होता। यदि नियति ने शिबली को जीवन के कुछ और वर्ष दिए होते तो वह गांधी जी के विचारों और जीवन से अपने अधिक निकटतर किसी को भी न पाते। अपने आदर्शों और मूल्यों को गांधी के जीवन में चरितार्थ होते देख कर उन्हें परम सन्तोष होता।

शिबली पर इस आलेख के उपसंहार के लिए उनके सुयोग्य शिष्य मौलाना सैयद सुलेमान नदवी की उन पर लिखी फ़ारसी कविता के निम्नलिखित उद्धरण से अधिक समीचीन और कुछ प्रतीत नहीं होता—

शिबली ज़िखी ले ज़मज़मा संजा हशम गिरफ़्त,
वा ई कि है च मो न जिखी लो हशम न दाश्त।

(दुनिया के तमाशगाह में जौहर उन्होंने दिखाए, यक़ीन है कि दुनिया एक ज़माने तक उसकी मिसाल पेश नहीं कर सकेगी।)

आज़ादी की बुनियाद
मौलाना आज़ाद

(1888—1958)

मौलाना अबुल कलाम आज़ाद महान धर्मवेत्ता, विद्वान, चिन्तक, पत्रकार, राष्ट्रवादी राजनेता और भारतीय स्वतंत्रता संग्राम के अग्रणी सेनानी थे। दरअसल वह एक ऐसे विराट सेतु थे जो उन्नीसवीं सदी के मुस्लिम नवजागरण की चेतना को बीसवीं सदी के राजनीतिक-सामाजिक आन्दोलन के उदात्त मूल्यों से जोड़ता है। उनका पूरा नाम अबुल कलाम ग़ुलाम मोहयुद्दीन था। उनके पिता मौलाना मुहम्मद ख़ैरुद्दीन इस्लाम धर्म के बहुत बड़े मर्मज्ञ और एक दर्जन धार्मिक पुस्तकों के लेखक थे। एक धर्मगुरु के रूप में उनका बहुत सम्मान था। उनके अनुयायियों की लम्बी परम्परा थी। उनके पूर्वज एक लम्बे समय से बंगाल में रह रहे थे। सन् 1857 के उथल-पुथल के दौरान वह मक्का चले गए थे। वहीं 11 नवम्बर, सन् 1888 को आज़ाद का जन्म हुआ था। उनकी माँ अरब थीं। वह मदीना के उच्च कोटि के विद्वान शेख़ मुहम्मद की बेटी थीं। मौलाना ख़ैरुद्दीन के ज्ञान और विद्वत्ता की ख्याति अरब के बाहर तक फैली हुई थी। मौलाना आज़ाद के पिता अपने परिवार के साथ सन् 1890 में कलकत्ता लौट आए थे। यहीं पर पिता की देख-रेख में उनकी शिक्षा-दीक्षा शुरू हुई। इस्लामी धर्मशास्त्र के साथ उन्हें अरबी, फ़ारसी, उर्दू, बांग्ला, अंग्रेज़ी और हिन्दी की शिक्षा दी गई। इन भाषाओं के अलावा घर पर सुयोग्य अध्यापकों द्वारा उन्हें शरीयत, इस्लामी धर्म, दर्शन तथा क़ानून की विविध शाखाओं, गणित, दर्शनशास्त्र विश्व के इतिहास, विज्ञान और समाजशास्त्र का भी प्रशिक्षण दिया गया। बारह साल की उम्र में उन्होंने एक पुस्तकालय, वाचनालय और वाद-विवाद प्रतियोगिता के लिए एक मंच स्थापित कर दिया था। यही नहीं वह इतनी कम उम्र में प्रख्यात मध्यकालीन मुस्लिम दार्शनिक अलग़जाली की विस्तृत जीवनी लिखने की योजना बना रहे थे।

चौदह साल की उम्र में वह उस समय की प्रतिष्ठित उर्दू पत्रिका 'मख्ज़न' में विद्वत्तापूर्ण लेख लिखने लगे थे। इसी आयु में वह विद्यार्थियों को पढ़ाने भी लगे थे। उनमें से कई उनसे दोगुनी आयु के थे। उन्होंने चौदह से सोलह साल की आयु के बीच कई पत्रिकाओं का सम्पादन किया जिनमें 'नैरंगे आलम', 'अल मिस्बाह' और 'लिस्सानुस-सिद्क' प्रमुख हैं। तेरह साल की आयु में उनका विवाह ज़ुलेख़ा बेगम

नाम की कन्या से कर दिया गया। आज़ाद की शिक्षा-दीक्षा उन्हें एक धार्मिक पुरुष के रूप में विकसित करने की दृष्टि से की गई थी। पर समय की माँग उन्हें राजनीति और पत्रकारिता की ओर ले गई। अपनी राजनीतिक विचारधारा की दृष्टि से वह अपने समय के मुसलमानों में काफ़ी रैडिकल थे। वह अपने समय के प्रबल राष्ट्रवादी नेता माने जाते थे। वह पहले मुसलमान तरुण थे जो श्री अरविन्द और श्याम सुन्दर चक्रवर्ती द्वारा कलकत्ता में स्थापित क्रान्तिकारी संगठन अनुशीलन पार्टी के सम्पर्क में आए। अनुशीलन पार्टी के संगठनकर्ताओं ने पहले उन्हें शंका की दृष्टि से देखा। पर बातचीत के दौरान वह उनसे गहरे प्रभावित हुए और प्रसन्नतापूर्वक उन्हें संगठन की सदस्यता प्रदान कर दी। आज़ाद ने संगठन की शाखाएँ बंगाल, बिहार और बाम्बे में स्थापित कर क्रान्तिकारी कार्यों को तीव्र गति दी। सन् 1908 के अन्त में उन्होंने मिस्र, तुर्की और इराक़ की यात्राएँ कीं। इस यात्रा के दौरान वह इराक़ के क्रान्तिकारियों, तुर्की के युवा नेता मुस्तफ़ा कमाल पाशा तथा अन्य तरुण तुर्क परिवर्तनकर्मियों के सम्पर्क में आए। स्वयं आज़ाद के शब्दों में—

"अरब और तुर्क क्रान्तिकारियों से सम्पर्क का परिणाम यह निकला कि मेरे राजनीतिक विचार और दृढ़ हो गए। इन क्रान्तिकारियों को हिन्दुस्तान के मुसलमानों की यहाँ की राष्ट्रीय समस्याओं के प्रति उदासीनता पर आश्चर्य होता था। उन्हें यह और आश्चर्यजनक लगता था कि वे (हिन्दुस्तानी मुसलमान) उलटे आज़ादी के प्रयासों का विरोध करते हैं। उन क्रान्तिकारियों की स्पष्ट सलाह थी कि हिन्दुस्तानी मुसलमानों को आज़ादी की जंग में हिरावल दस्ते की तरह काम करना चाहिए न कि अंग्रेज़ों का मातहत बनकर रह जाना चाहिए।"

इस यात्रा से लौटने के बाद वे हिन्दुस्तान की आज़ादी की लड़ाई के लिए तन-मन-धन से समर्पित हो गए। हिन्दुस्तान के मुसलमानों में अपने विचारों के प्रचार-प्रसार और उन्हें आज़ादी की लड़ाई से जोड़ने के लिए आज़ाद ने जुलाई 1912 में एक तेजस्वी पत्रिका 'अल हिलाल' का प्रकाशन कलकत्ता से शुरू किया। इस पत्रिका की विषयवस्तु के साथ इसकी ओजस्वी भाषा तथा इसके अभिव्यक्ति कौशल ने इसे रातोरात इतना लोकप्रिय बना दिया था कि थोड़े ही समय में इसके सम्पादक की ख्याति पूरे उर्दू जगत में फैल गई। आज़ाद ने इस पत्रिका के माध्यम से पत्रकारिता और रचनात्मक साहित्य के बीच की दूरी समाप्त कर दी। आज़ादी की लड़ाई से सम्बन्धित विषयों के अलावा 'अल हिलाल' में साहित्यिक विषयों पर भी उच्च कोटि की सामग्री होती थी। थोड़े से समय में इसकी प्रसार संख्या 26 हज़ार पार कर गई। इसकी लोकप्रियता से अंग्रेज़ सरकार के कान खड़े हो गए। फलस्वरूप पत्रिका के 2 हज़ार रुपए और 10 हज़ार रुपए की दो ज़मानत राशियाँ जब्त कर ली गईं। नवम्बर 1914 में पत्रिका बन्द हो गई। साल भर बाद 'अलबलाग़' नाम से आज़ाद ने दूसरी पत्रिका का प्रकाशन शुरू किया। छः महीने बाद इसे भी बन्द कर

देना पड़ा। उन्हें ब्रिटिश सरकार ने अप्रैल 1916 में सरकार विरोधी गतिविधियों में शामिल होने का कारण बताकर डिफेंस ऑफ़ इंडिया एक्ट के अन्तर्गत नज़रबन्द कर रांची भेज दिया। पहली जनवरी, 1920 को उन्हें रिहा कर दिया गया।

सन 1914 का साल आज़ाद की ज़िन्दगी में ख़ास अहमियत का था। आज़ाद ने 'अल हिलाल' में पहली बार मिर्ज़ा ग़ालिब का अप्रकाशित साहित्य प्रकाशित किया। उन्होंने उस पर अपने आलोचनात्मक विचार भी व्यक्त किए। इसी दौरान उन्होंने 'क़ुरान शरीफ़' के अनुवाद और व्याख्या के काम भी प्रारम्भ किए। शाह वली- उल्लाह की जीवनी भी उन्होंने इसी बीच पूरी की। लगभग चार साल बाद 7 दिसम्बर, 1919 को मौलाना की रिहाई हुई। रिहाई के समय मौलाना की ज़ुबान पर निम्नलिखित शेर था—

क़स्द करता हूँ इस जा से कहीं जाने का
दिल ये कहता है कि तू जा, मैं नहीं जाने का।

रिहाई के बाद उन्होंने पाया कि बाहर की पूरी दुनिया बदली हुई थी। प्रथम विश्व महायुद्ध समाप्त हो गया था। डरावना जन विरोधी क़ानून रौलट एक्ट पास कर दिया गया। उसके विरोध में जन आक्रोश की ज्वाला पूरे देश में धधक रही थी। उसके विरोध में खड़े हुए लोगों का क्रूरता के साथ दमन किया जा रहा था। जालियांवाला बाग में लगभग पाँच सौ निर्दोष लोगों की बर्बरतापूर्वक हत्या की जा चुकी थी। 18 जनवरी, 1920 को मौलाना की पहली मुलाक़ात गांधी जी से हुई। गांधी जी ने रांची जेल में आज़ाद से मिलने की पहले भी कोशिश की थी। पर सरकार ने उसके लिए अनुमति नहीं दी थी। मुलाक़ात के दौरान तुर्की और ख़लीफ़ा के प्रति अंग्रेज़ों की नीति और ख़लीफ़ा के साथ उनके असम्मानजनक व्यवहार पर विस्तार से चर्चा हुई। भारतीय मुसलमान इससे कितने आहत थे, इसका गांधी जी को पहली बार पता चला। मुसलमानों की इस बारे में भावनाओं से वॉयसराय को अवगत कराने के लिए एक प्रतिनिधि मंडल भेजने का निर्णय किया गया। इसमें शामिल होने का आग्रह गांधी जी ने सहर्ष स्वीकार कर लिया था। इस बीच गांधी जी असहयोग आन्दोलन की रूपरेखा तैयार करने पर ध्यान केन्द्रित कर रहे थे। ख़िलाफ़त से जुड़ी देश के मुलसमानों की भावनाओं को लेकर वह स्वयं भी अत्यन्त संवेदनशील थे। अभी तक देश का मुसलमान स्वतंन्त्रता आन्दोलन के प्रति उदासीन था। गांधी जी के अनुसार ख़िलाफ़त और असहयोग दोनों आन्दोलनों को एक साथ चला कर हिन्दुस्तान के मुसलमानों को स्वतंत्रता संघर्ष की मुख्य धारा से जोड़ा जा सकता था। उनकी यह रणनीति सफल सिद्ध हुई। मौलाना आज़ाद ने गांधी जी की योजना के समर्थन में 'अल हिलाल' में कई लेख लिखे।

गांधी जी की योजना पर विचार करने के लिए सितम्बर 1920 में दिल्ली में एक विशाल सभा आयोजित की गई। इसकी अध्यक्षता लाला लाजपत राय ने की। इसमें

विपिन चन्द्र पाल, चितरंजन दास, मौलाना मुहम्मद अली, मौलाना शौकत अली, हकीम अजमल ख़ाँ, डॉ. मुख़्तार अहमद अंसारी और स्वयं मौलाना आज़ाद शामिल हुए। विपिन चन्द्र पाल ने सभा में ज़ोरदार ढंग से कहा कि अंग्रेज़ों से लड़ने का सबसे अचूक हथियार है उनके माल का पूर्णत: बहिष्कार। कुछ लोगों के विरोध के बावजूद विपिन चन्द्र पाल का प्रस्ताव भारी बहुमत से पास हो गया। इसे पास कराने में गांधी जी की भूमिका उल्लेखनीय रही। इसके बाद गांधी जी ने आज़ाद, मौलाना मुहम्मद अली और शौकत अली के साथ देश का व्यापक दौरा किया। दौरे के दौरान अपने सहयोगियों के साथ उन्होंने ख़िलाफ़त और असहयोग के पक्ष में अपना सन्देश जन-जन तक पहुँचाया।

17 नवम्बर, 1921 को दिल्ली में प्रिन्स ऑफ़ वेल्स का आगमन था। कांग्रेस ने इस दिन उनके सम्मान में आयोजित समारोहों के बहिष्कार तथा हड़ताल का आवाहन किया था। इसे अभूतपूर्व सफलता मिली। बहिष्कार को राजद्रोह मान कर उसमें सक्रिय भागीदारी के आरोप में कांग्रेस के सभी महत्त्वपूर्ण नेताओं को गिरफ़्तार कर लिया गया था। इनमें चितरंजन दास और मौलाना आज़ाद भी थे। 9 फरवरी, 1922 को मौलाना को एक साल की सश्रम कारावास की सज़ा सुनाई गई। मुकदमे के दौरान उन्होंने जो बयान दिया वह ओजस्वी होने के साथ ऐतिहासिक और स्मरणीय था। 33 फुल स्केप पृष्ठों में अंग्रेज़ी में अनूदित इस बयान की एक प्रति गांधी जी को भी भेजी गई। इसे पढ़ कर गांधी जी ने लिखा था कि "इस ओजपूर्ण भाषण को पढ़ कर लगा कि मौलाना जैसे एक साथ ख़िलाफ़त और राष्ट्रीयता पर प्रभावशाली वक्तव्य दे रहे हैं।"

दिसम्बर 1921 से अगस्त 1923 तक उनकी गिरफ़्तारी और रिहाई का सिलसिला जारी रहा। अगस्त के अन्तिम सप्ताह में बम्बई में आयोजित कांग्रेस के विशेष अधिवेशन के वह सर्वसम्मति से अध्यक्ष चुने गए। उस समय उनकी आयु महज पैंतीस वर्ष की थी। वह कांग्रेस के सबसे युवा अध्यक्ष थे। एक अध्यक्ष के रूप में काउंसिल प्रवेश को लेकर विभाजित कांग्रेस में एकता स्थापित करने का उन्होंने सफल प्रयास किया। जनवरी 1928 में साइमन कमीशन के दिल्ली पहुँचने पर उसके बहिष्कार का उन्होंने सफल नेतृत्व किया। 25 दिसम्बर, 1929 को उनके नेतृत्व और पहल पर राष्ट्रवादी सांस्कृतिक सामाजिक संगठन 'मजलिसे अहरार' की स्थापना हुई। इसी वर्ष लाहौर में राबी के तट पर पं. जवाहरलाल नेहरू के नेतृत्व में सम्पूर्ण आज़ादी का कांग्रेस ने सर्वसम्मति से संकल्प लिया। इसके पहले कांग्रेस की माँग डोमिनियन स्टेटस की थी। सन् 1930 में गांधी जी के आवाहन पर जब नमक सत्याग्रह का निर्णय लिया गया तब मौलाना आज़ाद ने इसकी सफलता के लिए मुस्लिम बहुल प्रान्तों—सिन्ध, पंजाब, सरहदी सूबा और बंगाल का व्यापक दौरा किया। उनके ओजस्वी भाषण से प्रेरित हो इन प्रान्तों के मुसलमानों ने उक्त सत्याग्रह में बढ़-चढ़ कर हिस्सा लिया।

नमक सत्याग्रह में देश के सभी वर्गों और समाज की व्यापक भागीदारी से सरकार हत्प्रभ थी। हड़बड़ी में उसने कांग्रेस को ग़ैर-क़ानूनी घोषित कर दिया। उसके अध्यक्ष और कार्यसमिति के सदस्यों को गिरफ़्तार कर लिया गया। अन्ततः लॉर्ड इर्विन ने गांधी-इर्विन समझौते के फलस्वरूप सभी राजनीतिक क़ैदियों को रिहा कर दिया।

सन् 1935 के गवर्नमेंट ऑफ़ इंडिया एक्ट के तहत प्रान्तों को स्वायत्तता दे दी। इसके बाद राजनीतिक घटना-चक्र तेज़ी से घूमने लगा। काफ़ी पसोपेश के बाद कांग्रेस ने मौलाना की पहल पर न केवल 1937 के चुनाव में भाग लिया बल्कि पंजाब, सिन्ध और बंगाल के अलावा सभी प्रान्तों में बहुमत के साथ विजय हासिल की। सन् 1939 में द्वितीय विश्व महायुद्ध में इंग्लैंड ने अपने साथ भारत को भी एक पक्ष घोषित कर दिया। कांग्रेस के नेताओं ने युद्ध में सहयोग के लिए आज़ादी की माँग की। अंग्रेज़ सरकार ने माँग को ख़ारिज कर दिया। फलस्वरूप सभी प्रान्तों में कांग्रेस सरकारों ने इस्तीफ़ा दे दिया। भारत छोड़ो आन्दोलन सन् 1942 के दौरान आज़ाद सहित देश के लगभग सभी छोटे-बड़े नेता गिरफ़्तार कर लिए गए। अन्तिम बार सन् 1942 के 9 अगस्त को महात्मा गांधी के 'करो या मरो' नारे से आन्दोलित देश में वह फिर गिरफ़्तार हुए। द्वितीय विश्व महायुद्ध के समाप्ति के आसार की पृष्ठभूमि में उन्हें जून 1945 में रिहा कर दिया गया। जून में ही आयोजित शिमला के गोलमेज़ सम्मेलन में उन्हें कांग्रेस के प्रतिनिधि मंडल का नेता चुना गया। अप्रैल 1946 में ब्रिटिश कैबिनेट मिशन के दौरे के समय उससे हुए विचार-विमर्श के दौरान उन्होंने कांग्रेस की ओर से महत्त्वपूर्ण भूमिका का निर्वाह किया। 12 अगस्त, 1946 को पं. जवाहरलाल नेहरू को अन्तरिम सरकार बनाने के लिए निमंत्रित किया गया। उसमें शामिल होने के लिए मौलाना अनिच्छुक थे पर महात्मा गांधी के समझाने पर वह सहमत हो गए। उन्होंने आज़ादी की दहलीज पर परिवर्तन विकल भारत की पहली सरकार में शिक्षा मंत्री का पद सँभाला। वह आजीवन इस पद पर रहे। कुछ दिनों पक्षाघात से पीड़ित रहने के उपरान्त 22 फरवरी, सन् 1958 को उन्होंने अन्तिम साँस ली। अपनी श्रद्धांजलि में पं. नेहरू ने उन्हें भारत की आज़ादी की आधारशिला कहा था।

मौलाना आज़ाद ने किशोरावस्था में ही जो विद्वत्ता और परिपक्वता प्राप्त कर ली थी उस पर उनकी समकालीन वरिष्ठ कांग्रेस नेत्री श्रीमती सरोजनी नायडू ने कहा था कि जब वह पैदा हुए तभी पचास साल के थे। 27 मार्च, 1940 को कांग्रेस का तिरपनवाँ अधिवेशन रामगढ़ (बिहार) में आयोजित किया गया। मौलाना आज़ाद ने उसमें अपने अध्यक्षीय भाषण में ज़ोर देकर कहा—

''मैं मुसलमान हूँ और फ़ख़्र के साथ महसूस करता हूँ कि मैं मुसलमान हूँ। इस्लाम की तेरह सौ बरस की शानदार रिवायतें मेरे विरसे में आई हैं। मैं तैयार नहीं हूँ कि इसका कोई छोटे-से-छोटा हिस्सा भी ज़ाया होने दूँ। इस्लाम की तालीम,

इस्लाम की तारीख़, इस्लाम की विद्याएँ और कलाएँ, इस्लाम की तहज़ीब मेरी दौलत का सरमाया है और मेरा फ़र्ज़ है कि इसकी हिफ़ाजत करूँ। बहैसियत मुसलमान होने के मैं धार्मिक और सांस्कृतिक दायरे में अपनी एक ख़ास अहमियत रखता हूँ और मैं बर्दाश्त नहीं कर सकता कि इसमें कोई हस्तक्षेप करे। लेकिन इन तमाम एहसासों के साथ मैं एक और भी एहसास रखता हूँ कि जिसे मेरी ज़िन्दगी की हक़ीक़तों ने पैदा किया है। इस्लाम की रूह मुझे इससे नहीं रोकती है और राह में रहनुमाई करती है। मैं फ़ख्र के साथ महसूस करता हूँ कि मैं हिन्दुस्तानी हूँ। मैं हिन्दुस्तान की एक अविभाज्य और एकत्वपूर्ण राष्ट्रीयता का एक अंग हूँ। यह एक ऐसा तत्त्व है जिसके बिना इसकी महानता की प्रतिमा अधूरी रह जाती है। मैं इसकी बनावट का एक घटक हूँ। मैं अपने इस दावे से कभी उदासीन नहीं रह सकता।''

मौलाना आज़ाद का गद्य अत्यन्त ललित और प्रांजल है। उसमें कविता का सा आस्वाद है। यही गुण उनके ओजस्वी भाषणों में भी मिलता है। इन्हीं गुणों को रेखांकित करते हुए उनके समकालीन कवि मौलाना 'हसरत' मोहानी ने कहा था—

जब से देखा है अबुल कलाम की नस्र,
नज़्मे 'हसरत' में कुछ मानी न रहा।

मौलाना आज़ाद के पास एक अद्‌भुत कालवेधी इतिहास-दृष्टि थी। मुस्लिम लीग द्वारा माँगे जा रहे देश के विभाजन के बाद पाकिस्तान क्या रूप अख़्तियार करेगा, इसकी कल्पना उन्होंने सहज ही कर ली थी। चिन्तक, राजनेता आरिफ़ मोहम्मद ख़ाँ ने अपनी पुस्तक 'टेक्स्ट एंड कंटेक्स्ट' में मौलाना आज़ाद का एक दुर्लभ इंटरव्यू दिया है। इसे अप्रैल, 1946 की लाहौर से निकलने वाली उर्दू पत्रिका 'चट्टान' ने प्रकाशित किया था। इसे उस समय के तरुण तेजस्वी उर्दू के पत्रकार शोरिश काशमीरी ने लिया था। उक्त इंटरव्यू में मौलाना आज़ाद ने स्पष्ट कहा था कि मज़हबी झगड़े से पाकिस्तान छिन्न-भिन्न हो जाएगा। पूर्वी पाकिस्तान और पश्चिमी पाकिस्तान के मुसलमानों में धर्म के अलावा और कोई समानता नहीं थी। पूर्वी पाकिस्तान (अब बांग्लादेश) जल्द ही अलग हो जाएगा। अन्ततः हुआ भी वही। उन्होंने आगे जोड़ा था कि एशिया और अफ्रीका के ग़ुलाम देश अपनी आज़ादी के लिए आज हिन्दुस्तान की ओर देख रहे हैं। उनकी नियति आज हिन्दुस्तान से जुड़ी हुई है। और हिन्दुस्तान की आज़ादी हिन्दू-मुस्लिम एकता के बिना सम्भव नहीं है।

मौलाना आज़ाद के देहान्त पर फिज़ा इब्न फ़ैज़ी ने निम्नलिखित काव्य पंक्तियों में श्रद्धांजलि दी थी—

लुटी-लुटी-सी है हर जन्नते निगाह कि तू
तमाम दिलकशी-ए-कायनात ले के गया।
ख़यालो-फ़िक्र की नज़हत दिलो-जिगर का सुकून
नज़र की ताज़गी लुत्फ़े हयात ले के गया॥

क़ायदे आज़म
मुहम्मद अली जिन्ना

(25 दिसम्बर, सन् 1876—11 सितम्बर, 1948)

पाकिस्तान के राष्ट्रपिता क़ायदे आज़म मुहम्मद अली जिन्ना का जन्म 25 दिसम्बर, 1876 को कराची की एक गली न्यूनहैम रोड के नुक्कड़ पर स्थित एक दोमंज़िले मकान के दूसरे तल्ले पर हुआ था। एकाधिक स्रोतों से प्राप्त जानकारी के अनुसार उनके पूर्वज लोहाना (ठक्कर) जाति के हिन्दू थे जो सत्रहवीं सदी के अन्त में राजकोट ज़िले के पानेली गाँव में बस गए थे। प्रलोभन और दबाव में जिन्ना के पितामह पुंजाभाई बाल जी ठक्कर ने अन्य कई परिवारों के साथ सत्रहवीं सदी के अन्त में इस्लाम स्वीकार कर लिया था। जिन्ना के पिता का नाम जेण्णा भाई पुंजा भाई और माँ का नाम मिट्ठू बाई था।

जिन्ना की प्रारम्भिक शिक्षा कराची में ही हुई थी। इसके बाद उन्होंने लन्दन के लिंकन्सइन जैसे प्रतिष्ठित क़ानूनी संस्थान से बैरिस्टर का ख़िताब हासिल किया। कराची से लन्दन रवाना होने के पहले सोलह वर्षीय किशोर जिन्ना की शादी उन्हीं के पैतृक गाँव पानेली की ही एक चौदह वर्षीया खोजा कन्या एमिबाई से कर दी गई। लन्दन में वह कांग्रेस में पितामह तुल्य समादृत दादा भाई नौरोजी के सम्पर्क में आए जो 1893 में लेबर पार्टी के टिकट पर चुनाव जीत कर इंग्लैंड की संसद के पहले हिन्दुस्तानी सदस्य बने थे। उनके चुनाव प्रचार में तरुण जिन्ना ने बढ़-चढ़कर हिस्सा लिया था। लन्दन प्रवास के दौरान उन्होंने इंग्लैंड की संसद की गैलरी से उसकी कार्यवाही कई बार ध्यान से देखी थी। ब्रिटिश सांसदों के गरिमामय व्यवहार, उनके भाषणों की गहरी बौद्धिकता, तर्क-वितर्क की बारीकियाँ, मर्माहत कर देने वाले कटाक्ष और वाग्वाण, इन सबसे वह गहरे प्रभावित हुए थे। आयरलैंड की आज़ादी के आन्दोलनों से उन्हें हिन्दुस्तान की आज़ादी के लिए प्रयत्न करने की प्रेरणा मिली थी। अगस्त सन् 1896 के पूर्वार्द्ध में वह लन्दन से कराची पहुँचे। वहाँ माँ और पत्नी के देहान्त के बाद कोई आकर्षण नहीं बचा था। अत: वे बम्बई आ गए। यहाँ शीघ्र ही उनकी प्रैक्टिस चल निकली। जल्द ही वह हाईकोर्ट के वरिष्ठ वकीलों में गिने जाने लगे।

उन्नीसवीं सदी के उत्तरार्ध और बीसवीं सदी के प्रारम्भिक दशकों में बम्बई में दादा भाई नौरोजी, फिरोजशाह मेहता, लोकमान्य तिलक, गोपाल कृष्ण गोखले, महामति रानाडे, बिट्ठल भाई पटेल और बदरुद्दीन तैयब जी जैसे दिग्गज विद्यमान थे। उनके बीच तरुण जिन्ना ने शीघ्र ही अपना स्थान बना लिया। सन् 1907 में जब बम्बई नगर पालिका के चुनाव में यूरोपीय समुदाय ने सर फ़िरोजशाह मेहता को बेईमानी से उसका सदस्य नहीं बनने दिया तो हाईकोर्ट में याचिका दाख़िल करने के लिए तरुण जिन्ना को ही चुना गया। इस प्रकरण में जिन्ना बम्बई के अख़बारों की सुर्खियों में छाये रहे। सन् 1906 में कांग्रेस के कलकत्ता अधिवेशन में वह अपने से चार साल छोटी श्रीमती सरोजनी नायडू के सम्पर्क में आए जो आगे चलकर प्रगाढ़ मैत्री में विकसित हुआ। सन् 1918 में सरोजिनी नायडू ने उन्हें हिन्दू-मुस्लिम एकता का अग्रदूत कहा था। सन् 1904 में कांग्रेस के बम्बई अधिवेशन में उनकी भेंट पहली बार कांग्रेस के वरिष्ठ नेता गोपाल कृष्ण गोखले से हुई जिनके वह आजीवन प्रशंसक रहे। गोखले को वह आधुनिक ऋषि मानते थे। वह स्वयं मुस्लिम गोखले बनने की कामना करते थे। सन् 1913 के उत्तरार्ध में संयुक्त प्रान्त (वर्तमान विभाजित उत्तर प्रदेश) की मुस्लिम लीग के दो प्रमुख नेता सैयद वजीर अली और मौलाना मोहम्मद अली के आग्रह पर वह मुस्लिम लीग के औपचारिक सदस्य बने। पर उन्होंने स्पष्ट कर दिया था कि मुस्लिम लीग के प्रति अपनी निष्ठा को वह किसी भी हालत में वृहत्तर राष्ट्रीय हितों के प्रति अपने समर्पण के मार्ग में बाधक सिद्ध नहीं होने देंगे।

महात्मा गांधी से जिन्ना के रूबरू होने का पहला संकेत सन् 1914 के पूर्वार्द्ध में मिलता है जब वह (जिन्ना) अपने लन्दन प्रवास के दौरान वहाँ के होटल सेसिल में उनके (गांधी के) सम्मान में आयोजित एक सभा में शामिल हुए थे। दोनों के बीच किसी बातचीत का कोई रिकॉर्ड नहीं मिलता। दूसरी बार गांधी से उनकी मुलाक़ात जनवरी 1915 में बम्बई की गुर्जर सभा में हुई थी जिसमें उन्होंने गांधी के सम्मान में आयोजित अभिनन्दन समारोह में अपना भावभीना अध्यक्षीय भाषण दिया था। जिन्ना एक संविधान मार्गी राजनेता थे। वह गोखले और मोतीलाल नेहरू के साथ एक अर्से तक केन्द्रीय विधायिका के तेजस्वी सदस्य रहे। वह अपने समय के ऐसे अनूठे नेता थे जो उस समय देश के तीनों महत्त्वपूर्ण राजनीतिक संगठनों, कांग्रेस, मुस्लिम लीग और होम रूल लीग (स्वराज पार्टी) के सक्रिय सम्मानित और मुखर सदस्य रहे। लोकमान्य तिलक के बचाव में अदालत की सुनवाई के दौरान उनके तर्क, केन्द्रीय विधायिका में स्थानीय निकायों के स्वशासन में हिन्दुस्तानियों की पर्याप्त भागीदारी, सेना के भारतीयकरण, वक़्फ़ बिल और रौलेट एक्ट के विरोध तथा सरदार भगत सिंह के केस के निपटारे के लिए वॉयसराय द्वारा पेश विशेष क़ानूनी बिल को लेकर उनके निर्भीक, तर्कसंगत ओजस्वी भाषण आज भी

भारतीय उपमहाद्वीप के संसदीय इतिहास में बेमिसाल हैं। पाकिस्तान के निर्माण में उनकी अग्रणी भूमिका ने दुर्भाग्यवश अविभाजित भारत की संसदीय परम्परा के विकास में उनके योगदान पर विस्मृति की धूल डाल दी।

दिसम्बर 1920 में नागपुर के कांग्रेस अधिवेशन में ख़िलाफ़त और असहयोग आन्दोलन के प्रति असहमति के फलस्वरूप उन्हें प्रतिनिधियों के अपमानजनक व्यवहार का सामना करना पड़ा। गांधी और मोहम्मद अली को क्रमश: महात्मा और मौलाना न कहकर उनके साथ मिस्टर लगाने की उनकी ज़िद के कारण भी उन्हें सभा का कोपभाजन होना पड़ा। मौलाना मुहम्मद अली के व्यंग्य और सभा के अपमान से खिन्नमन वह अधिवेशन की समाप्ति के पहले ही बम्बई लौट आए और उन्होंने कांग्रेस से नाता तोड़ लिया। उनके अनुसार गांधी का सत्याग्रह एक आध्यात्मिक आन्दोलन था। यह राजनीतिक दृष्टि से अव्यावहारिक था। 1923 के केन्द्रीय विधायक के चुनाव को लेकर कांग्रेस में दो दल हो गए। मोतीलाल नेहरू और चितरंजन दास के नेतृत्व में गठित स्वराज पार्टी ने इस चुनाव में 42 सीटें जीतीं। विधायिका के 23 सदस्य स्वतंत्र थे। इनको एकजुट कर जिन्ना के प्रयासों से 65 सदस्यों का एक राष्ट्रीय दल विधायिका में संगठित हो सका। जिन्ना स्वयं बम्बई के मुस्लिम निर्वाचन क्षेत्र से निर्विरोध चुने जाकर विधायिका में पहुँचे थे। सन् 1927-28 के दौरान साइमन कमीशन के देशव्यापी बहिष्कार का बम्बई में नेतृत्व जिन्ना ने बढ़े जोश-खरोश से किया था।

9 अप्रैल, सन् 1918 को चौवालिस वर्षीय जिन्ना का विवाह एक समृद्ध पारसी परिवार की अठारह वर्षीय कन्या रतन बाई पेटिट (रत्ती) से हुआ। रत्ती जिन्ना का देहावसान उनतीस वर्ष की आयु में 20 फरवरी सन् 1929 को हुआ। दोनों का दाम्पत्य जीवन सुखी नहीं रहा। रत्ती अपने पीछे नौ वर्ष की एक बेटी दीना को छोड़ गई थी। उनके देहावसान पर जिन्ना एक बच्चे की तरह फूट-फूट कर रोये थे।

दिसम्बर, 1930 के मुस्लिम लीग के इलाहाबाद अधिवेशन के अध्यक्ष डॉ. सर मोहम्मद इक़बाल थे। उन्होंने मुस्लिम बहुल प्रान्तों का एक संघ हिन्दुस्तान के संघीय ढांचे में ही बनाने का सुझाव दिया था। इसे वह मुस्लिम हिन्दुस्तान का दिलचस्प नाम देना चाहते। अलगाववादी राजनीति की यह शुरुआत थी। हिन्दुस्तान की राजनीति में अब अपने लिए कोई महत्त्वपूर्ण भूमिका न पाकर जिन्ना जनवरी 1933 में इंग्लैंड चले गए थे। अक्तूबर 1934 में वह लन्दन में रहते हुए भी केन्द्रीय विधायिका के लिए चुन लिए गए थे। लियाक़त अली के आग्रह पर दिसम्बर 1934 में वह हिन्दुस्तान लौट आए थे। गवर्नमेंट ऑफ़ इंडिया एक्ट 1935 के तहत सन् 1937 में हुए चुनाव में मुस्लिम लीग विभिन्न प्रान्तों में मुसलमानों के लिए निर्धारित 482 निर्वाचन क्षेत्रों में महज 109 सीटें जीत पाई। मुस्लिम बहुल प्रान्तों सिन्ध और उत्तर-पश्चिम सीमा प्रान्त में उसे एक भी सीट नहीं मिली। उत्तर प्रदेश में स्थिति थोड़ी

बेहतर थी। यहाँ की कैबिनेट में दो सीटें मुसलमानों के लिए थीं जिस पर लीग दावा पेश कर रही थी। कांग्रेस एक सीट देने को तैयार थी। दूसरी सीट वह अपनी पार्टी से जीते मुसलमान नेता रफ़ी अहमद किदवई को देना चाह रही थी। इसका परिणाम यह हुआ कि लीग को कैबिनेट में कोई प्रतिनिधित्व नहीं मिला। इससे जिन्ना की हताशा स्वाभाविक थी। अपनी पहुँच सामान्य मुस्लिम जनता तक बनाने के लिए लीग ने इस्लाम के ख़तरे में होने का नारा देना शुरू किया। पाकिस्तान की बुनियाद उसी समय पड़ गई थी।

सितम्बर, 1939 में द्वितीय विश्व युद्ध के ऐलान के साथ इंग्लैंड ने भारत को भी अपने साथ लड़ाई में एक पक्ष घोषित कर दिया था। कांग्रेस की यह सोच दृढ़तर होती जा रही थी कि इंग्लैंड को दिया गया समर्थन वस्तुतः उसकी साम्राज्यवादी नीतियों की पुष्टि होगी। अन्ततः कांग्रेस की प्रान्तीय सरकारों ने नवम्बर, 1939 में इस्तीफ़ा दे दिया था। दरअसल जिन्ना वॉयसराय पर कांग्रेस की सरकारों को बर्ख़ास्त करने के लिए लगातार दबाव बनाए हुए थे। यदि कांग्रेसी सरकारें इस्तीफ़ा न देतीं तो वॉयसराय उन्हें ख़ुद बर्खास्त कर देते। इसी बीच जिन्ना को अपने फेफड़े के कैन्सर का पता चला जिसे उन्होंने ज़ाहिर नहीं होने दिया। वह अच्छी तरह समझ गए थे कि नियति के खाते में उनके लिए अब अधिक समय नहीं था। अतः उन्हें अब जो भी करना था जल्द से जल्द करना था। वह कांग्रेस के बड़े नेताओं गांधी, नेहरू और आज़ाद को मुसलमानों की निगाह में खलनायक सिद्ध करने का कोई मौका हाथ से जाने नहीं देना चाहते थे। उधर गांधी पर जन आन्दोलन छेड़ने के लिए लगातार दबाव पड़ रहा था। अन्ततः गांधी ने सीमित सत्याग्रह का निर्णय लिया। अक्तूबर, 1940 में विनोबा भावे पहले और जवाहरलाल नेहरू दूसरे सत्याग्रही बने। इस आन्दोलन की पूर्णाहुति सन् 1942 के विख्यात भारत छोड़ो आन्दोलन में हुई।

सन् 1940 के मुस्लिम लीग के लाहौर अधिवेशन में पहली बार मुस्लिम बहुल प्रान्तों के अलगाव के साथ उनके लिए पाकिस्तान शब्द प्रयोग हुआ। जिन्ना साम्प्रदायिक आधार पर देश-विभाजन के लिए त्रस्त ब्रिटिश शासन पर लगातार दबाव बना रहे थे। कांग्रेस के युद्ध प्रयासों में असहयोग और आन्दोलनात्मक रुख़ से सरकार स्तब्ध थी। सन् 1943 के अप्रैल में लीग के दिल्ली अधिवेशन में जिन्ना ने गांधी से सीधी बातचीत के संकेत दिए। गांधी ने आग़ा ख़ाँ पैलेस से इसका स्वागत जिन्ना को लिखे एक पत्र से किया। यह पत्र ब्रिटिश सरकार ने जिन्ना तक कभी पहुँचने ही नहीं दिया। इसी बीच 26 जुलाई, 1943 को एक पंजाबी ख़ाकसार मुसलमान युवक ने बम्बई के उनके बंगले में घुसकर उन पर चाकू से हमला कर दिया था।

आगे चलकर सितम्बर, 1944 के पूर्वार्द्ध में जिन्ना और गांधी के बीच तीन मुलाक़ातें हुईं जिसमें जिन्ना अपने लाहौर प्रस्ताव पर अड़े रहे। इधर गांधी धर्म को राष्ट्रीयता का आधार न मानने के अपने विचार पर अडिग थे। 25 जून, 1945 को

शिमला में एक राजनीतिक सम्मेलन में जिन्ना ने अपने नेतृत्व में लीग को मुसलमानों का देश में एकमात्र प्रतिनिधि संगठन और कांग्रेस को मात्र हिन्दू संगठन होने की बात कही तो मौलाना आज़ाद और सीमा प्रान्त के मुख्य मंत्री डॉ. ख़ान साहब ने इसका घोर प्रतिवाद किया। जिन्ना वॉयसराय की कैबिनेट में सभी चार मुस्लिम सीटों पर लीग के ही प्रतिनिधियों को ही रखने पर अड़े थे। वह लीग के प्रतिनिधियों को एक तरह वीटो पॉवर भी देना चाहते थे। उसी तरह कैबिनेट मिशन द्वारा सन् 1946 के पूर्वार्द्ध में प्रस्तावित अन्तरिम सरकार में सभी मुसलमान सदस्यों को वह स्वयं मनोनीत करना चाहते थे। सरकार और कांग्रेस पर जबर्दस्त दबाव बनाने के लिए उन्होंने 16 अगस्त, 1946 को सीधी कार्यवाही का ऐलान किया। इसमें हुई भयावह हिंसा में 16 से 20 अगस्त, 1946 के दौरान सिर्फ़ कलकत्ता में 5000 से अधिक लोग मारे गए और 15,000 से अधिक घायल हुए। बंगाल में हिन्दुओं की भीषण जन-धन हानि की भयावह प्रतिक्रिया बिहार में हुई। जिन्ना की ज़िद के कारण राजनीतिक गतिरोध बना हुआ था। तत्कालीन ब्रिटिश प्रधानमंत्री एटली ने 20 फरवरी, 1947 को घोषणा की कि 30 जून, 1947 तक अंग्रेज़ अपना शासन समेट हिन्दुस्तान छोड़ देंगे। 3 जून, 1947 को वॉयसराय लॉर्ड माउंटबेटन ने नेहरू और जिन्ना को क्रमश: दाएँ और बाएँ बैठाकर दिल्ली में आयोजित एक प्रेस कान्फ्रेंस में हिन्दुस्तान के विभाजन का ऐलान कर दिया। लीग की कार्यकारिणी ने सर्वसम्मति से और कांग्रेस की कार्यकारिणी ने बहुमत से प्रस्तावित विभाजन पर मुहर लगा दी। महात्मा गांधी, ख़ान अब्दुल गफ़्फ़ार ख़ाँ और डॉ. राम मनोहर लोहिया—कांग्रेस की कार्यकारिणी में तीन असहमति की आवाज़ें थे। अन्तत: माउंटबेटन ने हिन्दुस्तान के दो देशों में विभाजन की औपचारिक घोषणा 13 अगस्त, 1947 को कर दी। 7 अगस्त, 1947 को जिन्ना दिल्ली छोड़कर कराची चले गए थे। 11 अगस्त, 1947 को पाकिस्तान की संविधान सभा के उद्घाटन के अवसर पर जो मौखिक भाषण उन्होंने दिया था वह कोई औपचारिक भाषण नहीं था। उसका एक-एक शब्द उनके हृदय से स्वत:स्फूर्त निकला था। उसकी कुछ पंक्तियाँ दृष्टव्य हैं—

''अब आप आज़ाद हैं पाकिस्तान के राज में अपने मन्दिर जाने के लिए। आप आज़ाद हैं अपने मस्ज़िद जाने के लिए या किसी और इबादतगाह की ओर रुख़ करने के लिए। आप किसी भी मज़हब, जाति या अक़ीदे से ताल्लुक़ रखते हों इससे राज्य के कारोबार का लेना-देना नहीं है।''

इन पंक्तियों से स्पष्ट है कि अपना अभीष्ट लक्ष्य प्राप्त कर लेने के बाद उनका मूल उदार, धर्म निरपेक्ष और राष्ट्रवादी रूप एक बार फिर लौट आया था। पाकिस्तान बनते ही जिन्ना की उपयोगिता लीग के लिए समाप्त हो गई थी। गिरते स्वास्थ्य ने उन्हें चिड़चिड़ा और शंकालु बना दिया था। खाँसी के साथ उनके कफ में ख़ून की मात्रा बढ़ती जा रही थी। स्वास्थ्य लाभ के लिए 6 जुलाई, 1948 को वह कोटा के

पास एक हिल स्टेशन ज़ियारत आ गए थे। सेना के एक सुयोग्य डॉ. इलाही बख़्श उनके साथ थे। पर उनकी हालत दिन-ब-दिन बिगड़ती जा रही थी। 11 सितम्बर, 1948 को उनको एयर फोर्स के विमान से करांची हवाई अड्डे लाया गया। वहाँ से उन्हें गवर्नर जनरल आवास के लिए एम्बुलेंस से रवाना किया गया। एम्बुलेंस रास्ते में ही ख़राब हो गई थी। कई घंटे बाद दूसरी एम्बुलेंस पहुँची। उनकी प्राणशक्ति निचुड़ती जा रही थी। किसी तरह उन्हें उनके शयन कक्ष तक लाया जा सका। 11 सितम्बर, 1948 की रात दस बजे भारतीय उपमहाद्वीप के इस नियति-पुरुष ने अन्तिम साँस ली।

पाकिस्तान जन्म से ही जो शक्ल अख़्तियार कर रहा था उससे जिन्ना गहरे निराश थे। गम्भीर अन्तर्द्वन्द्व और आत्म-निरीक्षण के क्षणों में उन्होंने डॉ. इलाही बख़्श से कहा था, 'डॉक्टर पाकिस्तान मेरी सबसे बड़ी भूल थी।'

अन्ततः

अकबर महात्मा गांधी से लगभग तेईस साल बड़े थे। गांधी जी लगभग उनके बेटे की उम्र के थे। पर गांधी जी के प्रति उनके मन में जो श्रद्धा भाव है वह विस्मयजनक है। जब गांधी जी भारत लौटे भी न थे, उसके पहले से ही वह गांधी जी के दक्षिण अफ्रीका के संघर्ष से परिचित थे। गांधी जी भारत आते ही सभी के दिलो-दिमाग़ पर छा गए थे। उस समय वह सरकारी नौकरी में थे जिस समय देश गांधी जी के नेतृत्व में उद्वेलित था। उस समय उसका एक हिस्सा बनने के लिए वह छटपटा रहे थे। पर सरकारी नौकरी की विवशताएँ थीं। फिर भी उन्होंने हिम्मत के साथ लिखा—

मद्‌खूलये गवर्नमेंट 'अकबर' अगर न होता।
उसको भी आप पाते गांधी की गोपियों में।

'गांधी की गोपियों में' अभिव्यक्ति अत्यन्त दिलचस्प है। गांधी जी का नाम मोहन दास था। मोहन भगवान कृष्ण के कई नामों में से एक है। गोपियाँ कृष्ण की प्रेमिकाएँ और भक्त थीं। अकबर का कहना है कि अगर वह सरकारी तंत्र का एक हिस्सा न होते तो वह भी गांधी के नेतृत्व में चले आन्दोलन के एक सक्रिय भागीदार होते। 'गांधी की गोपियों में' पद के प्रयोग से यह भी संकेत मिलता है कि अकबर को हिन्दू देव-माला की बारीक समझ थी।

अकबर की स्मृति मृत्यु पूर्व अन्तिम क्षण तक बनी रही। ख़्वाजा हसन निज़ामी ने अपने एक संस्मरण में लिखा है कि जब जीवन के अन्तिम दिनों में वो (अकबर) बहुत बीमार रहने लगे थे तब उनके बेटे इशरत ने उन्हें तार देकर बुला लिया था। वह जब घर पहुँचे तो उन्होंने पाया कि अकबर बेहोश पड़े थे। वह पवित्र 'क़ुरान' की आयत—'इनल्लाहा बसीरुल बिल एबाद' (अल्लाह की आँखें अपने बन्दों की तरफ़ देखने वाली हैं) पढ़ते हुए बढ़े। आगे निज़ामी लिखते हैं कि अकबर ने उनका हाथ दबाया और उन्होंने एक बार फिर उक्त आयत पढ़ी। बस इसके बाद अकबर के प्राण पखेरू उड़ गए।

अकबर के बेटे इशरत ने निज़ामी से कहा कि अभी थोड़ी देर पहले अब्बा आपके लिए कुछ लिख गए हैं। निज़ामी साहब ने जब नोटबुक खोली तो पाया कि उसमें निम्नलिखित काव्य पंक्तियाँ दर्ज थीं—

साहब में सब बुराई लेकिन वह ख़ूब चौकस।
गांधी में सब भलाई लेकिन वह महज़ बेबस॥
दुनिया तो चाहती है हंगामये ट्रोज़न।
और याँ है जेब ख़ाली जो मिल गया सो भोजन॥

ये अकबर के जीवन की अन्तिम कविता है। अकबर ज़्यादातर इलाहाबाद रहे। कभी-कभी दिल्ली भी आ जाते थे। इन दोनों शहरों में गांधी जी का भी आना-जाना लगा रहता था। पर दोनों के परस्पर मिलने के संकेत नहीं मिलते। इसके बावजूद उनका जीवन सदा गांधीमय रहा। उन्हें प्राय: विनोद और व्यंग्य के कवि के रूप में सीमित कर दिया गया है। उनके काव्य का प्रबल उपनिवेश विरोधी स्वर प्राय: अलक्षित ही रहा। गांधी जी की तरह वह भी आजीवन मशीनों के विरोधी रहे। उन्हें गांधी जी की तरह न केवल भारतीय होने पर बल्कि अपने एशियाई होने पर भी गर्व रहा।

हिन्दू और मुस्लिम नवजागरण की धाराएँ अलग-अलग चलीं। पर दोनों धाराएँ एक बार महात्मा गांधी पर आकर एक हो जाती हैं। अकबर का 'गांधीनामा' इसी मिलन-बिन्दु का काव्य है।

और अन्त में फ़िराक़ साहब के शब्दों में 'गांधीनामा' के रचनाकार का पुण्य स्मरण—

उलट गया हूँ हज़ारों किताबों के अवराक़।
वो उनका सेह-निगारी वो उनका हुस्ने बयाँ॥
मगर कहीं न मिला तेरा सोज़ो-साज़े-वतन।
चमक उठा है तेरी लय में दर्दे-हिन्दोस्ताँ।
नई ज़मीन, नया आसमाँ, नई दुनिया।
नई हैं महफ़िलें साक़ी नये हैं जामो-सुबू।
ये सब सही मगर ऐ जुरआ-नोशे-बादे-हिन्द
हँसा-रुला के हमें दे गया बहुत कुछ तू।

गांधीनामा

अकबर इलाहाबादी

ज़ोरे बाज़ू[1] जब नहीं है जब नहीं तेग़ो तफ़ंग[2],
सरनिगूं[3] ख़ामे[4] से फिर काग़ज़ पे घिस-घिस क्या करें।

19

ठोंकते थे मर्दे मैदां[5] ही की पीठ,
अब रेज़ोलूशन[6] पे जय होने लगी।

20

अपनी जगह हर एक का अरमाँ निकल रहा है।
तोपें भी चल रही हैं जूता भी चल रहा है॥
लेकिन रहा मैं चुपका, दिल में ये बात सोची।
किस तक़वियत[7] पर उठ्ठूँ? इंजीनियर न मोची॥

21

सवाब[8] जब है कि नाख़ुश हो इस बिना पर तुम,
दिलों को ता'अते[9] हक़[10] से ये दूर करते हैं।
न ये कि ऐश हमारा किया उन्होंने तल्ख़,
हमें ज़ईफ़[11] समझ कर ग़ुरूर[12] करते हैं॥

22

दुश्वार है मुस्तहक़े[13] आनर[14] होना,
कुछ सहल नहीं अली बिरादर[15] होना।
हाँ सब ये दुआ करें कि इन बन्दों को,
आसान हो पीरा-पयम्बर[16] होना।

23

तुम्हारी चाल राहे कुफ़्र[17] से किस दिन अलग देखी।
जो ज़ुल्मे गुर्ग[18] उनमें है तो तुममें हिर्से सग[19] देखी॥

---

1. बाहुबल, 2. तलवार और बन्दूक, 3. सर झुकाए / लटकाए हुए, 4. क़लम, 5. मैदान में बहादुरी दिखानेवाले मर्द, 6. resolution प्रस्ताव, 7. बूता, भरोसा, 8. पुण्य-फल, 9. उपासना, इबादत, बंदगी, 10. सत्य, ईश्वर, 11. बूढ़ा, 12. घमंड, 13. अधिकारी / योग्य, 14. सम्मान, 15. अली-बन्धु (मौलाना शौकत अली और मौलाना मुहम्मद अली), 16. धर्मगुरु और ईश्वर के दूत, 17. अधर्म, नास्तिकता, दुराग्रह / अधर्म के मार्ग, 18. भेड़िया, 19. कुत्ते की लिप्सा / लोभ।

24

जिस बात को मुफ़ीद[1] समझते हो ख़ुद करो,
औरों पे इसका बार[2] ना इसरार[3] से धरो।
हालात मुख़्तलिफ़[4] हैं, ज़रा सोच लो ये बात,
दुश्मन तो चाहते हैं कि आपस में लड़ मरो॥

25

न राजगी[5] का शौक़ मुझे है न शाही का,
अगरचे मैं भी हूँ तालिब[6] मगर ख़ुदा ही का।
ये वाज़े[7] मग़रिब[8] और उसका असर ये मिल्लत[9] पर,
बना है शौक़े तरक़्क़ी[10] सबब[11] तबाही का।

26

दीद[12] के क़ाबिल अब उस उल्लू का फ़ख़्रो नाज़[13] है,
जिससे मग़रिब ने कहा तू आनरेरी[14] बाज़ है।

27

रफीक़े शैताँ[15] चमक गए हैं, मुईने आदम[16] दुबक गए हैं।
सुनाएँ क्या तुमको क़ौले फ़ैसल[17] कि ग़ौर कर करके थक गए हैं।
हमारा चलना वो रेंगना है कि केंचुए भी हंसें बजा[18] है।
मगर जबाँ पर वो ज़मज़मे[19] हैं कि सुन के बुलबुल फड़क गए हैं।

28

'अकमलतो लकुम दीनकुम'[20] इस्लाम को बस[21] है,
बाक़ी है अगर कुछ तो वो दुनिया की हवस[22] है।
तौहीद[23] का मुस्लिम ने बजा रखा है डंका,
ताअत[24] से वो रुकता नहीं लन्दन हो कि लंका।

---

1. लाभकारी, 2. भार, 3. बार-बार आग्रह, 4. अलग, 5. राजा का पद, 6. याचक, 7. धर्मोपदेशक, 8. पश्चिम—दोनों का अर्थ—पश्चिम के धर्मोपदेश, 9. मज़हब, जाति, राष्ट्र, 10. विकास की तीव्र उत्कंठा, 11. कारण, 12. देखने, 13. हावभाव का घमंड, 14. मानद, 15. शैतान के दोस्त, 16. मददगार, 17. निर्णय का कथन / प्रवचन, 18. उचित, ठीक, मुनासिब, 19. चहक, कलरव, 20. कुरआन की एक आयत का अंश जिसमें ख़ुदा कहता है 'हमने तुम्हारे लिए दीन को मुकम्मल कर दिया', 21. काफ़ी, पर्याप्त, 22. लोभ, वासना, 23. एकेश्वरवाद, 24. उपासना, इबादत।

दुनिया की ये तरकीब[1] तो बालू की है एक भीत,
दीनी[2] जो नज़र कीजिए इस्लाम की है जीत।
'अतम्मतो अलैकुम'[3] का तो कुछ कर न सके पोप,
उम्ली लहुम इरशाद[4] था, ईजाद हुई तोप।
सदियों की हुकूमत ने किया दीन[5] को मर्बूत,[6]
अब वो न रही भी तो ये दीन अपना ही मज़्बूत।
हरचंद कि गर दूने हमादम दर पेई फ़ेर अस्त,
दिल राबा ख़ुदा दार कि अंजाम बखैर अस्त।[7]

29

बेसूद[8] आज तज़्किरये अदलो-जोर[9] है,
अपना भी एक वक़्त था, उनका भी दौर है।

30

है छत्तरी भी चुप, न पटा[10] है न बांक[11] है,
पूरी भी ख़ुश्क लब है कि घी छः छटांक है।
गो हर तरफ़ हैं खेत फलों से भरे हुए,
थाली में खरबूजे की फ़क़त एक फांक है।
कपड़ा गिरां[12] है सत्र[13] है औरत का आशकार[14],
कुछ लिस[15] नहीं, जबां पे फ़क़त ढाँक-ढाँक है।
भगवान का करम हो स्वदेशी के बैल पर
लीडर की खींच-खाँच है गांधी की हांक है।
'अकबर' पे बार[16] है ये तमाशाये दिल शिकन[17],
उसकी तो आख़रत[18] की तरफ़ ताक-झाँक है।

---

1. सिलसिला, बन्दोबस्त, 2. धार्मिक, धर्म सम्बन्धी, 3. ऊपर वाली आयत का अंश लगभग उन्हीं अर्थों में, 4. एक दूसरी आयत का अंश जिसमें ख़ुदा कहता है कि वह बुरे लोगों को भी मोहलत / छूट देता है, 5. धर्म, 6. क्रमबद्ध / वासिलसिला, 7. यद्यपि हर समय हमले होते रहते हैं, मगर दिल में ईश्वर पे भरोसा है कि अंत अच्छा होगा, 8. व्यर्थ, निरर्थक, बेकार, 9. न्याय और अत्याचार का ज़िक्र, 10. तलवार के आकार का एक लोहे का हथियार जिसे खेल में भाँजते हैं, 11. एक तरह की टेढ़ी छुरी, 12. महँगा, 13. छिपाव, 14. प्रकट / ज़ाहिर होना / सामने आना, 15. चिपचिपापन / तरलता, 16. बोझ /भार, 17. दिल तोड़ देनेवाला तमाशा, 18. अन्तिम समय / परलोक।

31

फ़िदा[1] हो केक पर तुम आप, ख़ुद बिस्कुट पे गिरते हो,
तो फिर क्या बेकरी को मुन्हदिम[2] करने को फिरते हो।

32

दुनिया तो इसी घर की कनीज़[3] आज है 'अकबर'
साहब से हो बेज़ार[4] तो दुनिया को भी छोड़ो।

33

अज़ीज़ों[5] को सज़ाये-क़ैद[6] से रंजो-ज़रर[7] पहुँचा,
हरीफ़ों[8] पर ज़रा सोचो कि उसका क्या असर पहुँचा।

34

ज़हन[9] में आया था मज़मूने-तफ़क्कुर आफ़री[10],
जब हक़ीक़त[11] पर नज़र की वहम[12] को कम कर दिया।
दैर[13] को शुक्रे कलीसा[14] चाहिए करना अदा,
सामने बुत[15] के उसी ने शेख़ को ख़म[16] कर दिया।

35

महात्मा जी से मिल के देखो तरीक़ क्या है सुभाव क्या है,
पड़ी है चक्कर में अक़्ल सबकी बिगाड़ तो है बनाव क्या है ?

36

रुख़[17] जो हो तर्के मवालात[18] का उक़्बा[19] की तरफ़,
तेरी आँखें न उठें, ज़ीनते दुनिया[20] की तरफ़।

37

ऐ भाइयो, है दिल में तुम्हारे ये ठनी क्या ?
सच्चा सही शिकवा[21] ये बताओ शुदनी[22] क्या ?

---

1. न्योछावर, 2. ध्वस्त, बरबाद, 3. दासी, बांदी, 4. विमुख, नाख़ुश, 5. प्रियजनों, 6. क़ैद की सज़ा, 7. कष्ट और आघात, 8. शत्रुओं, 9. याददाश्त / स्मरण, 10. चिन्तन का विषय, 11. सत्य, 12. भ्रम, 13. मूर्ति गृह, मन्दिर, 14. गिरजा का शुक्रिया, 15. मूर्ति, 16. झुका, 17. मुँह, 18. असहयोग, 19. परलोक, 20. संसार के ऐश्वर्य, 21. शिकायत, 22. बीता हुआ।

बिगड़ी भी कुछ उनकी तो कहो अपनी बनी क्या?
बे फ़ायदा तुम कर रहे हो रायज़नी[1] क्या?
बस सब्र करो ताअतो-तक़वा[2] से गुज़ारो,
रखो सरे तसलीम[3] को ख़म हक़[4] को पुकारो।

38

हज़रते बरहम[5] ने फ़रमाया पसन्द उस राय को,
ऊँट को ज़ेबा[6] मतानत[7] और कलीलें[8] गाय को।
उनको बढ़ना चाहिए और हमको बचना चाहिए।
होम रूल उनको मुबारक हमको तक़वा[9] चाहिए॥

39

यही गांधी से कह कर हम तो भागे,
क़दम जमते नहीं साहब के आगे।
वो भागे हज़रते गांधी से कहके,
मगर से बैर क्यों दरिया में रहके।

40

हमारे मुल्क में सर सब्ज़[10] इक़बाले फिरंगी[11] है,
कि नन-कोआपरेशन[12] में भी शाख़े ख़ाना जंगी[13] है।

41

मेरी मंशा थी यही तहमद ही के अन्दर तनें,
ये ग़रज़ हरगिज न थी पतलून के खटमल बनें।

42

जो पूछा मैंने कैसी शब[14] थी कल क्या हाल तेरा था?
तेरे घर में नहीं थी रोशनी बिलकुल अँधेरा था।

---

1. परामर्श देना, 2. उपासना / इबादत और इन्द्रिय-संयम, 3. प्रणति / आज्ञापालन में शीश को झुका (ख़म) कर, 4. ईश्वर, 5. समकालीन एडीटर, अख़बारे मशरिक, गोरखपुर, 6. शोभनीय, 7. गम्भीरता, संजीदगी, 8. सुस्ती, शिथिलता, 9. परहेज़गारी, 10. हरा-भरा, 11. अंग्रेज़ी / विलायती प्रताप, 12. नॉन-कोआपरेशन / असहयोग, 13. गृह युद्ध की शाखा, 14. रात।

वो बोला शोख़िये परवाना[1] से मैं तंग आया था,
मेरे दिल में पतंगों से ख़याले जंग[2] आया था।
उछलने-कूदने का शौक़ था परवाने के सर में,
किया तर्के-तआवुन[3] रोशनी की ही नहीं घर में।
कहा मैंने कि परवानों को जो कुछ भी ज़रर[4] पहुँचा,
बता मुझको कि तारीकी[5] का तुझ पर क्या असर पहुँचा?
लगा कहने अँधेरे में तो ठोकर मैं भी खाता था,
मगर उड़ने के बदले रेंगना उनका ख़ुश[6] आता था।

43

निशाने शौकतो गांधी कुजा बूद,
कि अकबर सर्फ़े कश्फ़े माजरा बूद।
बजाय मुल्क लेकिन मद आयेश,
ख़ुदा बूद, व ख़ुदा बूद व ख़ुदा बूद॥

44

करेंगे न हम हुक्मे लीडर[7] पे साद[8],
कि क़ुरआं[9] में है 'ला युहिब्बुल फ़साद'[10]।

45

इस सोच में हमारे नासेह[11] टहल रहे हैं,
गांधी तो वज्द[12] में हैं ये क्यों उछल रहे हैं।
नशो-नुमाये[13] कॉन्सिल जिनको नहीं मयस्सर,
पब्लिक की जय में उनके मज़मून[14] पल रहे हैं।
हैं वफ़्द[15] और अपीलें, फ़रियाद और दलीलें,
और किब्रे मग़रिबी[16] के अरमाँ निकल रहे हैं।
ये सारे कारख़ाने अल्लाह के हैं 'अकबर'
क्या जाये दम ज़दन[17] है, यूँ ही ये चल रहे हैं।

---

1. पतिंगा / पंखी, 2. युद्ध का विचार, 3. सहयोग का त्याग, 4. हानि / नुकसान, 5. अँधेरा /अन्धकार, 6. प्रसन्न / अच्छा, 7. नेता के आदेश, 8. पुष्टि / समर्थन करना, 9. पवित्र क़ुरान, 10. ये पवित्र 'क़ुरान' के शब्द हैं। पूरा वाक्य है, 'वल्लाहो ला युहिब्बुल फ़साद'। इसका अर्थ है, 'और अल्लाह फ़साद को पसन्द नहीं करता'—सूरये बक़र, आयत 205। फ़साद—उपद्रव, दंगा, 11. उपदेशक / नसीहत देनेवाले, 12. आनन्द में आत्मविस्मृति, 13. विकास / वृद्धि, 14. लेख / निबन्ध, 15. प्रतिनिधि-मंडल, 16. पश्चिम की श्रेष्ठता, 17. साँसे थम जाएँ / अचंभित कर दें।

46

भाई गांधी का वसीला[1] चाहिए,
हज़्म[2] काबुल का भी हीला[3] चाहिए।
दूर अभी है पेट चलने की बहार,
आज कल तो है निगलने की बहार।

47

इंग्लिश को ख़ुदा ने बादशाही दी है,
रफ्तारे ज़माना[4] ने गवाही दी है।
मद्दू भी लगाते हैं मदरिया[5] का दम,
हिन्दू को चिलम भी लालासाही दी है।

48

बुद्धू मियाँ भी हजरते गांधी के साथ हैं।
गोया कि ख़ाक[6]-राह हैं मगर आँधी के साथ हैं।*

49

हुकूमत और दौलत की जो दे चाट,
तो बन जाएँगे ये आख़िर तेरे भाट।
अदावत[7] मज़हबी जो है पुरानी,
उभार उनको बा अंदाज़े निहानी[8]।
मुझे मालूम, हैं नेटिव[9] ख़सायल,[10]
कहाँ ये वहदते मुल्की[11] पे मायल[12]।
कोई दावर[13] को अपने रट रहा है,
कोई एक जानवर पर कट रहा है।
जबाँ ही पर कोई देता है जान,
मआ'नी[14] होते हैं लफ़्ज़ों[15] पे क़ुरबान।

---

1. साधन, ज़रिया, 2. पाचन, 3. टोटका / बहाना, 4. समय की गति, 5. छोटा हुक़्क़ा, 6. राह की धूल, * यह शेर 'गांधीनामा' की मेरे पास उपलब्ध उर्दू की प्रति में नहीं है। सम्भवत: यह 'अकबर' साहब के गांधी पर लिखे अशआर में सबसे अधिक प्रसिद्ध है। इसे अकसर 'गांधीनामा' से लिया गया माना जाता रहा है। इसलिए इस शेर को यहाँ शामिल किया गया है, 7. बैर, 8. गुप्त रूप से, 9. देशी लोग, 10. आदतें, स्वभाव, 11. देश की एकता, 12. आसक्त, आमादा, 13. ख़ुदा, ईश्वर, मालिक, 14. अर्थ, 15. शब्दों।

हक़ीक़त में ये सब हैं शिर्के आलूद[1]
इसी से है तू उनके सर पे मौजूद।
कोई उनमें से ऐसा ख़ुद ग़रज़ है,
कि क़ौमी बहस[2] को समझा मरज़ है।
ग़रज़ ज़ाती तू उसकी कर दे पूरी,
तो है मंजूर उसको सब से दूरी।
तू रह बेदार[3] और मसरूफ़ जस्टिस,[4]
समझ ले बेअसर नेटिव की घिस-घिस।

1. एकता का विलोम अनेकता। यहाँ मतलब है आपसी अलगाव, आपस के अलगाव में सने हुए,
2. राष्ट्रीय विचार-विमर्श, 3. जागृत, 4. न्याय में तल्लीन।

हिन्दुओं के साथ हो गए

50

गाय का तो कुछ ठिकाना भाई गांधी ने किया,
शेख़ जी का ऊँट किस कल[1] बैठता है देखिए।
दैर[2] में हँसते हैं अब काबे[3] में बरसों रो लिये,
शेख़ जी करते ही क्या? बाबू के पीछे हो लिये।

51

पेट के वास्ते पपीता है।
दिल बढ़ाने को दर्से गीता[4] है।
हिन्द ही में दिया ख़ुदा ने मुक़ाम,
बन्दा अब दैर ही में जीता है॥

52

बुझी जाती थी शमा[5] मशरिक़ी[6]
मग़रिब[7] की आँधी से।
उम्मीदे रोशनी[8] क़ायम है,
लेकिन भाई गांधी से॥*

---

1. करवट, 2. मन्दिर, 3. एक पवित्र धर्म-स्थल, 4. गीता का अध्ययन / पठन-पाठन / उपदेश, 5. दीपक / चिराग़ / मोमबत्ती, 6. पूरब की / प्राच्य / पौर्वात्य, 7. पश्चिम, 8. प्रकाश की आशा,
* ये पंक्तियाँ 'गांधीनामा' की। जो उर्दू प्रति मेरे पास उपलब्ध है उसमें नहीं हैं। पर इन्हें कई विद्वानों ने 'गांधीनामा' का ही माना है और 'गांधीनामा' से ही उद्धृत किया है। संयोग से उपलब्ध उर्दू प्रति में 50वें शेर के बाद 51 संख्या नहीं है। उसके बाद 52 की संख्या आ गई है। अत: 52 संख्या पर ये पंक्तियाँ दी जा रही हैं।

53

अब शेख़ जी मुक़ीम[1] बरहमन के पास हैं।
गायें उछल रही हैं, क़साई उदास हैं॥

54

आबे ज़म-ज़म[2] से कहा मैंने 'मिला गंगा से क्यों ?
क्यों तेरी तनित[3] में ऐसी नातवानी[4] आ गई ?'

वो लगा कहने कि हज़रत आप देखें तो ज़रा,
बन्द था शीशी में, अब मुझमें रवानी[5] आ गई।

55

हामी[6] हुआ जो गाय के सर पर ज़हीन[7] है,
समझा ये दिल में गाय के सर पर ज़मीन है।

56

मुराद[8] भी मिली हमदर्द[9] भी हुए मशहूर,
शरीके मातमे अकबर[10] हुए ये ख़ूब किया।

---

1. घर ठहरे हुए, 2. मक्के के एक पवित्र कुआँ का पुण्य-जल, 3. स्वभाव, 4. दुर्बलता, 5. प्रवाह, 6. पक्ष में, समर्थक, 7. बुद्धिमान, प्रतिभाशाली, 8. कामना, इच्छा, 9. सहानुभूति रखनेवाले, 10. अकबर के दुख में शामिल।

गांधी का साथ बग़ावत नहीं है

57

न साहब को मारो न साहब से भागो।
मचाते रहो ग़ुल[1], पिटो और माँगो॥

58

क्यों न हम हो जाएँ गांधी के वज़ीर[2] ?
वह न अनवर[3] बे न काबुल के अमीर।
बल्कि लें तस्बीह[4] भी जुन्नार[5] भी,
क़ौम भी ख़ुश, मुतमइन[6] सरकार भी।

59

कहा बुलबुल ने 'क्यों रहूँ ख़ामोश ?
फिर कहाँ ये ज़माना पाऊँगी ?
ज़बह[7] होने की कोई बात नहीं,
रहा फँसना तो दाना पाऊँगी।'

60

अगरचे[8] शेख़ो-बरहमन उनके ख़िलाफ़ इस वक़्त उबल रहे हैं,
निगाहे तहक़ीक़[9] से जो देखो उन्हीं के साँचे में ढल रहे हैं।

61

वो शेख़ की शेख़ी रह न गई, इस्लाम को बुत[10] का राम[11] किया।
सरकार ख़फ़ा क्यों होने लगी ? गांधी ने चोखा काम किया।

---

1. शोर / कोलाहल, 2. मंत्री, सचिव, 3. प्रसिद्ध तुर्क सेनानायक—अनवर पाशा—अपनी जाति का मार्गदर्शक, 4. जपने की माला, 5. जनेऊ, यज्ञोपवीत, 6. निश्चिन्त, 7. गला काटे जाने, 8. यद्यपि, 9. जाँच-पड़ताल, खोज की दृष्टि, 10. मूर्ति, 11. अधीन, वशीभूत।

ठाकुर की ज़बरदस्ती न रही दहक़ान[1] की वो पस्ती न रही।
सरकार की भी मर्ज़ी थी यही, गांधी ने इलाका ख़ाम[2] किया।
बाहर का कोई बैठे न यहाँ, अफ़ग़ान हों, या हों तुर्क, मियाँ।
मतलब था यही फिर गांधी पर, आयद[3] ये अबस[4] इल्ज़ाम किया।
अफ़सोस तो है उस क़ुव्वत[5] पर, उस ख़्वाहिश पर, उस हालत पर।
यारों को लड़ाया जिसने बहम[6], हर सुलह को जंग अंजाम[7] किया।

62

गांधी है गऊ आदमी, वह बुल तो नहीं है।
गुजरात ही की बात है, काबुल तो नहीं है॥
कुछ उससे भड़कने की ज़रूरत तो नहीं है।
मा'नी हों ख़तरनाक वो सूरत तो नहीं है॥

---

1. किसान, 2. कच्चा, असंगत, 3. लागू करना, लगाना, 4. बेकार, व्यर्थ, 5. शक्ति, सामर्थ्य, 6. परस्पर, आपस में, 7. फल, परिणाम, नतीजा।

तर्के मवालात[1] की तौजीह[2]

63

इस इंतशारे क़ौमी[3] का तुझको क्या गिला है?
आँधी चली है ऐसी ज़र्रों[4] की क्या ख़ता[5] है॥

64

ये जो हंगामा है जिसकी हर तरफ़ ताईद[6] है,
आप की तालीम है और आप की तक़लीद[7] है॥
मुस्तहक़ाने अदब[8] को आपने रुस्वा[9] किया,
आप के दावाये अज़मत[10] की भी अब तरदीद है॥[11]
मर्ग[12] का ख़तरा मुबारक हो उन्हें जो ज़िन्दा हैं,
हम तो मुर्दा हैं क़यामत[13] की हमें उम्मीद है।

65

शोख़ियेग़र्ब[14] से घबराई जो शर्क़ी[15] रिदी[16],
बुत[17] ने अंगड़ाइयाँ लीं, दैर[18] में चौंकी बिदी।
लब[19] पे आया ये सुख़न[20], कैसी उठी है आँधी,
लहजये सब्रो मतानत[21] में ये बोले गांधी :
ज़हने आली[22] से तरशने लगे क़ानून नए,
आ'जज़ी[23] हमको सुझाने लगी मज़मून[24] नए।

---

1. असहयोग, 2. व्याख्या / स्पष्टीकरण, 3. राष्ट्रीय उथल-पुथल, 4. धूलि कणों, 5. अपराध, गुनाह, 6. समर्थन, पुष्टि, 7. अनुसरण, अनुकरण, 8. शिष्टाचार, विनम्रता के योग्य, हक़दार, 9. बदनाम, बेइज़्ज़त, 10. महानता की गर्वोक्ति, 11. खंडन, झूठ साबित करना, 12. मृत्यु, 13. प्रलय / अन्तिम दिन के फ़ैसले, 14. पश्चिम की ढिठाई, तेज़ी, बदतमीज़ी, 15. पूरब की, 16. शराब पीना मैख़ारी, 17. मूर्ति प्रतिमा, सनम, 18. मन्दिर, 19. ओठ, होंठ, 20. बात, 21. धैर्य और गम्भीरता की शैली, 22. महान, बढ़िया दिमाग़, 23. लाचारी, विनीता, 24. विषय।

66

अभी तो आप हैं बिजली इधर गिरिये उधर गिरिये,
क़रीब है वह ज़माना कि भागते फिरिये,
ख़याले[1] नशोनुमा[2] है उन्हीं के चंगुल में,
तो बहस क्या है ? उसी मिल में जाइए चिरिये।

67

हम ताजिर[3] हों तुम नौकर हो इस बात पे सब की अक़्ल है गुम।
अँग्रेज की तो ख़्वाहिश है यही, बाज़ार में हम दरबार में तुम।

68

लाख समझाता हूँ उसको, 'मेज पर आ चाय पी'।
ये उरुसे हिन्द[4] अब तक, कह रही है 'हाय पी'।

69

जो शामे फ़ित्ना[5] उफ़क़[6] पर जहाँ में तारी[7] है,
वो सिलसिला अभी क़ायम है और जारी है,
नतीजा उसका अ'याँ[8] होगा चंद रोज़ के बा'द।
ज़हूरे साज़[9] भी होगा वफ़ूरे[10] सोज़[11] के बा'द।
ख़ुदा की याद से पुरनूर[12] जिनका है सीना,
समझ रहे हैं कि फ़ितरत[13] नहीं है नाबीना।[14]

70

हुस्न भी है ज़ोर भी है, और ख़्वाहिशे इक़बाली[15] भी है।
है मगर अफ़सोस उसको, हर तरफ़ गाली भी है॥

---

1. विचार, 2. विकास, वृद्धि, 3. व्यापारी, 4. हिन्दुस्तानी दुल्हन, 5. उपद्रव की साँझ, संध्या, 6. क्षितिज, 7. छाया हुआ, व्याप्त, 8. प्रकट / प्राकट्य, 9. बाजा / वाद्ययंत्र, 10. अधिक, 11. तड़प, जलन, ताप मुहर्रम में पढ़ी जानेवाली एक नज़्म, 12. प्रकाशमान, ज्योतिर्मय, 13. प्रकृति, 14. दृष्टिहीन, अंधी, अंधा, 15. प्रताप की कामना।

71

हरचंद[1] हाले दुनिया[2] इस वक़्त मुन्क़लिब[3] है,
ईमान[4] मुतमइन[5] है और कुफ़्र[6] मुज़्तरिब[7] है।
ज़ाहिर[8] पे तुम न जाओ, है ऐतबारे बातिन[9],
उक़्दा[10] मेरे सुख़न[11] का खुल जाएगा किसी दिन।

72

उनकी दिलचस्पी की ख़ातिर, ग़ुल[12] मचाना है ज़रूर,
ये है ग़ुस्ताख़ी[13] वो चाहें खेलना, तुम चुप रहो।

73

डॉक्टर कह गए हरगिज नहीं फटने का ये पेट,
सारी दुनिया को वो कहते हैं निगल जाएँगे।
हम वो लुक़मा[14] हैं कि हरगिज़ न पचेंगे उनको,
मुँह जो उस ज़ौम[15] में मारा है तो पछताएँगे।

74

जो पूछा, 'क्यों कमर इस मंज़िले तारीक[16] में बाँधी?'
ज़बाने हज़रते शौकत[17] से बोले बाअसर[18] गांधी :
'मबाश ऐ रहे नरदे इ'श्क़ फारिग़ अज़ तपीदन हा,
कि दर आख़िर बजाइ मी रसदे अज़ ख़ुद रमीदन हा।'[19]

75

मुस्लिम का मियाँपन सोख़्त[20] करो, हिन्दू की भी ठकुराई न रहे,
बन जाओ हर एक के बाप यहाँ दावे को कोई भाई न रहे।

---

1. यद्यपि, कैसा / कितना भी हो, 2. दुनिया की हालत, 3. पलटा / औंधा, अस्त-व्यस्त, 4. आस्था / विश्वास, धर्म, 5. निश्चिन्त, 6. अधर्म, अनास्था, 7. व्याकुल, अधीर, 8. बाहर / प्रदर्शित, 9. अंतरात्मा, मन पर विश्वास, 10. गुत्थी, गाँठ, जटिलता, 11. बात, वार्तालाप, कथन, काव्य, 12. शोर, कोलाहल, 13. ढिठाई, बेअदबी, 14. कौर, ग्रास, निवाला 15. घमंड, 16. अँधेरे पड़ाव / मुकाम, 17. मौलाना शौकत अली की ज़बान, 18. प्रभावशाली, 19. फ़ारसी शेर जिसका अर्थ है कि ऐ राहे-इश्क के मुसाफ़िर तड़पना बन्द मत करना क्योंकि इसी तरह चलते-दौड़ते मंज़िल पर पहुँच ही जाओगे, 20. नष्ट, बरबाद, जला हुआ।

हम आप के फ़न[1] के गाहक हों, खुद्दाम[2] हमारे हों ग़ायब,
सब काम मशीनों से ही चलें, धोबी न रहे, नाई न रहे।

76

गांधी के साथियों में जो हैं वो नेक ही हैं।
'महराज' और 'मुहाजिर[3]' के हर्फ़[4] एक ही हैं॥

77

सुन लो ये भेद, मुल्क जो गांधी के साथ है।
तुम क्या हो ? सिर्फ़ पेट हो, वह क्या है ? हाथ है॥

78

धूम है तर्के मवालात[5] में और नाम भी है,
साथ साहब के मगर, अमन है आराम भी है,
शेख़ पर फेर[6] भी करते हैं नमाज़ी भी हैं आप
मददे कुफ़्र[7] भी है रौनक़े इस्लाम[8] भी है।

79

कलीसा[9] के मुक़ाबिल आज मुश्किल मेरा जीना है।
कि ग़ैरों से उसे ग़ुस्सा ही है मुझसे तो कीना[10] है॥

80

न मौलाना में लग़ज़िश[11] है, न साज़िश[12] की है गांधी ने।
चलाया एक रुख़ उनको फ़क़त मग़रिब[13] की आँधी ने॥

81

स्पीच सिल्के दुर[14] थी अब आहन[15] है पाँव में,
वाँ सौ सुनार की थी इधर एक लुहार की।

---

1. कला, कौशल, 2. ख़ादिम (नौकर, सेवक) का बहुवचन, सेवक गण, 3. शरणार्थी, पुरुषवाची, 4. अक्षर, 5. असहयोग, 6. फ़ायर, हमला, 7. अधर्म की सहायता, 8. इस्लाम की शोभा, 9. गिरिजा, चर्च, 10. दिली दुश्मनी, हार्दिक द्वेष, 11. क़ुसूर, अपराध, 12. षड्यंत्र, 13. पश्चिमी, 14. मोतियों का हार, 15. लोहा।

82

इस तर्के मवालात[1] के कीड़े ये पड़े क्यों?
इतना ही है बस इसका जवाब आप सड़े क्यों?

83

ऐंटी कांग्रेस[2] के हुये मूजिद[3] सैयद।
ख़ुद गवर्नमेंट ने दी उनको शिकस्ते जैयद[4]॥
नज़्मे बंगाल[5] की तनसीख़[6] हुई जब ज़ाहिर[7]।
तो अलीगढ़ भी हुआ पॉलिटिकल बिल-आख़िर[8]॥
अब भी जो हुक्म हो हाज़िर हैं मुसलमान ग़रीब।
लाज़मी बात है लेकिन कि हों हिन्दू से क़रीब॥
वज़ओ मज़हब[9] में तो हज़रत ही ने डाला है ख़लल[10]
शुदनी[11] था कि वो क़ानूने अदब[12] जाए बदल॥
होशियारों में तो अब सोज़[13] कहाँ बाक़ी है।
चंद मस्तों में फ़क़त दिल का धुआँ बाक़ी है॥

84

रहूँ मैं मुहतरिज़[14] इससे, बिला शक है ये दानाई[15],
मगर इस सोच में है दिल, ये हालत पेश क्यों आई।

85

तहज़ीबे क़दीम[16] के जब अरकान[17] थे चुस्त।
मुल्की हालात सब रहे साफ़ो-दुरुस्त।
ता'लीमे जदीद[18] ने किया फ़ितना[19] बपा,
ऐ बादे सबा ईं हमा आवुरदए तुस्त।[20]

---

1. असहयोग, 2. कांग्रेस विरोधी, 3. आविष्कारक, ईजाद करनेवाले, 4. बहुत बड़ी हार, प्रचंड पराजय, 5. बंगाल के प्रबन्ध, 6. रद्द करना/ख़तम करना, 7. प्रकट, 8. अन्ततः, 9. रीति-नीति और धर्म, 10. विघ्न, बाधा, 11. अवश्यम्भावी, दुर्निवार, भवितव्य, 12. शिष्टाचार के नियम, 13. ताप, तपिश, 14. परहेज़ करनेवाला, बचनेवाला, 15. बुद्धिमत्ता, विवेकशील, 16. पुरानी सभ्यता, 17. खम्भे (रुक्न का बहुवचन), 18. आधुनिक शिक्षा, 19. उपद्रव, 20. यह सब तेरा ही किया-धरा है।

86

मग़रिबी ता'लीम[1] से दिल एशिया का है मलूल[2]।
कर दिया ख़िल्क़त[3] को उसने बेतमीज़ो बेउसूल[4]।
जो करे इस्लाह[5] उसकी मदह का है मुस्तहिक़[6]।
और बातों को बज़ाहिर मैं समझता हूँ फ़ुज़ूल[7]॥

87

लश्करे गांधी[8] को हथियारों की कुछ हाजत[9] नहीं।
हाँ मगर बेइंतहा[10] सब्रो क़नाअत[11] चाहिए।

88

नई रोशनी का हुआ तेल कम।
हुकूमत ने इससे किया मेल कम॥
उधर मौलवी कस्मपुरसी[12] में थे।
न आफ़िस में थे न कुर्सी में थे॥
ये ठहरी कि आपस में मिल जाइए।
सियासी कमेटी में पिल जाइए॥
इसी मेल का आजकल है ज़हूर[13]।
ख़ुदा जाने जुल्मत[14] है इसमें कि नूर[15]॥

89

क्यों दिले गांधी[16] से साहब का अदब[17] जाता रहा।
बोले : क्यों साहब के दिल से ख़ौफ़े रब[18] जाता रहा॥

---

1. पश्चिमी सभ्यता, 2. दुखी, 3. सृष्टि, संसार, जनता, 4. अशिष्ट और सिद्धान्तहीन, 5. सुधार, 6. प्रशंसा का अधिकारी, 7. बेकार, 8. गांधी की सेना, 9. ज़रूरत, 10. असीम, 11. धैर्य और आत्म सन्तोष, 12. बेचारगी, ख़राब हालत, 13. प्रदर्शन, प्राकट्य, 14. अन्धकार, 15. प्रकाश, ज्योति, 16. गांधी के हृदय से, 17. लिहाज़, शिष्टाचार, 18. ईश्वर का भय।

अ'दमे[1] तर्के मवालात[2] की तौजीह[3]

90

आप ने वापस न किया क्यों ख़िताब[4] ?
बैठे हैं क्यों गोशे[5] में मग़मूमो-सुस्त[6] ?
कहने लगे उसका असर होगा क्या ?
नाज़ बरान कुन कि ख़रीदारे-तुस्त[7]।

91

आप क्यों अपना ख़िताब ऐ ख़ान वापस कीजिए।
ख़ुद उन्हीं से कहिए : मेरी शान वापस कीजिए।
वापसी ऑनर[8] की झगड़ा ख़त्म कर सकती नहीं,
लोग कहते हैं : ख़ुदा को जान वापस कीजिए॥

92

एक शेख़े हक़अंदेश[9] से ये शे'र सुना कल,
जब छावनी में तोप दग़ी सुबह को तड़के :
साहब से रहे मिल के वही ख़ूब है नेटिव[10],
घोड़ा वही अच्छा है जो मोटर से न भड़के।

93

उन तरीक़ों[11] से उमीदे ख़ैर[12] क्या।
रह के दरिया में मगर से बैर क्या॥

---

1. बिना, अभाव, 2. असहयोग, 3. स्पष्टीकरण, व्याख्या, तीनों से आशय है—असहयोग के विरोध में स्पष्टीकरण / व्याख्या, 4. उपाधि, सम्मान, 5. कोने, 6. दुखी और सुस्त, 7. धूल, गर्द या भूसी के ख़रीददार, 8. सम्मान, 9. धर्मभीरु, ईश्वर से डरनेवाले, 10. देशवासी, 11. चाल-ढाल, 12. कुशलता की आशा।

94

यही मर्ज़ी ख़ुदा की थी, कि हम उनके चार्ज[1] में आए।
सरे तस्लीम ख़म[2] है जो मिज़ाजे[3] 'जार्ज'[4] में आए।

95

दे ख़ार[5] कोई फूल तो उससे उलझ पड़ूँ,
बदली हुई हवा है तो मौसम से क्या लड़ूँ।

96

कूचये सर्विसे इंग्लिश[6] में रहे हम साकिन[7],
ज़ाहो-ज़र[8] ही की तमन्ना[9] में कटे, ज़ीस्त[10] के दिन,
वा'ज़े गांधी[11] से बदल सकते हैं क्यों कर बातिन,[12]
उम्र सारी तो कटी इ'श्क़े बुताँ[13] में 'मोमिन',
आख़िरी वक़्त में क्या ख़ाक मुसलमाँ होंगे।*

97

ज़ाहो-ज़र के रहे इंग्लिश से हमेशा तालिब[14],
अहदे पीरी[15] में बदल सकते हैं क्यों कर क़ालिब[16] ?
मुश्तहिर[17] कर दें ये हमदम[18] में जनाबे जालिब[19]
ज़िन्दगी भर तो रहा इ'श्क़े बुतां ही ग़ालिब[20],
आख़िरी वक़्त में क्या ख़ाक मुसलमाँ होंगे।

98

हो जो तक़वा[21] के सिवा तर्के-मवालात[22] कुछ और,
तो वह इस्लाम नहीं, बल्कि हुई बात कुछ और।

---

1. सुपुर्दगी, देख-रेख, 2. आज्ञा पालन में झुका सर, 3. तबीयत, जी, मन, 4. इंग्लैंड के तत्कालीन सम्राट जॉर्ज पंचम जिनके राजकुमुट की अधीनता में उस समय गुलाम हिन्दुस्तान भी था, 5. काँटे, 6. अंग्रेज़ों की सर्विस लेन अर्थात् उनके घरों के पिछवाड़े, 7. वासी, निवासी, 8. प्रतिष्ठा और धन-सम्पदा, 9. लालसा, 10. जीवन, ज़िन्दगी, 11. गांधी के उपदेश, 12. मन, हृदय, 13. प्रतिमाओं के प्रेम, आशय है प्रेमपात्र में आसक्ति, * मोमिन का शेर, 14. लालायित, प्रार्थी, 15. बुढ़ापे के दिनों/अवधि में, 16. शरीर, देह, साँचा-ढाँचा, 17. विज्ञापित, 18. दोस्त, मित्र, साथी, 19. लखनऊ के एक समकालीन अख़बार के सम्पादक का उपनाम , 20. उन्नीसवीं सदी के प्रसिद्ध उर्दू कवि मिर्ज़ा असादुल्लाह खाँ 'ग़ालिब' का उपनाम श्लिष्ट हो गया है, और ये उन्हीं का शेर है, 21. परहेज़, संयम, 22. असहयोग।

उल्मा[1] ख़ुश हुए सुनकर ये मेरा शे'र 'अकबर',
हाँ मुख़ालिफ़[2] ने कहा, 'बकिये ख़ुराफ़ात[3] कुछ और'।

99

बस आप ही कीजिए उछल-कूद।
हमसे ये उम्मीद अब है बेसूद[4]॥
तेज़ाब में हम तो गल चुके हैं।
उनके साँचे में ढल चुके हैं॥

100

वा'ज़[5] ये कहिए अगर इस्लाहे-नेशन[6] चाहिए।
नफ़्स[7] की ख़्वाहिश को नॉन-कोआपरेशन[8] चाहिए॥

101

मैं हूँ नॉन-कोआपरेशन[9] के लिए तैयारे जस्त[10]।
तुम तो लेकिन ऐन्टी नॉन-कोआपरेशन[11] में हो मस्त॥
वो दिलाता है दिले दीनदार[12] को तक़वा[13] की याद।
ऐन्टी नॉन-कोआपरेशन है मगर शर्रो-फ़साद[14]॥

102

हम हैं मा'ज़ूर[15] घर ही में हैं धरे,
आफ़ियत[16] में ख़लल[17] पड़ा तो मरे।
जिसको हो ज़ोर खाना[18]-जंगी का,
वो करे सामना फिरंगी का॥

103

भाई गांधी की रविश[19] में बहुत उम्मीद नहीं,
है वह दिलचस्प, मगर वुसअते-तक़लीद[20] नहीं॥

---

1. विद्वान, 2. विरोधी, 3. झगड़ा खड़ा करनेवाली बात, बखेड़ा, बकवास, 4. बेकार, व्यर्थ, 5. उपदेश, 6. समाज / राष्ट्र का सुधार, 7. आत्मा, जान, अस्तित्व, वासना, 8. असहयोग, 9. असहयोग, 10. कूदने, उछलने के लिए तैयार, 11. असहयोग के विरोध, 12. धर्मपरायण हृदय, 13. संयम, परहेज़, 14. शरारत / बुराई और झगड़ा, 15. विवश, लाचार, अपाहिज, 16. चैन, आराम, 17. बाधा, विघ्न, अड़चन, 18. गृह युद्ध की शक्ति, 19. गतिविधि, आचरण, 20. अनुसरण / अनुगमन का विस्तार।

बेपरवाई[1] व बेतअल्लुक़ी[2]

104

पॉलिटिकली[3] झगड़े छोड़ो,
इन बातों से अब मुँह मोड़ो।
कैसे डॉयर[4] कैसे हंटर[5]
लाओ साग़र[6] लाओ कंटर[7]।

105

दुश्मन हैं सब ख़ुदा ही की रहमत[8] है जाँनवाज़[9],
दिल को लगा ख़ुदा ही से, ले अपनी आँखें मूँद।
गोले तो एयर शिप[10] से वह बरसा सके बहुत,
टपका सके न अब्र[11] से पानी की एक बूँद।

106

तर्जुमा आयत-ए-क़ुरआं[12] का सुनाता हूँ तुम्हें,
जिसमें हो इसकी जगह, दिल वो है सीना वो है।
फ़क़त एक लहो-लइब[13] है ये हयाते-दुनिया[14]
बाद मरने के जो पेश आएगा जीना वो है॥

---

1. निस्पृहता, लगाव का अभाव, बेफ़िक्री, 2. उदासीनता, किसी से वास्ता न रखना, 3. राजनीतिक, 4. जिसके आदेश पर जलियाँवाला बाग़ में नरसंहार हुआ था, 5. अंग्रेज़ हकिम, 6. प्याला, 7. शीशे की सुराही, जो शराब, गुलाबजल रखने के काम आती है, 8. करुणा, दया, 9. प्राणों पर कृपा करनेवाले, प्राण निछावर करनेवाले 10. हवाई जहाज, 11. बादल, 12. पवित्र 'क़ुरान' की एक आयत का अनुवाद, 13. खेल-कूद, 14. संसार का जीवन।

107

इ'बरत[1] के साथ देख तमाशाये-इंक़लाब,[2]
मज़्दा[3] कहीं है और कहीं 'हाय इंक़लाब'।
फ़ानी[4] जहाने[5]-हश्र[6] की मंज़िल[7] में है रवाँ[8],
किस तरह तै हो ये जो न हो पाए इंक़लाब।
हर रंग में जिसे नज़र आती है शाने-हक़[9]
बाग़े-जहाँ[10] में क्या इसे परवाये-इंक़लाब[11]।
उम्मीद रख ख़ुदा से, इबादत[12] से मुँह न मोड़,
रंगे-ज़माना[13] कुछ ही हो, लाख आए इंक़लाब।

108

मर्दे-मुस्लिम[14] है अगर, सब्र[15] को खोने का नहीं,
कुफ्र[16] से तालिबे-इज़्ज़त[17] कभी होने का नहीं।

109

अरमाँ[18] बक़द्रे-ताक़त[19] हर सू[20] निकल रहे हैं,
साहब तो उड़ रहे हैं और हम उछल रहे हैं।

110

झुका हुआ हूँ मैं सूये-मश्रिक[21] उधर वो मग़रिब[22] में तन रहा है।
मेरा फ़साना[23] हुआ पुराना, अब उसका अफ़साना बन रहा है।
नहीं है अब दूर वक़्ते-आख़िर[24], हुज़ूरिये-हक़[25] में रह तू हाज़िर,
इन इंक़लाबों से हो न बेदिल[26] यही फ़लक[27] का चलन रहा है।

---

1. शिक्षा, नसीहत, चेतावनी, किसी असहाय की बुरी हालत देखकर उपजा मानसिक सन्ताप, 2. क्रान्ति, परिवर्तन, उथल-पुथल का तमाशा, 3. ख़ुशी, 4. नश्वर, 5. संसार, 6. क़यामत, महाप्रलय, 7. गन्तव्य, 8. गतिशील, प्रवाहमान, 9. ईश्वर की महिमा, 10. संसार की वाटिका, 11. क्रान्ति की चिन्ता, 12. उपासना, आराधना, 13. समय की चाल-ढाल, 14. मुसलमान शूरवीर (पुरुष), 15. धैर्य, 16. अधर्म, 17. सम्मान का इच्छुक, 18. मन की कामना, 19. शक्ति के अनुसार, 20. हर तरफ़ / ओर, 21. पूरब की ओर, 22. पश्चिम, 23. कहानी, 24. अन्तिम दिन, मृत्यु का समय, 25. ईश्वर के दर्शन, दरबार, 26. उदास, दुखी, 27. आकाश, स्वर्ग, नियति।

111

मिल न सकती मेम्बरी तो जेल ही को झेलता।
बे-सकत[1] हूँ, वरना कोई खेल मैं भी खेलता॥

112

इंक़लाबों को समझ हश्र[2] की तमहीद[3] फ़कत।
है ये तरकीब[4] फ़सादात[5] की तजदीद[6] फ़कत।

113

हज़रते-ईसा ही की आमद[7] का ये सामान है,
कोई घबराया करे मुझको तो इत्मिनान है।

114

क्यों गैस के साथ उड़िए, गोबर की तरह लिपिए।
दोनों ही में ज़हमत है, लिल्लाह कहीं छिपिए।

115

मिलो गांधी से ऐ 'अकबर'! अगर सड़कों पे जय चाहो।
झुको सुल्तान[8] के आगे, अगर फ़रमाने[9] रै चाहो।
शरीके[10]-बज़्मे-रिन्दे-आ'फियत[11]-जू[12] आ के हो जाओ।
अगर हो ज़ौक़े-मस्ती[13] और दौरे-जामे[14]-मय चाहो।

116

उधर बिफरे हुए साहब हैं, और ज़ोरे[15]-हवाई है।
इधर रूठे हुए गांधी हैं, शिकवा[16] और ढिठाई है।
जौहर[17] को जप रहे थे, तंग हैं वह उन बखेड़ों से,
किधर फरियाद को जाएँ ख़ुदा ही की दुहाई है।

---

1. शक्तिहीन, 2. प्रलय, क़यामत, 3.भूमिका, प्रस्तावना, 4. उपाय, 5. उपद्रव, झगड़े, 6. नए सिरे से शुरू करना / नवीनीकरण, 7. आगमन, 8. बादशाह, 9. रै ईरान का एक शहर है। यहाँ फ़रमाने रै का अर्थ है 'रै की जागीरदारी' जो बादशाह ही दे सकता है। 10. रसिकों की सभा में सम्मिलित, 11. सुख, चैन, शान्ति, 12. चाहना—शान्ति की चाह रखने वाले रसिकों की सभा में सम्मिलित, 13. मस्ती में रुचि, 14. शराब की प्यालियों के दौर, 15. हवाई ताक़त, 16. उलाहना, शिकायत, 17. सत, सार, धर्म, कला।

117

न गांधी की रफ़ाक़त[1] है, न साहब से तवस्सुल[2] है।
फ़लक[3] की देखता हूँ, बस ख़ुदा ही पर तवक्कुल[4] है।
जो आ'क़िल[5] है वो मौक़े[6] के मुताबिक़ काम करता है,
हवा में है तो शाहीं[7] है, क़फ़स[8] में है तो बुलबुल है।

118

ख़ुदा-ख़ुदा करो ख़ामोशी-ओ-अदब के साथ।
फ़ज़ूल जस्त[9] मुनासिब नहीं है सबके साथ॥

119

इधर अज़ीमते[10]-गांधी की मश्रिक़ी[11] को तलाश,
उधर जलालते-मग़रिब[12] हवा में है बम-पाश[13]।
कहीं ये शिकवा कि इना'म[14] में निहाँ[15] है फ़रेब[16],
कहीं ये ग़ुस्सा कि शोरो-फ़ुग़ाँ[17] है समआ-ख़राश[18]।
कहीं ये ता'न[19] कि ये सामरी[20] है गाव-परस्त[21],
कहीं ये शुब्ह: कि ख़िनज़रि[22] की खाएगा ये क़ाश[23]।
कहीं ये ज़ज्र[24] कि मुश्रिक[25] से इर्तिबात[26]-अबस,[27]
कहीं पे क़हर[28] कि ग़ैरत[29] है नज़रे[30]-फ़िक्रे-मआश।
कहीं ये वसवसा[31] बुनियादे[32]-तख़्त सुस्त न हो,
कहीं ये ख़तरा कि गिरने लगे न लाश पे लाश।
कहीं ये फ़ैसला ये सब हैं मुल्को-क़ौम[33]-फरोश,
कहीं ये क़ौल[34] कि ये सब हैं रिंद[35] और औबाश[36]।

---

1. दोस्ती, मित्रता, 2. आसरा, सहारा, जान-पहचान, 3. आकाश, 4. भरोसा, आसरा, 5. बुद्धिमान, विवेकशील, 6. अवसर के अनुसार, 7. बाज़, 8. पिंजरा, पिंजर, 9. उछल-कूद, 10. गांधी के संकल्प / जादू, 11. पूरब के लोग, 12. पश्चिम की श्रेष्ठता, महानता। 13. बम बरसाने वाली, 14. पुरस्कार, 15. छिपा, 16. धोखा, 17. कोलाहल और आर्तनाद, 18. सुननेवालों के कान में घाव पैदा करनेवाला, कानों को बुरी लगनेवाली, 19. व्यंग्य के तीर चलाना, 20. सामिरा शहर का निवासी जादूगर जिसने हज़रत मुसा के अनुयायियों में गाय की पूजा प्रचलित की थी, 21. गो-पूजक, 22. सूअर, 23. टुकड़े, 24. फटकार, डांट-डपट, भर्त्सना, 25. बहुदेववादी, 26. मेल-जोल, 27. व्यर्थ, बेकार, 28. दैवी, प्रकोप, 29. स्वाभिमान, 30. आजीविका की चिन्ता पर भेंट, 31. अनिष्ट शंका, 32. राज सिंहासन की आधार-शिला, 33. देश / राष्ट्र को बेचनेवाले, 34. प्रतिज्ञा / प्रवचन, 35. शराबी, मद्यप, 36. लम्पट, शोहदे।

जिधर उठाएँ नज़र उनमें है अयाँ[1] बाहम[2],
अनादो[3]-ग़ीबतो[4]-तौहीनो[5]-कीना[6]-ओ-पुर्ख़ाश।[7]
तग़य्युराते[8]-जहाँ कौन रोक सकता है,
हर एक पाएगा आ'माले ज़ीश्त[9] की पादाश[10]।
फुज़ूल राय के इज़्हार[11] में जो हैं सरगर्म[12],
ये शे'र सायब[13] उन्हें ख़ामुशी[14] सिखाये काश।
तमीज़े नेक दब्रे रोज़गार कार तू नीस्त,
चु चुश्मे आइना दर खूबो ज़श्त हैरान बाश।*

120

हमको उससे कुछ न मतलब है न क़ीलो[15]-क़ाल है।
उनके सर पर ये उन्हीं की शामते[16] आ' माल है॥

121

तजरबा[17] तर्के-तआ वुन[18] का करें ये नौनिहाल[19]
गौर[20] में जो पाँव लटकाए हुए हैं उनको क्या?
ख़ात्मा बिल[21] ख़ैर है उनका पुराने राग पर
वो कहाँ पाएँ नए सुर और करे इस धुन को क्या?

122

तुम रहो लिल्लाह[22] इन नापाक झगड़ों से अलग,
तुम को क्या मतलब है इनसे लह्मे[23]-ख़र दंदाने[24]-सग।

---

1. स्पष्ट, ज़ाहिर, 2. परस्पर, आपस में, 3. बैर, 4. पीठ पीछे (निन्दा), 5. अपमान, 6. दिल में छिपा द्वेष, 7. शत्रुता, 8. संसार में परिवर्तन, 9. पिछले जीवन, 10. प्रतिकार, बदला, 11. अभिव्यक्ति, 12. तल्लीन, 13. शुद्ध, सही, 14. शान्त रहना। * फ़ारसी की एक गज़ल का शेर जिसका मतला है—

ज़ख़्लर ज़ार ता'ल्लुक कशीदा दामान बाश।
बहर चे मीं कुश्दत दिल अज़ान गुरीज़ान बाश। (मिर्ज़ा मोहम्मद अली सायब)

15. तर्क-वितर्क, 16. कुकृत्यों के फलस्वरूप पतन के लक्षण, दुर्भाग्य, 17. आजमाइश, परीक्षण, 18. असहयोग, 19. नई उम्र के लड़के, नववय किशोर, 20. कब्र, 21. कुशलतापूर्वक, 22. ईश्वर के नाम पर, 23. गधे का मांस, 24. कुत्ते के दाँत।

123

साहब से रुके तो राहतों को तरसे।
शौकत[1] से अगर फिरे तो ला'नत बरसे।
बेहतर है कि पड़ रहो तवक्कुल-ब[2]-ख़ुदा।
बाहर रखो क़दम न अपने घर से।

124

असर दौरे-फ़लक[3] का पड़ रहा है जो ज़माने पर,
तुम्हारे ये रिज़ोल्यूशन[4] उसे कम कर नहीं सकते।
करेंगे वह तरक़्क़ी हम जो है ज़ाती[5]-ओ-रूहानी[6],
तुम्हारे साथ इस ज़िल्लत[7] का मातम कर नहीं सकते।

125

हज़ारों ही तरीकों से हम अंग्रेज़ों को घेरे हैं,
तवाफ़[8] उनके घरों का है उन्हीं सड़कों के फेरे हैं।
सवारी है उन्हीं की राह उनकी और डाक उनकी,
उन्हीं की फौज़ है उनकी पुलिस है और ताक उनकी।
हवा में एअरशिप उनके समन्दर में जहाज़ उनके,
अ'मल[9] हममें किया करते हैं ना मा'लुम राज़ उनके।[10]
उलूम[11] उनके ज़बाँ उनकी प्रेस उनके लोग़ात[12] उनके,
हमारी ज़िन्दगी के सारे अजज़ा[13] पर है हात उनके।
बहुत ऐसे हैं जो तर्के-तआ'उन[14] के भी क़ायल[15] हैं,
मगर ऊँचे जो हैं अक्सर तरफ़ इंग्लिश के माय'ल[16] हैं।
फ़कत ज़िद है जो कहती है कि 'जब अपनी ज़बाँ खोलो,
हमारे पेशवाये[17]-मुल्क गांधी जी की जय बोलो।'
क़राइन[18] कह रहे हैं आ रहा है दौर फ़ितनों[19] का,
हवाएँ वो चलेंगी नक़्श मिट जाएगा कितनो का।

---

1. मौलाना शौकत अली, 2. ख़ुदा / ईश्वर के भरोसे, 3. नियति-चक्र, 4. अंग्रेज़ी शब्द मतलब प्रस्ताव, 5. व्यक्तिगत, 6. आध्यात्मिक, 7. अपमान, 8. चक्कर, परिक्रमा, 9. काम, 10. रहस्य, 11. विद्या, ज्ञान, 12. शब्दकोश, 13. तत्त्वों, 14. असहयोग, 15. माननेवाले, समर्थक, 16. आसक्त, प्रवृत्त, आमादा, 17. देश के नेता, 18. अनुमान, सुबूत, 19. उपद्रवों, उठा-पटक।

किसी की चल सकेगी क्या, अगर क़ुर्बे-क़यामत[1] है,
मगर इस वक़्त इधर चर्ख़ा उधर उनकी वज़ारत[2] है।

126

उनमें न रंगे-दरवेश[3] उनमें न शाने-शाही[4],
गाली है और ज़िदाँ[5] चर्ख़ा है और इंजन।

---

1. प्रलय का पास आना, 2. मंत्री पद, 3. सिद्ध पुरुष की छवि / रंग, 4. राजसी गौरव, 5. क़ैदख़ाना / कारागार / जेल।

ज़राफ़त

127

मौलवी जेल में बटने को जो मूँज उठता है।
गुम्बदे[1]-चर्ख़ मेरी आह से गूँज उठता है॥

128

भाई मुस्लिम रंगे-गर्दूं[2] देख कर जागे तो हैं।
ख़ैर हो क़िब्ले[3] की लंदन की तरफ़ भागे तो हैं।
कहते हैं बुत[4] : देखें कैसा रहता है उनका सुभाव।
हार कर सबसे मियाँ हमरे लागे तो हैं।

129

उठे हैं ग़र्बी[5] साता रोहन।
लपको, पैरो, दौड़ो मोहन।

130

इंडिया ने कमर तो बाँधी है।
कोई शौकत है कोई गांधी है।
लेकिन अब भी बहुत से हैं अड़ियल,
सिर्फ़ पुश्तक[6] है और गांधी है।

---

1. आकाश / आसमान का गुम्बद, 2. आकाश / आसमान का रंग, 3. मक्के का वह पवित्र स्थान जहाँ संगे-अस्वर / काला पत्थर प्रतिष्ठित है, 4. प्रतिमाएँ, मूर्ति, 5. पश्चिमी, पानी का डोल, पुर, 6. घोड़े की दुलत्ती।

131

हुक्काम[1] हैं ख़ज़ाना[2] ओ-तोपो-रैफल के साथ।
खुद्दाम[3] हैं शगूफ़ए[4] तर्के-अमल[5] के साथ।
बाज़ू में याँ न ज़ोर गले में न शौके[6]-शोर,
हम तो मुशाअरे में हैं अपनी ग़ज़ल के साथ।

132

मज़ा ग़ालिब बहुत है गंगू ओ (नन्कू प रेशन) का।
ये मुश्किल है असर उन पर हो नन को-आपरेशन का।*

133

मज़हब वापस ख़याले-जन्नत[7] वापस।
मस्जिद का वो हक़, वो नज़र[8]-ओ-दावत वापस।
हज़रत ने ये साफ़ कह दिया सबसे कि 'मैं,
करने का नहीं ख़िताबो[9]-ख़लअत[10] वापस'।

134

हिन्दू-ओ-मुस्लिम हैं हैराँ[11] दोनों ग़र्बी[12] दौर में,
शोख़ी-ए-अतफ़ाले ख़ुद सर क़ाबिल इज़हार नीस्त।
जब बुलाया ख़तने को लड़का ये कहकर चल दिया :
'क़ाफ़िर इ'श्क़म मुसलमानी मेरा दरकान नीस्त।'[13]
जब जनेऊ को बुलाया तिफ़्ले[14]-हिन्दू बोल उठा :
'हर रगे मन तार गश्ता हाजते जुन्नार नीस्त'[15]
है बिलाशक क़ाबिले[16]-इस्लाह ता'लीमी[17]-निज़ाम,
ए'तराज़े मुतरिज़ मुस्तो जिबे इनकार नीस्त।[18]

---

1. शासक वर्ग, 2. शस्त्रशाला, 3. सेवक वर्ग, 4. निराली बात, 5. बहिष्कार, 6. शोर, कोलाहल मचाने का उत्साह, * पहली लाइन में Non-Cooperation को देसी नामों में बाँट कर व्यंग्य पैदा किया गया है, 7. स्वर्ग का विचार, 8. अधिकार, उपहार / भेंट और दावत, 9. उपाधि / पदवी, 10. राज की ओर से प्राप्त सम्मान सूचक वस्त्रादि, 11. चकित, 12. पश्चिमी, 13. 'मैं इश्क़ का काफ़िर हूँ, मेरी मुसलमानी की आवश्यकता नहीं' (अमीर ख़ुसरो के शेर की लाइन), 14. बच्चा / बालक / लड़का, 15. 'मेरी हर रग धागा बन गई है मुझे जनेव की आवश्यकता नहीं' (ख़ुसरो), 16. सुधार योग्य, 17. शिक्षा-व्यवस्था 18. आपत्तियों को नज़रअंदाज़ नहीं किया जा सकता।

135

मुश्तबा[1] तेरी दुआ का असर ऐ 'अकबर' है।
रिज़ोल्यूशन[2] के पटाख़े से मगर बेहतर है।

136

पतलून की बटन से धोती का पेच[3] अच्छा।
दोनों से वह जो समझे दुनिया को हेच[4] अच्छा।

137

भाई गांधी का निहायत ही मुक़द्दस[5] काम है।
रामपुरी[6] साथ हैं और राम का ही नाम है।

138

न छोड़ो भाई गांधी की हजूरी।
खिला ही देंगे तुमको रामपूरी[7]॥

139

नाम में गांधी के दिलचस्प सनअ'त[8] है निहाँ,
आन[9] भी इसमें गाय भी इसमें दही भी घी भी है।

140

कहा गांधी से कि 'मौज़ूँ[10] नहीं ये आपका काम',
हंस के बोलो कि 'मुक़फ़्फ़ा[11] है सरीहन[12] ये निज़ाम'[13]।
आप का ज़ोर तो जंगी[14] नए आलात[15] में है,
क़ाफ़िया[16] इसका फ़क़त तर्के मवालात[17] में है।

---

1. संदिग्ध, मशकूक, 2. प्रस्ताव, 3. घुमाव, 4. तुच्छ, बेकार, 5. पवित्र, 6. अलीबन्धु (मौ. शौकत अली और मौलाना मुहम्मद अली) उत्तर प्रदेश के रामपुर शहर के मूल निवासी थे। शब्द में श्लेष है। इसका एक अर्थ रामपुरी छुरा / चाकू भी है। 7. वही श्लेष यहाँ भी है। चढ़ाने के लिए बनी सुहाली / पूरी को भी रामपुरी कहा जाता है। 8. कला, शिल्प, अलंकार, 9. टेक, शान, गौरव, 10. उचित, 11. अनुप्रासात्मक, तुकों पर आश्रित, 12. खुल्लमखुल्ला, साफ़-साफ़, 13. व्यवस्था तात्पर्य हुकूमत / सरकार से है। 14. लड़ाई, संघर्ष के, 15. हथियारों / अस्त्र-शस्त्र, 16. तुक, अनुप्रास, 17. असहयोग।

141

तिब्बे[1]-देहली को मदद से बुत[2] की सेहत बढ़ गई।
क़ुदरते[3]-बारी से बुतख़ाने[4] की शौकत[5] बढ़ गई।
डंडवत् जब शेख़ साहब ने भी की पेशे-सनम[6]
गांधी आँधी हो गए चेलों की हिम्मत बढ़ गई।
आक्सन[7] भाई ने क़ुरबानी[8] तअस्सुब[9] की जो की,
जॉन बुल[10] चुप हो गए गायों की क़ीमत बढ़ गई।

142

बुद्धू का लफ़्ज[11] था फ़क़त एक मसलेहलत[12] की बात।
दिल में मेरे निहाँ[13] जो है मेरे जी की बात।*

143

ये जमा'अत[14] देखिए ये ढोल ताशा देखिए।
दौड़ना यारों का ऐसा बेतहाशा देखिए।
आप ने ताक़त की तो जौलानियाँ[15] देखीं बहुत,
जोफ़[16] के हैजान[17] का भी अब तमाशा देखिए।

144

आगे तुम्हारे रंग किसी का नहीं जमा।
जय हो तुम्हारी ऐ मेरे गांधी-महात्मा।
लेने के तुम नहीं हो गवर्नमेंट की मदद।
चूरन तो क्या ज़रूर पेपरमिन्ट की मदद।

---

1. दिल्ली के दवा-इलाज, 2. प्रतिमा / प्रेम पात्र, 3. सृष्टा, ईश्वर की प्रकृति, महिमा, 4. मन्दिर, मूर्तिगृह, 5. वैभव, ऐश्वर्य, शानोशौकत, 6. मूर्ति के सामने, 7. ऑक्स का प्रयोग श्लेष के साथ हुआ है, एक अर्थ तो सांड़ या बैल है, दूसरा ऑक्सफोर्ड विश्वविद्यालय के पढ़े हुए। मौलाना मुहम्मद अली ऑक्सफोर्ड के पढ़े हुए थे। उनकी ओर संकेत है। 8. बलिदान, 9. साम्प्रदायिकता, 10. यहाँ भी 'बुल' में श्लेष है। इसका एक अर्थ तो बैल है। दोनों का मिलकर अर्थ रोबदार अंग्रेज़ साहब होगा। 11. शब्द, 12. भेद, रहस्य, कहने का प्रभावी ढंग, 13. छिपा / पोशीदा, * इस शेर के असली सन्दर्भ और बेहतर समझ के लिए भूमिका का पृष्ठ देखें। 14. क़तारें / क़तारों में चलते जुलूस, 15. उफान, उछल-कूद, 16. कमज़ोरी, बेबसी (ख़ाली पेट) दीनता, 17. उफान।

145

स्वराज आपके अहबाब[1] ने पाया जो ऐ हज़रत!
तो ये फ़रमाइये फिर क्या करेगी आपकी मिल्लत[2]?
वो बोले मिस्र तक अंग्रेज़ होंगे हम-सफ़र[3] अपने।
वो चल देंगे वहाँ से सूये[4] लन्दन और हम मक्के।

146

हर चीज़ हो ऐ जनाब वापस।
ओहदा वापस ख़िताब वापस।
ऑनर पे नहीं है जिसका क़ब्ज़ा।
वह भी कहता है बे-मुहाबा[5]।
ग़ुस्से को करूँ मैं ज़ब्त[6] ताचंद[7]।
वापस पतलून लाओ तहबंद।
रखूँ गालों को क्यों सफाचट?
वापस लूँगा मैं रीश[8] झटपट।
होगी वही दिल[9]-नवाज़ अपनी।
वापस लूँगा नमाज़ अपनी।
कीने[10] मोटर से बढ़ रहे हैं।
लाला फिर रथ पे चढ़ रहे हैं।
बीवी भी ख़ुदा से अब डरेंगी।
वापस बेपरदगी करेंगी।
बेहतर है न देखो पेश या पस।[11]
अल्लाह को कर दो जान वापस।
जब तक है तुम्हारे जिस्म में जान।
लिपटा ही रहेगा तुमसे शैतान।

147

पाँव में उनके तुमने ज़ंजीर क्यों न बाँधी?
बोले कि 'शेख़ बन कर उठ्ठे नहीं हैं गांधी।'

---

1. प्रियजन, मित्रगण, 2. समूह, समुदाय, 3. सहयात्री, साथ यात्रा करनेवाला, 4. तरफ़, दिशा, 5. बेधड़क, बिना लाग-लपेट, 6. सहन, 7. कब तक, कहाँ तक, 8. दाढ़ी, 9. दिल को तसल्ली देनेवाली, लुभाने वाली, 10. ईर्ष्या, दिली दुश्मनी, 11. आगा-पीछा।

148

रात नान-कोऑपरेशन की जो उसने ठान ली।
हो गया लाचार मैं, आख़िर रज़ाई तान ली।

149

अफ़लाक[1] एयर शिप पे ज़मीं सर पे गाव[2] के
अफ़सोस शेख़ जी का ठिकाना कहीं नहीं।

150

पर हो तो ओज[3] देखो, ख़र[4] हो तो घास देखो
हम क्या समझाएँ तुमको अपनी निकास देखो।

151

पूछता हूँ, 'आप गांधी को पकड़ते क्यों नहीं?'
कहते हैं, 'आपस ही में तुम लोग लड़ते क्यों नहीं?'
पेच[5] क़िस्मत के तुम्हारे जब दिखाएँगे कजी[6]
आदिलाना[7] रंग में उठकर करेंगे हम जजी।[8]

152

एक शौकत[9] और ज़ियाउद्दीन[10] बज़ओ[11]-खू[12] में हैं।
फ़र्क़ इतना ही है वो जंगल में हैं ये जू[13] में हैं।

153

रखे अल्लाह आप का गांधी का जोड़ा बरक़रार।
आप के हों खानसामां[14], और उनके हों कहार।

---

1. फ़लक (अर्थ, आकाश, आसमान) का बहुवचन, आकाश समूह। सातों आसमान, 2. गाय, 3. उच्चता, बुलन्दी, ऊँचाई, 4. गधा, 5. चक्कर, घुमाव, चक्र, 6. टेढ़ापन, 7. न्यायनिष्ठ के, 8. न्यायाधीश, जज की भूमिका, 9. मौलाना शौकत अली, 10. लेफ़्टिनेंट कर्नल डॉ. जियाउद्दीन—अलीगढ़ मुस्लिम विश्वविद्यालय के तत्कालीन उपकुलपति और तत्कालीन संयुक्त प्रान्त (वर्तमान उत्तर प्रदेश) की विधानसभा के मनोनीत सदस्य, 11. रीति-नीति, चलन, फैशन, 12. आदत, स्वभाव, 13. चिड़ियाघर, अजायब घर, 14. भंडारी, रसोई का कर्ताधर्ता।

154

जान उनकी कहीं तर्के-मवालात[1] न मारे।
कहते हैं कहीं तुर्क मुआ लात न मारे।*

155

मुँह से अल्फ़ाज़ कुछ निकाले हैं।
चुप हैं वो जो समझने वाले हैं।
शेख़जी को ज़रा घुलाना है,
लाला साहब तो देखे भाले हैं।

156

अब जो साहब लोग मरते हैं तो कहते हैं ये बात :
'आक़बत[2] जो कुछ भी हो साहब से तो पीछा छूटा।'

157

नहीं हरगिज़ मुनासिब पेश-बीनी[3] दौरे-गांधी[4] में।
जो चलता है तो आँखें बन्द कर लेता है आँधी में।

158

बुत[5] बन गए ख़ुद शैख़ तो गांधी से लड़े कौन ?
साहब ही हैं ख़ामोश तो आफ़त में पड़े कौन ?
टट्टू हैं तरक़्क़ी के रेसाले[6] के हैं दाग़ी[7],
और एड़ भी आनर का है फिर कहिये उड़े कौन ?

159

न टमटम है, न मोटर है, न घोड़ा है, न हाथी है।
नमूद[8] उनको मुबारक, बंदा तो छकड़े का साथी है।

---

1. असहयोग, * 'तर्के-मवालात' और 'तुर्क मुआ लात' उर्दू लिपि में एक ही तरह लिखे जाते हैं। इनको दो बार भिन्न अर्थों में एक ही शेर में लाकर कवि ने यमक अलंकार (सन्अ 'ततजनीस) का अत्यन्त विनोद-व्यंजक प्रयोग किया है। 2. अन्त, परलोक, 3. दूरदर्शिता, 4. गांधी के समय, 5. मूर्ति, माशूक़, जड़, निश्चेष्ट, 6. सोना की टुकड़ी, 7. लाँछित, 8. उदय, प्राकट्य।

160

गांधी तो हमारा भोला है, और शेख़ ने बदला चोला है,
देखो तो ख़ुदा क्या करता है, साहब ने भी दफ़्तर खोला है।

ऑनर की पहेली बूझी है, हर एक को तअ'ल्ली[1] सूझी है,
जो जोकर था वो सूजी है, जो माशा था वो तोला है।

यारों में रक़म अब कटती है, इस वक़्त हुकूमत बंटती है,
कैम्पों से तो ज़ुल्मत[2] हटती है, बेनूर[3] मोहल्ला टोला है।

161

सब लोग कह रहे हैं कि दीनदार[4] भूत हैं।
आ'मिल[5] के वास्ते भी महल्ले-सकूत[6] हैं।

162

पूछते क्या हो हमसे तुम फ़तवा ?
न करो हम पे बाबे-आफ़त[7] वा[8]।
इतना कहते हैं रिश्ता मुल्क से हो
चर्ख़[9] चर्ख़ा भी दे अगर कतवा।

163

मच्छरों पर कहाँ तलक ये चार्ज[10]।
नाबदान अपना देखें लॉयड जार्ज[11]।

164

तब्ये[12] गांधी-ओ-गवर्नमेंट को बरहम[13] न करो।
हाथापाई है शबे-वस्ल[14] की कुछ ग़म न करो।

---

1. डींग, शेख़ी, अत्युक्ति, 2. अन्धकार, अँधेरा, 3. प्रकाशवंचित, 4. धर्मवान, 5. शासक, हाकिम, 6. शान्ति की जगह, सुकून की बात, 7. संकट का द्वार, 8. खुला, खुला हुआ, 9. आसमान, नियति, 10. आरोप, 11. प्रथम विश्व महायुद्ध के दौरान इंग्लैंड के प्रधानमंत्री डेविड लॉयड जॉर्ज जो हिन्दुस्तान और हिन्दुस्तानियों के प्रति अत्यन्त अनुदार और कठोर थे। 12. स्वभाव, आदत, मुद्रण, छाप, 13. तितर-बितर, अलग-अलग, 14. मिलन की रात।

165

मैं-फ़रोशी[1] को तो रोकूँगा मैं बाग़ी[2] ही सही।
सुर्ख़ पानी से है बेहतर मुझे काला पानी।

166

बुते-ख़ुद[3] बीं ने नीयत की है मुझसे बेवफ़ाई की।
तरंग आई है उसके दिल में भी गांधी-अदाई[4] की।

167

किया तलब[5] जो स्वराज भाई गांधी ने,
मची ये धूम कि ऐसे ख़यालात की क्या बात।
कमाले प्यार से अंग्रेज़ ने कहा उनसे,
हमीं तुम्हारे हैं फिर मुल्को-माल की क्या बात।

168

तेग़[6] ज़बाँ की देखो हर सू[7] बरहनगी[8] है।
बाबू के हौसले हैं, साहब की दिल्लगी है।

169

शबे-विसाल[9] में गांधी का वा'ज़[10] आफ़त है,
ये हुक्म है कि न बढ़िए मसास[11] की हद से।
हर एक की रग में नहीं है सुकूने-रूहानी[12],
ये ज़ब्त सहल नहीं है जज़्बये-मुजर्रद[13] से।
निगाह दूर ही रख्खो ख़याल काफ़ी है,
बजुज़[14] फ़साद के हासिल नहीं कुछ इस कद[15] से।

---

1. शराब की बिक्री, 2. विद्रोही, 3. ख़ुद माशूक़, 4. गांधी के हावभाव / भूमिका, 5. चाह, इच्छा, माँग, 6. तलवार, 7. तरफ़, दिशा, 8. नंगापन, नग्नता, 9. मिलन की रात, सुहागरात, 10. उपदेश, 11. सम्भोग पूर्व आलिंगन / परिरम्भन / शरीर-मर्दन, 12. आध्यात्मिक शान्ति, 13. अविवाहित / क्वाँरे के भावावेश, 14. अलावा / अतिरिक्त, 15. बहस-तकरार।

170

गांधी से क्यों हो वहशत[1] बातिन[2] की मिस्ट्री[3] है।
शौकत से क्यों न खटके उनकी तो हिस्ट्री[4] है।

171

जय की भी सदा उठ्ठेगी चरख़े भी चलेंगे।
लेकिन ये समझ लीजिए साहब न टलेंगे।

172

है सल्तनत[5] की ख़्वाहिश लेक्चर में तन रहे हैं।
साहब बना रहे हैं हम लोग बन रहे हैं।

173

गांधी ने मान ली है मदन मोहनी[6] सलाह,
हिन्दी तो थे ही अब मदनी[7] भी हो गए।

174

हज़रते-गांधी फिरे हैं शिमलये-पुरनूर[8] से।
वापसी मूसा[9] की याद आई है कोहेतूर[10] से।
मुश्तहर[11] अख़बार में कर दें इसी मज़मूं[12] की गूंज[13]।
और बंदों को भी हासिल होनेवाला है उरूज[14]।

---

1. भय, डर, 2. मन, हृदय, दिल, अन्दर, 3. रहस्य, 4. इतिहास, 5. राज्य, सत्ता, हुकूमत, 6. संकेत पं. मदन मोहन मालवीय की ओर है। 7. शब्द में श्लेष अलंकार प्रयुक्त है। मदनी से तात्पर्य एक ओर मालवीय जी से गांधी की सहमति से है तो दूसरी ओर दारुल उलूम देवबंद के तत्कालीन अधिष्ठाता मौलाना हुसैन अहमद मदनी के समर्थन से है। तीसरा अर्थ है (हिन्दी के साथ) मदनी अर्थात् मदीने से सम्बद्ध, 8. चमक-दमक से भरे शिमला, 9. एक पैग़बर जिन्होंने अत्याचारी फ़िरऔन से लोहा लिया था, 10. पर्वत जिस पर हज़रत मूसा को ईश्वर के प्रकाश की झलक मिली थी। 11. विज्ञापित, 12. विषय, 13. प्रतिध्वनि, 14. अभ्युदय, उत्थान।

175

ढीठ जब हद से सिवा 'नन को अप्रू'[1] हो गए।
चुप हुए चिन्तामनी[2] ख़ामोश सप्रू[3] हो गए।

176

मंतिक़ बुताने-हिन्द[4] में बेकार है जनाब।
ऑनर को चाट दीजिए बस जाएँ ये बदल।
इज़हारे-इ'श्क़[5] से न पसीजेंगी बाई जी,
उनसे मिसास[6] की जिये जाएँगी ये पिघल।

177

नहीं कहता कि छोड़ो शग़ल[7] मुल्की दर्दमंदी[8] का।
बस एक नज़्ज़ारा कर लो आ के शिमला की बुलंदी का।

178

इज़हारे-जोशे-तब्अ[9] में वक़्त अपना खो चुके।
ऊँघे जनाबे शेख़ भी गांधी हो चुके।
पंडित सिखायें बीच में पड़के तो क्या करें।
काबुल के बुल[10] से गाय जो भड़के तो क्या करें।
साहब का भी भला हो कि मामन[11] सुझा दिया।
पंडित का भी भला हो कि शोला[12] बुझा दिया।

179

बराए मा बसर तख़्ते ख़्वेश जा कर दी।
हिले हरीस मुरा ग़ाफिल अज़ ख़ुदा कर दी।
मरास्त नाज़ो तबख्तुर कि ज़र बदस्त आमद।
तरास्त खंदाओ बज़ि कि ख़र बदस्त आमद।*

---

1. यह दिलचस्प तुक कवि ने नॉन-कोऑपरेशन (सहयोग) से गढ़ा है, इसका अर्थ है—असहयोगी (नॉन-कोऑपरेटिव), 2. सी. वाई चिन्तामणि, 3. सर तेज बहादुर सप्रू, दोनों इलाहाबाद के थे और असहयोग आन्दोलन के विरुद्ध थे, 4. हिन्दुस्तान की मूर्ति (अर्थात् महिलाएँ / beauties) के सम्बन्ध में तर्क-वितर्क, 5. प्रेम-प्रस्तावना, 6. बदन दबाना, 7. जी बहलाने का काम, 8. देश के प्रति हमदर्दी, 9. काव्य-रचना के उत्साह की अभिव्यक्ति, 10. बैल, 11. बचाव की जगह / शरण स्थल, 12. आग, ज्वाला, *आगमन, आना।

180

नम्बरी गज़ लीजिए गांधी का चर्ख़ा लीजिए।
कीजिए बिरग्रेड से हिजरत, मुझसे ख़र्चा लीजिए।

181

ऐ ख़ुदा मुझको कर दे साहब लोग।
दूर हो मुझसे इस जनम का रोग।
मेरा क़ालिब[1] हो क़ालिबे-ग़रबी[2]।
भूल जाऊँ ज़बान भी अपनी।
रंग चेहरे का मेरे जाए बदल।
करूँ ईजाद[3] मैं भी तोपो-रायफल।
सो के उठ्ठूँ जो आज सुबह को मैं।
लोग समझें कि लाट साहब हैं।

182

जो अमन-सभा[4] की परियाँ हैं, वो पुख़्ता-रविश[5] हैं ख़ाम[6] नहीं।
देवों[7] ही से मतलब रखती हैं, उनको तलबे-गुलफ़ाम[8] नहीं।
इस दौर में अपने कमरे में, क़ाने[9] रहो तुम एक बोतल पर,
साक़ी[10] वो नहीं वो बादा[11] नहीं वो बज़्म[12] नहीं वो जाम[13] नहीं।

183

हुक्काम[14] से नियाज़[15] न गांधी से रब्त[16] है,
'अकबर' को सिर्फ़ नज़्मे-मज़ामीं[17] का ख़ब्त[18] है।
हँसता नहीं वो देख के इस कूद-फांद को,
दिल में तो क़हक़हे[19] हैं मगर लब[20] पे ज़ब्त[21] है।

---

1. शरीर, 2. पश्चिम का शरीर, 3. आविष्कार, 4. शान्ति-समिति, 5. बात-व्यवहार में पक्की, 6. कमज़ोर, पक्की, 7. यह दिलचस्प है कि देव शब्द का अर्थ संस्कृत में देवता होता है और फ़ारसी में उसका उलटा अर्थ अर्थात् राक्षस, पिशाच, लम्बा-चौड़ा आदमी, परियों का पति। यहाँ तात्पर्य है लम्बे-चौड़े अंग्रेज़ों या उनके उन्हीं जैसी समर्थकों से, 8. फूल जैसे कोमल, सुकुमार लोगों की कामना, 9. संतुष्ट, 10. मदिरा ढालने / पिलाने के लिए सुन्दर लड़कियाँ या लड़के, 11. शराब, मदिरा, 12. सभा, गोष्ठी, 13. मधुपाय, प्याला, चषक, 14. शासक वर्ग, 15. प्रार्थना, परिचय, 16. लगाव, दोस्ती, 17. हालात और विविध विषयों पर कविता, 18. पागलपन की हद तक किसी चीज़ की धुन सवार होना, 19. एहसास, बेलाग हँसी, 20. ओठ, 21. सहनशीलता।

184

जो हैं मालवी[1] और शौकत मियाँ[2],
लगे करने आपस में सरगोशियाँ[3]।
जुदा जब हुए और मिले बज़्म[4] में।
तो पाया गया ये दिली अज़्म[5] में।
वो बोले कि 'काबुल से होगा गज़न्द[6],
करेंगे हम अंग्रेज़ ही को पसन्द।'
ये बोले कि 'हिन्दू का होगा जो रूल
हम अंग्रेज़ ही को करेंगे क़बूल।'
न था उनके आपस में कुछ इससे रंज।
ये पढ़ने लगे हो के वह नग़मा-संज[7] :
करीमा! बबख़शाए बर हाले मा।
कि हस्तम असीरे कमंदे हवा।*

185

सच ये है कि यारों ने बड़े ज़ोर लगाए,
सोती हुई क़िस्मत को मगर कौन जगाए।
गुम एक ही झोंके में गुलो सर[8] व सनूबर[9],
दुम गाय की वाँ हिल गई और फिर वही गोबर।

186

गांधी और मालवी[10] हैं गो यक दिल।
इख़्तलाफ़ात[11] कुछ हुए ज़ाहिर।
मुख़्तालिफ़[12] नाप के हैं दोनों सिरे।
गाउदुम[13] हो के रह गए आख़िर।

---

1. पं. मदन मोहन मालवीय, 2. मौलाना शौकत अली, 3. कान में सर झुकाकर बात करना, कानाफूसी, 4. सभा, 5. इरादा, निश्चय, संकल्प, 6. काट खानेवाला, डस लेनेवाला, नुक़सान, 7. सुरीले स्वर में मुखरित, * हे दयालु (ईश्वर) हमारे हाल को बख़्श दे। हमारी हस्ती हवा के कमन्द में फँसी हुई है, 8. चीड़, 9. देवदार, 10. पं. मदन मोहन मालवीय, 11. मतभेद, 12. अलग-अलग, 13. गाय की पूँछ जैसा ऊपर से नीचे की ओर पतला।

187

ख़्वाने-क़बूल[1] पर हैं दोनों चुने हुए,
दोनों ही के जनाबे-मुअज़्ज़म[2] कफ़ील[3] हैं।
हाँ एक को ज़्यादा चबाना ज़रूर है,
लपसी[4] है ज़ूद[5] हज़्म कलेजे सकील[6] हैं।

188

कहा उनके बहरे[7] ने गो हूँ शरीक,
ख़यालात में बाबा गांधी के साथ।
मैं समझूँगा लेकिन यही होमरूल,
ता'ल्लुक[8] जो हो जाए आया के साथ।

189

उस वक़्त शेख़ जी को गांधी से मेल सूझा।
साहब ने रोक चाही उनको भी खेल सूझा।
दोनों ने आख़िर अपनी-अपनी निकास देखी।
स्कीम इनको सूझी और उनको जेल सूझी।

190

भाई गांधी ले के बैठे शरहे-मा'क़ूलाते-हिन्द[9]।
सब के हिस्से में रहेंगे फिर भी माक़ूलाते-हिन्द[10]।
शिर्क[11] फैला हो जहाँ लाज़िम है एक सरकूब[12] भी,
मुद्दतों से है यही अज़-जुम्ला[13] मा'मूलाते-हिन्द।[14]

---

1. स्वीकृत भोजन की थाल तात्पर्य है स्वीकार किए गए निमंत्रण के भोज, 2. प्रतिष्ठित (आतिथेय-मेज़बान) महोदय, 3. पोषक, परवरिश करनेवाला, ज़ामिन, 4. गाढ़ा घोंटा हुआ खाना / सूप, 5. शीघ्र, तुरन्त, त्वरित (जल्द ही पच जानेवाले), 6. भारी, देरी से पचने वाले, 7. बेयरा (बियरर), चपरासी, सेवक, 8. सम्बन्ध, 9. हिन्दुस्तान के न्याय शास्त्र तथा ज्ञान-विज्ञान के ग्रन्थों का टीका / व्याख्या, 10. हिन्दुस्तान की खाने-पीने की चीज़ें, 11. अनेकेश्वरवाद, बहुलतावाद, 12. दमनकर्ता, सर कुचलनेवाला, 13. सारांश में, 14. हिन्दुस्तान के रोज़मर्रा के काम, दैनंदिन / नित्य के कर्म।

191

मुर्ग़ क्योंकर बनेगा बिल्ला?
ऐसा जो कहे वह है चिबिल्ला।
हरगिज़ नहीं बाज़ भाई कल्लू
हुदहुद[1] को बना दिया है उल्लू।
धोती अरमाँ निकालती है।
पतलून पे पेंच डालती है।

192

भाई गांधी खुदसरी[2] की आरज़ू[3] के साथ हैं।
और साहब लोग ग़र्बी[4] रंगोबू के साथ हैं।
मालवीजी[5] सबसे बेहतर हैं मेरी दानिस्त[6] में,
यानी मन्दिर में हैं और अपनी गऊ के साथ हैं।

193

भाई गांधी ने मुल्क से जय ली।
लाट साहब की पॉलिसी फैली।
थे जो चलते हुए वो रुक ही गए,
लद गई उन पे कैश[7] की थैली।

194

वो बग़दाद में हैं मैं मन्दिर में गुम हूँ।
शुतुर-कीना[8] वो हैं तो मैं गाउदुम[9] हूँ।

195

इनसान को तहफ़्फ़ुज[10] अपना भी है ज़रूरी।
वो सर बुरा कि जिसको परवा न हो चपत की।

---

1. कठफोड़वा, 2. अवज्ञा, विद्रोह, 3. कामना, इच्छा, 4. पश्चिमी, 5. पं. मदन मोहन मालवीय, 6. जानकारी, ज्ञान, 7. नक़द रुपए, 8. दिल में लम्बे समय तक वैर-भाव रखनेवाला, 9. गाय की पूँछ के आकार का, निरा बेवकूफ़, 10. सुरक्षा।

196

विदेशी पार्चे[1] में आग क्यों हज़रत लगाते हैं,
वो बोले, 'बात तो ये है कि साहब को जलाते हैं।'

197

हमें चर्ख़ा क्यों देते हैं, क्यों खद्दर पहनाते हैं?
वो बोले, 'तुम क़ुली हो, शकल भी वैसी बनाते हैं।'
यही बेहतर है सूरत और मा'नी[2] हैं जो यकसानी[3],
लिबास उनका क़ुली क्यों मोल लें? है यह तो नादानी।

198

साइंस[4] की तरक्की तो फैज़े-इरतक़ा[5] है।
लेकिन ज़हूरे[6]-गांधी, फ़रमाइए ये क्या है?

199 *

साहब में सब बुराई लेकिन वह ख़ूब चौकस।
गांधी में सब भलाई, लेकिन वह महज़ बेबस।
दुनिया तो चाहती है हंगामये ट्रोज़न।
और याँ है जेब ख़ाली जो मिल गया सो भोजन।

---

1. कपड़े, वस्त्र, 2. मतलब, अर्थ, 3. बराबर, सदृश, 4. विज्ञान, 5. विकास की देन, 6. गांधी का आविर्भाव, * यह एक दिल छू देनेवाला प्रसंग है कि अकबर साहब ने ये कविता अपने देहान्त के थोड़ी ही देर पहले अपने 'नोटबुक' में दर्ज की थी। वार्धक्य, दुर्बलता और गम्भीर बीमारी के बावजूद उनकी रचनात्मक क्षमता अन्तिम साँस तक जीवन्त रही। जीवन के अन्तिम क्षणों मे भी गांधी उनकी चेतना में स्पन्दित रहे। यह अत्यन्त मार्मिक है। मेरे पास उपलब्ध 'गांधीनामा' प्रति में यह कविता नहीं है। पर 'गांधीनामा' के उपसंहार के लिए इससे कुछ बेहतर मेरे लिए अकल्पनीय है। अतः अकबर साहब के प्रति श्रद्धान्वित हो ये कविता यहाँ शामिल की जा रही है। इसके स्रोत की सविस्तार चर्चा भूमिका में है।

'गांधीनामा' के मिज़ाज के कुछ और अश्आर

क्या कहूँ इसको बदबख़्तिये नेशन के सिवा।
इसको आता नहीं अब कुछ इमीटेशन के सिवा॥

इक दिन वह था कि दब गए थे लोग दीन से।
इक दिन यह है कि दीन दबा है मशीन से॥

मेरा टट्टू ज़्यादा मशरिकी है शेख़ साहब से।
कि वह मोटर पे चढ़ते हैं, यह मोटर से भड़कता है॥

ख़ूब फ़रमाया यह शाहे जर्मनी ने पोप से।
वाज़ हम भी कहते हैं लेकिन दहाने तोप से॥

यूरप वाले जो चाहें दिल में भर दें।
जिसके सर पर जो चाहें तोहमत धर दें॥
बचते रहो इनकी तेज़ियों से अकबर।
तुम क्या हो ख़ुदा के दो टुकड़े कर दें॥

बर्क़ के पम्पों से आँखों को बचाइए लिल्लाह।
रोशनी आती है और नूर चला जाता है॥

हरीफ़ों से लगावट करते हैं आपस में लड़ते हैं।
यूँ ही बरबादियाँ आती हैं यूँ ही घर बिगड़ते हैं॥
ख़ुशामद करते हैं ग़ैरों की और आपस में लड़ते हैं।
यूँ ही बरबादियाँ आती हैं यूँ ही दिल बिगड़ते हैं॥

उलझना जुल्फ़े मग़रिब में दिखाता है रहे दुनिया।
मगर दीनी मक़ासिद में हज़ारों पेच पड़ते हैं॥
तअज्जुब नख़वते अहले ज़मीं पर मुझको आता है।
ये इस पर क्यों झगड़ते हैं जिसमें मरके गड़ते हैं॥

पब्लिक में ज़रा हाथ मिला लीजिए मुझसे।
साहब मेरे ईमान की क़ीमत है तो यह है॥

बख़ुदा हिन्द के पुर्ज़े भी ग़ज़ब ढाते हैं।
यह ग़लत है कि विलायत ही का माल अच्छा है॥

मज़हबी बहस मैंने की ही नहीं।
फ़ालतू अक्ल मुझमें थी ही नहीं॥
पूछा 'अकबर' है आदमी कैसा?
हँस के बोले वह आदमी ही नहीं।

भूख से ज़ायद हो जिसके पास खाना उसके पास।
इतनी दौलत है कि रखने की जगह नहीं मिलती।

जो देखी हिस्टरी इस बात पर कामिल यक़ीं आया।
उसे जीना नहीं आया जिसे मरना नहीं आया।

ख़ातिर मज़बूत दिल तवाना रक्खो।
उम्मीद अच्छी ख़याल अच्छा रक्खो॥
हो जाएँगी मुश्किलें तुम्हारी आसान।
'अकबर' अल्लाह पर भरोसा रक्खो॥

भूलता जाता है योरप आसमानी बाप को।
बस ख़ुदा समझा है उसने बर्क को और भाप को॥
बर्क़ गिर जाएगी एक दिन और उड़ जाएगी भाप।
देखना 'अकबर' बचाए रखना अपने आप को॥

हासिल करो इल्म अबा को तेज़ करो।
बातें जो बुरी हैं उनसे परहेज़ करो॥
क़ौमी इज्ज़त है नेकियों से 'अकबर'।
इसमें क्या है कि नक़्ले अँगरेज़ करो॥

कहता हूँ मैं हिन्दू व मुसलमाँ से यही।
अपनी अपनी रविश पे तुम नेक रहो॥
लाठी है हवाए दहर पानी बन जाओ।
मौजों की तरह लड़ो मगर एक रहो॥

मर्द को चाहिए क़ायम रहे ईमान के साथ।
ता दमेमर्ग रहे यादे ख़ुदा जान के साथ॥
मैंने माना कि तुम्हारी नहीं सुनता कोई।
सुर मिलाना तुम्हें फ़र्ज़ है शैतान के साथ॥

नई तहज़ीब से साक़ी ने ऐसी गर्म जोशी की।
कि आख़िर मुसलिमों में रूह फूँकी बादा-नोशी की॥
तुम्हारी पालिसी का हाल कुछ खुलता नहीं साहब।
हमारी पॉलिसी तो साफ़ है ईमाँ-फ़रोशी की॥
छिपाने के एवज़ छपवा रहे हैं ख़ुद वह ऐब अपने।
नसीहत क्या करूँ मैं क़ौम को अब ऐबपोशी की॥
पहनने को तो कपड़े ही न थे क्या बज़्म में जाते।
ख़ुशी घर बैठे कर ली हमने जश्ने ताजपोशी की॥
रिआया को मुनासिब है कि बाहम दोस्ती रख्खें।
हिमाक़त हाकिमों से है तवक़्क़ा गर्म जोशी की॥
हमारे क़ाफिये तो हो गए सब ख़त्म ऐ 'अकबर'।
लक़ब अपना जो दे दें मेहरबानी है यह जोशी की॥

चुग़लियाँ एक दूसरे की वक़्त पर जड़ते भी हैं।
नागहाँ ग़ुस्सा जो आ जाता है लड़ पड़ते भी हैं॥
हिन्दू व मुस्लिम हैं फिर भी एक और कहते हैं सच।
है नज़र आपस की हम मिलते भी लड़ते भी हैं॥

वज़्न अब उनका मुअय्यन नहीं हो सकता कुछ।
बर्फ़ की तरह मुसलमान घुले जाते हैं॥
दाग़ अब उनकी नज़र में हैं शराफ़त के निशाँ।
नई तहज़ीब की मौजों से घुले जाते हैं॥
इल्म ने रस्म ने मज़हब ने जो की थी बन्दिश।
टूटी जाती है वो सब बन्द खुले जाते हैं॥
शेख़ को वज्द में लाई हैं पियानों की गतें।
पेच दस्तारे फ़ज़ीलत के खुले जाते हैं॥

मज़हब कभी साइंस को सिजदा न करेगा।
इनसान उड़ें भी तो ख़ुदा हो नहीं सकते॥
अज़ राहे तकल्लुफ़ कोई जोड़ा करे रिश्ता।
अँगरेज़ तो नेटिव के चचा हो नहीं सकते॥
नेटिव नहीं हो सकते जो गोरे तो है क्या ग़म।
गोरे भी तो बन्दे से ख़ुदा हो नहीं सकते॥
हम हों जो कलेक्टर तो वो हो जाएँ कमिश्नर।
हम इनसे कभी ओहदाबरा हो नहीं सकते॥

डार्विन साहब हक़ीक़त से निहायत दूर थे।
मैं न मानूँगा कि मूरिस आपके लंगूर थे॥

दौरे फ़लक़ का माजरा आपसे क्या बयाँ करें।
तफ़िरक़ा देखिए ज़रा हम पै यह हैं अजीब दिन॥
अक़्ल सुपुर्द मास्टर, माल सुपुर्द आं जनाब।
जान सुपुर्द डॉक्टर, रूह सुपुर्द डारविन॥

बाग़े उमीद के फल होते हैं रोज़ ज़ाया।
हमको ख़ुदा बचाए औलादे डार्विन से॥

डार्विन के वही मकतब का सबक़ है अब तक।
वही बन्दर वही लंगूर चला जाता है॥

मशरिकी को है ज़ौके रूहानी।
मग़रिबी में है मैले जिस्मानी॥

कहा मन्सूर ने ख़ुदा हूँ मैं।
डार्विन बोले बूज़ना हूँ मैं॥
हँस के कहने लगे मेरे एक दोस्त।
फ़िक्रे हरकस बक़द्रे हिम्मते ऊस्त॥

हम ऐसी कुल किताबें लायके ज़ब्ती समझते हैं।
कि जिनको पढ़के लड़के बाप को ख़ब्ती समझते हैं॥

मुमकिन नहीं हम उनकी कोई बात टाल दें।
दें हुक्म अगर तो सीने से दिल को निकाल दें॥

सदियों से फ़लसफ़ा की चुनां और चुनीं रही।
लेकिन ख़ुदा की बात जहाँ थी वहीं रही॥

ताक़त इस्लाम की कहती थी मुसलमानों से।
जब मैं जानूँ कि मेरे बाद मेरा ध्यान रहे॥
उनकी सब सुनते हैं अपनी नहीं कह सकते कुछ।
क्या क़यामत है जबाँ कट गई और कान रहे॥
थी बहुत उनको मुसलमानों की तहजीब की फ़िक्र।
बोले मस्जिद के तले मै का भी सामान रहे॥
राहते जाँ है तेरी नज़्म दिलावेज़ 'अकबर'।
तन्दुरुस्ती रहे ईमान रहे जान रहे॥

समझें न हुज़ूर थर्डवालों को हक़ीर।
इंजन तो वही है जिसकी हम सबको है आस॥
इस्टेशने गोर तक है यह फर्स्ट-ओ-सेकेंड।
बाद इसके मुवाफ़िके अमल होगा क्लास॥

अहदे इंग्लिश में है हर चीज़ के अन्दर नम्बर।
क्या तअज्जुब है जो निकला है पयम्बर नम्बर॥

ख़ुदा का घर न रक्खा दिल को बंगलों में मकीं होकर।
भुलाया अर्श को इस क़ौम ने कुर्सी-नशीं होकर॥

फ़क़त बिस्कुट ही खाता हूँ बिला चाय।
नई मिल्लत का हूँ मैं ज़ाहिदे खुश्क॥

'हैट' ही को कर लिया जब क़ौम के सर ने कुबूल।
दख़ले अंग्रेजी पे उर्दू की शिकायत है फुजूल॥

कमेटियों से न होगा कुछ भी ग़रज़ अगर मुश्तरक न होगी।
ख़याले मिल्लत न होगा जब तक मुफ़ीद हर्गिज़ यह बक न होगी॥
बहुत बजा नोट लिख गए हैं यह अपनी पोथी में भाई मानिक।
ग़िज़ा न होगी तो क्या जीऊँगा, दिया करो तुम हज़ार टानिक।

न तो अंग्रेज़ रहे हम न मुसलमान रहे।
उम्र सब मुफ़्त में खोया किए नादान रहे॥

गिरजा में लाट साहब, मस्जिद में शेख़ साहब।
बुद्धू फ़िलासफ़ी के कमरे में सड़ रहे हैं॥
ख़ाक उड़ रही है घर में, ड्योढ़ी पे गुल मचा है।
मज़हब के हैं मुख़ालिफ़, भाई से लड़ रहे हैं॥

मग़रबी जौक़ है और वज़अ की पाबन्दी भी।
ऊँट पर चढ़के थियेटर को चले हैं हज़रत॥

जो जिसको मुनासिब था गरदूं ने किया पैदा।
यारों के लिए ओहदे चिड़ियों के लिए फंदे॥

पाकर ख़िताब नाच का भी जौक़ हो गया।
'सर' हो गए, तो 'बॉल' का भी शौक़ हो गया॥

पुरानी रोशनी में और नई में फ़र्क़ इतना है।
उसे कश्ती नहीं मिलती, इसे साहिल नहीं मिलता॥

आदत जो पड़ी हो हमेशा से वो दूर भला कब होती है।
रक्खी है चुनौटी पाकेट में पतलून के नीचे धोती है।

अकबर से मैंने पूछा, 'रो वाइज़े-तरीक़त!
दुनियाये-दूँ से रक्खूँ मैं किस कदर तअल्लुक़।'
उसने दिया बलाग़त से ये जवाब मुझको,
'अंग्रेज़ को है नेटिव से जिस कदर तअल्लुक़'।

नज़र उनकी रही कॉलेज में बस इल्मी फ़वायद पर।
गिरा कीं चुपके-चुपके बिजलियाँ दीनी अक़ायद पर।

तमाशा देखिए बिजली का मग़रिब और मशरिक़ में।
कलों में वहाँ दाख़िल यहाँ मज़हब पे गिरती है।

गिरे जाते हैं हम ख़ुद अपनी नज़रों से सितम ये है।
बदल जाते तो कुछ रहते, मिटे जाते हैं, ग़म ये है।

क़द्रदानों की तबीयत का अजब रंग है आज।
बुलबुलों को है ये हसरत कि वे उल्लू न हुए॥

ख़ुदा की राह में बेशर्त सफ़र करते थे पहले।
मगर अब पूछते हैं, रेल्वे इसमें कहाँ तक है॥

मय भी होटल में पियो चन्दा भी दो मस्जिद में।
शेख़ भी ख़ुश रहें, शैतान भी बेज़ार न हो॥

ऐश का भी ज़ौक़, दींदारी की शुहरत का भी शौक़।
आप म्यूजिक़ हॉल में क़ुर्रा'न गाया कीजिए॥

गुले-तस्वीर किस ख़ूबी से गुलशन में लगाया है।
मेरे सय्याद ने बुलबुल को भी उल्लू बनाया है॥

क्योंकर ख़ुदा के अर्श के क़ायल हों यह अज़ीज़?
जुग़राफ़िये में अर्श का नक़्शा नहीं मिलता॥

क़ौम के ग़म में डिनर खाते हैं हुक्काम के साथ।
रंज लीडर को बहुत है, मगर आराम के साथ॥

मालगाड़ी पे भरोसा है जिन्हें ऐ 'अकबर'!
उनको क्या ग़म है गुनाहों की गिरांबारी का?

फिरंगी से कहा पेंशन भी लेकर बस यहीं रहिए।
कहा, 'जीने को आए हैं, यहाँ मरने नहीं आए॥'

हम रीश दिखाते हैं कि इस्लाम को देखो।
मिस ज़ुल्फ दिखाती हैं कि इस लाम को देखो॥

बुतों से मेल ख़ुदा पे नज़र ये ख़ूब कही।
शबे-गुनह वो नमाज़े-सहर ये ख़ूब कही।
फ़ेटन नफ़ीस सड़क ख़ुशनुमा डिनर हर शब,
ये लुत्फ़ छोड़के हज का सफ़र ये ख़ूब कही।

कर दिया 'करज़न' ने ज़न मरदों की सूरत देखिए,
आबरू चेहरे की सब फैशन बनाकर पूँछ ली।
सच ये है इनसान को यूरोप ने हलका कर दिया,
इब्तदा डाढ़ी से की और इन्तहा में मूँछ ली।

ख़्वाह साहब को तुम सलाम करो।
ख़्वाह मन्दिर में राम-राम करो।
भाई जी का फ़क़त ये मतलब है,
जिसमें रुपया मिले वो काम करो।

इससे तो इस सदी में न ही हमको कुछ ग़रज़।
सुकरात बोले क्या व अरस्तू ने क्या कहा॥
बहरे-ख़ुदा जनाब दें हमको ये इत्तिला,
साहब का क्या जवाब था बाबू ने क्या कहा।

उन्हीं के मतलब की कह रहा हूँ ज़बान मेरी है बात उनकी।
उन्हीं की महफ़िल सँवारता हूँ चिराग़ मेरा है रात उनकी॥
फ़क़त मेरा हाथ चल रहा है उन्हीं का मतलब निकल रहा है।
उन्हीं का मज़मूँ उन्हीं का काग़ज़ क़लम उन्हीं का दावात उनकी॥

ये बात ग़लत दारे-इस्लाम है हिन्द।
ये झूठ कि मुल्के लछमनो-राम है हिन्द॥
हम सब हैं मुती-वो-ख़ैरख्वाहे-इंगलिश।
यूरप के लिये बस एक गोदाम है हिन्द॥

नई तहज़ीब में दिक्क़त ज़ियादा तो नहीं होती।
मज़ाहब रहते हैं क़ायम फ़क़त ईमान जाता है॥
थियेटर रात को दिन को हैं यारों की ये इस्पीचें।
दुहाई लाट साहब की मेरा ईमान जाता है।

मेरे मंसूबे तरक्क़ी के हुये सब पायमाल।
बीज मग़रिब ने जो बोया वो उगा और फल गया॥
बूट डासन ने बनाया मैंने एक मज़मूँ लिखा।
मुल्क में मज़मूँ न फैला और जूता चल गया॥

सोचो कि आगे चल कर क़िस्मत में क्या लिखा है।
देखो घरों में क्या था और आज क्या रहा है॥
हुशियार रहके पढ़ना इस जाल में न पड़ना।
यूरप ने ये किया है यूरप ने वो किया है॥

उधर है जेल की ज़हमत इधर है क़ौम की लानत।
उधर आराम जाता है इधर ईमान जाता है॥
ब मज़बूरी-ओ-माज़ूरी शरीके कैम्प है अकबर।
मगर जिसकी बसीरत है उसे पहचान जाता है।

अभी इंजन गया है इस तरफ़ से।
कहे देती है तारीकी हवा की॥
रही रात एशिया ग़फ़लत में सोई।
नज़र यूरोप की काम अपनी किया की॥

जिस रोशनी में लूट ही की आप को सूझे।
तहज़ीब क़ी मैं उसको तजल्ली न कहूँगा।
लाखों को मिटाकर जो हज़ारों को उभारे,
इसको तो मैं दुनिया की तरक़्क़ी न कहूँगा।

अपने ऐबों की न कुछ फ़िक्र है न परवा है।
ग़लत इलज़ाम बस औरो पे लगा रखा है।
यही फ़रमाते रहे तेग़ से फैला इस्लाम।
यह न इरशाद हुआ तोप से फैला क्या है।

बेहतर यही है फेर लें आँखों को गाय से।
क्या फ़ायदा है रोज़ की इस हाय-हाय से॥
मुँह बन्द हो सकेगा मुसलमाँ शरीफ़ का।
चस्का मगर न जाएगा साहब से बीफ़ का॥

साँस लेते हुए भी डरता हूँ।
यह न समझें कि आह करता हूँ।
बहरे-हस्ती में हूँ मिसाले-हुबाब,
मिट ही जाता हूँ जब उभरता हूँ।
इतनी आज़ादी भी ग़नीमत है,
साँस लेता हूँ बात करता हूँ।

बाज़ मुस्लिम तो ऐसे हैं मौजूद।
मुँह जो लहमे-बक़र से मोड़ते हैं।
फौज़ी गोरे मगर रुकें क्यों कर,
जान बुल कब गऊ को छोड़ते हैं।

अनुक्रमणिका